기독교상담학
비평과 사례

최은영 지음

햇불트리니티 출판부

기독교상담학 : 비평과 사례

발행인   최은영
발행일   2015. 2. 25
발행처   도서출판 햇불트리니티 출판부
등록번호 제 25100-2005-000053호
등록일   2005년 7월 28일
주소   서울시 서초구 바우뫼로 31길 70 (우)137-889
           햇불트리니티신학대학원대학교
전화   02)570-7372
팩스   02)570-7379
홈페이지 http://www.ttgu.ac.kr

ⓒ 도서출판 햇불트리니티 출판부

기독교상담학

비평과 사례

최은영 지음

Christian
Counseling

서 문

오래 전 기독교 상담을 가르치시게 된 한 원로 교수님으로부터 다음과 같은 질문을 받았다. "도대체 기독교상담학 교재로 어떤 책을 사용하시나요? 기독교상담학이란 것이 있기는 있는 것입니까?" 본서는 지난 16년간 원로 교수님의 질문에 필자가 찾아본 미완의 답이다. 따라서 본서는 기독교상담학 전공 대학원생들과 일반 상담학을 공부한 전문가이지만 기독교적 상담에 관심이 있는 분들, 그리고 신학생과 목회자들이 자신들의 관심을 따라 읽어가면 도움을 받을 수 있을 것이다.

필자가 1998년부터 5년간 칼빈대학교 교수로 재직하는 동안 대학원 과정에 기독교상담 전공이 신설되었다. 그 당시 신학을 공부하지 않고 일반대학원에서 상담을 공부한 필자에게 기독교상담을 가르친다는 것은 여간 어렵고 부담스러운 일이 아니었다. 이후, 인간변화의 원리와 방법에 대한 상담학의 담론과 성경의 진리를 어떻게 위치시키고, 통합시키며, 적용할 수 있는가에 대한 필자의 고민이 본격적으로 시작되었다. 필자는 2003년 햇불트리니티신학대학원 기독교상담학과로 자리를 옮겨 지금까지 교수로서 기독교상담 관련 과목을 가르치고, 수퍼비전을 진행하며, 상담자로 기독교상담을 진행하였다. 2006년에는 아세아연합신학대학원에서 신학 공부를 할 기회를 갖게 되었다. 그러나 신학을 공부하고, 기독교상담학을 고민하고 가르치면 가르칠수록 기독교상담을 글로 표현한다는 것이 정말로 어렵다는 것을 실감한다. 한편으로 상담학의 원리와 방법을 사용할 때보다 성경의 진리를 내담자의 삶에 적용하며 함께 구현해보고자 하였을 때 내담자에게 훨씬 빠르고 쉽게, 근본적인 변화가 일어난다는 사실을 확인해가고 있다. 그래서 기독교상담을 가르치고 시행하는 한 사람으로 기독교상담의 모델은 다양하고 담론은 무성하나, 기독교상담이 구체적으로 무엇이고 어떻게 진행될 수 있는가에 대한 수많은 질문에 대하여, 설익어 드러내기 부끄럽지만 필자 자신의 경험을 공유하고 싶었다.

본서를 세상에 드러내기 부끄러운 이유가 몇 가지 더 있다. 첫째는 본서 출간을 위해 초고를 출판사에 보내었는데 출판을 거절 당했다. 둘째는 본서가 한국연구재단의 연구비 지원을 받아 진행되고 있었는데 마지막 평가에서 '출판 불가' 판정을 받아 출판에 필요한 돈을 지원받지 못했다. 객관적으로 보면 본서는 부족함과 한계가 많은 책이다. 그러나 그럼에도 불구하고 본서를 출간하고 싶은 이유가 몇 가지 있다. 우선 익명의 학생이 본서 출간을 위한 기금을 본교 상담센터에 기부하여 주었다. 더불어 내 자신 안에서도 이 책을 꼭 출간하여 나의 생각을 나누고 싶다는 간절함이 계속하여 느껴졌다. 그리하여 참으로 내놓기 힘들고 부끄러웠던 졸고를 본교 출판부 이름으로 출간하게 되었다.

본서는 크게 4부로 구성되어 있다. 1부에는 상담과 기독교상담의 역사와 배경을 살펴보며 두 가지를 비교하여 보았다. 또한 기독교상담의 여러 분파 가운데 본서의 위치를 설정하여 보았다. 즉, 1부는 이 책의 나머지 부분을 읽고 이해하는 관점을 제공한다. 2부에서는 기독교상담의 구조와 내용을 다루었다. 상담이론의 골격을 따라 필자가 정리한 기독교상담의 인간관, 이상심리, 상담 목표를 소개한 후 국외 다섯 명의 학자들의 기독교상담 모델을 제시하였다. 3부에서는 일반상담이론 가운데 정신분석, 인지상담, 보웬의 가족상담 이론을 기독교적으로 비평한 필자의 논문과 상담사례 전문을 소개하였다. 4부는 기독교상담의 실제에 관한 것으로 기독교상담의 사례개념화 내용과 방법을 소개하고, 기독교상담의 주요 문제와 과제를 정리하여 보았다. 거듭 말하지만, 본서는 기독교상담의 '교과서'라기 보다는 '문제제기서'에 더 가깝다. 본서가 기독교상담 분야의 생산적이고 복음적인 논의에 불을 붙여주기를 기대한다.

돌아보니 이 책이 나오기까지 많은 분들의 도움을 받았다. 먼저 상담자로 필자를 찾아주고 자신의 이야기를 가감없이 들려준 후 사례 수록까지 허락한 내담자들에게 가장 깊은 감사를 표한다. 이분들이 없었다면 본서는 세상에 나오지 못했을 것이다.

2부 기독교상담의 내용과 구조를 고민할 때 1년여 많은 책과 자료를 찾아주고, 신학적 사색을 함께 해준 안영주 양에게 심심한 사의를 전한다. 마지막 집필 과정에서 원고를 읽고 생산적인 의견들을 제시하며 교정 작업을 함께 해준 본교 박사과정의 김승희 선생, 이소영 선생, 최민영 선생에게도 사랑의 빚을 많이 졌다. 이분들의 꼼꼼한 검토가 없었으면 이 책은 출간되기 어려웠을 것이다. 그 누구보다도 출판을 거절당하고, 연구 재단 평가에서 떨어져 낙심되어 출간을 포기할까 생각할 때, 연구재단 지원이 좌절되기 전부터 본서의 출판비 지원 의사를 밝혀주어 끝까지 책이 나올 수 있도록 도와준 익명의 학생과, 잊을만 하면 책 진행사항을 물어보며 격려해준 본교 상담센터 신성희 선생을 비롯한 많은 학생들에게 고마운 마음을 전하고 싶다. 또한 본서 출간을 흔쾌히 맡아 출간을 가능하게 도와주신 횃불트리니티 출판부 김수곤 사장님과 서경화 선생님께 감사의 마음을 전한다. 집필에 집중하지 못하고 집에서 방황할 때 필자를 서재에 넣어준 남편, 책 쓰는 동안 아침에 만든 음식을 저녁까지 먹어준 두 아들에게 감사한다. 투정 부리지 않고 책 탈고를 응원해준 남편 이성호와 두 아들 민형이와 민제는 가장 든든하고 사랑하는 삶의 지원군이다. 지난 2년간 가족처럼 필자와 삶을 나누며 본서 출간을 위해 기도해준 동도교회 3040 맞짱조 조원들에게도 감사의 인사를 전한다. 마지막으로 본서를 출간하고 싶은 마음을 주시고, 여러 가지로 낙심될 때마다 하나님의 영광이라는 삶의 목적을 확인할 수 있도록, 자신의 하나 밖에 없는 아들을 내어주신 하나님 아버지께 감사와 영광을 돌린다. 그 분이 사실상 배후에서 이 책이 나올 수 있도록 돈도, 시간도, 지혜도, 건강도, 사람들의 도움도 베푸셨음을 안다. 오직 이 책이 하나님께서 세상을 지으시고 구원하신 목적과 원리만을 따라 사용되어지기를 간절히 기도한다.

2015년 1월
양재동 우면산 자락 연구실에서
저자 최 은 영

목 차

01

1부 상담과 기독교상담

I부에는 상담과 기독교상담의 역사와 배경을 중심으로 그 차이와 공통점에 대하여 비교해본 후, 기독교상담학계의 여러 분파 내에서 본서의 입장을 밝혀보려고 한다. 다음으로 기독교상담학의 토대가 되는 기독교적 인간관, 인간의 문제, 인간 변화의 방향 및 방법 등에 대하여 신학의 틀로 정리해보고자 한다.

1_장 상담과 기독교상담:
상담학과 기독교상담학의 역사, 배경, 차이

역사적으로 신학과 기독교상담학, 그리고 상담학은 신학, 상담학, 기독교상담학의
순서로 발달되어왔다. 학문으로서의 신학은 초대교회가 영지주의 이단을 배격하기
위한 목적으로 틀을 잡아 나가기 시작하였다. 프로이드의 심리학에 그 기원을 두고
있는 현대 상담학의 역사는 이제 겨우 100년 남짓이다. 엄격한 의미의 기독교상담학
은 현대의 상담학이 시작되어 정신분석이론, 인간중심이론, 인지상담이론 등으로 그
가지를 넓혀가면서 왕성하게 학문으로서의 자리를 잡아갈 즈음, 교회 내에 일어난 심
리학의 영향을 받은 인본주의적 목회상담 운동가들에 대한 견제와 비평적 의도를 가
진 제이 아담스에 의해 시작되었다고 볼 수 있다. 그 이후 게리 콜린스, 래리 크랩 등
대중들에게도 잘 알려진 기독교상담의 이론가 및 상담가들의 저서가 계속 이어졌으
나 일반 상담학이 학문의 모양을 갖추고 인간 문제의 기원, 성격발달이론, 문제의 해
결 방향 및 구체적인 방법 등에 대한 체계적인 설명을 시도하고 있는 데 비하면 기독
교상담학은 학문으로서의 그 구체적 정체성을 확보해나가고 있는 과정 중에 있다.

그럼 신학과 심리학이 만나는 교차 학문인 기독교상담학은 신학과 어떠한 공통점을
가질까? 첫째, 두 학문은 모두 하나님을 전제하고 있다. 하나님은 신학의 중요한 주
제이다. 신학은 하나님의 존재와 성품, 그의 사역과 섭리 등에 학문의 초점이 맞추어
져있다. 기독교상담학 역시 그 출발점이 하나님에 있다. 다른 일반적 상담학이 하나

님 없이 인간의 노력으로 변화와 행복을 설명하려 한다면, 기독교상담학은 인간의 변화와 행복의 전제로 하나님의 존재, 하나님의 사역, 하나님과의 연합을 상정한다. 신학과 기독교상담학의 두 번째 공통점은 두 학문 모두 그것을 '하는 사람'이 경험하는 하나님과 경험한 바에 의하여 그 학문 실제의 모습이 결정된다는 사실이다. 즉, 학문적으로 뛰어난 신학자가 하나님의 존재 근거에 대해 이론적으로 탁월한 설명은 할 수 있으나 그의 설교나 삶의 모습 자체는 그가 마음과 영으로 만나고 경험한 하나님에 의해 제한받을 수 밖에 없다. 신학자들이 가지고 있는 하나님에 대한 뛰어난 지식에 감탄할 수는 있지만 그 자체로 그 신학자가 하나님을 충분히 만나고 있는가를 증명하지는 않는다. 그리고 신학자가 지식으로만 하나님을 만날 때, 사람들이 그의 지식에 동의할 수는 있지만 실제적으로 사람들의 삶을 놀랍게 변화시킬 것이라고 장담할 수 없다. 이는 기독교상담가에게도 똑같이 적용된다. 특별히 한 사람의 내담자만을 한번 만남에 50분 이상을 소비하며, 길게는 수년간 만나면서 내담자 삶의 변화를 시도하는 기독교상담자에게는 상담자로서 자신이 경험하고 만난 하나님 이상을 내담자와 나눌 수 없고 소개할 수 없다는 제한이 따른다. 세 번째 공통점은 두 학문 모두 인간의 구원과 성화라는 분명한 방향을 지향하고 있다는 점이다. 신학과 기독교상담학 모두가 하나님의 영광이 되기 위해 지음받은 인간 자신이 어떻게 변화해야 하는가에 대하여 답을 제시하려고 한다.

한편 신학과 기독교상담학이 갖는 이러한 공통점에도 불구하고 두 가지 학문은 다음과 같은 차이점을 가진다. 첫째, 학문의 강조점이나 안목 면에서 신학은 '하나님'에 초점을 두고 있으나 기독교상담학은 '인간'에 초점을 더 맞춘다. 예를 들면, 신학자가 '하나님은 선하시다'는 것을 증명하고자 한다면, 기독교상담학자는 '선한 하나님을 어찌하여 인간은 선하게 경험하기 어려운가, 하나님을 선하게 경험하려면 인간에게는 어떠한 변화가 필요할까'에 더 주목하게 된다. 일반적으로 상담학이 '바람직한 인간 변화를 위한 학문'으로 정의된다면, 기독교상담학은 '하나님과의 관계에서 바람직한 인간 변화를 위한 학문'으로 정의될 수 있다. 따라서 기독교상담학은 어느 신학자가 신인학(神人學)이라 명명했던 신학과 인간의 바람직한 변화를 위한 상담학 사이의 훌륭한 가교 역할을 할 수 있을 것으로 기대되는 학문이다. 신학과 기독교상담학의 두 번째 차이점은 신학은 성경을 기초로 인간이 갖고 있는 문제 해결의 원리와 방향에 대한 지침에 강조점이 있는데 비해 기독교상담학은 인간이 갖고 있는 문제 자체의 종류와 실제적인 해결 방법에 그 강조점을 두고 있다. 물론 기독교상담학 역시 성경을 기초로 문제 해결의 방향을 설정하지만 인간과 세계에 대한 중요한 원리를 담고 있는 성경이 구체적으로 제시하지 않고있는 실질적인 문제해결 전략이나 기술을 함께 제공하려고 한다. 즉, 내담자가 하나님과 어떤 관계를 맺고 사는 지 그 관계의 질을 탐색하며, 그가 드리는 기도, 그가 이해하고 해석하는 성경 구절 등을 통하여 삶의 구체적이고 지속적인 변화를 시도하기도 한다. 또한 신학자들에 의해 음란, 질시, 원망, 탐욕 등으로 기술되는 인간의 문제를 기독교상담학자들은 현재를 사는 사람들이 보이는 여러 가지 정신적, 심리적 이상 문제와 그 문제가 발생되는 병인론을 토대로 체계적으로 설명하려고 한다. 음란을 예로 들어보면, 신학자들에게 음란이란 사람들이 피해야 할 죄 가운데 하나이다. 그러나 기독교상담학자에게 음란은 인터넷 야동, 혼외 정사, 성 중독 등으로 드러나며, 친밀감을 갈망하는 외로운 인간이 드러내는 문제이다. 그렇다면 죄란 무엇이고, 그 죄가 인간에게 어떻게 외로움의 문제를 부과하게 되는지에 대한 설명이 신학적으로 필요하다. 동시에 이는 성과 관련된 사람들의 문제를 풀기 위한 기독교상담학의 과제이기도 하다. 신학을 하는 것과 기독교상담학을 하는 것에 있어서 또 다른 차이점은 두 학문의 방법론에서 찾아볼 수 있다. 신학은 고증학, 문서해석학, 역사학 등 근대 자연과학이 발달하기 이전, 전통적으로 사용하던 학문의 방법을 주로 적용한다. 신학은 하나님의 존재와 그의 하신 일에 대한 의

심과 회의는 이미 학문의 범주를 벗어나 있다고 본다. 그러나 근대 자연과학의 영향을 받은 상담학은 인간의 문제와 그 해결방법에 대한 끊임없는 의심과 회의로부터 출발하여 기존의 여타 사회과학이 적용하고 있는 여러 가지 경험적, 실증적, 통계적 연구 방법을 폭넓게 사용하고 있다. 그렇다면 신학과 기독교상담학은 어떻게 만날 수 있을까? 이에 대한 대답은 아마도 어느 문화인류학자의 말에서 그 답의 실마리를 찾아볼 수 있겠다. "주술(믿음)은 원시인들의 과학이요, 과학은 현대인들의 믿음이다." 근대 과학이 발달하기 이전 고대 원시인들에게는 생존을 위해 세상의 질서와 현상을 설명하는 힘이 필요하였고, 그래서 주술을 발달시켰다. 예를 들어, 경험적으로 남동풍이 부는 봄 무렵에 파종을 해야 수확이 좋다는 것을 알게 된 원시 부족은 이러한 경험적 지식을 주술적 방법으로 생존에 사용하였을 것이다. 즉, 남동풍이 부는 시기에 '파종 제사'를 지내는 식이다. 반대로 현대인들은 기술을 발전시키며 그 어느 시기보다 과학적 진보를 많이 이루어내었다. 동시에 경제적 불안정, 기상 이변, 국제 정세의 격변 등을 겪고 있는 현대인은 그 어느 시대보다 심한 불안을 경험하며, 자신들이 발달시킨 과학을 자신들의 불안을 다루어가는 수단으로 사용하고 있다. 즉, 현대인들은 기술과 통계를 결합하여 여러 가지 경제 이론과 기상 이론을 발전시키고 믿으며 자신들의 미래에 대한 불안을 잠재우려 하지만, 경험적 확률로 밖에 설명할 수 없는 과학의 한계로 완전히 불안이 없는 세상을 살아갈 수는 없다.

성경은 이러한 인간의 실존적 불안의 이유와 해결 방법에 대한 불변의 진리를 기록한 책이다. 기독교상담학자들이 인간의 문제와 해결 방향에 대한 성경의 진리를 심리학, 상담학의 경험적 지식을 활용하여 설명해내려는 노력을 기울인다면 필자는 두 학문의 만남과 대화가 가능하다고 본다. 드보라 헌싱거(Deborah van Duesen Hunsinger)는 '이중언어'라는 용어를 사용하여 심리학과 신학의 역할을 설명하였다(Hunsinger, 1995, 이재훈, 신현복 역, 2000, p. 370). 그녀에 따르면 심리적 차원과 영적 차원은 서로 분리하거나 구분할 수 없는 것이지만 기독교상담자들은 신학적 문제로 추정되는 것 속에 감추어진 심리적 문제를 인식할 수 있어야 하고, 심리적 문제로 추정되는 것에 감추어진 신학적 문제를 인식할 수 있을 만큼 두 학문에 통달해야 한다. 하지만 그녀는 두 학문 사이에 번역을 하려고 해서는 안된다는 점을 강조한다. 그녀는 인간이 가진 모든 문제는 신학적 문제냐 심리적 문제냐를 떠나 그 자체의 언어적 준거 틀 안에서 제 기능을 갖고 있음을 강조하였다. 헌싱거에 따르면, 신학의 역할이 인간의 구속에 있다면 심리학의 역할은 문제 행동의 경감 및 해결에 있기 때문에 신학과 심리학 사이의 통합이나 용어의 변환은 기대하기 어렵다는 것이다. 헌싱거는 칼 바르트(Karl Barth)가 적용한 바 있는 칼케돈 양식을 차용하여 신학과 심리학의 관계에 대하여 설명한 바 있다(Hunsinger, 1995, 이재훈, 신혁복 역, 2000). 칼케돈 양식이란 5세기 칼케돈 공의회에서 예수님의 인성과 신성의 관계를 설명하기 위해 채택한 것으로 온전성, 일치성, 비대칭성 등 세 가지 개념을 내포한다 즉, 온전성이란 예수님의 신성과 인성은 서로 용해될 수 없이 차별된 것으로서 두 가지 모두 완전하다는 의미이다. 일치성이란 예수님의 신성과 인성은 서로 분리될 수 없는 하나라는 것을 뜻한다. 비대칭성이란 예수님의 신성과 인성은 서로 분리되거나 구분 없이 동시 발생하며, 그의 신성이 인성보다 논리적 우선권을 차지한 채 서로 비대칭적으로 연결되며, 독특한 방식으로 서로 차별화되고 일치되고 순서를 지니고 있다는 의미한다. 바르트가 칼케돈 양식을 예수님의 신성과 인성에 관한 논의에 적용하였듯, 헌싱거는 칼케돈 양식을 심리학과 신학의 관계에 대한 논의에 적용하였다. 헌싱거에 따르면 심리학과 신학은 우선 분리된 독립된 학문 분야로 그 자체로 온전하다. 즉 심리학에는 심리학 고유의 목적과 용어가 있고, 신학에도 신학 고유의 목적과 용어가 존재한다. 그리고 이 두 가지는 서로 섞일 수 없이 차별되게 존재한다. 하지만 이관직은 이에 대해 예수님의 인성과 신성은 100 퍼센트 완전한 반면, 신학과 심리학은 두 가지 모두 해석학적 틀을 전제하므로 오류가 있을 수 있다고 보았다(이관직, 2007). 일치성의 관점에서 심리학과 신학을 보면 두 가지 모두 인간에 대한 기술과 처방을 담고 있다는 점에서 서로 상통하고 있다. 비대칭성의 관점에서 신학과 심리학의 관계는 신학적 틀이 심리학의 틀보다 우위를 점하고 있으나 서로 비대칭적으로 연결되며, 독특한 방식으로 서로 차별화되고 일치되며 순서를 지니고 있다. 이에 대하여 필자는 헌싱거의 비대칭성 개념에는 동의하나, 온전성, 일치성의 관점에는 이견이 있다. 우선 신학과 심리학이 대화를 나누기 위하여 전제해야 할 것은 신학과 심리학이 각기 독립된 학문이며, 고유의 목적과 언어를 소유하므로 신학과 심리학 사이의 용어 변환이나 공통된 목적 수립은 가능하기 어렵다는 점에서 헌싱거의 비대칭성 개념에 동의한다. 그러나 신학이나 심리학이 그 자체로 온전하며, 삼위일체 하나님의 일치성 개념을 적용할 수 있을 만큼 신학과 심리학 사이의 일치성이 존재한다고 보기는 어렵다고 생각한다. 필자 역시 이관직의 의견처럼 신학과 심리학 모두에 해석학적 오류가 존재하며, 이는 학문 자체보다 학문하는 학자의 유한성에 의해 제한을 받는다고 생각한다. 또한 신학이나 심리학 모두 인간의 문제에 대한 기술과 처방을 제시하지만 비일치성 개념에서 엿볼 수 있듯, 두 학문의 목적이나 전제는 매우 상이하다. 필자는 심리학자들이 인간의 삶을 관찰하고 기술하며 변화시키는 데 활용한 일반계시적 관점의 지혜를 신학이라는 학문이 아닌(왜냐하면 신학 자체도 학자들의 삶을 통한 해석에 제한을 받으므로) 특별 계시인 성경의 진리를 해석하고 인간의 삶에 적용하는데 활용할 수 있다는 관점을 견지하고 있다.

필자의 관찰에 따르면 그동안 국내외에 출간된 기독교상담 관련 논의는 크게 세 가지 방향으로 진행되고 있는 것으로 보인다. 첫째, 상담학 이론들을 기독교 세계관의 관점에서 비평하는 것이다. 둘째, 학자 나름대로 기독교상담의 모델을 제시하는 것이다. 셋째, 기존 상담 이론의 틀을 적용하여 기독교 상담을 시도하는 것이다. 각각의 관점에서 진행된 논의를 정리하면 다음과 같다.

1) 상담학 이론의 기독교 세계관적 비평

이 관점의 대표적 저자는 부트만(Richard E. Butman)이라 할 수 있다. 부트만은 미국 휘튼대학 교수로, 심리학에 대한 그들의 전문적 식견에 기초하여 다양한 상담 이론과 이상심리에 대한 기독교적 비판과 해석을 시도하였다(Butman, 1991, 2011). 그는 성경에 대한 이해가 부족한 기독교인 일반 상담심리 전문가들에게 각 이론과 이상심리에 대한 성경적 시각을 제공함으로써 자신들의 상담 작업의 이론적 기초와 의미를 재고하여, 성경적 입장에서 상담을 시도할 수 있도록 자극하였다. 특히 그의 현대 심리치료(영서 제목: Modern Psychotherapies)라는 저서는 이론적 측면에서 충분히 각 이론의 철학이나 세계관 등을 분석한 점이 돋보인다.

2) 기독교상담 모델의 제시

이 관점으로 자신의 기독교상담 모델을 제시한 저자들은 여럿을 찾아볼 수 있었다. 제이 아담스 (Jay E. Adams)는 미국 뉴저지 소재 웨스트민스터신학대학 교수를 지낸 학자로, 1970년대 보수 신학적 관점에서 심리학 지식의 분별없는 활용에 경고의 메시지를 보내며 철저하게 성경에 기초한 상담 원리를 제시하였다. 그는 임상목회운동이 시작되면서 교회 성직자들에 의하여 상담학적 원리와 방법이 적용된 이후 성경과 상담의 균형을 잃으면서 지나치게 인본주의적 상담의 원리와 방법으로 인간 문제에 접근하였던 기존 기독교 상담계에 비판의식을 고취하여, 성경 중심의 기독교상담의 중요성을 역설하였다.

게리 콜린스 (Gary R. Collins)는 한국에 기독교상담학 저변이 확대되기 시작한 1980년대 이후, 당시 미국 트리니티신학대학 기독교상담학 교수였던 그가 통합적 관점에서 기독교상담에 관해 저술한 단행본 및 시리즈가 번역되면서 소개되기 시작했다. 그는 상담학이 한국에 본격적으로 소개되는 시점에 기독교적 시각으로 상담의 문제와 방법을 조명하는 새로운 관점과 방법을 제시하였으며, 다양한 주제와 관심으로 많은 양의 저서를 통해 기독교상담자에게 기독교상담의 새로운 지평을 열어주었다.

래리 크랩(Larry Crabb) 또는 로렌스 크랩(Lawrence Crabb)은 미국 덴버 콜로라도 크리스찬 대학교 교수로 재직하고 있으며, 그의 저작 역시 1980년대 이후 여러 사람에 의해 번역되어 소개된 바 있다. 그는 게리 콜린스와는 달리 성경에 근거한 인간관 및 인간 문제, 그의 해결 방향에 대해 구체적이고 일관된 논리를 제시한다. 특히 인간은 본질적으로 '가치감과 안정감'을 추구하며, 이의 실패가 여러 가지 심리적 문제와 연결된다는 그의 지적은 매우 통찰력 있는 발견이라 여겨진다.

윌리암 커원 (William Kirwan) 역시 래리 크랩과 같이 성경에 기초하여 인간 문제의 본질과 해결 방향을 몇 가지 유형으로 나누어 기술한 기독교 상담자이다(Kirwan, 1984). 그는 인간의 문제를 '나와 하나님 또는 대상' 관계를 어떻게 보는가에 따라 세 가지 유형으로 나누고, 이 논리에 맞게 인간의 문제를 기술한 바 있다. 그러나 각각의 문제 유형의 해결 방법으로는 기독교 교리의 '성화' 과정을 임상적인 번역 작업 없이 그대로 적용하여 인간 문제에 대한 심리적 분석의 정교함이 빛을 잃고 성경의 원리와 세련되게 통합되지 못한 아쉬움을 남긴다.

3) 기존 상담의 틀을 기독교상담에 적용

1990년대 채규만에 의해 번역된 〈심리학, 신학, 영성이 하나 된 기독교상담〉의 저자 마크 맥민(Mark R. McMinn)은 미국 시카고 소재 휘튼대학 교수를 거쳐 현재 조지 팍스 대학(George Fox University)의 심리학과 교수로 재직 중이며, 교회와 협력하여 심리학적 지식, 특히 인지상담이 어떻게 사용되는 데 큰 관심을 갖고 있는 학자이다. 그는 심리학과 신학, 그리고 영성 이 세 가지가 한 사람의 상담자에게 균형을 맞추어 통합되어야만 건전한 기독교상담이 이루어진다는 점을 역설하였다. 또한 기도와 성경을 어떻게 상담에 사용할 수 있는 지에 대한 안내도 시도되었다. 최근 맥민은 〈죄와 은혜의 기독교상담학〉(McMinn, M., 2008, 전요섭, 박성은 역, 2011)이란 저서를 통하여 성경적 상담자와 통합적 상담자를 죄와 은혜의 관점에서 비교하였다. 맥민은 성경적 상담자는 증상 속에서 죄를 강조하며 통합적 상담자는 무조건적 수용을 강조하며 하나님의 은혜를 강조하고 있다고 보았다. 하지만 맥민은 죄와 은혜는 서로 뗄레야 뗄 수 없이 붙어 있는 개념이라고 보았다. 즉, 은혜는 우리가 범하는 죄의 범위를 이해하지 않고는 바르게 알 수 없고, 우리가 범하는 죄의 깊은 면을 정직하게 바라보기 위해서는 은혜에 관심과 소망을 두어야한다고 했다. 나아가 맥민은 오직 하나님의 은혜의 깊이를 어렴풋이 볼 수 있을 때만이 죄 문제의 거대함을 파악하는 것을 시작할 수 있으며, 역설적으로 말하면 하나님의 은혜가 우리에게 죄에 맞설 수 있도록 용기를 준다고 강조하여 하나님의 은혜가 인간의 죄에 선행한다는 관점을 드러낸다.

쉐프란스키(Edward P. Shafranske) 외 미국심리학회 36분과 소속 학자들은 심리학과 종교라고 하는 미국심리학회 36분과 소속 학자들로 기독교를 포함한 종교와 심리학에 내재된 개념, 문화, 역사 등을 비교하며 여러 가지 종교적 신념이 심리적 건강과 어떻게 관련되는 지에 대하여 방대한 양으로 기술하였다. 한편 쉐프란스키는 스페리(Len Sperry)와 함께 영성지향 심리치료(Shafranske, E., 2003, 최영민 외 역, 2008)를 통해 인지행동, 정신분석, 인본주의, 대인관계, 초개인주의 등 다양한 상담 접근과 영성의 통합을 시도하였다. 이 책에서 밀러, 버긴 등은 영성과 상담이 통합되어 시도된 실제 상담사례를 소개하며, 영성이 심리치료와 통합될 수 있는 여러 가지 방식에 관한 실제적인 안내를 하였다. 위 저서들은 다양한 상담적 접근 방식이 어떻게 종교인 상담에 적용될 수 있는가에 대하여 인지 행동, 실존주의, 초월 심리, 결혼과 가족치료, 12단계 등의 다양한 관점에서 설명하고 있다.

정석환은 1990년대 미국 노스웨스턴대학에서 목회상담으로 박사학위를 취득한 후, 연세대학교 교수로 재직 중이다. 그는 〈목회상담학 연구〉라는 저서에서 정신역동, 이야기치료, 중년의 심리 등과 목회상담과의 관련성에 대하여 기술하였다(정석환, 2002). 그의 이야기치료나 중년의 심리 기독교 상담자들에게 중요한 관심사를 성경적 가르침과 연결하여 이해하기 어려웠던 특정 주제에 관하여 설명하였다.

김용태는 1990년대 미국 풀러신학대학에서 결혼과 가족치료 전공으로 박사학위를 취득한 후, 횃불트리니티신학대학원 교수로 재직 중이다. 그는 게리 콜린스, 데이비드 마이어, 데이비드 폴리슨, 로버트 로버츠가 각각 집필한 '심리학과 기독교'라는 저서를 토대로 통합적 관점에서 기독교상담학의 모델을 네 가지로 나누어 제시하였다(김용태, 2006). 이 책은 기독교상담의 정체성과 방향이 부족하였던 기독교상담학계에 기독교상담의 역사와 분파, 통합의 관점과 모델 등을 폭넓게 제시하였으며, 상담 이론의 토대가 되는 인간관, 성격 이론, 문제 및 변화의 방향 등에 관한 네 가지 다른 관점을 논리적으로 기술하였다.

유영권은 미국 밴더빌트대학에서 목회상담을 전공하고 1990년대 말 연세대학교 교수로 부임하였다. 그는 기존 학회지에 발표했던 그의 논문들을 모아 〈기독(목회)상담학 영역 및 증상별 접근〉를 출간하였다(유영권, 2008). 이 책은 각 장의 결론 부분에 짤막하게 각 논문이 한국 교회 성직자들과 상담자들에게 어떤 역할과 기대를 수행할지에 관한 저자의 소망을 담고 있다. 이는 각 논문의 내용을 이해한 기독상담 전문가들에게 기독교 상담자로서 그들의 역할과 사명에 구체적인 방향을 제시한다는 점에서 도움을 준다.

권수영은 미국 유니온 신학대학에서 목회상담을 전공하고 연세대학교 교수로 부임하였다. 그는 그의 저서 〈기독(목회)상담, 어떻게 다른가요〉에서 대상관계 입장에서 사람이 경험한 하나님과 대상 사이의 관계 경험이 몇 가지 사례 내에 어떻게 영향을 주고 있는가를 사례 중심으로 기술하였다(권수영, 2007). 이 책은 대상관계적 상담이 기독교상담과 어떻게 연관되어 이해되어 상담에 사용될 수 있는 지에 관한 구체적인 예를 제시한다. 또한 기독교인 상담자가 인간에 대한 대상관계적, 신학적 이해를 기초로 기독교 상담을 쉽게 이해할 수 있도록 저술되어 있다.

최근 전요섭과 박기영(2008)은 제이 아담스(Jay E. Adams), 도널드 캡스(Donald E.Capps), 하워드 클라인벨(Howard J.Clinebell), 게리 콜린스(Gary R.Collins), 로렌스 크랩(Lawrence J.Crabb), 찰스 걸킨(Charles V.Gerkin), 아치발트 하트(Archibald D.Hart), 시워드 힐트너(Seward Hiltner), 브루스 & 넬리 리치필드(Bruce & Nellie Litchfield), 마크 맥민(Mark R.McMinn), 클라이드 내러모어(Clyde M.Narramore), 웨인 오츠(Wayne E.Oates), 토머스 오든(Thomas C.Oden), 폴 투르니에(Paul Tournier), 노먼 라이트(H.Norman Wright) 등 서구의 기독교상담학자들의 상담 이론과 기법은 물론, 교육 배경, 학술 활동, 신학 성향, 그리고 심리학 개방성 등에 대해 정리한 책을 발간하였다. 이 책은 기독교상담 또는 목회상담 분야에 업적을 남긴 다양한 서구 학자들의 이론과 신학적 성향에 대하여 폭넓고 체계적으로 기술하여, 기독교상담 전반에 흐르는 신학 또는 심리학적 관점을 파악하는 데 도움을 준다.

  한편 그레고리(Greggory S., 2002)는 그의 논문에서 기독교 상담에는 맥락 (context), 접촉(contact), 계약(contract), 내용(content)의 네 가지 차원이 예술적으로 통합될 필요가 있다고 밝혔다. 맥락이란 하나님과의 만남의 목적을 의미하며, 이는 하나님의 형상대로 창조된 인간이 청지기로서 그 지으심의 목적대로 살아가는 자신을 만나는 것이다. 접촉이란 이에 필요한 인간적 만남을 형성하는 것을 의미한다. 계약이나 구속의 언약이라는 큰 계획 속에서 인간이 움직이고 있음을 의미하며, 내용이란 사람들이 세상을 바라보는 관점으로 그레고리는 타락 당시 하나님의 말씀이 조작된 점에 주의를 기울여, 기독교 상담에서는 하나님의 말씀이 오염되지 않도록 주의할 것을 요구한다.

  슐라거와 스켈리제(Schlager G. & Scalise E., 2007)는 유능한 기독교상담자가 갖추어야 하는 보편적 요인으로 다음의 다섯 가지를 열거하였다. 이는 내담자와 접촉하고 협력할 수 있는 능력, 임상적 평가 및 사례 개념화 능력, 경건한 치유(Godly healing)를 촉진시킬 수 있는 능력, 지속적으로 변화하도록 도전할 수 있는 능력, 그리고 상담의 성과를 축하하며 종결할 수 있는 능력이다. 한편 클린턴과 슐라거 (Clinton T., Schlager G., 2006)는 21세기 기독교상담의 새로운 전망을 밝힌 바 있다. 그들의 논문에 따르면 21세기 기독교상담의 가장 큰 특징은 활발한 학제간 연구, 통신망과 기술의 발달, 상담자 및 목회자의 양성과 훈련, 기독교상담자의 자격 부여 등이 될 것으로 내다보았다.

  일반 상담 이론이 그 세계관이나 철학에 관한 검증 없이 무분별하게 기독교 상담에 사용되고 있는 상황을 참작하면 이러한 노력은 매우 시기적절하고 중요한 의미를 지닌다. 하지만 헌싱거가 밝힌 것처럼 상담학과 신학은 인간의 본질에 관하여 탐구한다는 점에서 공통점을 가지나 그 기반과 목적이 상이한 비대칭적 구조를 지니고 있다.

따라서 소개된 학자들 가운데 일부는 무리하게 상담학의 언어를 신학의 틀로 비판하거나 변환하려 하거나, 반대로 신학의 언어를 상담학의 틀로 비평하거나 변환하려는 실수를 범하기도 한다. 또한 많은 경우 실제 일반 상담학의 지식과 방법이 신학적 틀에서 재해석되어 구체적으로 상담 사례 가운데 임상적으로 어떻게 적용될 수 있는가에 대한 정보가 부족하다. 특히 요즈음 상담학계에서 초월 영성 개념이 부각되고 있으나 영성의 개념이 성경에 제시된 복음주의 신학 입장에서 이해되는 영성개념과 상이한 경우를 종종 발견하게 된다. 안경승(Ahn, K. S., 2004)은 일반 초월 심리학은 다른 여러 이론들을 통합한 접근으로, 여러가지 종교적 측면과 과학을 적용하거나 동양의 종교적 전통을 수용하며 명상이나 의식 등의 실제적 기술을 활용하고 있다고 하였다. 하지만 기독교의 영성은 '여정'에 비유될 수 있다고 보았다. 즉, 죄와 깨어짐을 수용하는 시작 단계, 나그네 또는 이방인으로 살면서 하나님을 갈망하는 중간 단계, 하나님의 은혜가 사람들을 압도하는 마지막 단계 등으로 나누어진다.

최근 안석모를 비롯하여 목회상담학회 회원이 주축이 되어 〈목회상담 이론입문〉을 출간하였다(안석모 외, 2009). 이 책은 여덟 사람의 목회상담학회 회원들이 각자가 발표했거나 관심이 있는 주제에 대하여 한 장씩 집필하는 형식으로 집필되어 있다. 따라서 학회 차원에서 목회상담에 관심 있는 독자들을 위해 저자 저작이 서로 협력하는 모습을 보여주었다는 점에서 긍정적이나, 공동 저자들이 갖는 한계를 보여준다는 점에서는 아쉽다고 하겠다.

오우성, 박민수는 계명대학교 목회상담학과와 상담 연구소에서 함께 일하며, 〈심령을 견고히 하는 성경이야기 상담〉이란 책을 펴냈다. 이 책에서 오우성은 자신의 전문 분야인 '신약적' 관점에서, 박민수는 '상담학적' 관점에서 성경을 어떻게 상담에 구체적으로 적용할 수 있는 것인가에 대한 원리와 방법을 소개하였다(오우성, 박민

수, 2010). 이 책의 특징은 모든 기독교인이 삶의 좌표로 삼고 있는 성경을 구체적으로 상담 사례에 어떻게 활용할 수 있는 지에 관하여 축어록과 함께 제시하고 있는 점이다. 또한 공동체, 용서 등 신학적인 주제가 인간의 보편적인 삶과 어떻게 연결될 수 있는지에 관한 설명도 기독교상담 분야에 도움을 주었다고 평가된다.

코우와 홀(John H. Coe & Todd W. Hall)은 최근 2010년 그들의 변형심리학(Transformational Psychotherapy) 관점을 담은 〈영 안에의 심리학: 변형 심리학의 개관〉(Psychology in the Spirit: Contours of a Transformational Psychology)을 발간하였다. Johnson & Jones는 이에 앞서 설명의 수준 관점(A Level-of-Explanation View) 또는 평행 모델, 통합 관점(Integration View), 기독교심리학의 관점 (Christian Psychology View), 성경적 상담의 관점 (Biblical Counseling View) 등 기독교상담의 네 가지 분파를 소개하고, 각각의 관점에서 서로 비판적 대화를 시도한 바 있는데, 변형심리학은 이 네 가지 관점에 더해진 모델이다. 변형심리학 모델은 심리학의 전통 안에서 심리학을 하도록 노력하지만, 그 목표는 성령 안에서 내담자들이 새롭게 되며 말씀에 대해 열리도록 하는 것이다(John H. Coe & Todd W. Hall). 따라서 변형심리학자들은 과학의 관점에서 벗어나 믿음으로 얻어진 지식을 격하시키지 않고, 믿음의 실재에 바탕을 두고 심리학하기를 고집한다.

지금까지 국내외 여러 학자들에 의해 시도된 기독교상담 전문 서적 발간 내용을 개관하였다. 이를 종합하여 보면, 최근까지 간행된 기독교상담 관련 교재의 흐름은 다음과 같이 정리된다. 첫째, 1980년대까지 단독 저자 중심(예. 제이 아담스, 게리 콜린스, 래리 크랩) 출간이 주를 이루었지만 1990년대 이후 최근에 이르기까지 공동 저자 중심 서적 발간 노력(예. 미국심리학과 36분과, 한국목회상담학회 등)이 눈에 뜨인다. 둘째, 단독 저자의 저작물 가운데 국외 제이 아담스, 래리 크랩, 커원 , 국내 정석환, 권수영 등은 제한된 상담이론적 접근(예. 성경적 상담, 대상관계, 인지상담, 이야기치료 등)과 관련된 기독교상담적 해석이 주를 이룬다. 셋째, 단독 저자의 저작물 가운데 국외 쉐프란스키 등이 주축이 된 저작물들은 여러 가지 상담적 접근방식을 종교적, 영적 차원으로 확대하여 상담이론에 대하여 개신교 신학의 관점에서 비판 및 분석이 해석이 시도되지 않았다. 넷째, 단독 저자의 국내 출간물은 김용태와 같이 기독교상담의 통합적 모델을 폭넓게 제시하는 시도부터 권수영, 오우성과 박민수 등과 같이 상담의 한가지 접근 방식을 기독교적으로 해석해보고자 하는 시도까지 다양한 연속선 상에 분포해 있다.

이상 선행연구를 개관하면서, 필자는 그동안 국내외 여러 신학자와 기독교 상담학자들이 기울인 학문적 임상적 노력에 경의를 표한다. 한편 다음과 같은 몇 가지 문제의식도 갖게 되었다. 첫째, 기독교 상담학 분야에서 다양한 상담이론에 대한 기독교적 비판과 해석이 성경적 관점에서 이론적으로 심도있게 이루어진 저서가 부족하다. 둘째, 의미의 초월 영성의 개념과 구분된 개신교 복음주의의 전통과 교리에 입각한 범신론적 상담 이론의 해석과 적용을 시도한 저서가 부족하다. 셋째, 부분적으로 여러 저서에서 상담 사례를 소개하고 있으나, 상담훈련 과정에서 사용되어지는 상담사례보고서 양식에 의거하여 상담 사례를 기독교적으로 전체적, 통합적으로 이해하고 상담에 적용한 실례에 관한 저서가 많지 않다.

따라서, 본서는 필자의 학문적, 임상적 한계 내에서 다음과 같이 기독교상담학 교재의 방향을 잡아보고자 한다. 첫째, 기존 상담전문가들에게 익숙한 대표적인 상담 이론의 개념과 원리, 방법을 기독교적으로 비판하고 재해석한다. 둘째, 기독교상담 통합의 여러 관점을 평면적으로 나열하는 것이 아니라, 그 관점 가운데 복음주의 기독교라고 하는 한 가지 관점을 분명히 하여 기존의 '영성 상담', '종교적 상담' 등과 관련된 저서와 차별화하고, 이에 기초하여 상담이론의 비판과 재해석을 시도한다. 셋째, 각 상담이론적 접근방식에 기독교상담 원리와 방법을 적용한 상담사례보고서와 상담 종결 이후 내담자와의 인터뷰 축어록을 소개함으로써 상담전문가 교육에 구체적, 실제적 활용 가치를 높인다.

요 약

1장에는 그동안 국내외 기독교상담학자들의 저서와 논문을 개관하며 기독교상담 연구의 흐름과 방향을 알아보았다. 그동안 기독교상담학자들은 기독교 세계관의 틀로 여러 상담이론의 전제와 철학을 비평하기도 하고, 다양한 분파의 기독교상담학을 소개하기도 하였다. 특정 상담이론의 관점에서 기독교 상담을 시도하기도 하였으며 기독교상담학자들의 신학과 상담을 소개하기도 하였다. 하지만 실제 임상 장면에서 기독교상담자의 신학이 구체적으로 상담에 어떻게 작용되고 있는가를 보여주며 상담 교육 현장에 활용할 수 있는 교재는 상대적으로 부족하다.

생각할 거리들

1. 기독교상담학도로서 자신은 신학과 상담학의 역할이 무엇이라 생각하는가? 자신은 둘 가운데 어디에 우선 순위를 두고 있는가?

2. 신학과 상담학이라는 두 학문은 서로 어떤 방식으로 기여하며 발전할 수 있다고 생각하는가?

3. 기독교상담 교과서에 포함되기를 희망하는 내용을 자유롭게 기술해본다면 무엇이 떠오르는가?

2장 기독교상담의 역사와 분파 및 본서의 입장

본 장에서는 상담학과 기독교상담학이 역사적으로 어떤 역학 관계 속에 발전되어 왔는가를 기독교상담의 발전 과정에 따라 정리해보면서, 그 맥락 가운데 본서의 입장이 어디인가를 밝혀보려고 한다. 2장에서는 균형잡힌 기독교 상담의 모델을 소개하기에 앞서, 지금까지 형성되어 온 기독교상담의 분파를 소개하고, 각 분파가 위치한 기독교상담의 전체적 스펙트럼 안에서 본서의 입장을 밝혀보고자 한다. 1절에는 기독교상담의 본질에 대하여 생각해보고, 2절에서는 기독교상담의 분파 및 그에 대한 비판을 소개한 뒤, 3절에서 기독교상담의 연속선상에서 본서의 위치를 소개하겠다.

1. 기독교상담의 본질

신학과 기독교 상담은 내용적으로 같은 것일까? 필자의 대답은 그렇다이다. 이는 바르트가 제시한 칼케돈 양식 세 가지 특징 가운데 일치성 개념과 연결된다. 신학과 심리학은 다르지만, 신학과 기독교 상담은 내용이나 목적에 있어서 많은 일치점을 가진다. 예수 그리스도가 완전한 신성과 인성을 한 존재에 갖춘 것처럼 기독교상담이라는 학문 안에 신학과 심리학은 서로 별 개이나 본질적으로 많은 속성을 공유하고 있다.

몇 해 전 어느 조직신학 교수님으로부터 "기독교상담은 방법론에 관한 것"이라는 말을 들은 적이 있다. 필자의 생각으로는 기독교상담이란 성경에 계시된 원리와 방법에 따라 인간을 회복시키는 전 과정으로서, 인간 회복의 원리와 방향과 함께 그 구체적인 면접 방법까지 숙고해야하는, 방법론 이상의 의미를 지닌다. 그렇다면 왜 기독교계의 사람들은 기독교상담을 단순한 방법론이라 생각하게 되었을까? 이는 앞서 소개했듯이 그동안의 기독교상담자들이 성경의 원리를 충분히 반영하지 못한 채 상담의 방법론만을 인간 회복을 위한 방편으로 채택하여 왔기 때문이다. 다시 말하면 기독교상담은 인간 변화의 원리와 방향을 성경에서 찾고 있으므로 본질적으로 신학과 다르지 않다. 그렇다면 기독교상담의 관건은 인간 변화의 원리와 방향을 어떠한 신학에서 찾고 있는가에서 따라 달라진다. 즉 기독교상담의 본질은 결국 기독상담자가 기반하고 있는 신학에 따라 좌우된다.

　의식하든, 의식하지 않든 모든 기독교상담자는 내담자와 만나는 매 순간마다, 자신의 신학에 기반한 대화를 나눈다. 얼마 전 경기도 신도시 인근에 크게 새로 지은 교회 외벽에 다음과 같이 크게 써붙인 현수막이 눈에 띄었다. "우리는 꿈 꾸고, 하나님은 일하신다." 필자는 그 현수막의 내용을 읽자마자 상당히 혼란스러워졌다. 이 현수막의 내용은 그 교회 목회자의 신학을 대변한다. 혹시 이 교회의 목회자는 하나님을 인간이 꿈 꾸는 대로 전지전능하게 이루어주시는 분이라고 인식하고 있지 않을까 하는 생각이 스쳐갔다. 필자의 생각으로는 이와 반대가 되어야 한다. 즉 "하나님은 꿈 꾸시고, 우리는 일한다"가 필자의 신학에는 맞는 표현이라 여겨진다. 하나님은 모든 피조물을 창조하셨으며, 인간을 포함한 모든 피조물은 하나님의 목적과 영광을 위해 움직인다. 따라서 하나님이 꿈꾸시는 것을 인간은 사랑과 정성을 다하여 이루어 드려야한다. 그리고 그 과정이 우리에게 손해를 끼치고, 불편할 수도 있겠지만 이를 통해 하나님께서 원하시는 일이 이루어진다면 그것 자체가 우리에게 큰 기쁨과 즐거움을 주며,

궁극적으로는 만족감과 성공감을 가져다 주는 것이다.

　기독교상담자가 내담자와 첫 만남을 갖고, 그의 문제를 듣는 순간부터 상담자의 신학은 작동한다. 예를 들어 내담자가 '우울한 상태에서 벗어나고 싶다'라고 말했다면 그 순간 상담자의 머리에는 어떤 생각이 스쳐갈까? 상담 목표를 '우울증의 경감'이라고 잡고 이에만 집중해야 되겠다는 생각이 떠오르며 이 내담자가 행복한 상태로 조력하는 데에만 상담자의 관심이 기울어졌다면 어쩌면 앞에 소개한 성공 신학, 번영 신학을 가진 목회자의 신학과 상담자의 신학이 크게 다르지 않을 수 있다. 이 순간 기독교상담자의 머리 속에는 다음의 여러 가지 생각이 스쳐갈 수 있다. '갑작스러운 삶의 상실이 있었을까?', '지금 살아가는 상황이 너무 고통스러운가?', '가계에 우울한 가족들이 많을까?', '이룰 수 없는 높은 기준을 세우고 있을까?', '높은 기대를 만족시켜 주기 어려운 가족과 함께 살고 있을까?' '가족들과는 친밀한 관계 가운데 살아갈까?', '하나님을 어떻게 경험하고 있을까?', '십자가에서 이루어진 일의 가치를 알고 있을까?', '종말론적 희망을 느끼며 살고 있을까?' 등이 그 예이다. 우울증에 관한 전문적 지식을 갖춘 기독상담자라면 내담자 우울증의 생리적, 심리적, 가족환경적 요인에 대해 검토해야 할 것이다. 동시에 자신의 신학 활동 가운데 '내담자 스스로가 더 높은 삶의 기준을 자꾸 세우려하는 것은 하나님이 아닌 자신을 삶의 중심에 세우고자 하는 인간의 죄성과 어떤 관련을 가질까?', '자신이 예수 그리스도의 구속의 은혜를 입은 귀한 존재라는 확신과 현재의 우울 현상은 어떤 관련을 가질까?', '이 내담자의 삶의 종국의 가치와 관심은 무엇일까?' 라는 질문을 던질 수 있다. 그리고 기독상담자라면 그 질문에 대한 대답을 찾는 과정과 방향이 성경에 계시된 진리와 일치되도록 조력해야 한다.

　이런 측면에서 전문적 기독교상담자가 구체적으로 행하는 기독교상담에는 크게 상담자의 상담에 관한 전문적 식견 또는 오리엔테이션과 그의 신학이 역동적으로 영향을 미치고 있다. 예를 들면 정신분석에 이론적 기초를 두고 기독교 상담을 하는 상담자를 가정해보자. 그는 내담자가 호소하는 문제에 대한 정신분석적 이해를 바탕으로 상담을 하는 동시에 성경에 근거를 둔 인간 문제의 이해와 회복이라는 관점에서 상담을 진행할 것이다. 그런데 만일 사람에 대한 정신분석적 이해와 성경적 이해가 상통하여 서로를 설명해주면 좋겠지만 그렇지 않고 서로 충돌하며 갈등한다면 어떻게 해야할까? 인간 중심 상담 교육을 받은 전문 상담자가 기독교상담을 하려고 하는데, 마찬가지로 인간 중심 상담의 철학과 방법이 성경과 갈등없이 공존하며 내담자 회복을 도울 수 있다면 좋겠지만 그렇지 않다면 어떻게 해야할까? 거꾸로 기독교상담을 잘 하고 싶은 기독상담자가 인간에 대한 성경적 이해와 회복의 그림은 분명히 그릴 수 있겠는데, 내담자가 호소하는 문제를 심리적으로 이해하고 바람직한 영적 변화와 함께 마음의 변화를 일으키려면 어떻게 할 수 있을까?

위와 같은 질문에 대해 답하기 위해서는 기독상담자는 다음의 몇 가지에 대하여 스스로 확인할 필요가 있다.

첫째, 자신은 성경과 상담학의 진리가 공존할 수 있다고 생각하는가, 그렇지 않은가?

1) 공존할 수 있다면 성경과 상담학 가운데 어디에 우위를 두고 있는가?

2) 공존할 수 없다면 자신이 상담에 주로 채택하는 상담의 원리는 둘 가운데 무엇인가?

둘째, 자신은 상담이론의 틀을 어디에 두고 있는가? 일반상담이론 가운데 어느 이론이 자신의 성격이나 관심, 가치와 가장 잘 부합하는가?

셋째, 자신의 상담이론의 틀과 성경의 진리가 충돌하는 경우 이를 어떻게 해결하고 있는가?

1) 성경에 대한 지식이 충분치 않아 주로 상담이론의 틀에 의존하는가?

2) 자신의 상담이론을 성경적 진리의 관점으로 비판적으로 검토하여 수정하는가?

3) 자신의 상담이론을 성경적 진리의 관점으로 수정하는 것에 익숙치 않아 자신의 상담이론을 포기하고 성경의 관점만 따라 상담하는가?

넷째, 자신의 신학적 입장은 무엇인가? 현대 진보주의 신학적 입장에서 인간에 의해 해석되어진 진리를 믿는가? 아니면 복음주의 입장에서 철저히 성경의 권위를 믿는가?

2. 기독교상담의 역사와 분파

그럼 이제 신학적 자리에 따른 기독교상담의 역사와 분파를 정리해보기로 한다. 이에 앞서 기독교상담과 목회상담이라는 용어에 대한 정리가 필요해 보인다. 역사적으로 보면 기독교상담은 목회상담보다 나중에 등장한 용어이다. 왜냐하면 목회상담운동이 먼저 일어나고, 이에 대한 논쟁과 임상적 운동이 일어나는 과정에서 기독교상담이 등장했기 때문이다. 즉, 목회자들의 전유물이라고 생각되던 목회상담이 일반 상담학의 이론이나 방법들을 적극적으로 수용하는 과정에서 일반 상담학의 훈련을 받은 기독교 신앙을 가진 평신도들 역시 내담자 또는 교인들의 믿음을 세우고 영혼을 돌보는 과정에 함께 참여할 기회를 얻게 되었기 때문이다. 물론 기독교상담과 목회상담의 정의는 이렇듯 상담을 하는 주체에 따라 단순하게 구분되는 것은 아닐 것이며, 이에 대해서는 더 많은 논의가 필요해보인다. 단지 본서에서는 기독교상담과 목회상담을 상담을 하는 주체에 따라 구분하기 보다는 상담의 원리와 가치, 방향이 성경적이라면 기독교상담과 목회상담 모두 '기독교상담'이라고 명명하자는 입장에서 기독교상담이라는 용어를 사용하고자 한다.

기독교상담(이하 목회상담의 개념을 포함)의 역사에 대해서는 그동안 김용태

(2006), 권수영, 김필진, 박노권, 박민수, 신명숙, 안석모, 이관직, 이정기(2007) 등이 정리해놓은 바 있다. 김용태(2006)는 기독교상담의 역사를 수용과 거부의 관점에서 보았다. 즉 일반심리학의 지식을 적극적으로 수용하면서 시작된 안톤 보이슨의 임마누엘 운동에서 시작된 기독교상담은 일반심리학의 지식의 수용을 단호하게 거부해야 한다는 제이 아담스의 성경적 상담 운동을 불러일으켰다는 것이다. 권수영(2007)은 기독교상담의 역사를 목회자 중심의 목회상담이라는 관점에서 종교심리학 운동, 임마누엘 운동, 심리학의 발흥, 정신위생 운동, 목회임상교육, 목회상담의 중흥기 등으로 대별하였다. 오우성, 박민수(2010)는 기독교상담을 인간이 하나님과 깊이 대면하며 영적으로 삶의 이야기를 작성하기를 바라는 관점에서 '살아있는 인간문서'라는 용어를 중심으로 첫째, 살아있는 인간문서의 시대-개인을 향한 헌신으로의 목회상담, 둘째, 살아있는 인간관계망의 시대- 세상을 향한 헌신으로의 목회상담, 셋째, 다양성과 혼돈의 시대의 세가지로 대별하였다.

필자는 기독교상담의 역사를 일반상담학의 발전 과정과 기독교상담의 분파를 개관해보며 정리해보려고 한다. 이는 필자가 신학보다 일반상담학의 훈련을 먼저 받았기 때문에 일반상담학의 발전과 기독교상담의 분파의 형성을 함께 조명해보는 것이 필자 자신에게 더 편안하게 느껴지기 때문이다. 또한 이는 일반상담학 배경을 가진 독자들과 신학 훈련을 먼저 받은 목회자들 모두에게 더 쉽게 이해될 수 있을 것이라 생각된다.

1장에서 소개한 대로 김용태는 기독교상담의 분파를 다섯 가지로 대별하였다. 기독교상담의 분파는 상담 실제에 성경의 진리를 어느 정도 사용하는가와 어떠한 신학적 배경 위에서 통합하는가에 따라 결정된다고 보인다. 일반 상담은 상담에서 하나님과 성경의 진리가 완전히 배제되고, 일반적인 심리학과 상담학의 지식만을 사용한다. 반면, 영화 상담은 상담 실제에 거의 하나님의 계시인 성경의 진리만을 사용하고 일반적인 상담의 지식 사용을 거의 배제하고 있다고 보는 것이다. 인본주의 상담은 성경에 나타나는 용어, 예를 들면 하나님, 창조, 구원이라는 단어를 사용하지만 이들 용어는 심리학의 자아 실현, 회복, 본성 등의 의미와 무분별하게 혼합되어 사용된다. 평행모델은 성경의 지혜와 일반 상담학의 지혜가 내용 상 일관성을 가지나, 마치 철로의 두 열과 같이 개념적으로나 임상적으로 전혀 만나거나 통합되지 않은 상태로 상담 실제에 기여하고 있는 상태를 의미한다. 통합 모델은 좀 더 복잡하다. 이는 성경의 지혜와 일반 상담학의 지혜, 그리고 용어 사이에 대화를 시도하며 어떠한 형태나 내용으로든 한 쪽이 다른 한 쪽을 설명하거나 포함하거나 배척하는 방식으로 통합을 이루어 상담 실제에 기여하게 된다.

필자의 경우 대학원 수련 시절 거의 100회에 달하는 전통적 방식의 정신분석을 상담교육의 일부로 경험한 적이 있다. 필자는 이 분석 경험에서 꿈과 전이의 해석을 통하여 나 자신이 우리 가족 가운데 한 사람을 얼마나 미워하며 살았는지, 또한 그와 얼마나 경쟁적으로 살았는지를 알아차리게 되었다. 그 당시 필자의 분석가는 카톨릭교 신자였으나 이 해석 경험을 필자와 하나님과의 관계로까지 연결시켜 해석하지 않았다. 그러나 만일 그 분석가가 이집트에서 빼앗은(정신분석학의 지혜에서 빌어온) 꿈과 전이의 해석이라는 방법을 필자가 하나님이나 사람들과 형성하였던 관계 경험을 인식하는데 사용하여, 필자가 의식 수준에서는 가족을 사랑한다고 하였지만, 무의식 수준에서 가족 중 한 사람을 얼마나 미워하고 있던 한계를 지닌 인간이었는지를, 그렇게 된 이유가 하나님께서 필자를 사랑하는 것을 알아차리지 못한 채 그 가족과 경쟁하고 겨누면서 부모의 사랑을 쟁취하려 하였다는 것을 알게 도와주었다면 그 분석가는 '이집트에서 빼앗기 모델'을 사용한 것이 된다.

이렇게 다섯 가지 모델을 염두에 두고 한국의 기독교상담 현황을 살펴본 국내 논문을 몇 가지 살펴보겠다. 먼저 이숙영, 김성희(2003)는 1990년부터 2001년까지 기독교상담과 관련된 석사 논문 317편을 분석하였다. 그 결과 이론과 실제 연구의 비율은 73.2%, 26.8%로 이론 연구의 비율이 현저히 높으며, 상담학과 신학의 통합 입장에서 쓰여진 논문 비율이 68%임을 밝혔다. 또한 박기영(2007)은 심리학에 대한 개방성 정도에 따른 기독교 상담의 성향을 분석하여 보았다. 그는 신학이 진보적일수록 심리학에 대해 개방적이고 보수적일 수도 폐쇄적임을 발견하였다. 그는 심리학에 대한 신학의 태도를 개방, 수용, 분리, 여과, 폐쇄의 다섯 가지로 구분하였다. 개방 입장은 위에서 소개한 일반상담 모델과 대응이 되는 것으로 심리학의 지식에 완전히 열려있어 기독교상담이라 보기 어려운 것이다. 수용 입장은 위의 인본주의 모델과 대응되며 심리학을 완전히 수용하되 신학을 무시하지 않는 정도이다. 분리 입장은 심리학과 신학을 동등하게 중요시한다. 여과 입장은 신학의 틀로 심리학의 지식을 검증하겠다는 입장이다. 폐쇄 입장은 심리학 지식을 수용하지 않는 닫힌 태도를 견지한다. 이 논문에서 박기영은 복음주의적 입장이란 심리학의 전제를 신학의 기반 위에서 충분히 여과하되 심리학을 효율적으로 활용할 수 있도록 하는 것이라 밝혔다. 이은구(2006)는 기독교상담의 정체성 교육에 성경적 신관, 인생관, 가치관, 역사관, 사명관이 확립되어야 함을 강조하면서 상담과 신학의 진정한 통합이란 하나님의 진리와의 생생한 유기적 연합체를 이루어 나가는 과정이라고 밝혔다. 이은구는 위에서 필자가 제시한 다섯 가지 모델을 대신하여 현재 기독교상담을 무차별 혼동 주의, 차별 종합주의, 분리 성경중심 주의의 세 가지로 분류하였다. 그에 따르면 힐트너, 클라인벨, 오우츠, 와이즈, 흄 등은 무차별 혼동주의자, 콜린스, 나래모어, 크랩, 마이어 등은 차별 종합주의자, 아담스는 분리 성경중심주의자로 구별된다.

필자가 보기에 현재 개신교에는 다양한 형태와 내용의 기독교 상담이 혼재한다. 그리고 다양한 형태와 내용의 기독교 상담이 서로 보완적으로 기능하기 보다는 하나가 다른 하나에 배타적인 성향을 띠어 서로 수용하기가 쉽지 않아 보인다. 이는 현재 기독교 상담계의 당면한 어려움과 구체적으로 연결된다. 즉 어느 기독교 상담은 일반 심리학이나 상담학의 지식을 그대로 수용하여 성경의 진리를 사람의 삶에서 드러내는 데에는 충분하지 않은 것처럼 보인다. 예를 들어 임마누엘운동으로 시작된 임상목회운동은 목회자들에게 심리학이라고 하는 인간을 이해할 수 있는 좋은 도구를 제공했지만, 목회 활동에 있어서 심리학에 성경의 자리를 지나치게 내어주어 목회상담의 정체성 문제를 드러낸 것이 아닐까 사료된다. 이와 반대 층의 기독교 상담은 명분만 상담일 뿐 인간을 이해하고 변화시키는 데 있어서 성경의 진리만을 배타적으로 활용하여 심리학과 대화와 소통을 이루는데 충분하지 못한 듯 보이기도 한다. 김성민 (2011)은 현대 교회에 목회상담의 위기가 초래된 이유를 다음의 세가지로 본다. 첫째, 목회상담이 현대 심리학 이론을 받아들이면서 목회돌봄의 전통에서 멀어져 정체성이 모호해졌다. 둘째, 목회상담은 목회돌봄이라는 본질상 사례비를 받지 않아 일반 상담에 비하여 전문성이 부족하게 여겨진다. 셋째, 급속히 진행되는 세속화의 결과 상담학 역시 교회의 전통과 뿌리에서 벗어나 다른 길을 가고 있으므로, 이에 맞서 대응해야하는 위기 상황에 처해있다. 김성민(2011)은 이러한 위기에 대응하는 한국의 목회상담 또는 기독교상담학계의 대응 방식을 다음의 세 가지로 분석하였다. 먼저 심리학을 적극적으로 수용하면서 심리학에 우선권을 주는 방식, 둘째, 심리학보다는 상담의 기술에 초점을 맞추고 목회돌봄에 우선권을 주는 방식, 마지막으로 심리학을 거부하고 복음주의적 전통에 우선권을 주는 방식이다. 많은 기독교상담자들이 이와 같은 고민을 깊이 하며, 기독교상담의 정체성과 효율성 두 가지를 균형있게 이루어가고자 하지만, 이것이 그렇게 쉬운 일이 아니라는 것에 많은 사람들이 공감하고 있다.

본서에서 필자는 기독교 신앙을 가진 상담자들에게 고민의 단서를 제공하고, 부분적이지만 이들이 제기하는 질문에 대답해보고자 한다. 그러나 앞으로 소개할 필자의 기독교상담에 대한 담론을 모든 기독교 상담자들이 따라야 하는 것은 아니다. 필자는 앞서 소개한 기독교상담학의 분파를 소개하였듯, 신학의 자리에 세속 철학이나 세계관을 놓고 이것들과 성경의 진리 사이에서 고민해왔던 신학자들의 분파를 소개하고, 이 가운데 필자의 신학적 입장이 어떠한지 밝힘으로써 앞으로 진행될 필자의 기독교 상담의 자리를 밝혀보고자 한다.

데이비드 포드(Ford, Do, 2000, 류장열 외 역, 2006)는 그의 저서 〈현대신학과 신학자들〉에서 '세속 철학이나 세계관과 성경의 진리'의 두 가지를 자신들의 신학에 어떻게 통합시켰는가에 따라 신학자들을 크게 근본주의, 신정통주의(칼 바르트), 신정통주의(폴 틸리히), 포용주의, 종교다원주의의 다섯 가지 분파로 구분하였다. 포드는 이들을 세속 철학과 성경 가운데 무엇을 중심에 놓았는가에 따라 성경에 우위를 둔 근본주의와 신정통주의, 그리고 철학에 우선을 둔 포용주의와 종교다원주의로 구분하였다.

이상의 현대 신학의 분파는 현대 철학과 성경이 어떠한 관계로 발달해왔는지를 고찰해보는 과정에서 발견될 수 있다. 먼저 전통 신학인 근본주의 신학은 기존 기독교의 입장을 반복하고자 하는 유형이다. 현실에서 일어나는 모든 사실을 오직 성경의 관점에서만 바라보고, 현실에 혹시 성경과 다른 측면이 등장한 경우 그 모든 것의 중요성을 인정하려 들지 않는 입장이다. 칼 바르트로 대표되는 신정통주의에는 칼 바르트, 본회퍼, 윙엘, 콩가르, 드뤼박, 발타자르, 맥키넌 등 보수적 포스트모던주의자들과 몇몇의 복음주의자, 그리고 동방정교회 신학자들이 포함된다. 바르트 계열의 신정통주의는 철학과 신학과의 관계에서 기독교적 정체성, 성경이 그 무엇보다도 우선시되며, 모든 현실을 성경과 관련시켜 해석하여야 한다고 역설한다. 더불어 신학자들은 기독교의 합리적 이해해 대한 현대 세계의 요구에 대해서 열린 자세로 진지하게 대응해야 함을 주장한다. 폴 틸리히를 중심한 신정통주의자들의 특징은 현대의 삶과 사상 가운데 현실에서 제기되고 있는 질문들에 대하여 기독교의 핵심적 상징들에 대한 해석을 통해 답을 주고 서로 관련시켜보려는 시도를 하는 것이다. 그들은 전통적 기독교 신앙과 현대 세계와의 대화를 중시한다. 쉴레벡스, 큉, 그리고 수정주의자로 일컬어질 수 있는 다수 영미신학자들이 이에 속한다. 포드는 제임스 버클리를 인용하여 "현대의 철학, 문화 그리고 사회적 관습과의 대화를 통해 기독교적 의식과 가르침을 구체화하는 일에 헌신한 사람들"(p. 36)로 이들을 규정한다. 이 두 가지 신정통주의의 중요한 차이를 살펴보면 바르트계의 신정통주의는 성경을 우선시하고, 성경적 가치를 설득하여 이해를 추구하는 신학이며 틸리히계의 신정통주의는 철학과의 상호 연관을 우선시하고 기독교와 현대 사회의 통합을 시도하려는 것이다. 포용주의 신학은 특정 종류의 현대 철학이나 현대적 개념 또는 문제와 기독교 양자 사이에 공정을 기하면서 서로 통합하고 대화를 시도하는 입장이다. 그리고 여기에는 현대 철학이나 현대사회의 문제 등이 그 관심의 중심에 위치한다. 다시 말하면 이들은 성경으로 철학을 해석하는 것이 아니라, 거꾸로 현대 철학의 관심에 입각하여 성경을 재해석하는 과정을 채택한다. 포드는 로버트 모건을 인용하여, 실존주의 철학을 신약성경의 해석을 위한 열쇠로 활용한 루돌프 볼트만을 포용주의자의 좋은 예로 들고 있다. 마지막 종교다원주의자들은 현대 철학이나 세계관에 절대적 우위를 부여하면서 성경의 진리가 현대 철학의 규준에 맞을 때에만 타당할 뿐이라는 관점을 취한다. 이는 기독교 신앙과 기독교적 의식에 대한 궁극적 판단은 언제나 신앙의 외부(철학의 자리라고 추측된다)에 존재한다는 포드의 기술로 확증된다.

그럼 이제 기독교상담의 구조 통합 도표에 제시되었던 기독교상담의 분파와 현대 신학의 분파를 비교해보기로 한다. 앞서 기독교상담의 분파 역시 일반상담 모델, 인본주의 모델, 평행 모델, 통합 모델, 영화 모델의 다섯 가지로 구분되고 있음을 소개하였다. 데이비드 포드는 현대신학의 다섯 가지 분파를 종교다원주의, 포용주의, 신정통주의(폴 틸리히계), 신정통주의(칼 바르트계), 그리고 근본주의로 구분하였다. 이 다섯가지 신학의 분파를 기독교상담의 다섯 가지 분파와 기계적으로 비교하며 연결시키기에는 무리가 따르지만, 독자들의 이해를 돕고 본서 필자의 위치를 좀 더 명확히 하기 위해서는 도움이 되는 과정이라 여겨져서 이 두 가지를 연결시키며 설명해보려고 한다.

첫째, 기독교상담의 분파 내 일반상담 모델 내에는 기독교적 진리와 세계관이 전혀 존재하지 않는다. 따라서 이 모델은 현대신학 분파 가운데 어디에도 해당되지 않는다. 기독교상담의 인본주의 모델은 현대신학 사조 가운데 종교다원주의와 포용주의와 대칭을 이룬다고 볼 수 있다. 왜냐하면 래리 크랩이 이 모델의 이름을 명명한 것에서도 엿볼 수 있듯이 상담학이라고 하는 현대 학문의 본질은 그대로 둔 채 이를 샐러드 볼에 던져놓고 상담의 용어에 이름을 드레싱을 섞듯이 기독교적 용어 혹은 개념을 섞어 기독교상담의 맛을 내고 있기 때문이다. 또한 종교다원주의자들이나 포용주의자들은 그들의 판단의 중심이 성경에서 철학으로 이동되어 있고, 포용주의자의 경우 성경으로 철학을 해석하는 것이 아니라, 거꾸로 현대 철학의 관심에 입각하여 성경을 재해석하는 과정을 채택한다는 관점에서 볼 때 이같은 판단이 설득력을 갖는다.

둘째, 기독교상담의 평행 모델은 폴 틸리히 계열의 신정통주의에 가깝지 않을까 사료된다. 물론 기독교상담학자의 개인적 신앙을 세세히 평가할 수 없으며, 이 모델에 속한 학자 가운데에는 개인적으로는 칼 바르트의 신정통주의나 근본주의적 신앙을 가진 사람이 있을 수 있다. 그러나 상담학과 성경의 진리 두 가지 중 어느 것을 기반으로 기독교상담학을 하는가라는 관점에서 평가해본다면 평행 모델의 기독교상담자들은 상담학과 성경의 진리 가운데 어느 하나에 더 큰 비중을 두지 않고, 또 이 둘의 대화를 적극적으로 시도하지 않는 상태에서 상담학과 성경의 진리를 병렬적으로 위치시키고 있다. 이는 신정통주의 신학이 현대 사회를 기독교의 내부로 포섭하거나, 기독교를 중심에 두고 현대적 정황을 모두 설명하려고 하지 않으며, 통합의 중심에 성경을 두고자 하지만 성경의 절대성, 성경 진리 적용의 우선성을 주장하지는 않는다는 점에서 평행 모델은 폴 틸리히 계의 신정통주의 신학의 방법론에 가까워 보인다. 이에 대하여 헌싱거(이재훈, 신현복 역, 2000, pp. 156-162)는 칼 바르트와 폴 틸리히의 신학을 다음과 같이 비교하였다. 폴 틸리히와 칼 바르트는 초기에는 그리 차이를 드러내지 않았다. 왜냐하면 초기 폴 틸리히는 구원을 치유라는 틀 속에 위치시키며, 칼 바르트와 마찬가지로 신학에는 심리학적 개념들 자체만으로는 도저히 접근할 수 없는 어떤 특수성이 존재한다고 보고, 이 둘은 상호 교환 불가하다는 입장이었다. 그러나 후기 폴 틸리히는 치유의 개념을 심리적, 물리적 영역에서 전적으로 동일한 신학적 영역으로 들어올렸다. 또한 구원 역시 신학적 개념으로 사용하지 않고, 인도, 그리스 신화까지 사용하여 어떻게 인간이 우주의 무질서, 질병과 타락으로부터 구원이라고도 할 수 있는 치유를 갈구하게 되었는지를 설명하였다. 더욱이 틸리히는 존재 그 자체는 모든 유한한 존재를 무한히 초월한다고 주장하여, 영적 실재–신학적 실재가 다른 실재들과 똑같은 수준에 머물도록 하였다. 하지만 칼 바르트에게 하나님은 스스로를 통해 세상을 창조하는 분이 아니라 무에서 세상을 창조해내시는 분으로 인식된다. 바르트에게 있어서 하나님은 세상을 통해 스스로를 창조하는 분이 결코 아니라는 명제는 피조물 그 자체에 본질적으로 관련되어 있는 심리학과 피조 된 실재뿐 아니라 본질적으로 하나님의 실재와도 관련되어 있는 신학이 절대로 같을 수 없다는 생각으로 발전한다.

셋째, 기독교상담의 통합 모델은 칼 바르트 계열의 신정통주의에 가깝다고 할 수 있다. 바르트의 신정통주의는 철학과 신학과의 관계에서 기독교적 정체성, 성경이 그 무엇보다도 우선시되어야 하며, 모든 현실을 성경과 관련시켜 해석하여야 한다는 입장이다. 더불어 신학자들은 기독교의 합리적 이해에 대한 현대 세계의 요구에 대해서 열린 자세로 진지하게 대응해야 함을 강조한다. 상담학과 성경 사이의 통합의 내용과 관점 등은 같은 통합 모델 내에서 차이를 나타낼 수 있지만 기본적으로 기독교상담의 통합론자들은 현대 상담학에 열린 태도를 견지한다. 상담학의 지혜가 성경의 진리에 위배되지 않고, 성경의 원리대로 인간의 회복을 조력할 수 있는 한 기독교상담에 포함시켜 사용하려고 한다. 또한 성경의 진리에 더 큰 무게를 두고, 성경의 렌즈로 비추어보아 상담학의 세계관을 배척하든지, 수정하든지, 거르든지 변환시켜서 사용하고 있으므로 이런 점에서 통합 모델은 바르트계의 신정통주의에 가깝다고 볼 수 있다.

넷째, 기독교상담의 영화모델은 현대 신학의 사조 가운데 근본주의에 가깝다고 할 수 있다. 앞에서 근본주의 신학은 기존 기독교의 입장을 반복하고자 하는 유형으로, 근본주의자들은 현실에서 일어나는 모든 사실을 오직 성경의 관점에서만 바라보고, 현실에 혹시 성경과 다른 측면이 등장한 경우 그 모든 것의 중요성을 인정하려 들지 않는다고 하였다. 최근 영화모델의 대표적 인물인 제이 아담스의 제자인 데이비드 폴리슨 등을 중심으로 현대 상담학의 과정적, 기법적 지식을 부분적으로 수용하려는 움직임이 있지만 이러한 수용의 범위가 상담이론의 범위까지 확장되지는 못한 것으로 보인다.

3. 기독교상담의 연속선 상에서 본서의 위치

이상을 종합하여 기독교상담의 분파 연속선 상에서 본서의 자리를 밝혀보겠다.

1) 필자는 기독교상담학을 구성하는 심리학과 신학의 관계에서 드보라 헌싱거가 칼

바르트의 칼케돈 양식을 적용하여 설명한 것과 같이 신학을 우위에 두는 비대칭적 구조 안에서 심리학과 신학의 독특성과 일치성을 인정한다. 즉 심리학과 신학은 서로 다른 목적과 언어를 가지므로 심리학을 신학으로, 신학을 심리학으로 변환시키려는 노력을 기울이지 않을 것이다. 오히려 심리학자들이 축적한 지식은 심리학적 틀 내에서 존중하며, 신학적 용어를 무리하여 심리학 용어로 환원시키거나, 반대로 심리학 용어를 신학의 용어로 환원시키려 하지 않을 것이다.

2) 심리학과 신학의 독특성과 일치성을 인정한다고 해서 심리학과 성경의 진리가 동등하고 일치될 수 있다고 절대 보지 않는다. 오히려 성경의 권위가 심리학의 권위보다 우위에 있고, 성경대로 인간을 기술, 이해, 변화시키려는 관점을 따라 심리학의 인간 이해와 변화 원리를 비판하고 재조정하는 방식을 따를 것이다.

3) 본서는 기독교상담의 분파 가운데 통합 모델의 관점을 취할 것이다. 필자가 의미하는 통합이란 내담자를 변화시키는 원리에 있어서 심리학보다 신학에 우선순위를 두되, 신학의 틀 안에서 인간을 설명하고 기술하는 심리학의 원리와 방법론을 사용하는 것이다.

마지막으로 본서를 통해 소망하는 바를 존 파이퍼(2007)의 글을 인용하여 기술해보겠다. 청교도 신학자 존 파이퍼는 그가 세운 학교에서 제시한 연설문에 다음과 같이 밝힌 바 있다.

"모든 교육의 목적은 교사와 학생 모두가 예수 그리스도를 통해 하나님을 이전보다 더 잘 알게 되고, 사랑하게 되며, 사람들을 사랑할 수 있도록 돕는 것이다."

"기독교 교육을 잘 한다는 의미는 교사와 학생 모두가 학교에서 하나님의 영광을 보고, 그 영광을 이해하며, 그 영광에 감탄하고, 그 영광을 느끼며, 그 영광을 적용하고, 다른 사람들도 그 영광을 보고 누릴 수 있도록 돕는 것이다."

필자는 존 파이퍼의 교육 목적이 기독교상담을 가르치는 학교와 기독교상담이 펼쳐지는 상담실 안에서 똑같이 구현되기를 기대한다. 상담자가 내담자를 만나며 자신의 한계와 가능성, 삶의 목적과 의미를 확인하듯이 기독교상담학을 가르치는 교수들이 상담학과 학생들을 만나며 자신이 먼저 이전보다 하나님을 더 잘 알게 되고, 사랑하게 되며, 학생들이 내담자를 사랑할 수 있도록 돕게 되기를 소망한다. 또한 기독교상담을 잘 가르쳐서 상담 교수와 학생, 상담에 참여하는 내담자가 함께 하나님의 영광을 보고, 그 영광을 이해하고 감탄하고 느끼며 적용하며, 내담자들에게도 그러한 하나님의 영광을 보고 느낄 수 있도록 돕게 되기를 소망한다.

요 약

기독교상담은 상담학 또는 심리학과 신학 사이의 관계에 따라 연속선 상에 자리하고 있다. 신학적으로 진보적 입장에 인본주의 모델과 평행 모델이 위치하며, 보수적인 입장에 통합 모델과 영화 모델이 위치한다. 인본주의 모델과 평행 모델은 신학적으로 종교다원주의와 포용주의와 대응될 수 있으며, 통합 모델과 근본주의는 신정통주의와 근본주의에 각각 대응될 수 있다. 본서의 논의는 칼 바르트 계열의 신정통주의 신학적 관점을 취하는 통합 모델의 자리에서 전개될 것이다.

생각할 거리들

1. 자신의 신학의 자리는 어디라고 생각하는가?

2. 상담자로서 자신이 가진 세계관, 철학, 가치관은 무엇인가?

3. 기독상담자로 자신은 기독교상담의 연속선 상에서 어디에 위치하는가?

02

2부
기독교상담의 구조 및 내용

기독교상담의 모델을 구축한다는 것은 이상에서 소개한 상담이론의 기본적 구조에 따라 인간의 문제와 변화에 대해 설명하는 틀을 만들어보는 것을 의미한다. 따라서 2부에서 이와 같은 기독교상담 모델을 세우기 위한 신학적 작업을 시도해 보고자한다. 즉, 상담학의 주요한 관심 영역에 관한 조직신학적 작업을 일컫는다. 전통적으로 조직신학은 크게 신론, 인간론, 죄론, 구원론, 그리스도론, 종말론, 교회론 등으로 대별된다(Grenz, 2003). 이상의 교리는 일반적으로 인간의 타락과 구속, 회복에 관한 설명에 종합적이며 통합적으로 작용하고 있다. 기독교상담의 인간관을 정리해보고자 한다면 인간론과 신론이, 기독교상담의 인간 문제의 설명은 죄론이, 기독교상담의 목표와 방향에 대한 설명은 구원론과 그리스도론, 종말론, 교회론 등이 더 기여할수 있을 것이다. 3장에는 인간론과 신론에 기반한 기독교 상담의 인간관, 4장에는 죄론에 기반한 기독교 상담의 문제(이상심리), 5장에는 구원론과 그리스도론에 기반한 기독교 상담의 변화 방향(목표)을 정리해보고, 6장에는 기독교 상담의 과정과 기술을 정리해보는 전초 단계로, 이미 수립되어 있는 몇 가지 기독교상담의 모델을 소개해보겠다.

3장 기독교상담의 인간관

    일반적으로 상담이론은 다음의 네 가지 요소로 구성되어진다. 첫째, 각 이론이 기반을 두고 지향하고 있는 인간관이다. 인간관에는 인간은 어떤 존재이고, 무엇을 추구하며, 어떻게 행복해질 수 있는가 등에 대한 설명인데, 이에는 상담 이론가 개인의 삶의 경험에서 비롯된 전제와 가치가 드러나있다. 고전적 정신분석 이론의 예를 들어보면 프로이드 등은 인간이 성적 욕구를 충족시키기 위하여 비합리적으로 움직이는 대상으로 이해하였다. 인간의 정신 세계는 의식과 전의식, 무의식의 세계로 구성되며, 사람들은 자신의 의식하지 못하는 무의식의 불안과 갈등에 의하여 움직이게 된다는 것이다. 둘째, 인간의 문제에 대한 인식이다. 이를 상담의 문제 또는 이상 심리라고 부르기도 한다. 대부분의 상담이론은 인간의 바람직한 변화를 그 목적으로 하며, 바람직한 변화란 인간의 병리적 혹은 문제가 되는 상태에서 정상적 혹은 문제에서 놓인 상태로 바뀌는 것을 의미한다. 따라서 각각의 상담이론가들이 자신들의 인간관에 기초하여 인간의 행복과 불행, 정상과 이상을 어떻게 규정하고 있는가를 알아보는 것이 중요하다. 정신분석 이론에 따른 인간의 문제는 무의식의 갈등과 불안과 약화된 자아의 기능이다. 셋째, 인간의 바람직한 변화 방향에 대한 인식이다. 이를 상담의 목표라고도 한다. 상담은 본질적으로 목표지향적 활동으로서 상담자가 내담자의 어려움을 이해하였다면, 상담자는 그 어려움이 해결되는 길 또는 해결의 지향점을 내담자와 함께 찾게 된다. 고전적 정신분석 이론에 따르면 분석을 성공적으로 마친 상태에서 내담자에게 무의식 세계의 의식화와 자아의 강화가 일어나기를 기대한다. 즉 무의식의 불안과 갈등을 의식의 수준으로 끌어 올린 후, 현실적이고 합리적으로 기능할 수 있는 힘을 가진 자아의 기능을 강화시켜 일과 관계에서 적응적이도록 조력하겠다는 것이다. 상담이론의 마지막 구성요소는 상담의 목표를 이루어가는 상담의 과정과 기술에 대한 설명으로 이루어진다. 예를 들어, 정신분석의 중요한 상담 목표인 무의식의 의식화, 자아의 강화를 이루기 위하여 상담자는 내담자와 관계를 맺고, 그 관계를 통해 일하고(훈습) 관계 안에서 일어나는 현상(전이와 저항 등)을 해석하게 된다. 즉 상담 실제에서 어떤 과정과 절차, 그리고 기법을 활용할 수 있는가에 대한 것이다. 정신분석에서는 이를 위해 자유 연상, 꿈의 해석, 저항과 전이의 해석 등을 사용한다.

모든 상담이론의 중심에는 각 이론가들의 사람을 바라보는 관점이 존재한다. 3장에서는 상담자의 삶에 영향받은 상담이론을 소개한 후, 기독교상담자의 인간관이 상담 실제에 어떻게 작용할 수 있는지 기술해보려고 한다. 그리고 일반 상담학의 인간관과 구별되는 성경의 인간관을 밝혀보겠다.

1. 상담자의 삶에 영향 받는 상담 이론

상담자의 삶과 그의 이론

본질적으로 상담학이란 '인간 변화'에 관한 학문이며, 기독교상담학이란 '기독교적 진리에 근거를 둔 인간 변화'에 관한 학문이라고 할 수 있다. 역사적으로 지금까지 발전되어온 여러 가지 상담이론을 살펴보면 이론을 구축한 창시자 자신의 삶의 경험이

나 세계관으로부터 자유로운 이론은 없다고 보여진다. 대부분의 상담이론가들은 '인간이란 무엇인가'라는 질문에 대한 답을 자신이 살아온 인생에 기초하여, 자신이 만들어가는 상담이론을 통해 찾고자 했다. 예를 들면, 프로이드(1859-1939)는 무섭고 멀리 있는 분으로 지각된 아버지와의 관계 경험으로부터 인간 이해에 있어서 외디푸스 콤플렉스의 개념을 착안하고, 외디푸스 이전 단계인 초기 모자 단계의 중요성을 간과하는 실수를 범하였다(최영민, 2010). 최영민에 따르면 프로이드의 아버지 제이콥은 프로이드의 어머니 아말리아와 결혼하기 전, 이미 두 번의 결혼 경험이 있었다. 아버지 제이콥은 그의 나이 40세에 아말리아와 결혼했는데, 프로이드는 어린 시절부터 아버지에 대한 반감을 느꼈던 것으로 보인다고 했다. 특히 최영민은 프로이드의 〈꿈의 해석〉에 등장하는 여러 꿈 가운데 그가 7세경에 꾸었던 꿈에 대한 설명, '백내장으로 한쪽 눈을 못 보는 나이 많은 신사가 내 앞에서 소변을 보았다. 나는 백내장에 걸린 그를 조롱하였다'는 부분을 인용하면서, 이 꿈 이야기는 실제로 프로이드가 7-8세경 자신이 부모의 방에 들어가 성교하는 부모의 모습을 보고 자신이 소변을 보았던 경험, 그리고 이 광경에서 아버지로부터 '저 놈은 아무 짝에도 쓸모가 없어'라는 말을 들은 경험을 반영한다고 하였다.

　내담자 중심 이론의 창시자인 로저스(1902-1987) 역시 그 자신의 삶의 경험을 그대로 반영한 상담 이론을 구축한 것으로 보인다. 로저스는 미국의 근본주의 신앙을 가진 목회자 가정에서 종교적이며 윤리적 분위기에서 성장한 6남매 중 넷째 아들로 태어났다. 로저스는 열 두 살에 농장으로 이사를 하는데, 이사의 가장 큰 이유를 자녀를 도시의 유혹으로부터 떨어뜨려 살게 하고자 한 아버지의 의도였다고 이해하고 있다. 이는 로저스가 그만큼 엄격하고 도덕적인 가정의 분위기에 반감을 느꼈던 것으로 해석할 수 있지 않나 생각된다. 또한 그는 기독학생 운동의 일환으로 중국을 방문하였을 당시, '신실하고 정직한 사람들은 다양한 종교적 교리를 가질 수 있다'고 생각하게 되면서 자신의 종교관 역시 부모로부터 독립할 수 있었다고 회고하고 있다. 부모의 반대에도 불구하고 어릴 때부터 그가 사랑하던 여자와 결혼한 점, 결혼 이후 그 당시 신학적으로 가장 자유로운 분위기의 유니온 신학교로 진학한 점 등에서 근본주의적 믿음을 강요받았던 가정의 경험으로부터 그가 얼마나 자유를 꿈꿔왔는지 짐작해 볼 수 있다. 그리고 이러한 자유에 대한 로저스의 동경은 그가 유니온 신학교에서 접한 자유로운 세미나의 경험을 매우 놀랍고도 중요하게 기술하는 점에서도 드러난다. 그는 이곳에서 '점차 나 자신의 신념을 키우게 되었고, 내 사고의 자유를 보장받을 수 있는 자리를 찾으려고 하였다'고 회고한다. 필자는 이러한 로저스의 자유에 대한 갈망이 내담자의 모든 경험을 무조건적으로 수용하고 공감하며 존중하고자 하는 그의 상담에 잘 드러나 있다고 생각한다. 여기에 정신분석의 '일치 역전이'의 개념을 적용하면 더욱 쉽게 이해가 된다. 상담자들은 자신과 비슷한 삶의 경험을 한 내담자들에게 더욱 측은지심을 갖고 열정적으로 상담에 임하게 되며, 한편 그들과의 경계를 세우기 힘들어한다. 왜냐하면 자신과 내담자를 동일시하기 때문이다. 이런 관점에서 본다면 로저스는 '아버지의 종교적 가르침으로 억압되었던 자신'을 자유롭게 하고자 내담자 중심 또는 인간중심 상담이론의 틀을 형성하고, 이 틀로 자신과 비슷하게 억압을 경험했던 내담자들을 자유롭게 해주고자 힘썼던 것이다.

인지상담의 대표적 학자인 알버트 엘리스(1913-2007)는 미국 피츠버그 유태인 가정에서 삼남매의 첫째 아들로 태어났다. 필자가 보기에 엘리스는 자신이 부모로부터 따뜻한 보살핌을 받지 못한 채, 자신이 병약했음에도 부모 대신 동생을 돌봐주어야 하는 부담감을 갖고 강인하게 성장하였다. 엘리스의 아버지는 사업가로 주로 외지에서 생활하였고 벌이가 시원치 않아 가정을 경제적으로 돌볼 수 없었다. 그의 어머니는 자기 주장이 강하고 자녀들에게 정을 주지 않았다고 묘사된다. 이렇듯 차갑고 열악한 가정의 장남으로 성장한 엘리스에게 있어서 생존의 힘은 끊임없는 의심과 저항 의식이 아니었나 사료된다. 그는 뉴욕시립대학에서 경영학을 전공했으나 소설가가 되고 싶어 그만 두었고, 자신이 소설에 재능이 없다는 것을 안 뒤 컬럼비아대학 심리학 석사과정에 입학한다. 그리고 당시 모든 심리학자들은 복잡하고 신비로운 프로이드 이론에 심취해 있었으나, 그는 카렌 호니 연구소 연구원으로 일하며 프로이드의 가르침보다는 알프레드 아들러, 에리히 프롬, 해리 설리번 등의 저작을 폭넓게 읽으며 자신의 이론을 구축한다. 그 이후 엘리스는 주로 심리학의 비과학성과 허점을 날카롭게 지적하는 논문을 출간하고, 전문 심리전문가로 일하다가도 서슴지 않고 개인 사업가로 직업을 전환한다. 또한 섹스학 전문가로도 일하며 법적 공방에서 동성애자의 편을 드는 등 계속하여 튀는 행동을 한 것으로 보고된다. 이러한 의심과 저항의 정신은 프로이드의 정신분석학이 대세를 이루고 있던 학문적 풍토에서 과감하게 이를 정면으로 비판하며 그 만의 인지상담이론을 구축할 수 있는 힘을 부여한 것이다.

이상의 예에서 볼 수 있듯이 기독교상담 모델을 형성하는 과정에서 기독교상담자도 먼저 자신이 지금까지 살아온 인생 경험을 뒤돌아보고, 자신이 그 경험에서 알게 모르게 터득한 세계관이나 가치관이 무엇인지 살펴보는 일은 매우 중요하다. 그동안 살아오면서 자신의 고난 때문에 하나님께 계속하여 삐져있지는 않았는가? 하나님의 진리에 매이는 것이 너무 답답해서 한 쪽 발은 교회에 걸쳐 놓았지만 다른 쪽 발은 자신에게 정서적 돌파구를 제공하던 어느 하나에 걸쳐 놓고 있지는 않았는가? 혹시 로저스처럼 인간은 죄인이므로 철저히 성경의 가르침의 감시 속에 있어야 한다는 교회의 분위기를 싫어하며, 나와 타인을 진정으로 공감하고 수용하며 자유롭게 하는 것이 무엇인지 큰 고민 가운데 살아오지는 않았는가? 이상의 질문들을 스스로에게 던질 필요가 있다. 그리고 이러한 질문에 대해 현재 삶의 자리에서 자신이 내리는 잠정적 대답은 무엇이고, 그 대답은 성경의 진리를 얼마나 드러내고 있는지 확인할 필요가 있다. 왜냐하면 기독교상담자가 행하는 상담은 그의 인간관에 당연하게 영향을 받고 있기 때문이다. 또한 인간관은 세계관의 일부를 구성하는 요소이므로 상담자 자신이 세상을 어떻게 보는가, 자신을 어떻게 보는가, 다른 사람들을 어떻게 보는가, 미래를 어떻게 보는가 등에 대한 자각을 통하여 자신이 행하는 상담의 철학적 기초를 점검할 수 있게 되기 때문이다.

2. 기독교상담의 인간관: 신론과 인간론

상담자의 인간관

기독교상담의 인간관은 하나님과 사람 사이의 관계에 의해 규정된다. 왜냐하면 "하나님은 인간에게 누구시며, 인간은 하나님에게 누구인가"라는 질문에 대한 대답에 따라 상담자가 사람을 보는 관점이 정해지기 때문이다. 그리고 이는 조직신학의 신론과 인간론의 주제가 된다. 앞서 설명한 바와 같이 하나님과 인간을 어떻게 이해하는가의 문제는 다음 두가지에 의해 영향을 받는 것으로 보인다. 첫째는 기독교상담자 자신의 신학적 위치와 관련된다. 물론 비기독교인 상담자의 세계관 안에는 하나님의 자리가 존재하지 않는다. 그러나 같은 기독교상담자라 하더라도 상담자 자신이 하나님을 누구라 지각하는가, 그리고 그 하나님 앞에서 자신을 어떻게 지각하는가에 대한 대답은 상담자마다 다르다. 예를 들어 과정신학의 영향을 받은 상담자라면 인간의 역사에 찾아오시어 하나님 자신도 인간과 함께 진화하고 발달해가는 분으로 하나님을 이해하게 된다. 번영신학의 영향을 받은 상담자라면 하나님은 인간이 원하는 성공과 행복을 빌기만 하면 그대로 들어주시는 요술 방망이같은 분으로 인식될 수 있다. 둘째는 기독교상담자 스스로가 자신의 삶을 통해 경험한 하나님이다. 상담자 자신이 하나님은 창조주이고, 사람을 처음 만드셨을 때 '보시기에 심히 좋았다'고 말씀하셨다는 진리를 인지적으로 이해할 수는 있다. 자신은 하나님의 구속 받은 자녀이므로, 예수 그리스도께서 십자가에서 자신의 생명을 주시기까지 사랑한 희생적 돌봄을 받은 귀한 존재라는 진리를 지성적으로 알 수는 있다. 하지만 상담자가 자신을 바라볼 때 밝은 면보다 어두운 면이 더 선명하게 보이고, 그 사실 때문에 계속 불안하거나 우울함을 경험한다면 그 상담자는 삶을 통해 온전한 창조주이신 하나님, 구속주이신 예수 그리스도를 온전하게 알고 있는가에 대해 좀 더 고민해 보아야 한다.

필자는 2장에서 밝혔듯이 복음주의적 신학의 토대 위에 기독교 상담의 통합적 적용을 시도하며 기독교 상담의 모델을 구성해 보겠다고 하였다. 이에 본 장에서는 스탠리 그렌즈(Stanley Grenz)와 밀라드 에릭슨(Millard J Erikson)의 조직신학 저서, 그리고 브루스 리치필드(Bruce Lichfield)의 가족치료 저서를 토대로 필자의 기독교 상담적 인간관을 정리해보겠다.

필자의 경험에 따르면 대부분의 내담자들은 표면에 드러난 불편하거나 고통스러운 문제를 가지고 상담자를 찾아온다. 보편적으로 필자가 임상에서 접하게 되는 흔한 문제로 다음과 같은 것을 들 수 있다.

"자녀에게 남편에게 너무 화가 나요/ 아이들이, 남편이 내게 너무 화를 많이 내요."

"하나님이 원망스러워요. 지금까지 하나님이 저를 너무 억울하게 하셨어요."

"우울하고 무기력해서 아무 것도 하기 싫어요."

"우리 아이가 게임을 너무 많이 해요."

"불안해서 시험 준비를 하고 시험을 치르는 데 어려움이 많아요."

"아이 장래를 생각하면 너무 걱정이 되요."

"시어머니하고 함께 사는 것이 너무 힘들어요."

즉 분노, 우울, 불안, 중독, 관계 등의 문제로 보통 사람들은 상담실을 찾는다. 어쩌면 교회 상담실에 이런 문제를 안고 찾아가지는 않더라도 많은 교인들은 설교 시간에 목사님의 말씀을 들으며 이상의 문제를 안고 씨름하며, 설교 가운데 위의 문제에 대한 해답을 간절히 찾고 싶어할 지도 모른다. 그렇다면 상담에 흔히 갖고 오는 위의 문제를 이해하고 해결하는 과정에 기독교적 인간관은 어떤 역할을 할 수 있을까? 얼핏 생각해보면 이들이 서로 잘 연결되지 않는 듯이 보인다. 그러나 복음주의적 신학의 토대에서 성경이 제시하는 변화를 함께 이루어가려는 기독교상담자와 내담자라면 이상의 문제 가운데 자신이 어떠한 하나님을 경험하는지, 그 하나님 앞에서 어떠한 인간으로서의 살아가고 있는지 숙고하고, 성경이 계시하는 그대로의 하나님과의 관계 경험을 이루어낼 수 있다. 쉽게 말하면, 하나님을 향해 분노하며 자신을 억울하게 만든 분으로 인식하는 기독교인이 있다면 그는 자신의 한계와 허물 때문에 십자가에서 죽으셔야 했던 구속주 하나님을 잘 모를 수 있다. 자신을 생각하면 너무 무가치해보이고 무능력하게 느껴져 우울감 때문에 힘든 사람이 있다면 그는 어쩌면 천지만물을 지으신 하나님께서 자신을 자녀 삼으시고 기뻐하셨다는 사실을 경험하지 못할 수 있다. 자녀의 장래, 자신의 미래에 대해 지나치게 걱정하는 사람이 있다면 그는 이미 십자가에서 죄로 인한 사망의 문제가 해결되어 자신에게 승리가 보장되었으며, 이제는 보장된 승리를 살아내는 것만이 남아있다는 종말론적 희망이 부족할 수 있다. 물론 이상의 문제들을 이처럼 단순하게 설명하는데는 어려움이 따른다. 하지만 기독교상담자는 성경에 계시된 하나님과 인간 사이의 기본적 관계 안에서 '사람'을 어떻게 이해할 지에 관한 성경적 인간관이 자신 안에 먼저 구축되어야 한다. 앞서도 밝힌 바 있지만 상담자의 상담 이론과 방향, 상담의 실제는 상담자 개인이 사람을 대하는 기본적인 전제, 가치관, 세계관에서 전혀 자유로울 수 없기 때문이다.

그럼 이제 다음의 예를 살펴보며 성경적 인간관이 내담자를 만나는데 어떻게 영향을 미칠 수 있는지 좀 더 알아보겠다. 성폭력 남성 가해자를 만나는 기독상담자가 있다고 가정해보자. 상담자가 내담자를 보자 마자 상담자 마음 속에 '인간이 짐승보다 못하네. 교회도 다닌다면서 어쩌면 그런 짓을 할 수가 있었을까?'라는 생각으로 마음이 불편할 수 있다. 물론 누구에게나 이런 마음이 잠시 올라올 수는 있겠으나 계속하여 이런 불편한 감정이 상담에 방해를 주고 있다면 이 상담자는 '의인은 없나니 하나도 없으며'(롬 3:10) 라는 성경 말씀에 나타난 인간관을 자신이 얼마나 신뢰하는지 검토해 보는 것이 좋다. 또한 모든 사람을 보시고 참으시고 자신의 목숨을 주시면서 사랑하신 하나님의 사랑이 이 남성 내담자에게도 똑같이 적용된다는 것을 다시 새겨볼 수 있다. 더 나아가 예수님과 함께 십자가에 달렸지만 구원을 얻은 강도처럼 이 내담자 역시 회복되어 그의 앞길에 구원에 이를 수 있는 밝은 길이 열려있다는 사실도 떠올릴 수 있다. 이상에서 인간은 '하나님 앞에서 모두 죄인이다, 하나님의 희생적 사랑을 입은 대상이다, 죄를 고백하면 하나님의 구원에 이를 수 있는 존재이다' 등과 같은 상담자의 성경적 인간관이 작동되고 있음을 짐작하게 된다. 그럼 성경에는 인간을 어떤 존재라고 하는가?

존 칼빈은 성경의 진리를 집대성한 기독교강요의 제1장의 첫 문장을 다음과 같이 시작한다.

"하나님에 대한 지식과 사람에 대한 지식은 서로 연결되어 있다"
(The knowledge of God and that of human being are inter-related.)

이 첫 문장은 기독교상담자가 인간을 이해하는 데 매우 귀중한 준거를 제공한다. 먼저 이 문장에는 몇 가지가 분명히 드러나 있다. 첫째, 사람과 세상을 이해함에 있어 중요한 지식은 크게 두 가지가 있다는 것이다. 하나는 하나님에 대한 지식이고, 다른 하나는 인간에 대한 지식이다. 이는 이 문장이 내포하고 있는 두 번째 명제를 이끌어낸다. 곧 인간에 대해 알려면 반드시 하나님에 대해 알아야 한다는 것이다. 이는 마치 어느 하나의 색깔에 대해 정확히 알고자하면 전체적인 명도와 채도가 모두 드러나 있는 명도계, 채도계 내에서 비교하여 그 색깔의 자리를 찾아야 하는 것처럼 사람에 대해서 정확히 알고자 한다면 사람과 대비되는 하나님과의 관계 안에서 인간의 자리를 이해해야 한다. 마지막으로 이 문장에는 더 오묘한 진실이 숨어있다. 하나님에 대한 지식과 사람에 대한 지식이 상호 연결되어 있으므로, 하나님에 대해서 더 알기 위해서는 인간인 자신에 대하여 더 알아야 하고, 자신에 대해서 더 알아가려면 하나님에 대해서 더 알아야 한다는 것이다. 존 칼빈은 많은 기독교인들이 고통 가운데 기독상담자를 찾는 이유를 잘 드러내준다. 그의 기독교강요 첫 장에 따르면, 기독교인들을 포함한 내담자들이 상담자들을 찾는 이유는 하나님을 제대로 모르고, 자신을 제대로 모르기 때문이다. 혹은 내담자들이 하나님을 알고, 자신을 알지만 그 관계 질서 가운데 사는 것이 어떤 뜻인지 모르며, 그렇게 살고 싶어 하지 않아서일 수도 있다. 예를 들어 고부간의 갈등이 심해서 상담실을 찾은 기독교인 며느리가 있다고 가정해보자. 이 내담자는 자신이 먼저 시어머니와의 관계에서 경험한 고통과 상처를 표현하고, 위로와 공감을 받아야한다. 동시에 자신이 그러한 시어머니를 만난 하나님의 섭리와 자신의 역할, 하나님 앞에서 모두 같은 죄인인 시어머니와 자신에 대한 인식, 하나님의 자리에서 시어머니에 대해 기대하고 비판하였던 자신에 대한 인식과 변화, 하나님 앞에서 시어머니와 자신의 위치에 대한 이해, 가정을 창조하고 섭리하시는 하나님에 대한 이해와 피조물로서 그 가정 안에서 자신의 권리와 역할에 대한 이해, 그리고 하나님께서 시어머니와 자신을 보시는 관점과 회복의 방향 등을 알고 이를 삶에 적용할 때 회복될 수 있다.

성경해석기: 목회자와 기독교 상담자

이러한 관점에서 볼 때 교회에서 선포되는 목사님의 설교 역시 마찬가지이다. 하나님에 대한 지식과 사람에 대한 지식 두 가지가 모두 균형을 이루어 준비되고 선포되어야한다. 교회에서 목사는 공적 목회 활동인 설교를 통하여 교인들에게 영향을 미치며 사적 목회인 목회상담적 돌봄을 통해 교인들의 회복을 돕는다. 목회자들은 강단에서 하나님에 대해 수 많은 이야기를 들려주며, 인간의 상태와 회복의 방향에 대한 성경의 가르침을 선포한다. 이 때 목회자들 역시 스스로에게 다음의 질문을 던지고 대답해보는 것이 도움이 될 수 있다. "나는 성경에 계시된 하나님을 그대로를 경험하는가? 나는 성경에 묘사된 인간의 실존 그대로를 경험하며 사는가?" 왜냐하면 설교를 준비하여 선포하는 과정에서 목회자 자신은 매우 중요한 성경 해석기(interpreter)의 역할을 하기 때문이다. 그렇다면 자신의 해석기는 어느 한편에 치우치거나 어느 한편을 보지 못하는 맹점(blind spot) 없이 전체 진리로서의 하나님을 경험하여 전달하는지에 대한 숙고가 필요할 것이다. 예를 들어, 두 명의 다른 설교자가 매우 다른 관점에서 변화산에 세 제자를 데리고 올라가신 예수님(막 9장)에 대한 설교를 하는 경우, 두 설교자의 같은 본문에 대한 해석과 적용이 지나치게 달라지게 되면 설교자 자신의 자리와 하나님의 자리, 자신에 대한 지식과 하나님에 대한 지식을 정교하게 돌아볼 필요가 있다. 어느 설교자는 변화산 장면을 복음주의 신학에 근거하여, 제자들에게 십자가의 고난을 알리신 예수님께서 하늘의 영광도 보여주시고 격려하시려고, 그러나 그러한 하늘의 영광은 십자가의 고난을 통과할 때에만 주어지는 것이라고 설교할 수 있다. 하지만 어느 설교자는 변화산에서 '여기가 좋사오니'라는 식으로 게으르고 나태하게 사는 것은 기독교인으로 옳지 않으니 더 부지런하게 열심히 살아야한다고 설교하기도 한다. 여기에서 설교자의 하나님과 자신에 대한 인식의 차이는 무엇일까? 설교자의 하나님과 자신에 대한 인식의 맹점은 무엇일까? 그리고 이렇듯 하나님과 사람에 대한 부분적이고 왜곡된 이해를 통해 선포되는 설교는 교인들에게 어떻게 영향을 미칠까? '성경에 계시된 하나님과 자신에 대한 정확한 이해'는 모든 기독교인이 이루어야할 처음이자 마지막 과제이며, 특히 사람들에게 큰 영향을 미치는 목회자나 기독교상담자의 하나님과 자신에 대한 바른 이해는 매우 중요하다.

그렇다면 어떤 이유에서 학문세계 안에 성경에 계시된 하나님과 사람에 관한 오해가 비롯되었을까? 이는 인간이 지닌 인본주의적인 욕구의 렌즈로 성경을 보고 있기 때문이다. 기독교상담과 가족치료의 저자 브루스 리치필드는 다음과 같이 인본주의적 관점의 인간 본성과 기독교적 관점의 인간 본성을 비교하여 인본주의적 인간관과 성경의 인간관을 뚜렷이 대비시켜 주고 있다. 이 내용을 좀더 깊고 자세하게 살펴보면 다음과 같다.

인본주의적 관점	성경의 인간관
– 인간은 선전척으로 선하다.	– 인간은 타락한 존재이다.
– 인간은 완전해질 수 있다.	– 인간은 하나님 형상으로 창조되었다.
– 가치는 자기각성과 자기실현에서 비롯된다.	– 인간은 죄인이며 무기력한 존재이다.
– 죄책감은 사회적인 것이며 실제적, 객관적인 것은 아니다.	– 죄책감은 실제적인 것이며 양심은 하나님으로부터 시작된다.
– 도덕적 실패는 사회 또는 환경 때문이다.	– 도덕적 책임에는 회개가 필수적이다.

〈표1〉 브루스 리치필드의 인간관 비교

학문의 역사 안에서 상담학

지금까지 수없이 많은 인문학과 신학의 학파가 존재하였지만, 고대 서양사상사를 크게 대별하면 인본주의에 뿌리를 둔 헬레니즘과 성경, 신본주의에 뿌리를 둔 헤브라이즘의 둘로 구분된다. 헬레니즘은 고대 그리스 철학에 뿌리를 두고 '인간의 능력과 노력으로 사람들은 더 좋은 세상을 만들 수 있고, 그 안에서 살 수 있다'는 사실을 가정하고 있다. 따라서 이 사상은 현세 지향적이고 인간의 이성에 의한 합리성을 강조한다. 그러나 성서에 바탕을 둔 유대인의 헤브라이즘은 절대 도덕적 선을 하나님인 절대자에게서 찾으며, 개인의 내적 자아가 그 절대자의 뜻에 합하도록 노력할 때 선이 이루어진다고 본다. 이런 점에서 헤브라이즘 사상은 미래 지향적이고 절대자와의 관계 안에서 자신의 자리를 강조하고 있다. 대부분의 상담학 이론은 '현재 경험하는 증상의 제거 및 완화, 자아 실현, 긍정적이고 행복한 자아의 발달' 등의 개념으로 인간이 인간에게 제공하는 합리적이고 공감적인 대화를 통하여 이루는 것으로 상담을 이해한다. 따라서 상담이란 헬레니즘 사상이 두드러진 활동이라 할 수 있다.

철학에서 자유로울 수 없었던 신학

한편, 고대 그리스 철학은 다시 세 가지 시기로 구분된다. 제1기는 주전 6-5세기경으로, 철학자들의 주된 관심은 '자연의 근원'에 관한 것이었다. 제2기는 주전 5세기 후반부터 로마 시대까지이며, 아테네 철학이 주류를 이룬다. 제3기는 헬레니즘, 로마 시대의 철학으로 대표되며 스토아 학파, 에피쿠로스 학파 등이 등장하였다. 신학 역시 이러한 당대 철학적 사조의 영향에서 자유로울 수 없었다. 초대교회로부터 존 칼빈에 이르는 초기, 중기 신학의 역사 역시 크게 세 부분으로 나뉘어진다. 첫째는 2세기부터 사도의 뒤를 이은 초대 교부들의 신학이다. 아테네 철학의 영향을 받은 헬레니즘의 영향으로부터 교회를 지키고 복음을 변호하는 역할을 하였다. 두 번째 시기는 초대교회부터 종교개혁 사이에 번성한 중세 신학이다. 이 시기 신학자들은 고대 그리스 철학의 힘을 빌어 기독교의 교리를 이론적으로 설명하려 한 스콜라 철학으로 대표된다. 세 번째 시기는 루터에서 시작된 종교개혁의 원리를 받아들인 신학으로 11-15세기, 그리스 철학을 빌려 기독교 교리를 이론적으로 설명하려 한 철학의 학파이며, 칼빈의 조직적인 교리의 설명으로 그 형식을 갖추게 된다. 사실 이 시기까지 표면적으로는 유대인을 핍박하던 로마 황제들이 373년 기독교를 국교로 공포하면서 헤브라

이즘이 헬레니즘을 정복하는 것처럼 보인다. 그러나 천여년에 걸친 중세 시대의 교회는 겉만 기독교였을 뿐 내면은 여전히 인본주의적 헬레니즘 사상의 지배를 받았다.

이런 점에서 기독교상담자는 한국 교회의 현실 가운데 자신의 역할과 책임을 돌아보면 좋을 듯하다. 현대 대부분의 사람들은 고통없이 안락하게 사는 삶에 최고의 가치를 두고 살아간다. 요즈음 한국 교회 가운데 현세에 하나님의 복을 누리는 법과 번성하는 길을 사람의 방법으로 이루는 것에 치중하여 가르치는 곳이 많다는 점은 이러한 시대상을 반영하고 있다. 이러한 상황에서 기독교상담은 자칫 잘못하면 '더 행복하고, 문제없게 사는 법'을 현대 인본주의적인 상담학의 내용과 방법으로 제공함으로써 중세 교회의 실수를 반복할 가능성이 매우 높다. 따라서 중세 시대 종교개혁자들이 그러하였듯, 지금의 기독교상담자들은 성경의 진리로 돌아가 하나님과 사람들 사이의 무너진 질서와 관계를 상담이라는 활동을 통하여 회복하여야 하며, 이에는 상담자의 인간-하나님 인식이 중요한 역할을 한다.

3. 성경적 인간관

이제 인본주의, 철학 사조 등과 구별되는 성경의 인간관을 전인으로서의 인간, 창조-타락-구속-새하늘 사이의 역동적 인간, 하나님과 관계하는 인간으로 나누어 기술해보겠다.

(1) 전인으로서의 인간

상담학 이론들을 주의깊게 살펴보게 되면 인간의 부분적 또는 단편적 모습을 잘 묘사하고 있다는 인상을 받는다. 하지만 성경이 제시하는 '창조 당시의 인간' 그리고 '성화에 이르는 인간'으로 이어지는 연속선 상에서 전인으로서 인간을 이해하는 데에는 한계를 드러낸다. 즉 성경에 나타난 인간의 모습은 전인적인데 비해 상담학의 인간관은 그 부분성이 강조된다. 성경은 이분설 또는 삼분설을 지지하고 있다. 인간을 영과 혼으로 구성되었다고 보기도 하고, 영, 혼, 육의 세 가지로 구성되었다고 보기도 한다. 리치필드는 이 가운데 삼분설을 지지한다. 그에 따르면 영이란 인간의 영적, 인격적, 관계적 측면으로, 하나님이든 사탄이든 관계없이 초자연적 존재와의 연관성을 갖고 있는 것이다. 이를 리치필드는 하나님을 의식하는 부분이라 하였다(God-consciousness). 혼이란 인간의 생각, 의지, 감정의 영역을 의미하며 전통적인 상담학의 관심 대상이라 하겠다. 리치필드는 이를 자신을 의식하는 부분이라 하였다(self-consciousness). 육이란 신체적 차원으로 외부 세계와 자신을 연결하는 부분으로 리치필드는 이해하고 있다(world-consciousness). 성경은 이와 같이 인간의 마음(혼), 영혼, 육체 모두가 합하여 이루어진 전체로서의 인간 본성을 강조한다. 따라서 기독교상담자는 인간의 본성 전체에 관심을 가지고 내담자를 다루어야 한다. 내담자가 제시하는 문제에 드러난 하나님과의 관계와 관련된 영혼의 주제, 내담자의 혼또는 마음 안에서 이루어지는 생각, 의지, 감정의 주제, 그리고 내담자의 몸 안에서일어나고 있는 생물학적, 의학적 주제 모두에 공히 관심을 보이며 다루어 가는 것이성경적 인간관을 토대로 내담자 만나는 상담자의 바른 자세이다. 이에 비해 상담학의분파 가운데에는 이 가운데 어느 하나를 부분적으로 강조하거나 관심을 두는 경우가있다. 예를 들어 행동주의자들은 사람을 단순히 자극을 받아들이고 환경에 반응하는존재로 본다. 전통적 인지주의자들은 혼 가운데 특히 인간의 생각에 주로 초점을 맞춘다. 경험주의자들은 인간의 감정과 경험 영역에 주로 초점을 맞춘다. 정신과의사로대표되는 생물학자들은 대뇌 구조의 변화나 뇌 혈류 내 특정 화학물질의 농도에 초점을 맞춘다. 최근의 상담학 이론은 전인적 인간관의 입장에 대해 크게 관심을 보이고 있다. 특히 중독문제를 해결하는 새로운 관점으로 제시되는 생물학적-심리적-사회적-영적 모델(Bio-Psycho-Social-Spiritual Model)은 성경의 영-혼-육의 전인적 인간관이 잘 드러나 있는 상담모델이라 할 수 있다.

(2) 창조 - 타락 - 구속 - 새하늘 내의 역동적 인간

성경이 제시하는 인간 본성에 관한 두 번째 관점은 '창조-타락-구속-새창조'라고 하는 신학적 시간의 틀에서 드러나는 역동성이다. 성경의 진리를 함축하여 요약하면 다음과 같다.

"하나님은 인간을 창조하시고 매우 기쁘셨으나 인간 스스로 하나님보다 나아지려는 죄를 범하여 사망에 이르렀다. 이를 해결하기 위하여 그의 아들 예수 그리스도를 십자가에 보내심으로 인간을 구원하셨고, 인간은 부활하신 예수 그리스도와 함께 장차 도래할 하나님 나라에서 살게 될 것이다."

이상에는 창조된 인간, 타락한 인간, 구원받은 인간, 성화되어 하나님의 나라를 누릴 인간의 모습이 모두 표현되어 있다. 그러면 기독교인 내담자가 기독교인 상담자를 찾아왔을 때의 상태는 어떠할까? 아마도 이 네 가지 상태가 내담자 안에 역동적으로 존재하고 있을 것이다. 또한 부분적으로 어느 한 부분이 더 드러나거나 숨어있을 가능성이 있다. 기독교상담자는 이러한 시간과 상태의 연속성 상에서 역동적으로 내담자를 이해하여야 한다. 아무리 지위가 높고 훌륭하다는 평판을 듣는 내담자가 방문하더라도 이상의 네가지 모습 사이에서 균형을 잡고 만나야하며, 아무리 몹쓸 짓을 해서 비난을 받는 내담자가 방문하였더라도 역시 이 네 가지 모습 안에서 균형을 이루며 만나야한다. 아래에 성경의 역동적 인간관으로 내담자를 이해한다는 의미를 정리해보았다.

첫째, 모든 사람을 하나님께서 지으시고 심히 좋았다고 하셨다. 하나님께서 내담자를 고유하게 지으시며 부여하신 능력과 자질을 자세히 찾으면서 만나도록 한다.

둘째, 모든 사람은 하나님과의 관계에서 자신이 우위를 점하려 하는 나쁜 습성, 즉 죄성을 갖고 있다. 내담자가 제시하는 호소 문제와 발달사, 상담의 목표 등을 통해 이러한 죄성이 내담자의 호소 문제에 어떻게 영향을 미치는지 자세히 탐색하도록 한다.

셋째, 자신의 죄에 대한 인식이 어떠한지 평가하며 내담자를 만난다. 이에 대한 자세한 내용은 다음 장에 자세히 기술하였다.

넷째, 예수 그리스도를 구원자로 경험하는지 평가하며 내담자를 만난다. 이 역시 다음 장을 참조 바란다.

다섯째, 고통에 관한 내담자의 시각이 '창조-타락-구속-새창조'의 틀 안에 존재하고 있는지 평가하며 만난다.

(3) 하나님과 관계하는 인간

성경적 인간관이 다른 상담학의 인간관과 가장 뚜렷이 구별되는 점은 인간이 자신의 존재를 초월한 대상, 즉 하나님과 관계를 맺으며 살아간다고 보는 점이다. 앞서 사람에 대한 지식은 하나님에 대한 지식과 서로 연결되어 있다는 칼빈의 명제를 인용한 바 있다. 그에 따라 먼저 성경에 제시된 하나님의 본성을 살펴보면서 하나님과 관계하는 인간의 모습에 대하여 더 설명해보려고 한다.

문제의 기원: 불안

사실상 많은 상담 이론들은 사람들의 문제가 '불안'에 기인하는 것으로 본다. 프로이드로 대표되는 고전적 정신분석학자들은 인간 문제의 본질을 무의식 내 불안이라고 하였다. 따라서 이성적, 합리적 방법으로 불안을 인식하고 해결할 수 있는 상태를 건강한 상태라고 보는 것이다. 보웬의 다세대 가족상담자들은 가족의 문제의 근저에 불안이 있으며, 불안에 반사하지 않고 반응하는 분화된 상태로 가족 구성원을 변화시키는 것을 상담의 목표로 삼고 있다. 그러나 많은 상담이론가들이 불안의 기원에 대해 명확한 대답을 주지는 못한다. 그렇다면 인간 문제의 원인이 되는 불안의 뿌리나 기원에 대해 명확한 답을 제공하지 못하는 상담이론이 제시하는 상담의 방향은 인간 문제 해결에 정확한 해답을 제공할 수 있을까? 필자는 사람들이 불안한 것은 자신들이 유한하다는 것을 알지만 이를 통제하고 싶기 때문이라 생각한다. 사람들은 내일이 되면 자신이 가진 자원이 고갈될 것이라는 것을 알기 때문에 내일 먹고 살 것을 걱정한다. 자신의 명예가 실추될 것을 두려워하는 사람들은 내부적이거나 외부적인 이유로 인해 자신의 고귀함을 끝까지 지키기 어렵다는 것을 아는 사람들이다. 곁에서 중요한 사람이 떠나갈 것을 불안해하는 사람들은 그 사람 없이 살게 될 경우 직면해야 하는 한계를 절감하고 있다.

불안의 해법: 하나님에 대한 사랑과 두려움의 균형

존 칼빈은 기독교강요에서 참된 경건이란 자신과 하나님에 대한 바른 지식을 가지고, 하나님에 대한 사랑과 두려움이 균형을 이루는 삶을 사는 것이라고 하였다. 인간은 하나님의 존재에 대해 정확하게 깨달을 때 그에 대한 무한한 사랑과 두려움을 함께 경험하게 된다. 또한 하나님에 대한 정확하고 바른 지식을 가질 때 그 분 앞에 서있는 인간 자신에 대하여 더 분명한 이해를 가질 수 있다. 이는 마치 하나님의 엄중한 영광스러움을 맛볼 때 인간 자신이 얼마나 비천한 존재인지 알게 되는 것과 같다. 하나님의 사랑이 얼마나 무한하며 무조건적인지, 또 얼마나 능력이 있는지 알게 될 때, 인간은 자신의 사랑이 얼마나 제한적이고 조건적이며 무력한 지 알게 된다. 동시에 그러한 하나님의 사랑을 받고 있는 것이 얼마나 감사하고 영광스러운 일인 지도 경험하게 된다. 그렇다면 어떻게 하나님에 대한 사랑과 두려움 사이에서 균형을 이루며 살 수 있는가? 이에 대해 존 파이퍼(2007, 전의우 역, 2011)는 인간의 몸 뿐만 아니라 영혼까지도 지옥 불에 던지실 수 있는 두려운 하나님을 어떻게 사랑할 수 있을까라는 질문의 대답으로서 큰 개를 껴안는 비유를 들어 설명하고 있다. 어떤 아이가 자기보다 덩치가 큰 개를 좋아하기도 하지만, 그 크기와 소리에 압도되어 너무 두려워해서 접근조차 하지 못한다고 가정할 때, 존 파이퍼는 그 어린 아이가 그 개와 친해질 수 있는 방법은 자신의 두려움을 극복할 만한 그 개에 대한 믿음과 사랑으로 그 개의 목덜미를 힘껏 껴안는 것이라고 하였다. 큰 개와 같이 나를 해칠 만큼 힘을 가진 두려운 존재가 나를 구하기 위하여 자신을 내어놓았다. 그만큼 사랑하였다는 사실을 믿는 것이다. 즉 하나님에 대한 사랑과 두려움 사이에서 균형을 이루고, 이 둘이 자신의 삶에서 영향력을 미치도록 하려면, 하나님을 '믿음으로' 알아가야 한다. 하나님을 누구라고 믿느냐 하는 것이 곧 인간과 하나님의 관계를 규정한다. 그럼 이제 하나님과 인간의 관계에 대해 몇 가지를 정리해보겠다.

1) 스스로 계시는 하나님과 그에 의해 피조된 인간

성경에 따르면 하나님은 창조 이전부터 스스로 계셨으며, 여전히 스스로 존재하시는 분이시고 인간은 그 분의 말씀으로 창조된 세계 안에서 그의 형상을 따라 흙으로 빚어진 피조물이다. 이 사실은 인간에게 상당한 안정감과 존귀감을 제공한다. 상담에 오는 사람들 가운데는 간혹 '내가 누구인지 알고 싶다, 정체감을 갖고 싶다'고 호소하는 이들이 있다. 창조주 하나님의 형상을 따라 지어졌으며, 그가 사랑하고 교제하고 싶은 대상으로서 자신을 인식을 하는 것은 이상의 고민을 하는 내담자에게 매우 중요하다.

2) 모든 것을 아시는 하나님과 부분적으로 아는 인간

하나님은 창조주이신 동시에 모든 것을 아시는 분이다. 하나님이 모든 것을 아신다는 사실이 부분적으로 아는 인간에게 어떤 영향을 미칠까? 시편 기자는 자신이 바다 끝까지 가더라도 하나님은 거기에서 자신을 살펴 아신다고 고백한다(시139:9-10). 하나님께서 자신의 모든 것을 알고 계신다는 것을 받아들인다면 그 사람과 하나님 사이에 어떤 일이 일어날까? 먼저 하나님께서 절박한 고통 가운데 있는 자신을 다 알고 계시다고 경험하는 사람이 있다고 가정해보자. 그리고 이 사람이 하나님은 자신에게 선한 분이라고 느끼고 있다면 그는 자신의 고통을 다 아시고 슬픔과 탄식으로 함께하며 위로하는 하나님을 경험할 것이다. 반대로 이 사람이 하나님은 자신에게 억울하고 악한 일을 하는 분이라고 느끼고 있다면 그의 입에서는 모든 것을 아시고도 미리 막아주지 않으신 하나님, 다 안다고 하면서 계속 고통만 주는 하나님에게 대한 원망과 탄성이 나올 것이다. 따라서 자신에 대한 모든 것을 아시는 하나님께서 좋은 분이라는 사실을 인식하는 것이 중요하다. 왜냐하면 이런 사람만이 자신에게 주어지는 고통과 어려움의 의미를 긍정적으로 해석할 수 있기 때문이다. 나아가 앞으로 일어날 일도 희망을 가지고 맞을 수 있게 된다.

3) 모든 것에 강하고 능하신 하나님과 한계를 가진 인간

성경에는 모든 것을 아실 뿐만 아니라 어떠한 불가능한 일도 없는 전능한 하나님이 소개되어 있다. 이와 대조적으로 인간은 하나님에 비하면 부족한 것이 매우 많은 한계를 가진 존재이다. 욥이 고난 중에 경험한 하나님에게 드리는 말 가운데 이 점이 잘 드러나있다(욥기 40장-42장). 하나님께서는 욥에게 '내가 하마를 지었다. 너는 악어나 낚을 수 있느냐?'고 물으신다. 이에 욥은 '주는 무소불능하시고, 무슨 경영이든 못 이루실 것이 없다'고 고백한다. 이어서 '내 스스로 알 수 없고 헤아리기 어려운 일을 말한 것을 (전능한 하나님을 눈으로 뵙고서야) 회개한다'고 고백한다. 이는 포스트모더니즘에 영향을 받은 긍정심리학 또는 행복심리학과 명확한 대조를 이룬다. 포스트모더니즘의 상대주의적 진리관은 '인간 각자가 구성하는 세계가 진리이다'라는 명제 위에, 인간에게 잠재된 모든 능력과 가치가 자신의 주관적 세계 안에서 모두 발휘될 수 있고, 발휘되어야 한다고 주장한다. 그러나 성경의 인간관은 절대적으로 하나님만이 능하시고 가치가 있으시며, 하나님과 분리된 인간은 무능하고 무가치하다고 역설한다. 그렇다면 정말 이 점이 인간에 대한 설명의 끝 지점인가? 성경은 그렇지 않다고 말한다. 인간이 전능한 창조주 앞에 자신의 비천함과 무능함을 인정하고 하나님께로 돌아올 때 인간은 비로소 하나님의 자녀가 되는 구속의 은혜를 누리며, 예수 그리스도가 이 땅에서 한 일보다 더 큰 일을 할 수 있는 자격과 능력을 부여받는다(요한복음 21장). 즉 인간이 가진 능력은 자신의 무력함과 한계를 인정한 후 하나님의 능력을 덧입을 때 역설적으로 이전보다 더 강하여진다.

4) 선하신 사랑의 하나님과 악한 인간

고통 가운데 있는 기독교인들이 가장 많이 하게 되는 질문 가운데 하나가 '하나님은 정말 선하신가? 정말 선하시다면 나에게 어째서 이런 고통을 허락하셨는가? 정말 선하시다면 어째서 인간에게 악을 허락하셨는가?' 라는 것이다. 이는 전통적 신정론의 주제로서 그동안 이에 대한 많은 신학자들의 토론이 끊이지 않았다. 정미연(2012)은 고난의 주제에는 '하나님의 주권과 함께 하심(God is sovereign. God is with you)'이라는 두 가지 신학적 개념이 관련되어 있다고 보았다. 그리고 이 두 가지는 십자가와 부활 사이의 긴장감을 이겨내는 과정적 개념이며, 모세가 고난 가운데 하나님의 얼굴을 본 것보다 더 큰 것을, 사람들은 십자가를 통해 경험해야 한다고 하였다. 고통은 근본적으로 인간의 죄에서 비롯되었는데, 예수 그리스도는 이 죄의 문제를 해결하시기 위하여 십자가와 부활 사이, 죽음의 2박 3일을 견디셨다. 따라서 인간 고통의 문제에 해답을 얻으려면 인간의 죄 문제로 인해 고통 당하신 예수 그리스도의 십자가를 바라보아야 한다. 정미연(2012)은 고난과 관련된 또 한가지 중요한 주제로 시편 기자들의 하나님을 향한 원망과 탄식의 표현을 지적한다. 보통 관계 가운데 원망과 탄식을 마음 편히 늘어놓을 수 있는 상대는 자신이 믿고 안전하다고 느끼는 대상이다. 시편 기자는 하나님을 충분히 신뢰하고 안전할 만한 대상이라고 느꼈기 때문에 아무에게도 말할 수 없는 고통의 탄식과 원망을 하나님께 털어놓을 수 있었다는 것이다. 그리고 그 시편 기자가 그렇게 할 수 있었던 이유는 하나님을 이스라엘 백성의 언약의 파트너(covenant partner)로 받아들였기 때문이다. 그렇기 때문에 시편 기자들은 모두 하나님께 실컷 불평한 후에 다시 구원자이신 하나님에 대한 신뢰로 돌아간 것이다. 이를 상담에 적용해보면 큰 고통 가운데 하나님께 아무 소리도 내지 못하고 참고 있던 내담자는 어쩌면 하나님을 '고통을 토해내도 안전한 대상'으로 경험하지 못했을 가능성이 크다. 기독교상담자는 어떤 환경과 배경에서 내담자가 하나님을 이렇듯 안전한 대상으로 경험하지 못했는지에 대해 평가하고 이해하여 언약의 하나님과의 관계를 회복시키는 것이 필요하다. 그 이후에야 내담자들은 마음 놓고 하나님을 향해 자신의 고통의 소리를 발할 수 있고, 그 끝에서 십자가 상의 예수 그리스도를 만남으로 선하신 하나님과 화해할 수 있게 된다.

5) 아버지 하나님과 자녀 된 인간

성경은 하나님과 인간의 관계를 여러 차례 아버지와 자녀의 관계로 묘사한다. 그리고 이는 전체적으로 삼위일체 교리 안에서 완전히 이해될 수 있다. 스텐리 그렌즈(2.

신자들의 궁극적인 아버지)는 삼위일체 교리를 설명하는 과정에서 아버지 된 하나님과 자녀 된 인간의 관계를 드러내어준다. 그는 삼위일체 하나님의 영광은 창조와 구속의 궁극적 목적이며, 삼위는 하나님의 실제적 역할을 구분해준다고 하였다. 즉 성부는 창조주와 근원자로서의 역할을 맡아 천지를 계획, 명령하고 감독하는 일을 수행한다. 성자는 구속자와 중개자의 역할을 맡아 성부의 계획을 성취, 완수하고 구속을 중재한다. 성령은 창조와 재창조의 직접적 대행자의 역할을 맡아 성부의 계획을 완성, 적용하여 구원을 실현한다. 이 때 성부의 계획에는 한 때는 집을 나간 탕자였으나 사랑스런 아들과 딸로서 성도를 입양하는 것도 포함된다고 하였다. 그리고 성부 하나님과의 관계를 통해 사람들은 어린 시절, 그들의 부모로부터 경험하지 못한 긍정적인 관계를 '영의 교정 과정'을 통해 강건하게 한다고 하였다. 또한 성부 하나님과의 교제와 연합을 설명하며, 성부 하나님은 인간의 최종 애착 존재이고, 인간 부모의 부족한 점이 무엇이든 이 관계를 통해 영원히 보상이 가능하다고 보았다. 단, 이는 구속적 믿음에 근거하며, 사람들이 성부 하나님과의 관계를 지속적으로 경험함으로써 확고하게 되는 것이기에 그 과정에 충분한 시간이 필요하며 내적 과정이 함께 진행되어야한다고 보았다.

상담이론의 부모 관계

사실상 많은 상담 이론들이 인간의 병리적 성격이 형성되는 과정에 있어서 어린 시절 부모와의 경험을 매우 중요하게 다루고 있다. 보울비로 대표되는 애착 이론은 근본적으로 주된 보호자와 아가의 관계 양상에 관한 것이며, 많은 대상관계이론가들 역시 명칭과 개념에는 조금씩 차이를 보이지만 '아이를 돌보는 주된 대상'과 아이 사이의 관계 경험을 여러 가지 양상으로 설명하고 있다. 하인즈 코헛의 이상화 자기대상과 거절 자기대상, 위니컷의 충분히 좋은 어머니, 안나 프로이드의 대상과의 분리개별화 과정 등의 개념이 이에 해당된다. 인간중심이론은 정신적 병리의 원인으로 이상적 자기(현상적 자기)와 현실적 자기(실존적 자기) 사이의 간격을 지목한다. 그런데 이러한 간격을 발생시키는 가장 중요한 요인으로 '부모의 가치조건화'를 꼽고 있다. 전통적 인지상담 모델에서 '역기능적 사고'가 발생하는 인지 도식의 첫 부분에는 '부모와의 어린 시절 경험'이 자리잡고 있다. 다시 말하면 각 상담이론의 강조점에 따라 표현하는 방식은 다를 수 있으나 사람들의 심리적 문제에는 주된 양육자와의 좋지 않은 경험이 내재한다는 점에는 많은 상담이론가들이 의견을 같이 하고 있다. 그런 점에서 성경에서 '구속적 믿음에 근거하여 형성된 성부 하나님'과의 관계를 통해 인간 부모의 부족한 점이 영원히 보상 가능한 것으로 본 스텐리 그렌즈의 설명은 매우 희망적이다. 왜냐하면 성경의 여러 부분에 드러난 대로 사람들이 '자신을 가장 잘 아시고, 자신을 가장 깊이 사랑하시는 완전하신 아버지 하나님'을 각자의 완벽한 부모로 경험할 수 있다면, 부모로부터 받은 여러 가지 모양의 상처나 문제가 해결될 것이기 때문이다. 예를 들어, 고아로 '버려짐'의 아픔을 경험한 사람에게 '자신을 입양하기 위하여 아들을 십자가에 내어주신 하나님 아버지의 희생적 사랑'은 그 사실을 받아들이는 믿음에 따라 버려짐의 고통을 넉넉히 이기게 도와줄 것이다. 많은 사람들이 경험하는 '가난하고 무능한 아버지'로 인한 상처는 '천지를 만드시고 소유하신 부유하고 능력 있는 하나님 아버지'로 인해 회복될 수 있을 것이다. 그러나 이 과정은 스텐리 그렌즈의 표현대로 시간이 오래 걸리며, 자신의 내면을 철저히 직면하고 다루어나가려는 인간의 의지가 필요하다.

6) 주인 되신 하나님과 종 된 인간

다음으로 성경에 드러난 하나님과 인간의 관계는 자주 '주인과 종'의 관계로 묘사된다(눅 16:5, 빚진 데나리온 비유; 눅 14:23, 천국 잔치 비유; 마 21:40, 포도원 주인 비유, 마 25: 11, 달란트 비유 등). 이는 상담적 측면에서 살펴보면 삶의 목적, 의미, 가치가 삶을 대하는 태도와 연결된다. 즉 실존적으로 인간은 주인된 하나님의 종이기 때문에 인간의 삶의 목적, 의미, 가치는 주인된 하나님에 달려있다. 주인된 하나님께서 기뻐하시고 원하시는 것을 따라 사는 것이 종된 인간의 당연한 의무가 된다. 또한 하나님의 목적을 따라 살아가는 과정에서 종인 인간에게 요구되는 것은 '최선을 다해 주인을 위해 충성하는 것'이다.

이는 인본주의적 상담 목표와 매우 극명하게 대조를 이룬다. 프로이드로 대표되는 고전 정신분석상담의 목표는 '일과 사랑에서 현실적, 합리적으로 자신의 욕구를 만족시키는 상태'로 인간을 변화시키는 것이다. 즉 상담의 궁극적 목표가 자기 자신의 욕구 만족이다. 주지하는 대로 인간중심 상담의 목표는 '충분히 기능하는 인간'이며, 이는 자신의 잠재력을 인식하고 발휘하며 살아가는 사람을 의미한다. 이 외에 현실치료나 게슈탈트 상담 등 경험주의적 입장의 상담 목표는 인간중심 상담 목표와 크게 다르지 않다. 다시 말하면 인간 자신의 잠재된 욕구나 능력을 충분히 인식하고, 이들이 삶에서 드러나지 못하게 만들었던 방해물을 제거하여 완전히 기능하며 욕구를 충족시킬 수 있는 사람으로 만드는 것이 상담의 지향점이 된다.

그렇다면 인본주의적 상담이론들과 대조를 이루는 성경이 제시하는 삶의 목표와 방법이 어떻게 인간에게 평안을 가져다줄 수 있을까에 대한 의문이 든다. 우선 성경은 주인인 하나님의 성품과 사역을 보면 인간이 걱정하고 근심하며 도를 지나쳐서 노력할 필요가 없다는 점을 밝혀준다. 왜냐하면 주인 된 하나님은 전지전능하시기 때문에 종 된 인간의 수고와 노력 여하에 따라 자신이 원하고 계획하는 것을 이루지 못하는 대상이 아니기 때문이다. 따라서 인간은 하나님의 일을 수행하는 데 있어서 노심초사하며 일의 결과에 책임지지 않아도 된다. 또한 주인되신 하나님께 충성을 다하는 인간의 삶은 자신의 생존을 유지하거나 욕구를 채우기 위한 수단이 아니라, 하나님의 나라와 의를 구할 때 자신의 욕구를 충족시키실 하나님에 대한 신뢰를 쌓아가는 과정이다. 왜냐하면 그리스도인의 삶이란 하나님께서 이미 자신의 생명을 보장하셨고 자신의 모든 것을 가장 잘 아시고 채우시는 주인을 향한 사랑과 감사의 표현이라는 관점에서 자신의 욕구 좌절에 대한 걱정이나 불안, 우울감을 줄여나갈 수 있기 때문이다.

7) 영원하신 하나님과 영원을 살게 될 인간

밀러드 에릭슨(Erickson, M., 1998, 신경수 역, 1998)은 종말론이야 말로 조직신학의 중요한 주제이며 절대로 무시될 수 없는 부분이라고 강조하였다. 그는 종말론이 배타적으로 미래에만 관여하는 것이 아니고, 사람들이 미래에 대한 개방성과 기대를 갖고 현재를 살아가도록 한다고 하였다. 성경의 계시에는 창조-타락-구속에 이은 창조된 때로 회귀하는 새 하늘과 새 땅 전체가 연속적이며 역동적으로 드러나있다. 필자는 이 과정이 상담자가 사람들의 문제를 듣고 이해하며 변화시킬 때 매우 중요한 시사점을 제시하고 있다고 생각한다.

공황발작과 기독교인의 시간관

예를 들어 '공황 발작'을 경험한 내담자가 상담자를 만나러 왔다고 가정해보자. '공황 발작'이란 문제를 지닌 내담자는 창조 당시 타고난 하나님의 이미지와 가능성, 타락으로 인한 자신의 수치와 고통을 가리기 위한 방어, 부분적으로 경험되는 구속의 은혜, 또한 그럼에도 불구하고 내담자에게 이루어질 미래와 하나님 나라의 소망과 기대를 모두 역동적으로 이해하고 경험하여야 한다. 우선 공황 장애에 관해 간단히 알아보면, 공황 장애란 특별한 이유 없이 예상치 못하게 나타나는 극단적인 불안 증상, 즉 공황발작(panic attack)이 주요한 특징으로 나타난다. 공황발작은 극도의 공포심이 느껴지면서 심장이 터지도록 빨리 뛰거나 가슴이 답답하고 숨이 차며 땀이 나는 등 신체증상이 동반된, 죽음에 이를 것 같은 극도의 불안 증상이다. 즉 공황 장애란 '곧 죽을 것 같은 불안'이 주요 증상이다. 그렇다면 이 공황 발작 내담자에게 '창조-타락-구속-영원한 새 땅'으로 이루어진 계시의 도식이 어떤 도움을 줄 수 있을까? 먼저, 공황 장애는 불안 장애 가운데 하나인데, 불안이라는 감정 이면에는 자신이 '통제할 수 없을 것'이라는 느낌이 강하게 작용한다. 이 상황에서 하나님께서 자신을 포함한 세상의 모든 것을 창조하시고 통치한다는 믿음이 이 내담자에게 실제적으로 경험된다면 내담자는 적잖은 도움을 받을 수 있다. 또한 공황 장애를 경험하는 많은 수의 내담자가 자신의 '고통스러운 기억과 감정'을 억압하고 있다는 사실이 밝혀지고 있다. 이는 내담자 자신이 자신의 한계나 부족함을 방어하기 위하여 그동안 어떤 노력을 기울여왔는지를 돌아보게 하며, 더 나아가 자신 내면의 감정과 고통을 있는 그대로 경험할 수 있는 기회를 제공한다. 그리고 이렇듯 자신을 있는 모습 그대로 경험하는 과정에서 자신의 부족함과 한계를 더 느낄 수도 있고, 이를 자신의 방식대로 방어하며 살아오던 자신의 죄인된 모습을 직면할 수도 있게 된다. 그 이후 자신의 방어층에서 경험하던 하나님을 자신의 내면 깊숙이에서 경험하면서 '진정한 구속의 은총'과 더불어 구속 이후 주어지는 부활과 종말에 대한 희망을 더욱 실존적 차원에서 경험할 수 있다. 그리고 이 상태가 되면 더 이상 '급작스런 죽음'으로 그리 불안하지 않을 수 있게 된다. 왜냐하면 지금 죽더라도 영원히 하나님과 함께 할 하늘나라에 대한 기대가 분명해지기 때문이다.

기타 이상심리 해결에 도움이 되는 기독교 인간관

필자는 이 도식을 공황 장애에 적용해 보았는데, 실제로 기독교인 내담자가 상담에 가져오는 우울, 불안, 중독 등 대부분의 이상심리가 이 도식 안에서 이해되고 적용되어질 수 있다. 특히 '영원하신 하나님과 영원을 살게 될 인간'이라는 관점은 고통이 끊일 수 없는 현세를 사는 사람들에게 위로와 소망을 제공해준다. 앞서 밀라드 에릭슨은 종말론이 사람들로 하여금 미래에 대한 개방성과 기대를 갖고 현재를 살아가도록 도와준다고 하였다. 즉, 고통 가운데 머물러 있는 사람들이 그 고통의 흔적을 가지고 죽지만, 다시 새로운 생명으로 부활할 자신에 대한 희망과 기대, 그 이후 하늘나라에서 눈물을 씻겨주실 것에 대한 확신, 가장 완전하고 안전한 상태의 천국에 대한 진정성 있는 경험은 사람들에게 고통의 의미와 극복 방법에 대한 새로운 안목을 제공해준다. 이는 정신분석학에서 새롭게 긍정적인 방어기제로 주목받고 있는 기대 또는 예기(anticipation)의 개념과 상통하기도 한다.

요 약

일반상담학의 인간관과 기독교상담학의 인간관은 다음 두 가지 점에서 다르다. 첫째, 일반적으로 상담학에 제시된 인간관에는 하나님의 자리가 없다. 둘째, 일반상담학의 인간 이해는 부분적, 단편적이나 기독교상담학의 인간 이해는 전체성과 연속성이 강조된다. 한편, 하나님에 대한 지식이 사람에 대한 지식과 서로 연결되어 있으므로 하나님을 알려면 자신을 알아야 한다. 일반상담학은 사람들의 자기 이해에 공헌하지만 그것만으로 충분하지는 않다. 왜냐하면 하나님과의 관계 안에서 인간의 모습을 그리지 않고 있기 때문이다.

생각할 거리들

1. 성경의 인간관과 일반 상담학의 인간관 사이의 가장 중요한 차이는 무엇이라 생각하는가?

2. 인간의 고통 문제에 해답을 제시할 수 있는 하나님과 인간 사이의 관계는 무엇일까?

3. 상담학을 통한 자기 이해와 통찰은 어떤 방식으로 하나님 인식에 도움을 주게 될까?

4장 기독교상담의 인간문제:
이상심리

　2부에서는 기독교상담 모델의 근간을 이루는 상담 이론의 구조를 세우기 위하여 성경에 기초한 인간관, 문제 발생에 대한 설명(이상심리), 문제 해결 방향에 대한 설명(상담 목표 및 방향)을 차례로 설명하고 있다. 이번 장에서는 인간이 경험하는 심리적 문제를 성경은 어떻게 설명하고 있는가에 대하여 살펴보고자 한다. 먼저 성경의 개념으로 사람들의 심리적 문제, 즉 이상심리를 설명하기 위하여 우울증을 예를 들어 설명하겠다. 그리고 '죄'로 대표되는 인간의 문제를 과녁을 벗어남, 잘못된 인간의 자만심, 하나님과의 관계 단절, 우상 숭배, 하나님에 대한 오해 및 하나님 인식의 왜곡으로 구분하여 설명해보려고 한다.

1. 우울증의 사례개념화

　성경이 제시하는 인간의 문제가 무엇인가에 대한 안내를 돕기 위해 먼저 상담학자들에게 익숙한 '우울증'에 관한 사례개념화 도식을 소개한다.

1) 생물학적: 혈중 세로토닌의 부족

2) 정신분석적: 엄격한 초자아의 발달, 강박적 죄책감 토대에서 자신을 향한 공격

3) 인간중심-경험적: 이상적 자아와 현실적 자아의 간극

4)인지적:

1세대	2세대	3세대(ACT)
부정적 행동의 강화	인지삼제(나-미래-세상의 희망 없음)	더 잘하려는 노력
잘못을 자신에게 귀인	통제의 실패	더 잘하기 이외의 가치에 무관심

5) 가족상담적: 우울한 가족구성원을 만들어낸 가족의 체계(정서적 소원, 힘의 불균형, 의사소통의 이상 등)

〈표2〉 각 상담이론 별 우울증을 보는 관점

'우울증'이란 감정 또는 정동 장애의 하나로 우울감, 무기력감, 무의욕감, 무가치감 등의 감정에 압도되어 자신의 건강이나 관계를 유지하는 데 어려움을 느끼거나 기능상의 문제를 드러내는 경우에 진단되는 심리적 문제이다. 상담자들은 서로 다른 자신의 이론적 이해에 입각하여 우울증을 이해하고 개입하려 한다. 위에 소개한 바와 같이 인간 문제를 주로 생물학적 관점에서 이해하고 처방하는 의학 모델은 우울증을 쾌감을 일으키는 혈중 세로토닌의 부족으로 이해하고, 생화학적인 방법을 사용하여 혈중 세로토닌의 농도를 높이는 전략을 사용할 것이다. 우울증에 관한 정신분석가들의 이해는 의학 모델과 다르다. 정신분석자들은 우울증을 엄격한 초자아의 발달, 강박적 죄책감의 토대에서 자신의 내부를 향한 공격이라 개념화한다(권석만, 2012). 인간중심 또는 경험적 상담이론에서 보는 우울증이란 자신에게 기대하는 이상적 자아와 자신이 살고 있는 경험적 자아 사이의 간극이 커서 둘 사이의 심각한 불일치를 보이는 상태이다. 우울증의 경우라면 이상적 자아의 기준이 너무 높은 반면 자신의 경험적

자아가 자신의 기대를 충족시키기에는 너무 초라하고 부족하다고 느껴지는 경우라고 할 수 있다. 인지행동주의 상담은 주지하는 대로 크게 세가지 시기로 대별된다. 행동주의로 대표되는 1세대 인지심리학, 아론 백과 알버트 엘리스의 인지주의 상담으로 대표되는 2세대 인지심리학 그리고 최근 마음챙김, 초월 영성치료의 등장으로 주목받고 있는 3세대 인지심리학, 수용전념치료(Acceptance Commitment Therapy)가 이에 해당한다. 1세대 행동주의 인지심리학자들은 우울증을 '우울한 행동'이 형성될 수 밖에 없는 환경적 조건 또는 이를 강화한 보상에 의한 것으로 보고, 반대로 '기분 좋은 행동'이 소거되어 나타난 결과라고 본다. 2세대 인지주의 심리학자들은 우울증을 우울할 수 밖에 없는 생각의 결과라고 보면서, 우울을 유발하는 사고의 주요 개념으로 인지삼제를 소개한다. 인지삼제란 자신, 세상, 미래에 대한 절망적 사고를 가리킨다. 3세대 수용전념치료의 상담자들은 우울증은 보편적으로 사람들이 겪는 고통에 따른 당연한 결과라기 보다는, 고통을 통제하는 과정에서 드러난 증상이라고 이해한다. 이를 공식으로 표현하면 「증상 = 고통 + 통제의 노력」이 된다. 그렇다면 우울한 이들에게 고통과 통제의 노력을 어떠한 양상으로 나타나게 될까? 보편적으로 우울한 사람들이 경험하는 고통이란 '나는 실패자', '나는 무가치한 존재' 라는 것이다. 따라서 이런 고통에서 벗어나고자 필사적으로 성공자가 되기 위한 노력, 가치있는 존재가 되기 위한 노력을 기울이나 이에 거듭 실패하는 것이다. 그리고 그 결과 자신에 대한 무력감, 무의미감, 무희망감 등을 주로 드러내는 우울증에 시달리게 된다고 설명할 수 있다. 마지막으로 가족상담이론가들에 따르면 우울증이란 우울증을 앓는 한 개인의 문제가 아니라, 문제의 근원을 그 사람이 우울할 수 밖에 없도록 만든 가족의 지나치게 밀착되거나 소원한 정서적 관계, 힘의 균형이 깨어지거나 적절하지 않은 가족 내 역할 등에서 찾는다.

우울하지 않으면 괜찮은가?: 발달적, 긍정적 관점의 인간 이해

필자의 경험으로 우울한 사람들은 상담 초기에는 '우울하지 않았으면 좋겠다'고 말하지만 어느 정도 회복되고 나면 단순히 우울하지 않게 사는 것이 아니라, 적극적으로 삶에 의미를 느끼며 즐겁게 살고 싶다고 말한다. 이런 의미에서 위의 일반상담이론과 극단의 대비를 이루는 그리스도요법을 잠시 소개해보겠다(이정기, 2006). 그리스도요법이란 1400년대 버나드 타이렐이라고 하는 주교에 의해 만들어진 영적 훈련 방법이다. 이의 핵심 내용은 사람이 고통 가운데 있다면 그는 그 문제가 즉각적으로 처리되기를 바라는 주변적 관심으로부터 그 문제를 통해 깨닫게 될 삶의 의미라는 궁극적 관심으로 자신의 관심을 이동해야 한다는 것이다. 즉 그리스도요법가에게는 내담자로 하여금 우울증이라는 현재의 문제에 주목하는 대신 이를 주변으로 물리고, 삶의 궁극적 목적과 의미를 깨달음으로 주어지는 영혼의 즐거움을 누릴 수 있도록 조력하는 것이 중요하다. 그리스도요법에서 사용되는 주된 방법은 기도와 계시의 묵상이다. '우울증'이라고 하는 부정적 삶의 자료에 직면한 사람은 무엇이 이러한 부정적 경험을 파생시켰는지를 분별하는 진단 기도를 드리게 된다. 또한 직관적 계시에 의해 우울증에 대한 변별력을 키운 후, 이를 해결할 수 있는 실제적 결단의 방법을 찾게 된다. 이상의 네 가지 과정을 〈마음 비우기〉라고 한다. 그러나 이 지점이 끝이 아니다. 그리스도요법가들에게는 〈영혼 즐기기〉라고 하는 그 다음 과정이 훨씬 중요하고 의미있다. 영혼 즐기기의 첫 단계는 사람들과의 만남, 성서, 자연 등 긍정적 자료를 통하여 자신을 발견하면서 시작된다. 그 다음으로 자신의 존재, 주어진 환경의 풍요로움, 은혜 등에 감사하는 과정을 밟아 성경에 계시된 여러 가지 가치에 감사하는 자리로 나아간다. 그런 자에게 경험되는 마지막 회복의 과정은 삶을 축제처럼 즐기며 사는 것이다.

이상의 그리스도요법은 기독교상담자들에게 몇 가지 중요한 의미를 제공한다. 첫째, 기독교상담자에게 있어서 인간의 문제 해결과 균형을 이루며 주목해야하는 것은 문제 해결 뒤에 기독교인의 누릴 수 있는 풍성하고 복된 삶이다. 요즈음 상담학계에도 발달적 관점, 긍정적 관점에서 사람들의 문제를 이해하고 풀어가야 한다는 입장이 대두되고 있다. 청소년의 비행 및 중독 문제를 조력하기 위해 하워드 리들(최은영 외, 2013) 등에 의해 고안된 다차원적 가족치료(Multi Dimensional Family Therapy)와 김창대(2013)에 의해 제안되고 있는 과정기반상담개입모형(PBIM: Process Based Intervention Model)이 그 예이다. 하워드 리들은 가족상담이론에 기반을 둔 다차원적 가족치료 모델의 주요 원리 가운데 하나로 내담자가 보이는 문제에 '문제는 내담자에게 개입의 기회인 동시에 성장과 발달을 이루는 성장점을 제공한다'는 긍정적 의미를 부여한다. 김창대 역시 기존 상담이론을 통이론적 관점에서 분석한 결과, 기존의 상담 이론은 문제 발생에 대해서는 설명력을 제공하지만 대부분의 문제 발생의 배경과 역사는 내담자의 과거에 존재하는 것으로, 변화와 개입의 여지가 충분치 않다는 사실에 주목한다. 따라서 상담이론은 문제에 대한 설명보다는 문제 해결을 통해 내담자의 발달과 성장의 조력에 더 큰 관심을 기울여야한다는 것이다.

이러한 점에서 인간 문제에 대한 성경적 인식과 관점은 두 사람의 모델과 일맥상통하는 면이 있어 보인다. 왜냐하면 성경적 관점에서 보면 인간은 죄로 인해 문제를 나타낼 수 밖에 없는 존재이지만 인간의 이야기가 여기에서 끝나는 것이 아니고, 여기에서 끝나서도 아니된다. 성경은 인간의 자신의 죄 문제를 예수 그리스도께서 어떻게 해결하셨는지, 그리고 그 해결의 결과 내지는 열매를 어떻게 이 땅에서 누리며 살아갈 수 있는 지에 오히려 더 주목하고 있다. 즉 우울한 사람을 우울하지 않게 돕는 것만 관심을 갖는 것이 아니라, 우울할 수 밖에 없는 조건이나 환경 속에서 어떻게 성경의 진리 가운데 기쁨과 즐거움, 평안을 누리며 살 수 있을 지에 더 큰 관심을 갖는다. 그럼 우선 '문제'의 관점에서의 우울증은 성경을 통해 어떻게 설명될 수 있을까? 다음에 성경에 제시된 인간의 문제, 즉 이상심리학의 관점을 설명해보겠다.

2. 기독교상담의 이상심리

성경은 인간의 문제를 죄의 개념으로 설명하고 있다. 그런데 일반적으로 사람들은 죄인되기를 싫어한다. 어쩌면 자신이 죄인이라는 사실을 강력하게 부인하고 싶어한다. 필자의 소견으로는 이는 성경적 죄의 개념에 대한 정확한 이해가 부족하기 때문에 생기는 현상이다. 다음에 죄의 개념을 소개한다.

(1) 죄: 과녁을 벗어남

먼저 본질적으로 성경에서 죄의 개념은 '하나님과의 관계에서 과녁을 벗어났다'는 의미를 갖는다. 이를 김세윤(2001)은 '하나님에 대한 인간의 옳지 않은 태도'라고 하였다. 피조물인 인간은 자신의 생명을 보존하기 위해 창조주 하나님에게 전적으로 의존하는 것이 하나님에 대한 인간의 올바른 태도이다. 만일 인간이 피조물로서의 자신의 자리를 인식하지 못하고 하나님에게 의존하지 않고 자기 스스로의 힘과 방식으로 생존하고 성공하려고 한다면 이는 하나님에 대한 인간의 올바른 태도가 아니다. 그리고 모든 인간의 문제는 이러한 하나님에 대해 바르지 않은 태도에서 비롯된다. 칼빈은 기독교강요에서 하나님에 대한 바른 지식을 소유하지 못한 채 그와 잘못된 관계를 갖고 있는 상태를 죄라고 개념화하였다. 이를 좀 더 확장해서 이해해보도록 하자. 앞 장의 기독교적 인간관에서 하나님에 대한 지식과 사람에 대한 지식은 성경을 이해하는 데 필수불가결한 두가지 요소라는 칼빈의 주장을 인용한 바 있다. 그리고 하나님과 인간은 창조주와 피조물, 아버지와 자녀, 주인과 종 등의 관계를 갖는다고 설명하였다.

윤리-도덕이 아닌 관계 개념으로서의 죄

그렇다면 이러한 인간관에 근거하여 관계적 개념으로 '죄'를 이해해보면 보편적, 윤리적, 도덕적 개념으로 이해되는 죄와 성경적 개념의 죄가 확연하게 다르다는 것을 알게 된다. 앞서 우울증의 발생이 상담의 여러 가지 이론으로 어떻게 설명되는 지 살펴보았다. 이제 우울증을 성경적 관점을 적용하여 '하나님과의 관계에서 과녁을 제대로 못맞춘 상태'라고 이해해보자. 앞에서 필자는 우울증을 '실패자가 되기를 적극적으로 피하려는 노력', '강박적 죄책감 위에서 자신의 내부를 향한 공격', '이상적 자아와 현실적 자아 사이의 간극' 등의 개념을 빌어 설명해보았다. 성경에 나타난 하나님과 인간의 올바른 관계는 완전하신 창조주 하나님과 비천한 피조물 인간, 무한한 사랑과 자비를 가지신 구속주 하나님과 그의 희생적 사랑을 소유한 자녀된 인간으로 규정된다. 만일 기독교인 가운데 우울증이 심각한 사람이 있다면 모두가 그런 것은 아닐 수 있지만 그 사람과 하나님과의 관계가 이러한 질서에서 벗어나 있을 가능성이 매우 높다. 비천한 자신의 죄인된 상태를 온전하게 인정하고, 그럼에도 불구하고 자신을 위해 생명의 댓가를 지불하신 예수 그리스도의 사랑을 경험하는 자라면 '실패자가 되기를 적극적으로 피하려는 헛된 노력'을 기울이지 않을 것이다. 왜냐하면 자신은 그냥 죄인으로서 실패자이기 때문이다. 자신은 작고 비천한 자이기 때문이다. 또한 하나님과의 바른 관계를 가지고 살아가는 기독교이이라면 '강박적 죄책감 위에서 자신을 향한 공격'을 중지할 수 있다. 왜냐하면 자신의 죄책은 그리스도께서 이미 십자가에서 해결하였고, 죄로 인한 사망의 공격은 그리스도께서 부활하심으로 완전히 방어하셨기 때문이다. 기독교인이라면 '이상적 자아와 현실적 자아 사이의 커다란 간극' 때문에 고민할 필요도 없다. 왜냐하면 우리 안의 이상적 자아와 현실적 자아는 역동적으로 혼재하며, 인간은 이 두가지 자아를 모두 소유하고 있음을 부인할 수 없기 때문이다. 인간은 현실에서 매일 좌절할 수 밖에 없는 죄인인 동시에, 이미 예수 그리스도의 화해를 통하여 하나님의 무조건적 은혜를 입은 의인, 하나님의 자녀가 되었기 때문이다. 이를 칼빈은 인간에 대한 이중지식(double knowledge)라고 명명하였다.

밀라드 에릭슨 역시 죄를 '표적을 못맞힌 현상'으로 정의한다(Erickson, 1998, 신경수 역, 2000, 141). 에릭슨은 표적을 못맞힘은 의도적이며 비난받을 만한 실수라고 하였다. 그리고 이러한 죄는 언제나 하나님께 대항하는 것이며, 맞추지 못한 표적이란 완전하신 하나님에 대한 사랑에 완전히 순복하지 못한 것이다. 또한 에릭슨은 죄의 성격으로 이 외에 계명을 어기는 위반, 올바른 진로로부터 이탈되어진 부정, 불의 그리고 반역, 배반, 왜곡, 혐오스러운 행위 등을 들고 있다. 에릭슨은 죄의 원인으로는 무지, 과실, 그리고 부주의 세 가지를 지적한다. 무지란 '알지 못하는 상태'라기 보다는 고의적인 무지를 의미한다. 사람들은 따라야 할 옳은 길을 알 수 있었지만 그것을 알지 않기로 선택하였다는 것이다. 과실이란 타락하고 실수하는 인간의 경향을 의미하며, 과실을 범한 사람은 그가 미혹되고 있음을 이미 알고 있거나, 알아야 한다고 역설한다. 부주의란 듣는 데 있어서 잘못을 범하는 것 또는 부정확하게 듣는 것을 일컫는다. 그리고 이런 들음에 있어서의 부주의의 결과, 불순종이 나타난다. 하지만 에릭슨은 죄의 잠재적인 영역과 인간의 자연적 욕구를 분명히 구분하고 있다. 그는 인간에게는 그 자체로는 선하지만 유혹에 약해질 수 있는 영역이 있으며 이에는 즐기려는 욕구, 소유하려는 욕구, 성취하려는 욕구가 해당된다고 하였다 (Erickson, 2000). 즉 인간에게는 무엇인가를 즐기고, 갖고 싶고, 이루고 싶은 당연한 욕구가 내재되어 있으며, 이는 그 자체로는 선하고 좋은 것이다. 하지만 이런 욕구가 '하나님과 벗어난 관계'에서 일어나고 사용되어지는 경우에는 죄의 결과를 가져온다. 다시 말하면 무엇인가를 즐기고, 갖게 되고, 이루어가는 목적과 과정의 중심에 하나님의 목적과 영광이 위치한다면 이러한 욕구가 죄가 될 수 없지만 즐기고, 소유하고, 성취하는 목적과 과정의 중심에 자신의 욕구와 영광이 위치한다면 이는 분명히 죄의 결과를 가져온다.

(2) 잘못된 인간의 자만심

창세기 3장을 보면 아담과 하와가 뱀의 유혹을 받고 죄를 범하는 과정이 상세하게 묘사되어 있다. 하나님은 태초에 인간과 만물을 창조하시고 인간에게 모든 만물을 다스리고 즐기며 살도록 하셨다(창 1: 26-30). 하지만 아담과 하와는 하나님께서 그들의 생명을 보호하고자 따먹기를 금지하신 '선악과'를 따먹고 말았다. 뱀은 하와에게 '선악과를 먹어도 너희는 죽지 않는다. 오히려 너희 눈이 밝아 하나님과 같이 되어 선악을 알게 된다'고 유혹한다(창 3:4-5). 여기에서 주목할 것이 '하나님과 같이 된다'는 부분이다. 인간 원죄의 뿌리는 이렇듯 하나님처럼 되고자 했던 인간에 대한 잘못된 자만심에 있다. 결국 하와는 선악과를 따먹고 눈이 밝았지만 가장 먼저 그녀의 눈에 띄인 것은 수치를 불러 일으키는 자신의 벗은 몸이었고, 벗은 몸이 부끄러워 무화과 나무 잎을 엮어 치마를 만들어 자신의 몸을 가리기 시작했다. 자기중심적 생각으로 자신의 힘으로 하나님처럼 되고자 했던 인간은 오히려 자신의 부끄러움에 눈이 띄여지고 이러한 수치를 가리기 위한 방어막을 만드는 결과를 초래했을 뿐이다.

(3) 방어와 정신병리

정신분석이론의 용어가 신학적 용어로 직역될 수는 없지만 '방어막'의 관점에서 프로이드의 방어기제와 융의 가면, 인지상담의 비합리적 신념, 인간중심이론의 가치조건화 등의 개념은 인간의 문제를 이해하는 데 중요한 통찰을 제공한다. 고전 정신분석이론에 따르면 원시적이거나 지나친 방어기제는 병리를 초래한다. 주지하는 대로 방어기제로는 억압, 부인, 전치, 합리화, 주지화, 반동 형성, 투사, 유머, 기대 등을 들 수 있다(자세한 내용은 정신분석 관련 서적을 참고하기 바란다). 방어기제는 성격의 3요소 가운데 자아(ego)의 몫이며, 자아는 불안을 현실적이고 합리적 원리에 의해 다룬다고 알려져 있다. 융의 개성화 이론에서 병리 현상은 가면(페르조나)와 그림자(쉐

도우)로 대표된다. 그림자란 자아의 열등한 부분으로, 의식화되지 못한 채 미분화된 상태로 남아있는 원시적인 심리적 특징을 의미한다. 가면이란 대상(사회)이 개인(자기)에게 고착시킨 성격 국면으로, 진정한 자아가 아니라 자신을 은폐시키고 상대에게 좋은 인상을 주고자 고안한 것이라 알려져있다. 즉 융의 그림자와 가면 개념에도 자신의 진정한 면을 숨기고 방어하고자 하는 인간의 특징이 반영되어 있다. 인지상담의 비합리적 신념은 어린 시절 주양육자와의 경험에서 비롯되는 것으로 알려져 있으며, 주로 '절대로, 항상, 누구나...'라는 경직성, 비합리성, 절대성을 띠고 있다. 따라서 인지상담자들은 '절대로, 항상, 누구나...'로 대표되는 사고를 '상대적으로, 때로는, 몇몇은...'이라는 융통성, 합리성, 상대성을 가진 사고로 바꾸고자 한다. 그렇다면 사람들은 왜 이런 비합리적 사고를 하게 될까? 성경의 무화과 나뭇잎으로 대표되는 인간의 방어는 그 이유를 알려준다. 자신의 수치와 열등함이 드러나지 않으려면 '절대로, 항상, 누구에게나...' 잘하거나 인정 받아야 하기 때문이 아닐까? 인간중심이론에서 유기체의 가치조건화는 기본적으로 부모로 대표되는 주양육자에 의해 형성된다고 알려져있다. 그리고 이 이론에서 정신병리는 현상적 자아(이상적 자아)와 경험적 자아(현실적 자아) 사이의 불일치로 설명된다. 그렇다면 사람들은 왜 경험적 자아가 다다를 수 없는 현상적 자아를 원할까? 자신이 경험하는 현실의 자기 모습에는 부모로부터 가치조건화 된 수치스럽고 부끄러운 모습이 있기 때문이라는 것이다. 그래서 이를 가리고 막기 위하여 이상적인 자기 모습을 만들고, 이에 좌절할 때마다—두 자아 사이의 간극이 더 커질 때마다— 심리적 고통을 경험하는 것이다.

(4) 하나님과의 관계 단절

그럼 죄의 본질인 '하나님과의 관계에서 과녁을 벗어난 현상'은 인간에게 어떠한 결과를 가져오는가? 우선 자신의 무력함을 인정하고 하나님께 전적으로 의존하였다면 하나님과의 안전하고 친밀한 관계 속에서 살아갈 수 있었을텐데, 인간 자신의 잘못된 자만심으로 스스로 하나님과 같이 되고자 했던 인간은 더 이상 하나님과 이같은 관계를 유지할 수 없게 되었다. 즉 인간은 창조주이며 자신의 생명의 근원인 하나님과 분리되어 그 분의 무한한 자원을 더 이상 누릴 수 없게 되었을 뿐만 아니라, 하나님에 대해 '자기 주장'을 함으로써 그 분과 소외된 관계에 빠지고 만다. 즉 하나님과의 안전하고 친밀한, 그리고 풍성한 관계로부터의 단절과 소외를 경험하게 된다. 김세윤은 이를 삼중적 소외라고 명하였다(김세윤, 2001). 삼중적 소외란 인간이 창조주 하나님께 의지하고 순종하는 온전한 관계를 박차고 나와 자기 주장을 하면서 발생하는 다음 세 가지 차원의 소외를 지칭한다—하나님으로부터의 소외, 이웃으로부터의 소외, 그리고 진정한 자아로부터의 소외—. 스탠리 그렌즈(2003) 역시 죄의 결과를 네 가지로 정리하였으며, 그 첫 번째를 인간 상호간의 관계에서의 소외라고 하였다. 스탠리 그렌즈는 소외 이외에도 죄의 결과로 의로운 하나님 앞에 죄인으로 서게 되는 정죄, 죄의 지배를 받는 노예 상태, 인간의 비참함이나 무능함을 스스로 해결할 수 없는 무능력으로 인한 부패를 꼽고 있다. 이를 조금 더 알기 쉽게 풀어보면, 인간 관계에서의 소외는 외로움이나 관계의 집착, 경계선 성격 특징 등으로 드러난다. 하나님 앞에 계속하여 죄인으로 정죄함을 받게 되면 인간은 계속되는 죄책감이나 자기 비하감, 우울감에 시달리게 된다. 죄의 지배를 받으며 노예처럼 자신 스스로를 여러 가지 방법으로 만족시키기 위해 무엇인가를 계속하여 추구하거나 의지하게 되면 인간은 그 대상을 우상화하여, 그 대상의 노예가 되는 것이다. 일 중독, 알코올 중독, 관계 중독, 성 중독, 각종 인터넷 중독과 자기 스스로를 찬양하는 자기애적 성격 특징 등이 이의 대표적 증상이다.

밀라드 에릭슨(Erickson, 2000)은 죄의 결과를 하나님과의 관계에 미친 영향, 죄인인 자신에게 미친 영향, 다른 사람과의 관계에 미치는 영향의 세가지로 대별하였다. 하나님께서 규정한 창조주-피조물과의 관계에서 벗어난 인간은 하나님과의 관계에서 하나님이 싫어하는 일을 하고, 죄책을 느끼며 형벌을 당하고 결국은 죽음에 이르게 되었다. 죄인인 자신은 죄의 노예가 되고, 죄인이라는 현실로부터 도피하게 되었으며, 죄를 부정하며 자신을 기만하게 되었다. 또한 죄에 무감각하게 되었고, 자기중심적 태도와 일을 계속하게 되었으며, 삶에서 쉼을 얻지 못하는 결과를 초래했다. 다른 사람과의 관계에서 죄는 경쟁을 부추기고, 상대를 공감할 수 없게 만들었으며 권위를 거부하고 사람들을 사랑할 수 없도록 하였다.

(5) 자신의 노력으로 괜찮아지려는 노력: 우상 숭배

인간은 하나님의 형상으로 창조되었기 때문에 타락 이전에는 그 존재 자체가 존엄했다(시 139:13-14). 하지만 인간 스스로가 자신의 힘으로 '하나님같이 되고자 하는 노력'을 기울여 얻게 된 결과는 인간은 절대로 스스로 '하나님'이 될 수 없다는 것이었다. 그래서 하와는 인간과 하나님 사이의 차이를 알아차리고, 그 차이에서 오는 자신의 부끄러움을 가리기 위하여 무화과로 몸을 가렸던 것이다. 그리고 이 시간 이후 하와와 아담으로 대표되는 모든 인간은 하나님 없이 존재할 때 느끼는 존재의 부끄러움을 매 순간 껴안고 살아갈 수밖에 없게 되었다. 그러나 이는 하나님처럼 되고자 했던 인간에게는 매우 불편한 것이다. 창조주 하나님 없이 존재하는 자신은 부끄럽고, 안전하지 않았다. 그래서 자신의 부끄러움을 가리고 불안을 통제하기 위한 방법을 나름대로 발달시켜왔다. 그러나 그 때마다 실패를 거듭하며 살아가고 있다. 사람들이 보이는 많은 문제 행동은 자신의 수치와 불안을 가리려는 방어와 통제의 과정에서 발생한다. 우울증은 이러한 방어에 자신이 철저히 실패하여 완전한 무력감, 좌절감에 휩싸일 때 생길 수 있다. 불안 장애는 방어나 통제를 하면 할수록 자신이 너무 무력하고 완전치 못하다는 것을 거듭하여 경험할 때 생길 수 있다. 중독자들은 자신이 괜찮치 않은 존재, 안전하지 않은 존재라는 것이 자기 스스로에게 알려지는 고통을 느끼기도 겁이 나서 그 고통을 억압하고, 중독 대상을 사용하여 있는 힘을 다해 자신의 비참함과 불안전함이 드러나지 않도록 한다. 이 모든 것에 공통적으로 포함되어 있는 진실은 인간은 하나님없이 스스로 가치있거나 안전할 수 없으며, 자신의 가치감과 안전감을 스스로 확보하고자 하는 과정에서 여러 가지 심리적, 신체적, 영적 문제가 발생한다는 것이다.

우상 숭배 측면에서 인간의 죄를 설명하는 경우, 여러 성격 장애 중 자기애성 성격 장애는 '자기 자신'을 향해 박수치고 환호하며 스스로를 우상으로 만드는 대표적인 죄로 볼 수 있다. 하인츠 코헛(H. Kohut, 1993, 이재훈 역, 2006)은 그의 자기심리학 이론에서 자기애의 원인을 '자기애적 상처'로 보았다. 즉 유아기에 부모로부터 충분한 박수와 환호, 공감과 수용을 경험하지 못하면 사람은 부모로부터 받고 누려야할 전지전능감을 스스로 만족시켜야 하는 처지에 놓이게 된다는 것이다. 성경은 이미 창조때 하나님의 형상으로 '보시기에 매우 좋은 모습'으로 창조된 인간의 모습을 제시하고 있다. 그러나 인간 스스로의 힘으로 '하나님처럼 되고자 했기 때문에' 그 어느 순간에도 자신에 대해 완전한 느낌을 가질 수 없었고, 그렇기에 여러 모양의 우상을 만들 수밖에 없었다.

(6) 하나님에 대한 오해/ 하나님 인식의 왜곡

애착이론과 십자가

필자가 많은 기독교인을 상담하는 과정에서 흔히 발견하는 사실은 사람들은 자신이 성장하는 과정에서 경험한 부모의 모습, 그들과의 관계 경험을 대입시켜 하나님을 이해한다는 점이다. 이는 존 보울비의 애착 이론이나 이를 정리하여 상담에 대입하고 있는 단기역동치료(노경선 역, 2011)의 틀을 통하여 매우 잘 설명된다. 알려진 바와 같이 애착 이론에서 병리의 중심에는 주양육자와 아이 사이에 불안전한 애착 경험이 자리한다. 그리고 애착 이론을 기본적 틀로 이해할 수 있는 대상관계이론가들은 일반적으로 사람들이 삶의 초기 형성된 그들의 대상관계 경험을 생애 전반에 걸쳐 여러 대상과 동일하게 경험한다고 설명한다. 만일 그 여러 대상 가운데 하나님 역시 예외가 아니라면 어떻게 될까? 이 질문에 기독교상담자들의 딜레마가 존재한다. 혹자는 어릴 때 부모와 좋은 경험을 못한 것도 억울한데, 그래서 하나님과도 좋은 관계 경험을 하지 못한다면 이는 매우 불공평한 일이라고 따질 수도 있다. 그런데 보울비는 치료의 조건으로 '현격하게 질이 다른 대상관계 경험'을 상정한다. 그리고 이러한 대상관계 경험은 일차적으로 상담자를 통해 경험되어져야한다고 본다. 필자는 사람들이 비록 어린 시절 부모와 충분히 좋은 경험을 하지 못하였더라도 십자가 위에서 완성된 하나님의 넉넉한 사랑에 믿음으로 반응하여 경험한다면, 이 자체가 보울비가 말하는 '현격하게 질이 다른 대상 경험'을 제공할 수 있을 것이고 생각한다.

단기역동치료와 삼각뿔 꼭지점의 하나님

데이비드 등은 대상관계이론을 두 개의 삼각형을 사용하여 함축하여 단기상담에 적용한 단기역동치료를 소개하였다((David 외, 2001, 노경선 역, 2011). 단기역동치료의 두 개의 삼각형 가운데 하나는 사람 삼각형이고 다른 하나는 갈등 삼각형이다. 사람 삼각형의 세 꼭지점에는 현재 사람, 과거 사람, 상담자가 위치하며, 갈등 삼각형의 세 꼭지점에는 불안, 방어, 적응적 느낌이 위치한다. 사람 삼각형은 고전 정신분석의 전이 현상을 도표화하여 분명하게 제시하는 개념이다. 즉, 내담자가 과거 중요한 사람과의 관계 경험을 현재 증상을 드러내는 사람과 반복하고 있으며, 이는 상담 장면에서 상담자 관계에서도 재현된다. 예를 들어 내담자의 어린 시절 어머니가 집을 나간 후 돌아오지 않았다면 내담자는 현재 사귀는 애인 역시 자신을 버리고 가서 돌아오지 않을 것이며, 자신의 상담자 역시 언제 떠날지 모른다는 불안에 시달릴 수 있다. 이러한 사람 삼각형은 갈등 삼각형과 맞물려 이해해보면 사람의 문제와 해결 방법이 분명하게 보인다. 위 내담자의 경우 같이 있고 싶은 사람이 나를 떠날 것이라는 불안이다. 따라서 이 불안을 힘을 다해 방어하며 살아간다. 예를 들면 상대가 떠날 것 같으면 자신이 먼저 떠난다든지, 자신을 떠날까봐 진심과는 다르게 극도로 분노를 표현한다든지 하는 방어를 취한다. 그러다보면 좋은 사람과 즐겁고 기쁜 마음으로 지내며 누릴 수 있는 적응적 느낌을 거의 갖지 못한다. 그렇다면 단기역동치료에서 제시하는 두 개의 삼각형에서 하나님의 자리는 어디일까? 필자의 견해로는 하나님은 삼각형이라는 평면을 초월하여 형성되는 삼각뿔의 꼭지점에 자리하실 것 같다. 하나님은 내담자에게 일찍 자신을 떠난 어머니처럼 내담자를 떠나는 분이 아니시다. 또한 하나님은 떠나버린 어머니, 내담자를 만나고 있는 상담자 모두와 접촉하고 있는 분이시다. 내담자가 자신의 사람 삼각형 이해를 통해 자신의 대인관계 패턴을 알아차리면 자신이 하나님과 어떻게 어긋난 관계를 맺고 있었는가에 대한 통찰과 함께 참회의 눈물을 흘릴 것이다.

죄란 '하나님과 인간 사이에 규정된 관계를 벗어나있는 현상'이다. 예를 들어 '하나님은 무조건적으로 은혜를 베푸시는 분이며, 우리는 그의 무조건적 사랑을 받는 자녀'라는 성경의 진리를 조건적으로 사랑을 주었던 부모님과의 경험 때문에 하나님을 이렇듯 무조건적으로 사랑을 베푸시는 대상으로 경험하지 못하는 사람이 있다고 가정해보자. 이 사람은 '하나님과 자신 사이에 규정된 관계'에서 벗어나 있지 않은가? 이런 점에서 앞서 소개한 칼빈의 기독교강요 첫 장 첫 문장은 매우 통찰력 있고 심오한 깨달음을 우리에게 전해준다. "하나님에 대한 지식과 사람에 대한 지식은 상호 연결되어 있다." 예를 들어 자기 자신이 가족의 영광 내지 트로피가 되어야 한다는 명제를 갖고 열심히 살아온 사람은 자신에게 부족함이나 흠이 있다는 것을 인식하지 못할 뿐만 아니라 인식하고 싶지도 않아한다. 그렇다면 이 사람이 전심으로, 진실되게 하나님 앞에서 '나는 죄인입니다'라는 고백을 할 수 있을까? 그리고 이 고백 후에 눈물과 회한 가운데 부어지는 죄인을 향한 하나님의 구속의 따뜻한 은혜를 누릴 수 있을까? 요약하면 죄인인 자신에 대해 모르는 사람은 구속주 되신 하나님 역시 알기 어렵다. 반대로 어떤 사람이 굉장한 부모님 밑에서 늘 부끄럽고 창피한 자식으로 자라왔다고 가정해보자. 성경은 '하나님은 너를 지으시고 심히 기뻐셨다. 하나님은 너를 향한 사랑을 주체할 수 없으시단다'고 말하고 있지만, 이 사람은 실제로 살면서 하나님과의 관계에서 이러한 진실된 경험을 하기는 쉽지 않을 것이다. 즉 영광스럽고 존엄한 피조물로서의 자신을 모르는 사람은 완전하신 창조주 하나님도 알기 어렵다. 따라서 이러한 죄의 문제는 인간에게 끊임없는 고통과 좌절을 가져오며, 결국 인간을 죽음에 이르게 하기 때문에 기독교인들은 하나님을 성경에 계시된 창조주, 구속주, 사랑의 아버지로서 온전히 경험하기 위하여 자신의 과거 부모와의 관계 경험을 돌아보아야 하는 것이다.

요 약

　기독교상담학의 인간관은 신학의 죄론과 연결된다. 인간은 본질적으로 창조주, 구속주 하나님과 바른 관계를 맺고 살아가야 하는데, 하나님과 과녁을 벗어나 어긋난 관계를 맺고 살아가는 것 자체가 죄로 이해된다. 하나님과 벗어난 관계를 맺은 인간은 자신의 수치와 열등함을 감추기 위하여 자신을 방어하며, 잘못된 자만심을 갖고, 하나님과 관계를 단절하며 자기 스스로의 노력으로 자신을 위로하려는 우상 숭배에 빠지게 된다. 그리고 이런 현상은 인간에게 여러 가지 심리적 문제를 파생시킨다.

생각할 거리들

1. 자신의 생각하는 인간의 본질적인 문제는 무엇인가?

2. 자신이 주로 채택하는 상담이론의 이상심리와 성경적 관점에서 바라보는 인간 문제 사이에 공통점과 차이점을 발견하는가? 이 둘은 어떻게 관련되는가?

3. 성경적 관점으로 인간의 문제를 이해할 때 기독상담자로서 자신이 얻는 유익은 무엇인가?

5장 기독교상담의 인간변화의 방향:
상담의 목표

   4장에서는 기독교상담의 관점에서 인간의 문제를 어떻게 볼 수 있는가에 대하여 죄의 관점에서 기술하였다. 본장에서는 구원의 관점에서 인간 변화의 방향, 즉 기독교상담의 목표를 설명하고자 한다. 5장에서는 먼저 인간의 고통을 바라보는 성경적 관점을 제시한 후 기독교상담의 목표인 구원에 대하여 그 의미와 과정, 방법으로 나누어 기술하겠다. 그리고 이를 우울증 사례에 구체적으로 적용해보려 한다. 먼저 4장 서두에 제시했던 우울증 사례개념화에 대한 도표를 다시 살펴보겠다. 필자가 우울증을 중심하여 논지를 전개하는 이유는 특별히 우울증 상담이 기독교 진리의 틀 안에서 더 잘 설명되기 때문이라기보다 어느 한가지 특정 문제를 성경적 관점 하에 설명해 보는 것이 독자의 이해를 쉽게 할 것이라는 기대 때문이다. 잘 훈련된 기독교 상담자는 우울증 뿐만 아니라 내담자가 호소하는 여러 가지 문제를 죄와 구원이라는 관점에서 이해하고 상담할 수 있을 것이다.

1. 고통에 대한 성경적 관점: 고통의 제거에서 수용으로

일반적으로 상담자라면 우울증을 호소하는 내담자를 맞게 되면 자동적으로 내담자를 우울하지 않은 상태로 변화시키겠다는 상담의 방향과 목표를 설정하기 쉽다. 고통을 즉각적으로 완화시키거나 제거하고, 행복한 경험을 증진시키는 것이 일반적 상담의 목표가 되기 때문이다. 그러나 기독교상담자라면 어떤 상담 목표를 잡아야할까? 다음에 기독교상담자, 그리고 기독교상담을 가르치는 교수로서 필자의 인생에 커다란 전환점을 제공한 하나의 사건을 소개하고자 한다.

"2007년 여름, 필자가 다니던 교회 단기봉사팀이 아프가니스탄에서 피랍되어 한 분의 목사님과 한 청년이 목숨을 잃을 때까지 필자 역시 위와 같은 상담 목표를 수립하는 것에 별다른 갈등을 느끼지 않았다. 그렇다고 내담자의 영적 변화에 전혀 관심이 없었던 것은 아니지만 '인간에게 진정한 행복과 평안이란 무엇인가'에 대해 진지하게 고민하지 못했다. 그 당시 봉사단원들은 아프가니스탄에 43일간 억류되어 있었으며, 교회는 그 기간 동안 매일 새벽, 밤마다 특별기도회를 열었다. 기도회에서는 봉사단원에게 일어난 일을 마음 깊이 애도하며 빈소와 교회를 방문하셨던 목사님들의 설교가 이어졌다. 그분들 가운데에는 배형규 목사님의 장신대 신학대학원 시절 가장 친한 친구였던 목사님이 있었다. 그 목사님은 배 목사님께서 돌아가신 뒤 교회를 방문하시어 눈물을 철철 흘리시며 설교를 시작하셨다. "제가 하나님께 기도했습니다. 저는 전에도 이런 기도를 드린 적이 없었으며, 앞으로도 이런 기도는 절대로 드리지 않겠습니다. 제발 제 친구 형규를 살려주십시오. 그러나 하나님은 저의 기도를 끝내 들어주시지 않으셨습니다." 그리고 계속하여 말씀하셨다. "그러나 저는 기쁩니다. 왜냐하면 요한복음 20장에서 말씀하셨듯이 하나님께서 나를 보낸 것 같이, 나도 제자인 너희를 보낸다고 하셨고, 제 친구 형규는 그 분에 의해 보냄 받아 순교를 하는 영광의 자리에 서게 되었기 때문입니다." 필자는 눈 앞에 펼쳐진 설교자의 모습과 귀에 들리는 설교자의 설교 내용 사이의 불일치 앞에서 갈등하였다. '설교자가 눈물을 흘리면서 기쁘다고 한다. 이는 표정과 말하는 내용의 불일치인데...' 만일 그렇다면 우울증을 앓으면서도 하나님으로 인해 마음이 기쁠 수 있을까? 이렇게 시작된 필자의 고민은 '그럴 수 있다'로 막을 내렸다."

영적 건강과 심리적 건강

심리적으로 건강한 사람들은 영적으로도 건강할까? 반대로 영적으로 건강한 사람들이 심리적으로도 건강할까? 필자의 견해로는 심리적으로 건강한 사람이 대체로 영적으로 건강하고, 영적으로 건강한 사람이 대체로 심리적으로도 건강하다. 즉 하나님과의 관계가 친밀하고 좋은 사람은 대체로 심리적 어려움을 크게 경험하지 않는다. 하지만 항상 그런 것은 아니다. 이는 먼저 영적 건강을 어떻게 정의하는가에 따라 달라진다. 기독교 신앙에 기초하여 영적으로 건강하다는 것은 무엇을 의미하는가? 이것을 제대로 정의할 수 있다면 바로 이 상태가 기독교상담의 최종 목표이자 방향이될 것이다. 잠시 후 기독교상담의 목표에서 이 점을 정리해보겠다. 다음으로 생각해볼 것은 영적으로 건강한 사람이 심리적으로 항상 건강한 상태는 아니라는 것이다. 현대인들은 그 어느 시대보다 물질적 번영을 누리며 산다. 더우기 언제부터인가 현대인에게는 불편함과 고통을 감수하는 역치가 매우 낮아져 가능하면 빨리 불편함과 고통을 끝내고 싶어한다. 이러한 현대인의 습성은 사회는 물론 제반 학문의 발전 방향에도 영향을 미치는 듯 보인다. 세계 사회와 학계는 미국을 중심으로 발전해온 쾌락주의와 실용주의, 낙관주의와 속도지상주의의 영향을 받고 있다. 다른 한편, 1차–2차 세계대전과 독일 나치즘의 통치를 지나며 인간의 행복과 번영에 대한 회의론이 대두되기도 하였다. 과학 기술과 학문의 발전은 당연히 인간에게 행복을 약속해 줄 것처럼 보였지만 전쟁에 사용되는 핵 무기를 비롯한 여러 장치들은 인간을 더욱 비참한 상태로 몰아갔고, 독일 히틀러 정권의 유대인 말살정책은 인간성 자체에 대한 비관

주의를 키웠다. 상담학자의 입장에서는 이러한 맥락에서 '상담학은 인간에게 어떤 유익을 가져다줄 수 있는가?', '상담학이라는 학문의 역할과 발전 방향은 어떠해야하는가?' 등의 근본적인 질문을 던지게 된다. 그리고 이러한 질문의 기저에는 질문을 던지는 사람이 발을 딛고 있는 세계관, 인간관이 큰 영향을 미치고 있다.

필자는 '영적으로 건강한 사람이 신체적으로 모두 건강하기를 기대하지는 않는데, 영적으로 건강한 사람이 심리적으로는 건강할 것이라고 기대하는 것은 왜일까'라는 생각을 하게 된다. 기독교인들이 암환자를 신앙이 약하다고 평가하지는 않지만 우울증 환자는 신앙이 약하다고 여기는 경우를 종종 보기 때문이다. 그 이유는 우선 심리적 영역이 신체적 영역보다 영적 영역과의 교집합을 더 크게 형성하고 있기 때문일 것이다. 즉 혼의 세계인 심리적 영역과 영의 세계인 영적 영역을 구분하기는 그렇게 쉽지 않으며, 혼의 세계는 영의 세계의 영향을 육의 세계보다 더 크게 받을 수 있다. 하지만 신앙이 투철하고 영적으로 매우 건강한 우울증 환자를 인정하기는 그리 쉽지 않게 보인다.

약할 때 강해질 수 있는가?

필자는 아프가니스탄에 피랍되었다가 돌아온 교인들이 돌아가신 배형규 목사께서 피랍 과정에서 두 번이나 실신하였다는 증언을 전해 들으며 이러한 문제에 대하여 더 깊이 생각할 기회를 가졌다. 배형규 목사는 단기봉사단이 탄 버스가 피랍된 직후, 그리고 봉사단을 납치한 단체가 탈레반이었다는 것을 안 직후 잠시 정신을 놓고 실신하였다. 이는 배형규 목사가 심리적으로 그리 강인하거나 건강한 상태가 아니었을지도 모른다는 추측을 가능하게 한다. 그러나 잠시 후 깨어난 배형규 목사는 봉사단을 납치한 단체가 탈레반이라면 봉사단원 가운데 몇몇은 희생될 수 있겠다고 말하신 후, 그럴 경우 자신이 가장 먼저 희생을 당하겠다고 단원들에게 말씀하셨다. 또한 죽음을 앞두고 탈레반에 의해 끌려가는 순간에도 마음의 평정을 잃지 않고 봉사단원들에게 '믿음으로 승리하라'는 격려의 말씀을 남겼다. 이는 곧 배형규 목사의 친한 친구께서 눈물을 펑펑 쏟으며 친구 배형규 목사가 하나님에 의해 보내져서 순교할 수 있어 기쁘다고 말씀하신 불일치와 연결된다. 필자는 이 경우에서 배 목사는 심리적으로 약한 상태였지만 영적인 부르심과 목표 앞에서는 그 누구보다도 강하고 담대하셨다는 불일치를 발견하기 때문이다. 필자는 여기에 기독교 신앙의 엄청난 역설이 숨어있다고 본다. 성경에는 바울이 전한 '약할 때 강함 되시는 하나님', '연약할 때 강하여지는 비밀'이 등장한다. 필자는 이러한 불일치와 역설이 기독교상담의 목표와 방향에도 마찬가지로 작용되고 있다고 본다. 위의 우울증 사례에서 우울증을 호소하는 기독교인 내담자에게 기독교상담자는 어떻게 해야할까? 필자는 우울증이라고 하는 고통이나 증상을 단순히 제거하거나 완화시키는 것이 상담의 목표가 되어서는 안된다고 생각한다. 조금 극단적으로 말한다면 오히려 우울증이라고 하는 고통을 평생 경험하며 살아간다 하더라도 성경에서 제시하는 건강한 영적 변화가 일어나도록 조력하는 것이 바람직한 기독교상담의 방향이다.

2. 기독교상담의 목표: 구원

(1) 구원의 의미

구원: 하나님과의 관계 회복

그렇다면 성경에 제시된 건강한 영적 변화란 무엇을 뜻할까? 이는 조직신학의 '구원론'의 관점에서 이해 가능하다. 스탠리 그렌즈(2003)는 현재 사용되고 있는 구원의 개념을 크게 해방 신학, 세속화 신학, 가톨릭 신학, 복음주의 신학의 네 가지로 구분하였다. 해방신학에서의 구원이란 사회의 근본 문제가 되는 권력 가진 자에 의한 억압과 착취를 역동적 하나님이 관여하셔서 해결하는 것이다. 세속화 신학은 발달하고 있는 과학적 설명들을 그대로 받아들이며, 구원이 하나님께로부터 오는 초자연적 은혜를 받아들이는 것이라는 전통적 이해를 거절한다. 가톨릭 신학에서 구원은 좀 더 포괄적이어서, 가시적으로 교회 바깥에 있더라도 그들이 은혜의 수령자가 될 수 있는 가능성에 대하여 개방적이다. 복음주의 신학의 구원은 하나님과 인간 사이의 관계에 초점을 맞추어, 그것이 바르게 되지 않으면 삶의 다른 차원 역시 그 영향을 받게 된다는 입장이다. 따라서 인간과 하나님과의 원래 관계의 회복이라는 관점에서 구원을 정의한다. 김세윤(2005)은 구원이란 모든 악과 고난에서 해방되는 것을 포괄적으로 의미한다고 하였고, 이러한 악과 고난을 모두 죽음의 증상으로 이해하였다. 앞장에서 제시한 바대로 이는 모두 죄의 결과인데, 죄란 하나님과의 빗나간 관계에 있는 것을 의미한다고 하였다. 성경에 따르면 인간이 처한 사망의 자리에서 인간은 절대로 스스로를 구원할 수 없다. 대신, 인간이 구원자이신 예수의 삶과 죽음과 부활, 즉 예수가 하신 일을 믿음으로써만 구원에 이르게 된다. 그렇다면 믿는다는 것은 무엇을 뜻하는가? 김세윤(2005)은 '믿음이란 복음을 받아들이는 것'이라고 단순히 정의하였다. 존 파이퍼 역시 그래셤 메이첸을 인용하여 '믿음이란 무엇을 한다는 뜻으로, 그 무엇이 된다는 것도 아닌, 그 무엇을 받는다는 뜻'이라고 하였다(Piper, 2003).

그럼 복음이란 무엇인가? 복음이란 예수가 인간 모두의 죄의 값을 치르시고 대표로 돌아가셨다는 것이다. 이를 김세윤은 내포적 대신(inclusive substitution)이란 개념으로 명명하였다. 예수 그리스도가 십자가에서 돌아가신 사건은 인류 전체를 끌어안고 대표로 죄 값을 치르신 것이다. 그러므로 자신이 죄인임을 고백하는 모든 사람이 예수 그리스도의 죽음으로 다시 삶을 얻게 되는 것이다. 김세윤(2005)은 이어서 구원 사건의 실재를 의인됨, 화해함, 하나님의 아들 됨, 새로운 피조물이 됨 등의 네 가지로 나누어 설명하며, 이 네 가지는 서로 다른 그림(또는 맥락)에서 온 것이지만 본질적으로는 예수 그리스도의 십자가 죽음과 부활을 믿는 믿음에서 비롯된다고 하였다. 즉, 예수 그리스도가 죄인 된 인간, 하나님과의 관계에서 끊어진 인간을 대표해서 십자가에 죽고 다시 살아났다는 것을 받아들이고 믿는 것이 힘든 일이지만, 이를 믿고 받아들이면 예수 그리스도 안에 인간이 내포되어 그의 한 일에 인간이 참여할 수 있게 된다는 것이다. 그 결과 네 가지의 다른 그림(또는 맥락)에서 인간은 실재적 변화를 이루게 된다. 이를 하나씩 살펴보자면, 법정 그림으로는 죄인에서 의인의 자리로, 인간 관계 맥락에서는 하나님과 더 이상 불화가 없는 친구의 관계로, 가족 관계 맥락에서는 하나님의 자녀의 관계로, 실재적 맥락에서는 옛 존재처럼 하나님께 닫혀있는 존재가 아니라, 하나님께서 창조하신 원래 모습대로 하나님께 열려 순종하고 그에게 의존하는 올바른 관계를 맺는다는 뜻이다.

구원: 하나님의 무제한적 자원을 빌어 쓰는 상태

그리고 김세윤에게 있어서 구원의 가장 놀라운 본질은 인간 고난과 불행의 본질을 살펴볼 때 분명해진다. 김세윤(2005)은 인간의 모든 고난과 불행은 자신의 자원이 제한되었기 때문에 발생하는 것이며, 이 제한된 자원 속에 갇혀 사는 것이 죽음이요, 악이요, 고난이라고 보고 있다. 따라서 구원 또는 해방이란 인간이 하나님께 의존하고 순종할 때 하나님의 무한한 자원을 공급받아 하나님의 무한한 힘으로 사는 존재가 되는 것을 뜻한다. 제한된 자원 안에서 사는 것이 인간의 고난과 불행의 본질이라는 김세윤의 설명은 매우 통찰력이 있다. 신체적 질병이든 심리적, 정신적 고통이든 사회적, 정치적 악행이든 인간이 처한 모든 어려움은 인간이 가진 것- 생명, 가치, 돈, 힘, 인간 관계 등-이 제한적이며, 이런 제한 속에서 자신의 욕구를 충족시키려는 과정에서 발생하는 것이기 때문이다. 얼마 전 미국 하버드대학 마이클 샌들 교수의 '정의는 무엇인가'라는 저서가 세간의 주목을 받은 바 있다. 마이클 샌들은 도덕적, 윤리적 결정이 어려운 여러 가지 딜레마 상황에서 사람들에게 도덕적, 윤리적 관점에서 무엇이 정의로운 결정인가에 대한 도전을 여러 가지 형태와 사례로 제시하였다. 하지만 그는 '이것이 정의다'는 해답을 제시하지는 못하였다. 왜냐하면 제한된 자원을 갖고 사는 인간 사회에서 모두의 권리와 이익을 지켜줄 수 있는 결정은 내리기 어렵기 때문이었다. 예를 들면 철로에 서있는 한 아이의 생명을 지키기 위하여 기차에 탄 승객 전체의 생명을 내어주기 어렵고, 기차 승객 전체의 생명을 지켜내고자 철로에 서있는 한 아이의 생명을 모른 척 하기도 어렵다. 만약 이 상황에 수퍼맨이 나타나 철로에 서있는 아이를 손으로 안아 공중으로 올릴 수 있다면 사람들은 더 이상 무엇이 도덕적으로, 윤리적으로 옳은 결정인가에 대하여 고민하지 않아도 될 것이다. 그러나 인간에게는 이러한 초능력이 없다. 구원이란 하나님의 초능력을 공급받고, 그의 초능력으로 살아가는 상태를 의미한다.

(2) 구원의 과정

구원은 어떤 과정으로 이루어지는가?

구원에는 세 가지 시제가 있다(김세윤, 2005). 즉 구원의 과거, 현재, 미래이다. 이상에서 언급한 완벽한 구원은 이 세 가지 가운데 구원의 미래에 해당된다. 김세윤은 이를 구원의 종말론적 구조라 명명한다. 구원의 과거는 이 세상에서 예수 그리스도의 초림, 십자가의 죽음 그리고 부활로 완성되었다. 십자가에서 하나님과 단절되었던 인간의 관계로부터 파생된 죽음과 고통, 악의 문제는 예수 그리스도의 죽음으로 정의롭게 해결되었다. 인간의 불순종으로 인한 죄의 결과가 사망이라는 것은 피할 수 없는 하나님의 정의였는데, 이를 단번에 예수 그리스도가 죽으심으로 해결한 것이다. 하지만 미래, 예수 그리스도의 재림 때까지 하나님의 나라, 완전한 구원의 세상은 아직 오지 않았다. 완전한 구원은 바로 예수 그리스도의 재림 때 이루어지는 것이므로, 예수 그리스도의 초림과 재림 사이, 즉 구원의 과거와 미래 사이를 살아가는 현재의 인간에게는 이 둘 사이의 긴장이 늘 존재한다.

신학적 관점에서 구원의 과정에서 나타나는 이러한 긴장은 중생(regeneration), 성화(sanctification), 영화(glorification), 견인(perseverance)의 네 가지 개념으로 드러낼 수 있다(Glanze, 2003). 중생은 사람이 자신이 죄인임을 인정하고 죄를 향한 성향에서 의롭게 살려는 적극적 갈망으로 변화하려는 순간에 일어나며, 이 순간 하나님은 인간을 향해 너희는 이제 더 이상 죄인이 아니고 의인이며, 나의 자녀가 되었다고 선포하신다. 이는 칭의(justification)의 개념과 통하는 것이다. 김세윤의 개념으로는 이 시기가 구원에 있어서의 첫 번째 단계로 과거 시점을 통과하는 시간이다. 십자가에서 예수 그리스도가 자신이 인정한 죄의 값을 다 치르셨기에 이미 인간이 사망의 자리에서 생명의 자리로 옮겨졌다는 것이다. 하지만 세 번째 시제인 미래의 구원은 예수 그리스도가 재림하는 시간, 완전한 하나님의 나라에서 완성되며, 이 순간 인간은 신자로서의 영적인 본성이 완성되는 영화의 순간을 맞이한다. 하지만 칭의(또는 중생)와 영화의 중간 과정, 즉 예수 그리스도의 초림, 십자가의 죽음과 부활, 그리고 그의 재림 사이를 살아가는 인간에게는 구원의 현재 시제가 항상 존재한다. 이 과정을 성화되는 과정이라고 보는 것이다. 성화란 영화의 순간을 향해 개인의 영적 상태의 점진적인 변화가 일어나는 과정이다. 그리고 이 과정에서 신자는 하나님의 은혜를 통하여 그의 신앙과 헌신을 마지막까지 유지하게 되는데, 이를 성도의 견인이라고 한다. 즉 구원의 과거와 미래 사이, 즉 구원의 현재 시점에서 인간은 아직 완전히 사라지지 않은 타락한 인간의 본성과 싸우며 성화를 통해 영화의 순간을 기다리고, 그 순간 인간은 전적인 하나님의 은혜와 능력으로 이 과정을 계속 유지해나가게 된다. 인간의 구원은 이미 완성된 것이지만, 아직 모두 완전히 이루어진 것이 아니다.

인간의 문제가 해결된 상태, 기독교 상담의 목표점인 인간의 구원은 이러한 긴장과 과정 속에서 이해되어야 하는 것이다.

긴장 속에서 이해되는 구원

구원에 있어서 이러한 긴장 상태를 김 진(2010)은 '과정적이며 지향적 존재의 인간'으로 묘사하였다. 그에게 있어서 인간 구원의 지향적 목표란 계속되는 성화를 통하여 '영화'에 이른 상태로, 현재는 잃어버린 상태이지만 본래 인간의 모습이 어떠함에 대해 말해주는 것이다. 이를 이해하려면 성경 전체를 관통하는 중요한 시간관인 창조, 타락, 구속, 회복의 과정을 알 필요가 있다(Charles Colson, 2002). 콜슨은 고대 철학자들이 계속하여 제기해 온 거대한 질문들은 크게 다음의 네 가지로 구분된다고 보았다- 인간은 어디에서 왔는가? 죄와 고통이 존재하는 이유는 무엇인가? 출구는 있는가? 사물을 바로잡을 수 있는 길은 있는가?-. 놀랍게도 콜슨은 상담학 이론의 기본 골격을 이루는 인간관, 인간의 문제, 상담의 목표, 그리고 상담의 방법에 관한 질문을 던지고 있다. 그리고 이에 대하여 그는 성경적 모델에 기초한 대답은 창조, 타락, 구속, 회복의 관점에서 제시될 수 있다고 보았다. 인간에게 있어서 구원은 무엇인가? 그것은 하나님께서 인간을 지으시고 '보시기에 심히 좋았다'고 말씀하셨던 창조의 상태로 회복되는 것이라는 것이다. 즉 피조물로서의 인간, 하나님에게 전적으로 의존되어 있는 인간의 상태로 회귀하는 것이다. 앞 장에서 인간의 문제를 '과녁을 벗어난 하나님과의 그릇된 관계', 즉 죄로 보았다. 콜슨도 이 점에 동의하며, 회복에는 하나님이 정하신 질서로서의 화해와 샬롬이 이루어져야 된다고 보았다. 이 상태는 하나님의 성품과 질서가 드러나며, 이는 인간이 그의 영광을 위하여 그의 뜻에 따라 서로를 대할 때 이룩되는 것이라고 보았다. 또한 하나님 형상이 인간 안에 있는 만큼 인간 안에서, 그리고 상호 관계 속에서 그것을 인식할 수 있게 되어 있다고 하였다. 그러나 인간이 샬롬, 곧 에덴 가운데 사는 상태로 돌아가기를 갈망하지만 이는 아직 이루어진 것이 아니어서 이 갈망은 늘 인간 안에 깊이 각인되어 있으며, 언젠가 새 하늘과 새 땅에 도달하는 그 때에 이러한 갈망은 이루어질 것이라고 하였다.

지향적 존재이자 과정적 존재로서의 인간

김 진(2010)은 이 중간 단계의 긴장 관계를 '지향적 존재, 그러나 과정적 존재로서의 인간'으로 설명한다. 지향적 존재로서의 인간은 복음서에서 예수 그리스도의 가르침대로 원수를 사랑하라고 명하시면 원수를 내 몸같이 사랑하고, 누군가가 오 리를 함께 가자고 하면 십 리를 함께 가기를 소망하고 살아야 한다. 하지만 과정적 존재로서의 인간에게는 원수를 내 몸같이 사랑하는 것, 누군가가 오 리를 가자고 하면 십 리를 함께 가주는 것이 결코 쉬운 일이 아니다. 왜냐하면 인간은 앞서 김세윤이 말한 바와 같이 자신의 제한적 자원을 가지고 현재를 살아가기 때문이다. 힘이 약한 인간이라면 자기와 원수 된 자가 힘을 사용해서 자신을 또 다시 제압하려 할지 모르는 불안과 두려움을 완전히 극복하기 어려울 것이다. 신체적 에너지의 고갈을 경험하며 자신의 이익을 위해서 살아가는 데 익숙해진 인간은 누군가가 오리를 가자고 부탁할 때 신체적으로 힘이 들고, 자신에게 유익이 되지 않는 일을 위해 십리를 마다않고 가기가 어려울 것이다. 하지만 완전한 구원이 이루어진 상태, 즉 인간이 하나님께 의존하고 순종할 때 하나님의 무한한 자원을 공급받아 하나님의 무한한 힘으로 사는 존재가 되었을 때라면 인간은 원수를 사랑하고 받아주거나, 오 리를 가자고 할 때 십 리를 갈 수 있는 능력을 소유하게 되므로 이것이 그리 어려운 일이 아닐지 모른다. 그렇다면 현재는 어떠한가? 김 진은 이에 대한 답으로 '저는 원수를 사랑하고, 십 리를 함께 가줄 수 있기를 소망하지만(이것이 구원을 받은 인간이 영화의 순간 이루어야 할 지향적 목표이지만), 아직 현재의 저는 원수의 행동을 이해해보고자 노력하며, 일 리나 이리를 함께 가주려고 노력하고 있습니다(이것이 성화되어 가는 과정적 존재의 인간의 모습이다)'라고 말할 수 있다는 것이다. 김 진은 이에 대한 예로 중생을 통해 그리스도인이 된 사람들이 이전에는 돈이 생기면 그것을 자기와 가족만 위해 사용하다가 신앙이 자라면서 점차 가난한 이웃이 보이면서 마음이 불편해지는 현상을 든다. 김 진은 이 때 그리스도인이 이러한 불편한 마음을 느끼지만 이웃과 자신의 몫을 나누는 것이 옳고 자신이 가야할 길이라는 것을 알아 나누기 시작하며 기쁨을 느낄 때 그 다음 과정적 단계로 옮아갈 수 있으며, 단계가 올라감에 따라 불편감을 느끼는 정도와 시간이 줄어들 것이라고 하였다.

(3) 구원의 방법

믿음과 은혜로 주어지는 구원

그렇다면 어떻게 인간은 이러한 구원을 얻을 수 있을까? 결론부터 이야기하면 구원은 인간의 믿음과 하나님의 은혜로 주어진다. 앞서 김세윤(2005)은 인간이 하나님과의 본래적 관계를 벗어나 자신을 주장하고, 자신의 노력과 힘에 의지하여 살려고 하는 태도, 그리고 여기에서 파생된 여러 가지 문제를 죄로 규정한 바 있다. 그 결과 인간은 완전한 하나님으로부터 소외되고 단절되어 그의 무한한 자원을 공급받지 못한채, 인간의 제한된 자원에만 의존하여 살게 되었다. 그리하여 인간의 죽음, 고통, 악의 문제가 발생한 것이라고 하였다. 따라서 김세윤은 인간의 제한된 자원으로 발생된 고통과 악의 문제를 그 제한된 인간의 자원으로는 절대로 해결할 수 없다고 단언한다. 즉 구원의 힘은 인간의 밖에서, 인간을 위해서 와야 한다는 것이다. 이는 곧 초월자 하나님으로부터 주어지는 은혜로만 가능하다. 그리고 이러한 구원의 은혜는 오직 인간이 십자가 앞에서 자신의 죄인됨(하나님과의 단절된 관계의 이유와 그 결과)을 받아들이고 예수 그리스도의 구속적 죽음과 부활을 믿는 자에게만 주어진다.

예정론 내의 믿음과 은혜

그럼 구원에 선행하여 하나님 편에서 하는 일은 없을까? 구원에 이르는 과정에서 인간과 하나님의 역할에 대하여 정리한 것이 기독교의 예정 교리이다. 그랜즈(Grenz, 2000, 신옥수 역, 2003)에 따르면 예정이란 구원에 선행하는 하나님의 일로, 이와 관련하여 작정, 예정, 선택의 용어가 있다고 하였다. 작정이란 인간 개개인에 일어나는 모든 문제에 대한 하나님의 뜻을 나타내는 용어이고, 예정이란 하나님이 인간 개개인을 영원한 삶이나 영원한 죽음으로 선택하는 것을 지칭한다. 선택이란 예정의 긍정적 측면으로서 하나님이 개인을 영원한 죽음이 아닌 영원한 삶으로 선택하는 것을 의미한다. 그런데 이러한 예정 그리고 선택과 관련하여 기독교계 내 칼빈주의와 알미니안주의가 서로 다른 입장을 보인다. 자세한 교리의 차이는 본서의 범위를 벗어나므로 설명을 생략하겠다. 단, 예정과 선택과 관련된 칼빈주의와 알미니안주의는 양자 모두 인간 자신의 힘으로는 절대로 구원을 이룰 수 없다는 점에서는 일치를 보이지만, 하나님의 예정이나 선택이 절대적이고 불변하는 것인지, 인간의 행동에 따라 변할 수 있는 것인지에 대하여는 차이를 드러낸다. 칼빈주의자들은 인간의 전적 타락과 하나님의 불가항력적 은혜를 주장하는 반면, 알미니안주의자들은 인간의 자연적 무능력과 하나님의 선행적 은총을 주장한다. 즉 칼빈주의자에 따르면 하나님의 무조건적 예정에 의한 인간을 향한 불가항력적 은총은 인간 편에서 자신의 죄를 뉘우치고 칭의를 받았다면 절대로 거두어지거나 변하는 것이 아니지만, 알미니안주의자에 따르면 하나님의 인간을 향한 선택은 모두에게 차별없이 주어지는 것이나 여기에는 인간의 책임이 따른다는 것이다. 어찌보면 알미니안주의자들은 절대불변하는 하나님의 예정이 이루어지기 위한 인간 편의 조건(책임과 노력)을 말하고 있다고 생각된다. 김세윤(2005)은 극단적 알미니안주의자들의 예정 교리에는 복음을 받아들이는 인간의 믿음을 너무 강조한 나머지 구원을 인간 자신의 믿음에 달려있게 만든다고 비판하였다. 그러나 필자의 생각으로는 양자 모두 구원 자체는 절대 하나님의 영역으로 인정하지만, 인간이 선악과를 따먹을 것인가 안 먹을 것인가에 대한 자유의지를 가졌던 것처럼 구원을 선택할 것인가 하지 않을 것인가 역시 자신의 자유의지로 죄인됨을 고백하고 하나님께 돌아오지 않는 자에게는 주어질 수 없다는 의미에서 인간의 책임이나 선택이 강조되고 있다고 여겨진다. 하지만 '지향적 존재이나 과정적 존재인 인간 실존'을 생각할 때 구원을 완성하는 여정에서 알미니안주의자들의 말처럼 인간이 중간에 잘못했다고 하여 구원을 취소하고 인간을 박차버리는 분으로 하나님을 믿는다면 결국 인간의 구원이 인간 편에 달려있게 되므로 이러한 구원 교리는 인간을 매우 불안하게 만들 것이라는 칼빈주의자들의 말에는 동의한다. 김세윤(2005)은 로마서 8장을 이러한 예정 교리를 증명하는 중요한 구절로 인용하고 있다. "의롭다 하신 이는 하나님이시니 누가 정죄하리요 죽으실 뿐 아니라 다시 살아나신 이는 그리스도 예수시니 그는 하나님 우편에 계신 자요 우리를 위하여 간구하시는 자시니라 누가 우리를 그리스도의 사랑에서 끊으리요 환난이나 곤고나 핍박이나 기근이나 적신이나 위험이나 칼이랴 (중략) 내가 확신하노니 사망이나 생명이나 천사들이나 권세자들이나 현재 일이나 장래 일이나 능력이나 높음이나 다른 아무 피조물이라도 우리를 우리 주 그리스도 예수 안에 있는 하나님의 사랑에서 끊을 수 없으리라"(롬 8:31-39). 즉 과정적 존재인 인간에게 이미 주어진 하나님의 구속의 은총은 인간이 지향적 존재가 되어가는 과정에 계속 베풀어져 인간의 구원을 완성할 것이라는 뜻이다. 그리고 이러한 성화 과정은 인간이 자신의 능력이나 기술이 아니라 성령으로서 하나님으로부터 주어지는 능력과 기술에 전적으로 의존할 때 가능해지는 것이다. 태어나기 이전부터 사람을 알고 계셨고, 지금도 알고 계시는 하나님께서 그의 무한한 사랑으로 사람들을 구원하시기로 예정하셨으며, 구원은 전적으로 하나님의 은혜로 주어지는 것이지만 그 사랑에 어떻게 반응하며, 구원 이후의 삶을 어떻게 살아갈 것인가는 전적으로 인간의 선택과 책임 아래에 있는 것이라 여겨진다. 이런 의미에서 바르트의 만인화해론 (객관적 화해론)과 만인구원론(주관적 화해론)은 필자의 견해와 맥을 같이 한다. 바르트에게 하나님의 사랑과 은총은 그의 심판, 율법보다 앞선다. 또한 그는 누가 선택되고 누가 유기되었는가라는 질문에 예수 그리스도 한 분만이 십자가에 유기되었으며, 이는 모든 인간을 선택하기 위한 하나님의 사랑에서 비롯되었다고 보았다. 이렇듯 하나님은 만인과 화해하기로 작정하셨고, 이를 행하셨지만 그의 사랑을 받아들이기로 믿음으로 선택하는 것은 인간 각자의 몫이다.

기독교상담의 목표: 구원

기독교상담은 이 구원의 과정에서 복음(인간의 죄를 대신하여 예수 그리스도께서 십자가에 죽으시고 부활하신 능력이 현재와 미래에 구원받은 사람들에게 계속 미친다)에 어떻게 반응하고 있는 지 그리스도인 내담자와 함께 살펴주고, 이들을 위로하고 격려하며 도전하는 일이다. 그리하여 하나님과 화해하였지만 아직도 하나님과 친밀하고 편안한 관계로 살아가지 못하는 그리스도인이나 하나님과 제대로 화해하지 못한 이들에게 현재와 미래에 온전한 구원을 이루도록 하나님의 힘을 의지하여 사람의 자리에서 도움을 주는 것이다. 이를 위해 상담자는 첫째, 과정적 존재로서 내담자의 약점과 고통을 수용하고 공감하여야 한다. 둘째, 내담자가 십자가 구원의 은총에 어떻게 반응하고 있는가를 살펴 믿음으로 하나님의 사랑을 경험하고 받아들이도록 돕는다. 셋째, 내담자에게 구원의 선행 조건인 죄에 대한 인식과 고백을 장려해야 한다. 넷째, 내담자가 자신의 죄로 인한 고통을 자각하고, 방어를 내려놓을 수 있도록 격려해야한다. 마지막으로 방어를 쌓는데 들이던 내담자의 노력을 하나님의 영광과 나라에 사용할 수 있도록 사명을 찾아 독려해야한다.

(4) 우울증 사례

이제 앞에 제시한 우울증 사례로 돌아가보겠다. 상담학에서 사례개념화란 '내담자 문제에 대한 잠정적인 이론적 설명 혹은 추론의 성격'으로 정의된다(청소년 상담원, 2000). 또한 사례개념화에는 내담자 문제의 성격과 원인에 대한 깊이 있는 이해와 더불어 상담목표와 개입전략을 수립하는데 필요한 방향성이 제시되어 있어야한다. 이런 점에서 기독교상담자가 기독교인을 대상으로 기독교상담을 하려고 한다면 '기독교상담적' 사례개념화가 필요하다. 이는 '성경의 진리에 입각하여 교인 또는 기독교인 내담자 문제의 성격과 원인에 대해 이해하고 평가하고, 상담의 목표와 개입전략을 수립하는 것'을 의미한다. 이런 점에서 성경에 계시된 인간관을 바탕으로 "사람은 어떻게 행복해질 수 있는가?" 또는 "사람의 문제는 어떻게 해결될 수 있는가?"라는 질문에 대한 대답을 하는 과정, 그리고 그에 대한 해답을 기술해놓은 것이 기독교상담의 목표 및 상담의 방향이 된다.

1) 생물학적: 혈중 세로토닌의 부족

2) 정신분석적: 엄격한 초자아의 발달, 강박적 죄책감 토대에서 자신을 향한 공격

3) 인간중심-경험적: 이상적 자아와 현실적 자아의 간극

4) 인지적:

1세대	2세대	3세대(ACT)
부정적 행동의 강화	인지삼제(나-미래-세상의 희망없음)	더 잘하려는 노력
잘못을 자신에게 귀인	통제의 실패	더 잘하기 이외의 가치에 무관심

5) 가족상담적: 우울한 가족구성원을 만들어낸 가족의 체계(정서적 소원, 힘의 불균형, 의사소통의 이상 등)

〈표3〉 여러 상담이론 별 우울증을 보는 관점

필자는 앞에서 우울증이라고 하는 고통이나 증상을 단순히 제거하거나 완화시키는 것이 기독교상담의 목표가 되어서는 안된다고 밝힌 바 있다. 바람직한 기독교상담은

극단적으로 표현하면 오히려 우울증이라고 하는 고통을 평생 경험하며 살아가더라도 성경에서 제시하는 건강한 영적 변화가 일어나도록 조력하는 것이다. 그렇다면 구원의 의미와 과정, 방법에 대해 살펴본 바에 따라 우울증 내담자에게 일어나야 하는 건강한 영적 변화란 무엇일까에 대해 설명해보려고 한다.

1) 구원의 방법

먼저 구원은 십자가 앞에서 인간이 자신의 한계와 부족함, 하나님과의 잘못된 관계에 대해 자각하고, 이를 받아들이고 표현한 후, 하나님이 무조건적으로 주시는 구속의 은혜를 믿을 때 주어진다고 하였다. 그렇다면 우울증으로 고생하고 있는 기독교인에게는 어떠한 바람직한 변화가 일어나야 할까? 상담 과정에서 초기에는 우울한 상태에 대해 충분히 표현하게 하고 상담자는 이에 대한 공감과 지지를 충분히 주어야한다. 그러나 상담이 중기가 지나는 시점부터는 내담자가 드러내는 우울감 기저에 자리잡고 있는 하나님과의 어그러진 관계를 드러내어 인식시켜야 한다. 우울감은 자신이 무력하고 무가치하며 무능력하다는 표면적인 인식에서 비롯된다. 그리고 고전 정신분석 이론은 우울증을 '강박적 죄책감에 기반을 둔 자신의 내부를 향한 공격성'으로 설명한다. 기독교상담자들은 이에 대해 성경적 관점으로 우울증 문제를 이해하는 시각을 가질 필요가 있다.

첫째, 내담자가 정말 그런 존재인가의 질문을 떠올려볼 수 있다. 앞서 인간은 창조, 타락, 구속, 회복이라고 하는 큰 틀의 시간에서 구원을 이루어간다고 하였다. 하나님은 사람을 지으시고 참으로 좋았다고 하셨고, 그 사람들은 예수 그리스도의 생명을 지불하고 이룬 구속의 댓가로 창조주와 구속주의 자녀가 되어 그의 나라를 함께 이루어갈 귀하고 거룩한 존재로 변화하였다. 그렇다면 '너는 무능력해, 너는 가치가 없어, 너의 삶은 의미가 없어'라는 내담자 마음 속의 메시지는 어디에서 오는 것일까? 그리고 그것은 과연 올바른 것일까? 우울증 내담자가 어느 정도 기운을 차린 후 힘을 얻었을 때 기독교상담자는 이 문제를 내담자와 나누어 보아야 한다.

둘째, 우울증 내담자가 경험하는 죄책감은 누가 만들고 있는 것인가의 질문을 떠올려볼 수 있다. 대다수의 우울증 내담자의 배후에는 완벽주의적 부모, 조종하는 부모, 요구하는 부모가 자리하고 있다. 이는 고전 정신분석학적 관점에서 우울증 내담자의 주요한 방어 기제를 내사(introjection)로 본다는 점에서 이해가 되는 부분이다. 왜냐하면 모두는 아니겠지만 우울증을 경험하는 많은 내담자들은 자기 자신에게 완벽하고 높은 수준의 기대를 품고, 이 기준에 자신이 도달하지 못할 때 무력감과 무의미감을 경험하는 것으로 알려져 있다. 내사라는 방어기제는 자신에게 부여하는 이러한 높은 기준이 어쩌면 성장 과정에서 부모로부터 주어진 기대를 그대로 여과없이 받아들여, 자신의 가치와 기준으로 삼는 과정에서 발생할 수 있다. 그렇다면 기독교상담자는 무엇이 진정한 죄책감이며, 그러한 죄책감은 어떻게 극복될 수 있는가에 대하여 내담자와 논의해보아야 할 것이다.

죄책감이 아닌 진정한 죄책을 경험해야

앞서 구원에는 '자신의 죄의 고백'이 우선한다고 밝힌 바 있다. '내가 하나님 자리에 앉아 있었습니다. 나 스스로, 내가 만든 기준만큼 나의 노력으로 되어보고자 노력하며 살았습니다'라는 원죄의 고백이 필요하다는 것이다. 우울증을 앓는 많은 그리스도인들은 실제 자신이 그렇듯 완전하지 않고, 그런 자신의 모습 그대로 하나님께 무조건적으로 받아들여졌다는 것이 중생의 경험인데도 불구하고 자신의 구원을 스스로의 노력으로 이룩하고자 매우 열심히 살아간다. 무력감과 우울감을 초래하는 죄책감이란 이렇듯 자신이 혼자 노력하는 과정에서 파생된 것이다. 하지만 실제로 '부족하고 한계를 지닌 죄인으로서 완벽을 추구하며 살았던 그 자체'가 죄이며, 그 죄에 대한 속

죄를 십자가 앞에서 경험할 수 있다면 완벽을 추구하는 우울증은 경감될 수 있을 것이다. 다시 말하면, 인간에게 필요한 것은 죄책감이 아니라 진정한 죄책인 것이다.

셋째, 우울증 그리스도인 내담자와는 누구의 기준에 따라 무엇을 위해서 살아야 하는가에 대한 의논도 함께 나누어야 한다. 이에 대해 설명하기 위하여 요즈음 제3세대 인지상담이론으로 상담자들의 관심을 받고 있는 수용전념치료(ACT: Acceptance Commitment Therapy)를 잠시 소개해보겠다.

수용전념치료의 기독교적 이해

수용전념치료의 원리를 간단하게 설명하면 내담자의 증상을 경감시키기 위해서는 자신의 고통을 있는 그대로 경험하고 받아들인 후 자신이 세상에서 선택하고 원하는 가치에 전념하여 살아가도록 도와야한다는 것이다. 이 원리에 따르면 증상이란 인간에게 필연적인 고통을 자신만의 방법으로 억지로 통제하고 제거하려고 노력하는 과정에서 발생한다(이를 식으로 나타내면 다음과 같다: 증상 = 고통 + 통제의 노력). 예를 들어 중독 증상은 본질적으로 스스로 만족할 만하고, 안전한 존재라는 느낌을 가질 수 없는 사람이 이러한 고통을 억압하고, 경험하고 싶지 않고, 나아가 빨리 해결하고자 하는 과정에서 발생한다. 이런 의미에서 중독을 '자기애적 증상'이라고 이해하는 고전 정신분석학적 관점은 바른 것이라고 보인다. 수용전념치료자들은 아마도 중독자들에게 '자신이 괜찮지 않다는 경험'을 피하지 말고 있는 그대로 느끼고 경험할 것을 격려할 것이다. 그 후 '내가 충분히 괜찮지 않음에도 불구하고, 나의 삶을 던져 넣어 하고 싶은 일'을 떠올리고 자신이 괜찮지 않다는 경험을 해야 함에도 불구하고 자신이 선택한 일과 가치에 전념할 것을 권할 것이다.

다시 우울증 사례로 돌아가보면, 우울증 내담자들에게는 위의 공식에서 고통이란 '나는 실패자이다'라는 경험을 하는 순간이다. 이 실패자라는 경험을 피하기 위하여 우울증 환자들은 일도 더 열심히 하고, 관계도 더 열심히 맺으며 삶의 기준을 높이고 살아왔을 것이다. 그러나 이들이 무엇인가를 더 열심히 잘 하고 싶지만 생각 만큼 자신의 능력이나 노력이 따라주지 못한다고 느끼게 되면 이것이 우울한 감정으로 드러나게 된다. 따라서 수용 단계에서 우울증 내담자는 '나는 실패자이다. 나는 못났다'고 하는 고통의 경험을 통제하지 말고 있는 그대로 경험하는 과정이 선행되어야 한다. 즉, '나는 하나님 없이는 한계가 있을 수 밖에 없다'는 죄의 고백이 선행되어야 한다는 뜻이다. 그리고 전념 단계에 이르면 상담자는 내담자가 '내가 비록 실패자이고 못났다는 경험을 감수하고라도 정말 인생을 살면서 이루고 싶은 가치가 무엇인가, 무엇을 따라 살고 싶은가'에 스스로 답을 하면서 자신의 선택과 가치를 만나 이에 전념하도록 돕는다. 그렇다면 기독교인 내담자에게는 어떤 인생의 선택 기준과 가치가 필요할까? 앞에서 구원이란 자신의 제한된 자원 속에서 살지 않고, 자신의 한계를 하나님 앞에 내어놓고 하나님의 무한한 능력과 자원을 사용하며 살아가는 것이라고 한 바 있다. 그렇다면 이러한 하나님의 무한한 능력과 자원을 무엇을 위해서 사용하는가? 아마도 구원받은 그리스도인이라면 이들을 하나님께서 예수 그리스도의 희생을 통해 이루신 생명 구원을 위해 사용하게 될 것이다. 그리고 그 목적은 자신의 실패감을 피하기 위해서가 아니라 구원받은 자로서 감사함으로 하나님께서 이루고자 하시는 일에 동역하는 것이 될 것이다. 따라서 하나님의 무제한적 능력과 자원을 사용하여 그분의 일을 하고 있는 그리스도인에게는 삶의 선택 기준과 방향이 하나님을 향해 초점 맞추어진다. 그리고 이 과정에서 자신의 무력함, 실패감을 신경 쓸 이유가 없다. 왜냐하면 이제는 자신의 자원이 아닌 하나님의 자원을 빌어쓰고 있기 때문이며, 하나님의 구속의 은혜에 반응하는 삶에 부족하고 넘친다는 평가는 있을 수 없기 때문이다.

2) 구원의 과정

이제 우울증을 앓는 기독교인 내담자를 만나 기독교상담을 한다고 가정할 때, 성경에 제시된 구원의 과정이 기독교상담에는 어떤 내용적, 절차적 지혜를 줄 것인가에 대하여 고찰해보겠다.

첫째, 우울증으로 고생하는 내담자는 자신이 죄인이라는 진심어린 고백을 못했을 가능성이 있다. 사실상 상담 초기, 우울증을 앓는 내담자들은 종종 잘 먹지도 못하고 잠도 잘 못자시 때문에 상담자는 내담자가 매우 안타깝게 느껴진다. 그래서 기독상담자는 '당신이 진심으로 죄인의 자리에 있었던 때가 있으십니까?'라며 그들의 죄 문제를 꺼내는 것이 힘들게 느껴지기도 할 것이다. 그러나 상담 초기가 지나면서 내담자에게 충분한 위로와 공감이 전달되었다고 여겨지면, 상담자는 위의 질문을 내담자에게 던지고 솔직한 그의 답을 들어볼 필요가 있다. 앞서 우울증은 '실패자'가 되기 힘들어 자신의 방식으로 이를 통제하는 과정에서 발생할 수 있는 문제라고 하였다. 그런데 죄인은 철저한 실패자이다. 철저히 무력하고 악하고 부족한 존재로서의 자신을 보는 자리가 죄인의 자리이다. 왜냐하면 원죄로 하나님과의 관계가 단절된 상태의 인간은 아무리 스스로 하나님만큼 되어보려고 노력하여도 자신이 결코 그렇게 되지 못한다는 사실을 잘 알고 있기 때문이다. 그렇다면 '제가 원래 악하고 무력하고 부족합니다'라는 고백을 십자가 앞에서 진심으로 하면 된다. 그런데 주위를 둘러보면 '나는 이 것밖에 할 수 없습니다'라며 자신의 한계를 인정하고, 그 한계 내에서 편안하게 사는 이들은 우울증으로 고생할 확률이 별로 없다. 자신이 워낙 무력하고 약하고 악하다는 것을 인정하는 사람은 그렇게 되지 않으려고 정도 이상으로 애쓰지 않을 뿐 아니라 부족한 자신의 상태도 허용적으로 받아들일 수 있기 때문이다. 따라서 우울증을 경험하는 기독교인 내담자는 어쩌면 입으로는 '나는 죄인입니다'라고 말하고 있지만 마음으로는 '나는 절대 죄인이 아닙니다. 나는 절대 죄인이 되어서는 안됩니다'라고 말하고 있는지도 모른다.

둘째, 앞서 우울증 내담자들에게는 내사 과정에서 부모를 향한 숨어있는 분노가 내재되어 있을 가능성에 대해 언급한 바 있다. 구원의 과정을 토대로 이와 연결시켜 생각해볼 수 있는 점은 우울증 내담자들에게는 창조와 구속의 은혜가 실재하는 경험이 필요하다는 것이다. 앞에서 구원에는 세 가지 시점의 시제, 즉 과거, 현재, 미래가 있다고 하였다. 과거, 그리스도인은 예수 그리스도의 초림 후 십자가에서 이루어진 칭의와 중생의 경험을 하였고, 미래에는 장차 완성될 하나님의 나라에서 완전히 영광스러운 모습으로 살아가게 될 것이다. 하지만 현재에는 누구나 성화의 단계를 거치며 중간 지대의 긴장과 불완전함을 갖고 살 수 밖에 없다. 우울증을 경험하는 내담자 가운데에는, 모두 그렇지는 않겠지만, 자신을 있는 모습 그대로 받아주거나 인정해주지 않고, 부모의 기준으로 자신들을 평가하고 조건을 달아 돌봐주었던 양육 경험을 가진 이들이 많다. 하지만 이들이 십자가 앞에서 거듭나는 경험을 할 때 이미 이들을 선택하여 하나님의 자녀로 만드시기로 예정하셨던 하나님은 구속의 은혜를 베풀어 하나님과 화해하고, 그의 자녀가 되는 권리를 인간에게 주셨다. 하나님은 그러한 무조건적인 은혜와 돌봄의 은총을 인간 누구나가 태어나기 이전부터 영원까지 베푸시기로 작정하신 분이시다. 따라서 우울증을 경험하는 기독교인 내담자들이 구원의 과거 시점을 통과하였다면 부모는 불완전하게 조건적으로 자신을 돌봤을지 모르지만 하나님께서는 완전하게 무조건적으로 자신을 돌보고 계셨고, 지금도 돌보고 계시며 앞으로도 그러할 것이라는 사실을 받아들이고 살아가게 된다. 상담자는 내담자의 믿음의 경험이 과거 부모의 불완전한, 조건적 사랑을 상쇄하고 보상할 만한 것이 되도록 조력할 필요가 있다.

셋째, 지향적 존재 그러나 과정적 존재로서의 인간의 실존을 받아들인 내담자들은 자신의 부족한 점, 불완전함을 받아들이지만 성화, 그리고 영화라는 지향점을 포기하지 않고 기쁨으로 기대하며 살아간다. 우울한 느낌은 '나는 왜 지금 이것 밖에 안될까?'라는 자기 평가로부터 발생할 가능성이 있다. 그런데 구원의 과정에서 나의 힘과 노력이 아닌, 하나님의 은혜와 은총으로 자신이 창조 당시 하나님과의 완전한 관계로 회복될 수 있다는 기대감, 그리고 그 시점이 당장 지금이 아니라 단계적으로 하나님과 동행하는 과정 가운데 점차 과거보다는 현재가, 현재보다는 미래가 구원이 완성될 때의 그림과 가까워질 것이라는 희망감이 우울한 그리스도인들을 어두움에서 해방시킬 수 있는 빛이 된다.

3) 구원의 의미

구원이란 인간이 하나님과의 잘못된 관계를 고백하고 교정한 후 하나님의 구속의 은혜로 들어오는 것을 의미한다. 그리그 그 이후에는 인간의 제한적 자원이 아니라, 하나님의 무제한적 자원을 사용하여 살아가는 것이라고 밝힌 바 있다. 그렇다면 이러한 구원의 의미를 정확하게 알고 체화하는 과정이 우울증을 경험하는 기독교인 내담자에게는 어떻게 도움이 될 수 있을까?

구원과 인간의 회복

첫째, 구원은 그리스도인에게 더 이상 자신의 자원에 의지하거나 실패감을 피하기 위하여 자신을 발전시키려고 노심초사하지 않도록 도와준다. 사람들은 무언가 더 나아지려고 나름대로 노력을 기울이고 힘을 써보았지만 절망감이 느껴질 때 우울감에 빠지게 된다. 그런데 구원을 바르게 이해한다면 이제는 더 이상 자신의 자원과 능력에 의지해서 살아가지 않아도 된다는 안도감과 확신을 경험할 수 있다. 실상 사람들은 자신의 가치를 높이고 관계에서의 안전감을 확보하고자 무엇인가에 몰두하여 열심을 내기 쉬운데, 이미 십자가에서 예수 그리스도의 죽음으로 구원이 완성될 때 이를 믿는 모든 사람은 하나님의 자녀, 의인이 되는 신분의 변화가 있기 때문이다.

둘째, 구원의 의미를 바르게 이해하였다면 우울한 사람들의 삶의 방향과 가치가 변할 수 밖에 없다. 구원을 이루기 위해서 인간 편에서 할 수 있는 것은 '죄인임을 회개하고 복음을 믿는 것'(마가복음 1:15)뿐이다. 나머지 모든 것은 하늘로부터 주어진다. 앞서 얘기한 신분의 변화, 무조건적 자원의 사용은 하나님으로부터 주어지는 선물이다. 그렇다면 이렇게 변화된 신분과 무한한 능력으로 그리스도인은 무엇을 위하여 살아야할까? 그것은 인간을 대신하여 죄 문제를 해결하기 위해 십자가에서 생명을 바친 예수 그리스도가 이루기 원하는 가치를 따라 사는 것이다. 그 과정에서 자신의 무능력과 부족함을 맞딱뜨릴 수도 있다. 그러나 그것이 크게 문제되지 않는 것은 이미 자신이 그러하다는 것을 죄인으로서 고백했고, 그 이후에는 자신의 능력이 아닌 하나님을부터 주어지는 능력으로 산다는 것을 알기 때문이다. 이는 우울증 내담자들에게 흔히 관찰되는 무희망감과 무력감을 완화시켜준다. 이들에게 삶의 분명한 목표와 희망이 생겼기 때문이다.

이상에서 기독교상담의 중요한 변화 목표인 '구원'에 대하여 그 의미와 과정, 방법에 대하여 알아보고 이를 우울증 내담자에 적용시켜 설명하여 보았다. 사실상 이런 식의 적용이 우울증에만 한정되는 것은 아니다. 사람들이 드러내는 다양한 종류의 심리적, 정신적 문제를 이러한 성경적 관점으로 해석하여 상담에 적용할 수 있다. 이것이 가능해지려면 기독상담자들에게는 다음 몇 가지 지식이 필요하다.

기독교상담자에게 필요한 지식

1. 다양한 문제를 특정 상담 이론으로 이해하고 분석할 수 있는 능력
2. 특정 상담 이론을 성경적 세계관의 틀로 적용할 수 있는 능력
3. 비평하여 수정된 상담 이론의 틀로 내담자를 새롭게 이해하여 실제로 상담하는

능력

이중 언어, 메타이론으로서 기독교상담학

이러한 점에서 일반 상담 이론을 통합하여 시도하는 기독교상담은 일종의 '메타 상담이론'이라고 하겠다. 메타(meta)란 단어는 영어로 후에(after), 함께 가는(along with), 넘어(beyond), -의 가운데에(among), 의 뒤에, 배후에(behind) 등의 의미를 가진다. 많은 기독교상담자들이 '기독교상담이 무엇인가? 기독교상담을 어떻게 할 수 있을까?'에 대해 고민하는 모습을 보아왔다. 필자가 지난 20여년 기독교상담을 시도하며 다다르게 된 결론은 일반 상담학의 기본 철학과 틀을 정확하게 이해하지 못하고는 이를 성경적 관점에서 비평하고, 사람의 성경적 변화에 효과적으로 사용할 수 있는 상담적 능력을 키우기 어렵다는 사실이다. 왜냐하면 기독교상담이론은 본질적으로 메타 상담 이론이기 때문이다. 아마도 필자가 가진 기독교상담학의 메타이론적 측면을 헌싱거는 '이중 언어'라고 표현한 듯 하다. 그녀는 심리학과 신학, 두 가지 언어에 능통한 자만이 기독교상담을 할 수 있다고 밝힌 바 있다(이재훈, 신현복 역 2000; 이관직, 2007). 기독상담자는 자신이 사용하기 편안하고 효과적인 여러 가지 상담 이론을 모두 익힌 후에(after), 그 가운데 들어있는 성경의 진리와 비진리를 구분하고(behind), 그 이론을 넘어(beyond) 자신의 기독상담 모델을 수립하여 나아가야 한다. 한편, 기독상담자가 인간의 문제를 신학적 관점에서 이해하고 해결하는 훈련이 되어 있지 않다면 그는 기독교상담을 할 수 없다. 앞서 본 바와 같이 신학은 인간의 본질, 문제의 해결 방향과 원칙을 제공하고 있기 때문이다.

요 약

상담학과 기독교상담학의 목적은 심리학과 신학의 목적이 상이한 만큼이나 다르다. 상담의 목적이 문제 해결에 있다면 기독교상담의 목적은 구원의 완성에 있다. 구원은 하나님의 십자가 은총에 믿음으로 반응하기, 증상을 통해 드러난 자신의 죄를 고백하기, 하나님과의 관계를 가로막던 방어에 자신의 자원을 낭비하지 않고 구원으로 주어진 하나님의 무제한적인 자원을 사용하기, 하나님의 사랑과 은총에 감사하고 보답하는 방향으로 삶의 가치를 재조정하기 등을 통해 이루어진다. 기독상담자는 내담자의 고통이나 증상을 수용하고 공감하지만 이를 제거하거나 해결하려 하지 않는다. 오히려 그 고통이나 증상 속에 내재된 하나님과 잘못된 관계를 드러내어 죄를 고백하게 하고, 경우에 따라서는 고통이나 증상을 계속 경험해야 함에도 불구하고 하나님 은총에 반응하는 삶의 가치를 갖고 살도록 내담자를 격려한다. 그 과정에서 많은 경우 심리적 증상은 경감될 수 있다.

생각할 거리들

1. 지금까지 기독상담자로 내담자의 문제 해결 방향에 대해 갖고 있던 관점은 무엇인가?

2. '지향적 존재, 그러나 과정적 존재로서의 긴장감'이 상담에 시사하는 바는 무엇인가?

3. 상담학과 신학, 두 가지 언어 가운데 자신이 더 능숙해지기 원하는 분야와 방법은 무엇인가?

6장 기독교상담 모델의 예

    기독교상담 모델은 성격적 세계관에 근거한 인간관, 인간의 문제, 인간 변화의 목표와 방향, 그리고 그 과정과 방법에 대한 지식을 체계화한 것이다. 이러한 관점에서 3장에서 5장까지 기독교상담의 인간관과 문제, 상담의 목표를 복음주의적, 신정통주의 신학의 관점에서 '죄와 구원'이라는 큰 틀로 제시해보았다. 본장에서는 서구의 기독교상담자들이 제시하고 있는 몇 가지 기독교상담 모델의 예를 소개해보고자 한다. '해 아래 새 것이 없다'는 성경 말씀처럼 사람의 문제를 이해하고 조력하기 위한 많은 이론가들의 작업에는 서로 비슷하게 겹치는 부분들이 많이 있다. 그리고 고유한 그들만의 창조적인 영역도 포함되어 있다. 필자는 독자들이 자신의 신학과 믿음에 바탕을 둔, 자신만의 기독교상담 모델을 개발하고 활용하게 되기를 기대한다. 하지만 '모방은 창조의 어머니'라는 말처럼 다른 이론가들이 개발한 기독교상담 모델을 살펴보는 것은 자신의 상담 모델을 구축하는 데 큰 도움이 된다. 이런 의미에서 다음에 래리 크랩(Larry Crabb)의 성경적 상담 모델, 윌리암 컬원(Willaim Kriwan)의 절충을 위한 기독교 상담 모델(Christian counseling: a approach to eclecticism), 에릭 존슨(Erik Johnson)의 기독교 상담 모델-영혼 돌봄의 기초 (foundation for soul care)-, 그리고 코우와 홀(Coe & Hall)의 변형심리학 모델-성령 안에서 심리학 하기(doing psychology in Spirit)-을 소개해보겠다.

1. 래리 크랩의 성경적 상담 모델

(1) 인간관

래리 크랩의 상담 모델은 기독교상담의 여러 가지 분파 가운데 통합 모델, 또는 이집트인에게서 빼앗기 모델 가운데 하나이다. 기독교상담은 성경의 진리와 심리학적 지혜를 어느 정도로 어떻게 사용하는가에 따라 몇 가지 분파로 나뉘어지기도 한다(김용태, 2006, pp125-161). 즉 기독교상담에는 오직 성경의 진리만을 사용해야한다고 하는 영화 상담 모델 (spiritualization counseling model)부터 성경의 용어와 심리학의 용어를 필요에 의하여 분별없이 혼합하여 사용하는 일반상담 모델(general couselilng model), 또는 (샐러드 볼에) 던져진 모델(tossed salad model)까지 다양한 형태의 상담이 존재한다. 본절에서 소개하고자 하는 래리 크랩의 상담 모델은 이 가운데 성경의 진리와 심리학의 지혜를 통합하되 성경의 진리로 일반 상담이론에서 발전된 지혜를 걸러서 가져와 사용해야한다는 입장이다. 그런 의미에서 심리학은 성경의 출애굽기에서 이스라엘 사람들이 이집트에서 나올 때 빼앗은 것이라는 의미로 강탈 모델 또는 이집트인에서 빼앗기 모델(spoiling the Egyptians)이라 불린다.

래리 크랩의 상담 모델이 기초하고 있는 기본 철학을 한마디로 말한다면 '잘못된 욕구의 방향 전환'이라고 할 수 있다. 즉, 인간이 보이는 여러 가지 문제 행동은 하나님만이 만족시킬 수 있는 인간의 욕구를 인간 스스로 만족시키려 하기 때문에 발생하므로, 사람들의 문제 행동이 바로잡아 지기 위해서는 인간과 하나님 사이의 잘못된 관계를 회복함으로써 인간이 하나님을 통해 자신의 욕구를 충족시킬 수 있도록 조력해야 한다는 것이다.

래리 크랩이 밝힌 인간이 하나님만을 통해 충족할 수 있는 기본적 욕구로는 중요성 또는 가치감의 욕구(need for significance)와 안전감 또는 친밀감의 욕구(need for intimacy) 두가지가 있다(Crabb, 1977, p. 62). 다시 말하면 인간은 누구나 '나는 무엇을 잘 해서 중요한 존재로 인정받고 싶다'는 욕구와 '사람들이 나를 사랑하여 그 관계에서 안정감을 누리며 살고 싶다'는 욕구를 가지고 살아간다. 성경에는 이 두 가지 욕구가 분명히 타락 이전 하나님과의 관계에서 충분히 누릴 수 있었던 것이었다고 밝히고 있다.

(2) 상담 문제

래리 크랩은 '사람들에게 어떤 과정을 거쳐 심리적인 문제가 발생되는가?'에 대하여 다음과 같은 모델을 가지고 설명하고 있으며, 이는 기독교적 관점에서 여러 가지 심리적 문제를 이해하는데 중요한 시사점을 제공한다.

(하나님을 향한)
인격적인 요구

동기
기본 가정
목적을 가진 행동

장
애
물

장애물의 종류		좌절에 따른 반응(이상심리)
1. 미치지 못할 만큼 높은 목표	→	죄책감
2. 외부 환경	→	분개 또는 분노
3. 실패에 대한 두려움	→	불안

〈표4〉

하나님과의 관계가 단절된 이후 사람들은 이 두가지 욕구를 만족시키고 싶은 잘못된 동기로부터 자신들만의 잘못된 가정을 만들어낸다. 예를 들면, '내가 돈이 많다면...' '사람들이 내가 하는 일을 알아준다면...', '나를 사랑하는 남편이 있다면...', '모든 사람들이 나를 받아들여 준다면...' 나는 충분히 내가 중요하다는 느낌과 안전하다는 느낌을 받을 수 있다고 믿는 것이다. 그러나 이에는 분명히 장애물이 존재한다. 때로는 자신이 미치지 못할 정도의 너무 높은 목표가, 때로는 자신의 불행했던 가족 환경이나 뜻하지 않은 사건과 사고들과 같이 자신이 어쩔 수 없는 외부 환경이, 때로는 실패에 대한 불안감이 자신이 설정한 기본 가정에 따라 중요함과 안전감에 대한 욕구를 맛보는데 장애물로 작용한다. 그 결과 기대가 너무 높은 사람은 죄책감을, 외부 환경을 탓하는 사람은 그에 대한 분노감을, 실패를 두려워하는 사람은 불안감을 느끼게 된다는 것이다(Crabb, 1977, pp 70-95).

(3) 상담 목표

래리 크랩 모델의 중독상담에의 적용

따라서 래리 크랩의 상담 목표는 내담자가 하나님과의 관계 회복을 통해 중요감-가치감, 안전감-친밀감의 욕구를 만족시키도록 조력하는 것이 된다. 이 모델을 중독 상담에 적용해서 생각해보겠다. 일반적으로 중독 대상은 중독자의 고통을 잊게 만들어주거나 고통을 상쇄할 수 있을 만한 자극적인 경험을 제공한다. 이런 의미에서 중독자들은 중독 대상을 통하여 자신을 위로하고 있으므로 중독 현상 자체는 자기애적이라고 볼 수 있다. 그런 의미에서 래리 크랩의 상담 목표는 설득력을 지닌다. 왜냐하면 중독 대상이 만족시켜주던 내담자의 결핍에 따른 고통을 하나님이 채울 수 있도록 조력한다면 내담자는 중독대상으로부터 자유를 경험할 수 있기 때문이다.

보편적으로 상담가들이 임상에서 가장 흔히 경험하는 성격장애에는 자기애성 성격장애, 반사회적 성격장애, 경계선 성격 장애, 그리고 편집성 성격장애가 포함된다. 먼저 자기애성 성격장애를 가진 사람들은 자신의 진짜 모습이 초라하다는 느낌을 피하기 위하여 전혀 미치지 못할 만큼의 높은 삶의 목표를 설정한다. 어쩌면 이들은 목표에 닿지 못했을 때의 죄책감을 피하기 위하여 끊임없이 완벽하고, 잘 나고, 인정받고 싶어할지 모른다. 따라서 이들 가운데 능력과 운, 환경이 따라주는 사람들은 성취에 성취를 거듭하며 '일 중독자'가 되어간다. 하지만 그렇지 못한 사람들은 내면의 죄책감과 실패감에 대한 고통을 다루기 위해, 또는 그것을 피하기 위해 일이 아닌 다른 것에 빠져든다. 그것이 요즈음의 컴퓨터 게임일 수도 있고, 인터넷 도박일 수도 있다. 아니면 알코올이나 약물일 수도 있다. 두 번째로 반사회적 성격장애를 가진 사람들은 자신의 좌절에 대한 핑계를 외부 환경으로 돌리는 대표적인 사람들이다. 사회가 부조리해서, 부모님이 자신을 돌봐주지 않았기 때문에, 정상적인 방법으로는 잘 살수 없는 체제 밑에서 살아가니까 화가 나서, 그 안에서 함께 살아가는 사람들을 믿거나 의지하거나 돌볼 수 없어서, 그런 한과 울분을 풀기 위해서 술을 마신다. 마지막으로 경계선이나 편집성 성격장애자들은 사람들에게서 '버려짐을 받거나', '좋지 않은 평가를 받는 것'에 대한 극도의 불안감을 가지고 살아가는 이들이다. 따라서 이들은 인간 관계에 중독이 되거나, 실제로 존재하는 현실의 인간 관계를 회피하고 그들만의 안전한 공간에 머무르고 싶을 것이다. 그리고 이는 곧 인터넷 채팅 중독이나 음란물 중독으로 나타날 수 있다.

모든 사람들은 정도의 차이가 있을 뿐 타락 이후 하나님과 단절된 채 자신들이 세운 잘못된 삶의 가정과 목표를 가지고 살아간다. 중독상담의 과정은 먼저 중독 대상으로부터 떨어지는 연습을 한 후 결국 자신의 삶에 뿌리깊이 박혀있었던 잘못된 삶의 목표가 무엇이었는가에 대한 탐색으로 나아간다. 하나님을 섬긴다고 하면서 자신이 가진 지위나 돈, 명예에 더 연연해하며 살아오진 않았는가, 하나님만 있으면 된다고 하면서 주변 사람들의 인정과 받아들임에 일희일비하며 살아오지는 않았는가를 함께 살핀다. 이렇듯 내담자와 함께 삶의 목표를 탐색해나가다 보면 내담자가 성경의 진리를 따라 살지 못한 채 자기 스스로의 욕구를 채우는 데 급급했다는 사실을 직면하게 된다. 성경적으로 설명하자면 이 과정이 하나님과의 잘못된 관계를 의미하는 원죄(original sin)이다. 따라서 래리 크랩의 상담 목표에는 본질적으로 자신의 죄의 고백, 즉 회개가 포함되어야 하며, 이후 성경의 진리를 따라 삶의 목표와 방향을 재조정하는 과정이 뒤따라야 한다.

(4) 과정 및 기법

앞서 래리 크랩의 상담 모델은 기독교상담의 여러 분파 가운데 강탈 모델 또는 이집트에서 빼앗기 모델에 해당된다고 밝혔다. 이는 래리 크랩이 상담학의 지혜 가운데 일부를 가져와 성경의 원리로 거르거나 교정하여 사용하고 있다는 뜻이 된다. 그렇다면 래리 크랩은 어떠한 상담학의 지혜를 가져와 사용하고 있는 것일까? 그의 상담 과정을 분석해보면 해답은 인지상담이론이라 볼 수 있다. 그는 특히 인지상담이론 가운데 특히 엘리스의 ABCDE 이론을 적극적으로 수용하여 적용하고 있다. 다음에 그의 상담 과정을 소개하는데, 이 가운데 잘못된 행동, 감정, 사고의 자각과 변화는 엘리스의 인지상담 기법의 전통을 따르며, 성경적으로 잘못된 사고를 찾아 교정하는 부분은 성경의 조명을 받아 이루어진다(Crabb, 1977).

 1단계: 잘못된 감정의 자각
 2단계: 잘못된 행동의 자각
 3단계: 잘못된 사고의 자각
 4단계: 잘못된 사고를 성경적 사고로 교정

5단계: 바람직한 사고의 변화

6단계: 바람직한 행동의 변화

7단계: 바람직한 감정의 변화

이제 이 모델을 중독 상담에 적용해서 생각해보겠다. 일반적으로 중독상담가들이 임상에서 가장 흔히 경험하는 성격장애에는 자기애성 성격장애, 반사회적 성격장애, 경계선 성격 장애, 그리고 편집성 성격장애가 포함된다. 먼저 자기애성 성격장애를 가진 사람들은 자신의 진짜 모습이 초라하다는 느낌을 피하기 위하여 전혀 미치지 못할 만큼의 높은 삶의 목표를 설정한다. 어쩌면 이들은 목표에 닿지 못했을 때의 죄책감을 피하기 위하여 끊임없이 완벽하고, 잘 나고, 인정받고 싶어할 지 모른다. 따라서 이들 가운데 능력과 운, 환경이 따라주는 사람들은 성취에 성취를 거듭하며 '일 중독자'가 되어간다. 하지만 그렇지 못한 사람들은 내면의 죄책감과 실패감에 대한 고통을 다루기 위해, 또는 그것을 피하기 위해 일이 아닌 다른 것에 빠져든다. 그것이 요즈음의 컴퓨터 게임일 수도 있고, 인터넷 도박일 수도 있다. 아니면 알코올이나 약물일 수도 있다. 두 번째로 반사회적 성격장애를 가진 사람들은 자신의 좌절에 대한 핑계를 외부 환경으로 돌리는 대표적인 사람들이다. 사회가 부조리해서, 나는 자식을 돌보지 않는 부모 밑에서 자랐기 때문에, 정상적인 방법으로는 잘 살수 없는 체제 밑에서 살아가니까 화가 나서, 그 안에서 함께 살아가는 사람들을 믿거나 의지하거나 돌볼 수 없어서, 그런 한과 울분을 풀기 위해서 술을 마신다. 마지막으로 경계선이나 편집성 성격장애자들은 사람들에게서 '버려짐을 받거나', '좋지 않은 평가를 받는 것'에 대한 극도의 불안감을 가지고 살아가는 이들이다. 따라서 이들은 인간 관계에 중독이 되거나, 실제로 존재하는 현실의 인간 관계를 회피하고 그들만의 안전한 공간에 머무르고 싶을 것이다. 그리고 이는 곧 인터넷 채팅 중독이나 음란물 중독으로 나타날 수 있다.

중독을 넘어: 하나님에로의 온전한 의존

　모든 사람들은 정도의 차이가 있을 뿐 타락 이후 하나님과 단절된 채 자신들이 세운 잘못된 삶의 가정과 목표를 가지고 살아간다. 중독상담의 과정은 먼저 중독 대상으로부터 떨어지는 연습을 한 후 결국 자신의 삶에 뿌리깊이 박혀있었던 잘못된 삶의 목표가 무엇이었는가에 대한 탐색으로 나아갈 것이다. 하나님을 섬긴다고 하면서 자신이 가진 지위나 돈, 명예에 더 연연해하며 살아오진 않았는가, 하나님만 있으면 된다고 하면서 주변 사람들의 인정과 받아들임에 일희일비하며 살아오지는 않았는가 살펴볼 일이다. 신명기 12장과 래리 크랩의 상담모델은 우리의 이런 모습이 어쩌면 너무나 당연한 것이라고 말한다. 모세는 가나안에 머물지라도 그들의 신을 탐구하지 말라고 경고하고, 래리 크랩은 그 결과 사람들에게 나타날 수 있는 죄책감, 분노, 불안감을 언급하고 있다. 우리는 '거기 살면서 그와 같이 하지 않기'에 끊임없이 실패하지만 우리가 단절한 관계를 예수 그리스도의 생명을 주심으로 다시 회복하신 하나님의 사랑과 은혜에 매일, 순간 순간 잇닿아 그에 의지하여 살아갈 때 우리는 중독의 위협을 넘어설 수 있다(최은영 외, 2014)

　그럼 구체적으로 래리 크랩의 상담원리를 중독 상담의 단계와 연결시켜 상담 과정을 기술해보면 다음과 같다.

　첫째, 자신이 무엇에 중독되어 있는지, 어느 정도 중독되어 있는지를 검토하고 받아들이게 한다. (중독 정도 평가)
　둘째, 그들을 현실 생활에서 접근 가능한 중독 대상으로부터 격리시킨다. (중독 대

상으로부터의 격리)

셋째, 중독 대상에 의존하지 않고, 어떻게 이전과는 다른 삶을 살아갈 수 있을 지에 대한 대안을 함께 계획한다. (삶의 대안 탐색)

넷째, 자신이 썩 괜찮은 사람이 아니라고 느끼게 된 이유 또는 실제로 썩 괜찮지 못한 자신의 모습을 알고 받아들이게 한다. (잘못된 자신의 욕구 탐색 및 성경적 사고의 가르침)

다섯째, 위와 같은 느낌은 완전치 못한 부모와 자신이 만들어낸 속임수이며, 실제로 우리는 하나님 안에서 꽤 괜찮은 사람이라는 사실을 깨달아 이를 삶에서 연습시킨다. (영적 지도와 연습)

여섯째, '괜찮은 자신'이 하나님을 중심으로 만들어진 삶의 계획을 실천할 수 있는 구체적인 방법을 하나씩 익힌다. (대안에 적응시키기)

일곱째, 상담자를 떠나 독립하여 새로운 삶에 계속 임하시는 하나님의 은혜를 누리며, 그 안에서 하나님을 위한 삶에 자신을 매일 내어드린다. (하나님만으로 자신의 욕구를 충족시키기)

이를 조금 더 자세하게 설명하면 다음과 같다. 중독상담자는 가장 먼저 자신이 중독자임을 받아들이게 한 다음, 중독자와 더불어 깊은 신뢰의 관계를 마련하여 일차적으로 중독자의 외로움, 고통을 함께 나눈다. 이후 중독 대상으로부터의 단절(단약, 단주, 단인터넷, 단도박 등)을 시도하고, 지난 날 동안 겪었던 좌절을 공감해주며 앞으로 발전적 삶을 살기 위한 구체적 삶의 목표를 계획한다. 그리고 이를 위해 필요한 문제해결능력을 향상시킨다. 인간 관계 맺기가 어려운 사람들에게는 자신의 생각과 감정을 쉽게 전달하는 방법을 훈련시킨다. 자신의 진로에 방향과 자신감을 잃고 헤매던 사람들에게는 뚜렷한 삶의 계획과 그 계획을 실현시키기 위한 여러 가지 전략(시간 계획, 금전 계획, 자질 획득 등)을 짜고 실시하도록 한다. 마지막 단계에서는 중독자들이 상담자와 맺고 있던 의존 관계를 청산하도록 한다. 중독자들이 중독의 대상은 물론 그 문제를 해결하려고 의존해왔던 상담자와의 관계로부터도 독립을 시키는 것이다. 그리고 그들이 하나님께 삶을 통해 온전히 의존하는 방법을 익혀주는 것이다

2. 윌리암 커원의 절충을 향한 기독교 상담 모델

본 절에서는 1984년 미국의 윌리암 커원이 집필한 「기독교상담을 위한 성경적 개념-심리학과 신학의 통합을 위한 사례(Bilical Concepts for Christian Counseling: A case for integrating Psychology and Theology)」이라는 그의 저서를 중심으로 그가 상담학과 신학을 어떤 관점에서 통합하여 적용하고 있는지 소개해보고자 한다. 커원은 미국 세인트 루이스 정신과의사협회의 공인 심리학자이면서 동시에 복음주의 장로교회 목사이다. 그는 유니온 신학교에서 목회학으로 박사 학위를 취득하였으며, 세인트 루이스 대학에서 철학 박사 학위를 취득하였다 (Kirwan, 정동섭 역, 2007). 그는 1장에서 소개한 기독교상담의 네 가지 분파 가운데 통합의 관점에 서있는 학자로 기독교상담자라면 죄와 구원에 관련된 성경 뿐 아니라 하나님께서 인간에게 '생육하고 번성하라'고 지시한 문화 명령 역시 소중히 여겨야 할 것을 강조한다(정동섭 역, p. 38). 따라서 인간 자신을 포함한 피조물에 대하여 가능한 모든 것을 배울 의무가 있음을 역설하며 현명한 기독교상담자라면 구원의 복음과 함께 하나님의 섭리, 주권, 그리고 모든 피조물과의 적극적 관계를 강조해야 할 것이라고 하였다. 그럼 이러한 관점에서 수립된 커원의 기독교상담 모델을 인간관, 인간의 문제, 상담의 목표 및 과정과 기법의 순서로 정리해보겠다.

(1) 인간관: 하나님의 형상을 따른 긍정적 자아정체감/ 통합된 자아

커원은 창조 당시 인간은 하나님 앞에서 그의 이미지로 창조되었으며 그의 생기를 받은 당당한 존재임을 강조한다. 즉 타락 이전 인간은 정신적, 정서적 상태는 매우 강하고 완전한 자아정체감을 소유하였다는 것이다. 그러나 타락 이후 인간의 자아정체감은 크게 세 가지에 의해 영향을 받게 된다. 첫째는 삶에서 중요한 사람들로부터 받는 '반영된 평가'이다. 사람들은 성장 과정에서 부모를 포함한 중요한 타자들에 의해 조건적으로 받는 평가에 따라 자신의 정체감을 형성해간다는 것이다. 둘째는 중요한 사람들과의 '관계 경험'이다. 사람들이 성장 과정에서 중요한 타자와 친밀하고 순수한 관계 경험을 가지는 것이 건강한 자아정체감 발달에 필연적이라는 것이다. 강한 자아정체감을 수립하기 위한 세 번째 필수사항은 자아와 세계를 정확하게 볼 수 있는 준거 틀(frame of reference)이다. 창조 당시 아담과 하와는 하나님의 형상 대로 지음을 받아 그 완전한 절대적 틀 안에서 그들의 태도, 생각, 행동, 느낌을 가질 수 있었다. 그러나 타락 이후 사람들에게는 자신과 세계를 정확하게 지각하고 판단하며 사고할 수 있는 준거의 틀이 깨져 왜곡되었다. 그 결과 사람들은 더 이상 자신과 다른 세계를 하나님의 형상이라는 준거 틀로 보지 못하고 자신의 자아(ego)라는 준거 틀을 통하여 바라보게 되었다. 이렇듯 커원은 준거 틀이 왜곡된 근본 이유로 인간의 하나님께 향한 반항을 꼽는다. 이는 아마도 그들 스스로의 힘으로 하나님처럼 되고자 했던 잘못된 자부심을 의미하는 듯하다. 그 결과 하나님과 비교해 정말 비참하고 초라한 자신의 모습을 직면하는 고통을 피하기 위하여 외부 현실(external reality)을 여과하고 검열하기 시작했다(정동섭 역, p. 104-105). 그래서 아담이 '내가 벗었으므로 두렵다'고 말할 때 이 말의 의미는 '나는 하나님이 두렵다'는 것이었다. 더 이상 인간에게 하나님의 존재는 안정감과 사랑을 느끼게 해줄 수 없었고, 인간은 공허와 혼란, 방향감의 상실을 경험하게 된 것이다.

커원이 제시하는 창조 당시 인간 모습의 또 다른 측면은 '통합된 자아'라는 표현에 드러난다(정동섭 역, p112-115). 커원은 타락의 또 다른 결과로 타락으로 인해 인간은 그 인격의 중심 안에 자리잡은 통일성(unity)을 상실하고 인격이 분열되었다고 보았다. 그 결과 자아(ego)는 두 개의 부정적 부분인 갈급한 자아(needing self)와 거부된 자아(rejected self)로 갈라졌다. 갈급한 자아는 인간이 하나님과 분리된 상태에서 절대로 만족될 수 없는 내면의 욕구를 드러낸다. 즉, 하나님의 완벽한 돌봄과 애정에서 떨어진 상태에서 보살핌과 애정에 대한 강력한 욕구를 가진 인간의 모습을 보여준다. 그 예로 사랑에 굶주린 사람이 대체 부모를 찾는 과정에서 타인에 대한 만성적 의존을 발달시키는 것을 들 수 있다. 거절된 자아란 사랑과 보살핌이 철회되었을 때, 관계가 단절되었을 때, 관계에서 유기를 경험할 때 나타나는 인간 내부의 인격의 일부이다. 실제 타락 이후 인간은 에덴에서 추방되어 하나님과의 소외 관계로 들어갔다. 따라서 커원은 거부당한 자아란 끊임없이 아이를 비판하고, 적의를 보이며, 칭찬과 인정을 주지 않는 부모에 의하여 악화되는 것으로 보았다.

커원과 호나이 이론의 유사점

커원의 인간관을 살펴보면 카렌 호나이(Karen Honey)의 성격 이론과 유사한 측면이 발견된다. 호나이는 프로이드 밑에서 고전적 정신분석 훈련을 받았으나, 프로이드의 욕동 모델에서 강조하는 성적 충동 대신, 사람들이 가족, 인간 관계, 공동체에서 경험하는 사랑과 안전감의 상실에 주목하였다. 호나이에 따르면 부모로 대표되는 인간 관계에서 사랑과 안전감의 결핍을 경험한 유아들은 기본적 불안을 갖게 되며, 이를 드러내지 못한 채 내면에 부모를 향한 적대감을 갖게 된다. 그러나 자신의 주 양육자인 부모에게 이러한 적대감을 드러내는 것은 유아에게 쉽지 않다고 보았으며, 그 이유에 따라 네 가지 증상이 드러날 수 있다고 하였다. 첫째는 무력감이다. 이 유형의 유아들은 자신을 계속하여 무력한 자리에 위치시킴으로써 부모가 자신들을 돌보도록 하는 방어를 취한다. 둘째는 두려움이다. 이는 방임이나 학대 가정의 유아에게 흔히 드러나는 것으로, 이들은 평소에도 자신을 유기하고 학대했던 부모가 적대감을 드러내면 더 심하게 자신들을 대할 것이라는 두려움을 증폭시킨다는 것이다. 셋째는 사랑이다. 자신이 부모를 사랑한다고 느끼는 유아는 부모에 대해 느껴지는 적대감을 드러내놓고 표현하기 어렵다. 마지막으로는 죄의식을 발달시키는 것이다. 유아에게는 자신을 돌보고 있는 부모에게 적개심을 품고 이를 드러내는 자신이 부끄럽고 잘못된 일이라고 느낄 수 있다는 것이다.

호나이는 기본적으로 안전과 사랑의 욕구를 만족시켜야 하는 인간은 이것이 충족되지 않을 때 경험하게 될 기본적 불안(basic anxiety)부터 자신을 지키기 위하여 '자아보호 기제'를 네 가지 방식으로 사용한다. 첫째는 모든 수단과 방법을 동원하여 자신에게 주어질 애정과 사랑을 확보하는 것이다. 이를 위해서는 다른 사람들의 요구를 모두 들어주거나 다른 사람의 마음에 들도록 노력을 기울이거나, 아부를 하거나, 계속하여 애정을 제공하도록 위협하는 등의 방법을 사용할 수 있다. 둘째는 애정과 사랑을 확보하기 위한 무조건 굴복의 방식으로 '복종'을 들 수 있다. 이는 안전감에 위협이 되는 사회 상황에서 영향을 미치는 사람들의 요구에 민감하게 반응하고, 이들을 비판하거나 공격하지 못하며, 이들을 향해 자신의 욕망이나 감정을 표현하지 못하고 억압하는 방식으로 드러난다. 셋째는 타인에 대해 힘을 갖는 것이다. 이는 불안으로부터 자신의 안전을 지키기 위하여 다른 사람을 능가할 만한 힘이나 성취, 우월성을 확보하려 하는 것을 뜻한다. 마지막으로 사람들로부터 철회하는 것이다. 이들은 자신의 불안이 드러날 수 있는 대인관계에서의 친밀한 상황을 극도로 피하며, 혼자 고립되어 사색하며 사람들과 접촉 없이 지낸다. 호나이는 이러한 자기보호 기제는 결국 순응형(moving forwarding the people), 공격형(moving against the people),

고립형(moving away from the people)의 세 가지 이상 성격을 형성할 수 있다고 보았다. 순응형 성격의 사람은 애정과 인정 욕구를 만족시키기 위하여 타인을 향해 움직이는 유형으로, 앞의 '복종'의 방어기제를 주로 사용하는 사람이라 이해된다. 공격형 성격의 사람은 힘, 착취, 특권, 존경, 성취 또는 야망 욕구를 가진 이들이며, 위의 '힘 성취'의 방어기제를 사용한다. 이들은 사람들을 제압하고 공격하는 방식으로 자신의 욕구를 만족시킨다. 고립형 성격의 사람은 자아존중 욕구, 완전 욕구, 생의 편협한 제한 욕구를 가진 이들로 위의 방어기제 가운데 '철회'를 주로 사용하는 사람들로 이해된다.

다시 커원의 갈급한 자아와 거부된 자아의 개념으로 돌아가보자. 커원에 따르면 하나님과의 완벽한 관계에서 창조 당시 경험한 통합된 자아는 하나님으로부터 충분한 돌봄과 사랑, 안전감을 확보 받고 있으므로 사랑과 애정에 갈급할 필요도 없었으며 하나님의 사랑으로부터 거부되었다는 느낌을 갖지도 않았을 것이다. 그러나 인간 스스로의 힘으로 하나님만큼 되고자 했던 죄를 지음으로써 이러한 완벽한 사랑과 안전 기지를 상실한 인간은 자아 내의 통일성을 잃어버리고 갈급한 자아와 거부된 자아로 분열되었다. 여기에서 갈급한 자아는 위에서 언급한 호나이의 순응형 성격을 발달시킬 수 있고, 거부된 자아는 공격형이나 고립형의 성격을 발달시킬 수 있을 것이라는 추측이 가능하다. 다음에 커원이 제시하는 인간의 문제를 설명하는 틀을 살펴보며 그 답을 찾아보겠다.

(2) 인간의 문제: 긍정적 자아정체감의 상실

이와 같이 인간은 창조 당시 소유하였던 긍정적 자아정체감을 상실하였다. 커원은 타락을 통해 인간이 상실한 것을 하나님, 완벽함, 통제력의 세 가지로 본다. 그리고 이 세 가지는 각각 인간 개개인에게 소속감의 상실, 자존감의 상실, 힘의 상실로 이어진다. 그 결과 소속감을 상실한 인간은 불안과 불안정감을, 자존감을 상실한 인간은 죄책감과 수치심을, 힘을 상실한 인간은 우울증과 무기력감을 경험한다고 보았다. 커원은 이를 다음과 같은 표로 나타내고 있다.

특정 상실	개인적 결과	잇따른 감정
하나님	소속감 상실	불안, 불안정감
완벽함	자존감 상실	죄책감, 수치심
통제력	힘의 상실	우울증, 무기력감

〈표5〉 타락했을 때 아담이 상실한 것 (정동섭 역, p110에서 인용)

조금 기계적이고 극단적으로 단순화된 느낌이 있지만, 필자의 판단으로 커원은 사람들이 심리적으로 경험할 수 있는 어려운 감정을 크게 불안, 죄책과 수치, 우울의 세 가지로 대별하였으며, 각각의 원인을 타락 이후 상실된 세 가지 특정한 대상과 연결시켰다. 첫째, 인간에게 완전한 안전 기지였던 하나님을 잃어버린 인간은 불안과 불안정감을 경험한다. 둘째, 하나님만큼 되고 싶었지만 결코 그럴 수 없다는 것을 지각하게 된 인간은 자신의 완벽함을 상실한 채 자신의 불완전함에 수치와 죄책감을 경험한다. 셋째, 완전한 하나님의 형상으로, 그의 일을 위탁받아 창조 세계를 돌아보던 완전한 능력을 소유하였던 인간은 하나님에 대한 반항으로 그와 떨어진 상태에서 자신의 힘으로 무엇인가를 할 수 있다는 통제력을 상실하게 되고, 그 결과 우울과 무력감을 경험한다. 이를 앞의 호나이의 성격이론과 관련시켜보면, 소속감을 상실한 채 불안정감을 지배적으로 경험하는 사람은 이를 피하기 위해 순응형 성격을 발달시킬 것이다. 힘을 상실한 채 우울증과 무기력감을 경험하는 사람은 이를 피하기 위해 공격형 성격을 발달시켰을 가능성이 있다. 자존감을 상실한 채 죄책감과 수치심을 경험하는 사람은 이를 피하기 위해 고립형 성격을 발달시킬 수 있을 것이다.

(3) 상담의 목표

하나님이라는 존재를 그 이론에 포함시킬 수 없었던 호나이는 이러한 성격 문제를 해결하기 위하여 '완벽하게 사랑받고 안전해질 수 있다는 환상을 깨고 현실감을 갖도록 조력하자'는 상담의 목표를 제시한다. 그리고 이것이 가능해지기 위하여 우선 억압되어 있던 타인을 향한 적개심, 반항, 분노를 드러내어 표현하게 하며, 그 과정에서 내담자에게 상실되었던 위로와 따뜻함, 격려를 상담자가 제공할 것을 제안한다.

그러나 처음부터 하나님과의 관계 단절을 인간 문제의 원인으로 보았던 커원은 위와 같은 인간의 문제와 이를 해결하기 위한 상담의 목표를 제시하는 중간 과정에 누가복음 15장에 등장하는 유명한 '돌아온 탕자의 비유'를 삽입하였다. 이 비유에서 커원이 주의를 기울인 부분은 이야기에 등장하는 집을 성실하게 지키고 있던 큰 아들과 방탕하게 지내다가 다시 집을 찾은 돌아온 작은 아들의 정체감 추구에 관한 것이다. 큰 아들의 자신에 대한 인식은 '나는 아버지의 명령을 한 번도 어긴 적이 없다'에서 드러나는 수행을 통한 정체감 추구의 노력이었다. 큰 아들은 심지어 자신을 여러 해 동안 가정을 위해 수고하였지만 돌아온 동생은 아버지 살림을 창녀들과 함께 탕진하였다는 점을 들어 동생을 위해 송아지를 잡고 잔치를 베푸는 아버지를 향해 화를 낸다. 하지만 돌아온 아들은 오직 아버지의 사랑과 은혜, 무조건적 호의에 의해서만 자신의 진정한 자아가 발견될 수 있다는 것을 알았다. 즉 돌아온 방탕했던 아들이 안전한 아버지와의 관계를 회복하기 위해서 필요한 행동은 자신이 죄를 지었음을 고백하며 아버지에게 돌아가는 것 뿐이었다.

커원은 그의 상담 방향을 "바른 자아정체감의 형성, 분열된 자아상의 통합"이라고 보며, 이를 믿음, 사랑, 소망이라는 신학의 세 가지 덕목을 연결시키고 있다. 간단하게 정리하면 그는 하나님에 대한 믿음은 인간의 소속감의 요구를, 하나님의 사랑은 인간의 애정의 욕구를, 예수 그리스도의 부활에 대한 소망은 인간의 힘의 욕구를 충족시킬 수 있다고 보았다. 역시 극단적으로 단순화되고 기계화된 느낌이 있지만, 커원은 소속감의 욕구는 사람의 지적 활동에, 애정의 욕구는 사람의 존재 자체에, 힘의 욕구는 사람의 행동에 영향을 미친다고 보았다. 또한 그는 소속감, 애정, 힘의 욕구를 충족시키는 삼위일체 하나님의 위격을 순서대로 성부, 성자, 성령으로 대응시키고 있다. 즉, 소속에 대한 욕구는 주로 성부 안에서 입양을 통해 채워지며, 애정의 욕구는 성자의 십자가 죽음을 통한 사람에 대한 무조건적 사랑과 용납을 통해 채워져 인간에게 자존감을 준다. 그리고 힘의 욕구는 성령의 역사를 통해 절제력이 더해지면서 사람들이 통제력을 갖춰가며 해결될 수 있다. 이를 표로 정리하면 다음과 같다.

타락한 인간의 내적 욕구	소속감	애정	힘
인격 차원	지식	존재	행동
회복될 구성 요소	자아상 (정체감의 인지적 부분)	자존감 (정체감의 감정적 부분)	자제력 (정체감의 의지적 부분)
삼위일체의 위격	성부	성자	성령
결과 미덕	믿음	사랑	소망

〈표6〉 인간 정체감의 회복 과정: 정동섭 역, p. 140에서 인용

(4) 상담의 과정 및 기법

그러면 어떻게 분열된 정체감이 통합될 수 있을까? 커원은 이에 대하여 정체감 회복 과정에서 삶에서 갖추어야 하는 세 가지 구성요소를 제시하며, 기독교 상담 과정을 3단계로 구분하여 제시한다(정동섭 역, 2007).

정체감 형성의 세 가지 구성 요소: 자신에 대한 사랑, 죄의 자각, 고백

먼저 정체감 회복 과정에서 갖추어야 할 세 가지 구성 요소는 자신에 대한 깊은 사랑(compassion), 죄의 자각(conviction), 그리고 고백(confession)이다. 인간이

창조 당시 형성하였던 바른 자아정체감을 회복하기 위해서 우선 자신이 하나님이 보시기에 정말 좋은 모습으로, 그의 형상을 따라 만들어진 고귀한 존재라는 믿음 가운데 자신에 대해 사랑과 동정심을 가져야 한다. 이 과정에서 커원은 우리 안에 좋은 것도 있지만 나쁜 것도 함께 있다는 것을 받아들여야 한다고 강조하였다. 그리고 예수 그리스도가 우리를 있는 모습 그대로 사랑하셨는데, 그리스도께서 사랑하신 자기 자신을 사랑하지 않는 것 자체가 죄라고까지 표현하였다. 이렇게 자신에 대한 사랑과 동정심을 회복한 상태에서 다음 과정인 죄에 대한 자각으로 나아갈 수 있다. 즉 자신과 하나님과의 관계를 방해하는 영역이 무엇이었는지, 그리고 그런 모습으로 살아가는 자신의 의도와 드러난 행동은 무엇이었는지에 관해 살펴보는 과정이 필요하다. 마지막으로 이러한 삶 속의 죄의 문제가 인식되었다면 이를 하나님 앞에 고백해야 한다. 그리고 그리스도의 지속적인 용납과 사랑을 확신하면서 하나님께서 자신을 더 변화시켜 더욱 바람직한 행동을 하게 해달라고 간구할 수 있다.

율법에 선행하는 복음, 죄에 선행하는 은총

필자는 커원이 제시한 자기 구성 요소를 살피면서 한 가지 중요한 점을 발견하였다. 인간이 자신의 죄 문제를 직면하기 위해서는 먼저 자신이 하나님의 완전한 사랑과 은혜를 받은 존재임을 확인하여야 한다는 것이다. 이는 마치 이솝 우화에 등장하는 '해와 바람'의 비유와 통한다. 따뜻한 해와 사나운 바람 가운데 나그네의 옷을 벗길 수 있었던 것은 바람이 아니고 해였던 것처럼 하나님을 떠나 불안과 외로움에 고통 당하는 인간에게 먼저 경험되어야 할 것은 자신의 상태, 잘못된 동기 등에 대한 직면이 아니라 자신의 모습 그대로를 용납하고 무조건적 은혜와 사랑을 베푸시는 하나님의 은총을 만나는 것이다.

이제 커원이 제시하는 기독교상담 모델의 3단계를 소개해보겠다. 커원은 기독교 상담 모델은 내담자에게 소속감을 전달하고(소속감 전달), 문제에 대한 통찰을 얻어 해결하도록 내담자를 세워주며(건덕), 내담자들이 행동을 통해 하나님과 타인을 섬기도록 조력(섬김)하는 세 가지 단계를 통해 완성된다고 보았다. 이는 일반적인 상담 과정에서 상담의 초기, 중기, 말기의 과제와 맥락을 같이 하는 것으로 보인다. 보편적으로 상담자는 상담 초기에 내담자와 안전한 관계를 맺고 협조적으로 일하기 시작한다. 중기에는 적극적으로 내담자의 문제를 인식시키고, 함께 이를 해결하도록 돕는다. 종결기에 다다르면 상담자는 내담자에게 일어난 바람직한 변화가 실제 삶과 행동에 연결되도록 조력한다. 커원은 소속감 전달이라는 1단계 상담자의 과제로 공감, 진실성, 따뜻함과 존중, 구체성 기법을 제시하고 있으며, 건덕이라는 2단계 상담자의 과제로 교리적 자기 노출, 대면, 즉시성 기법을 제시하고 있다. 섬김이라는 3단계 상담자의 과제로는 개인 행동 노선의 계획 및 실행 기법을 들고 있다. 이에 대한 자세한 내용은 정동섭(2007)의 저서를 직접 참고하기 바란다.

	1단계 소속감의 전달	2단계 건덕	3단계 섬김
목표	내담자가 상담자를 신뢰하고 내담자가 하나님 가족의 일원임을 느끼도록 하는 것	문제에 대한 통찰을 얻고 문제 해결하도록 내담자를 세우는 것	내담자가 하나님과 타인을 섬기도록 그들을 섬기는 것
과제	공감, 진실성, 따뜻함과 존중 구체성	교리적 자기노출 대면, 즉시성	개인행동 노선의 계획 및 실행
	신뢰 및 자아성찰	위험 및 내면화 (성경의 개념을 마음 속에 받아들임)	인정 및 외재화 (내면화된 성경개념의 즉각적 행동화)

〈표 7〉 기독교상담을 위한 모델-1단계,2단계,3단계: 정동섭 역(2007) p. 222에서 인용

커원은 위의 기독교 상담 과정 모델에서 몇 가지 임상적 지침을 제공하고 있다(정동섭, 2007, p. 259-260).

첫째, 내담자 상태에 대한 정확한 평가를 진행한다. 앞서 커원은 사람들이 소속감, 자존감, 힘의 욕구가 결핍되었을 때 각각 불안, 죄책 및 수치, 우울 및 무력감의 감정을 드러낸다고 하였다. 그리고 이에 따라 각각 '다가가는' 성격, '밀어내는' 성격, '멀어지는' 성격 구조를 형성한다고 보았다. 즉 호나이의 개념을 빌어 설명하자면 내담자가 순응형 성격, 공격형 성격, 고립형 성격 가운데 어느 성격 유형을 지배적으로 보이는가에 대한 판단이 우선 필요하다.

둘째, 다음은 내담자의 '이상화된 형상의 기본적인 형태'를 파악하여야 한다. 필자가 이해하기로는 이는 내담자가 갖고 있는 기본적인 욕구 가운데 지배적인 것을 파악하는 단계이다. 즉 앞의 단계에서 내담자의 방어를 평가하였다면, 두 번째 단계에서는 내담자의 방어를 형성한 내담자의 구체적인 결핍, 그리고 그 결핍을 경험하는 내담자가 기본적으로 소망하고 바라는 것이 무엇인지에 대한 탐색이 필요하다. 이것이 소속감일 수도 있고, 자존감일 수도 있으며 힘일 수도 있겠다.

세 번째 단계는 내담자의 방어와 소망을 형성한 구체적인 자료와 정보를 탐색하여 수집하는 과정이다. 커원은 이 시기에 내담자가 가졌던 유년기의 환상, 타고난 능력, 특별한 개인적 경험, 내면적 갈등에 대처하기 위한 개인적인 해결책 등이 무엇인지 알아보고 이를 연관시켜야 한다고 하였다.

마지막으로 내담자의 중요한 어려움의 원인이 되었던 내담자의 이상화된 형상을 다룬다. 아마도 이 과정에서 기독교 상담자는 위의 상담의 목표에서 설명된 것과 같이 내담자가 하나님과 분리된 관계로 결코 만족시킬 수 없이 결핍되었던 소속감, 자존감, 힘의 욕구를 정체감 회복 과정에 제시된 대로 자신에 대한 깊은 사랑(compassion), 죄의 자각(conviction), 그리고 고백(confession)의 순서를 거쳐 하나님 안에서 충족시켜 통합된 자아상을 발달시키도록 돕는다. 그리고 상담 과정적으로는 소속감의 전달, 건덕, 섬김이라는 세 단계를 거치며 내담자가 회복되도록 조력한다.

3. 에릭 존슨의 상담 모델

에릭 존슨(Eric Johnson)은 미국의 남서침례신학대학원의 기독교상담학 교수로 지난 2007년 '영혼 돌봄을 위한 기초(Foundation for Soul Care)'라는 역작을 출간하였다(Johnson, 2007). 그리고 이 책은 한국성서신학대학교의 전요섭 교수 외 한국복음주의상담협회에 소속된 교수들에 의해 번역되어 2012년 '기독교심리학'이라는 제목으로 출간되었다. 에릭 존슨은 복음주의적 영혼 돌봄의 주제를 '기독교상담학의 통합'의 관점에서 보고자 하였다. 그는 신학적 자유주의자에 의해 만들어진 주지주의에 대한 대응으로 20세기 초 근본주의자들은 의도적으로 성경에 대해 학문적으로 접근하는 방식을 피해온 점을 지적한다(전요섭 외 역, 2012: 이하 본절의 내용은 전요섭 등이 번역한 에릭 존슨의 저서에 기초하여 작성되었다). 그리고 이러한 근본주의에 대한 대응으로 20세기 중반 복음주의가 등장하였으며, 복음주의 학자들은 그 당시 지적 세계에 다시 뛰어들고자 학문에 더욱 개방적인 태도를 보이게 되었다고 보았다.

개념적 통합과 윤리적 통합, 강한 통합과 약한 통합

그렇지만 이러한 학문 영역이 현재 완전히 현대주의에 의해 점유되었다는 점을 지적한다. 그리고 존슨은 이러한 과정에서 일어난 심리학과 성경의 통합적 움직임을 개념적 통합과 윤리적 통합으로 구분하고, 개념적 통합을 다시 강한 개념적 통합과 약한 개념적 통합으로 구분하였다. 개념적 통합을 강하게 한다는 의미는 적극적인 방식으로 심리학과 성경의 통합을 시도한다는 뜻이다. 존슨은 이에는 학제적 통합(interdisciplinary integration)과 세계관 통합(worldview integration) 있다고 보았다. 약한 개념적 통합이란 심리학과 신학 사이를 적극적인 방식으로 철저한 수준에서 통합하는 것이 아니라 성경의 예를 들거나 심리학의 내용을 성경적 내용과 비교하는 기계적이고 주지주의적 작업을 시도하는 것을 뜻한다. 존슨은 자신이 세계관 통합의 관점을 견지하는 강한 개념적 통합자라고 명기하였다. 그는 약한 개념적 통합자들을 "현대 심리학 문서를 기독교적 관점에서 읽고 해석할 때, 늘 그 문서들이 현대적, 세속적 이데올로기 환경에 토대를 두고 있음을 염두에 두어야 한다"는 표현을 빌어 비판하고 있다. 그리고 존슨은 현대 상담학의 개념 가운데 정신건강, 긍정심리학, 자기실현, 자아존중감, 무조건적 긍정적 존중, 자기주장, 심지어 영성 같은 용어에는 이미 더 큰 현대의 사회언어적 정황에 의해 교묘하게 수정된 세계관이 이미 포함되어 있다는 점에 주의해야 한다고 경고한다. 또한 '현대심리치료와 기독교적 평가'를 저술한 존스와 버트만은 심리학과 신학을 '두 가지 별개의 개념적 학문 분야'라고 생각하였다고 역설하며 이 둘은 서로 합쳐질 수도 없으며 합쳐져서도 안된다는 입장을 취한다.

(1) 인간관

그렇다면 강한 세계관 차원의 심리학과 신학의 통합을 시도하는 에릭 존슨이 영혼돌봄을 위해 가정하고 있는 인간관은 어떠할까? 그의 저서에는 인간에 대해 몇 가지 중요한 가정이 드러나있다. 첫째, 존슨은 인간을 매우 단순하게 두 가지 부류로 구분한다. 한 부류는 자신을 부정하고 하나님을 긍정하는 인간, 다른 한 부류는 하나님을 부정하고 자신을 긍정하는 인간이다. 자신을 부정하고 하나님을 긍정하는 자들은 그 틀에 맞추어 자신과 하나님, 세상을 이해하게 된다. 하지만 반대 부류의 사람들은 어떠한 일을 하더라도 그 중심에 자신의 영광을 놓는 죄성을 피할 수 없다. 다음으로 존슨의 기독교적 인간관의 중심에는 하나님과의 분리된 인간이 삼위일체 하나님과 연합하는 과정이 영혼돌봄의 핵심이라는 시각이 자리한다. 성부 하나님은 창조주와 근원자로서 이 세상을 계획하셨고 이 세상에 모든 것을 명하며 감독한다. 성자 예수 그리스도는 구속자와 중개자로서 성부 하나님의 계획을 성취하고 완수하셨으며 구속을 중재한다. 성령 하나님은 창조와 재창조의 직접적 대행자로서 성부 하나님의 계획을 완성하고 적용하여 구원을 실현한다. 존슨은 성부 하나님이 인간의 최종 애착 대상이며, 인간 부모의 부족한 점이 무엇이든 이 성부와의 관계를 통해 그 상실은 영원히 보상 가능하다는 입장을 취한다. 그리고 이는 구속적 믿음에 근거하며 성부 하나님과의 관계를 지속하여 경험하면서 손상된 부분이 충분히 확보되어야 하기 때문에 시간이 걸리며 철저한 내적 과정이 필요하다고 보았다. 또한 인간은 성자 그리스도와의 연합으로 인해 자신의 죄가 용서되고 죄인에서 성도로 변화되는 경험적 연합을 이루게 된다. 이렇듯 그리스도와의 연합을 통한 구원 과정이 영혼 치유의 핵심을 이룬다. 성령 하나님은 거룩한 감정의 원인이 되고 반대로 거룩한 감정은 성령에 의거한 삶의 징표가 된다. 하지만 성령에 의하여 주어지는 부정적 감정도 있다고 보았다. 그것은 곧 죄에 대한 영적인 책망으로서 좌절과 질투심, 과거에 뿌리를 둔 해결되지 않은 감정의 구조가 죄의 중요한 징표로 치유받고 극복되어져야 한다고 본다. 또한 존슨은 '창조-타락-구속의 연속성'이라는 시간의 틀 속에서 인간의 회복을 이해하며, 이 과정에서 인간은 하나님의 영광을 내면화하고 외면으로 부르심에 순응하여 그리스도를 닮아가야 한다는 점을 강조한다.

(2) 인간의 문제: 우상 숭배

존슨은 인간의 문제를 영적, 윤리적, 심리사회적, 생물학적 질서의 네 차원으로 나누어 설명한다. 영적 질서를 위협하는 가장 중요한 요소로는 우상숭배를 든다. 존슨은 우상 숭배에는 세 가지 종류가 있다고 보았다(전요섭 외 역, p. 540-541). 첫째 기본적인 우상숭배란 창조물의 일부 또는 인간이 만든 고안물이 하나님을 대치하는 왜곡된 장치가 만들어지고 이를 숭배하는 것이다. 둘째는 세속적 우상숭배로서 하나님이 아닌 다른 것, 예를 들면 아름다움, 타인, 이데올로기, 심지어는 덕스러운 행동 등이 하나님의 자리를 대신하는 것이다. 필자의 흥미를 끈 것은 존슨이 열거하는 세 번째 유형으로 이를 기독교적 우상숭배라고 보았다. 이는 기독교 신앙의 어느 요소 − 예를 들면 종교 활동(교회 출석, 기도, 전도, 성경 읽기 등), 기독교 교리, 자신의 교단이나 분파에 대한 자랑, 영적 은사, 자신이 행하는 기독교상담의 형태, 심지어는 구원받은 사실이 자아강화와 자아만족을 위한 역설적 자원까지를 포함하여−가 인간의 삶의 궁극적 위치를 점유하면서 드러나는 것이다. 존슨은 실제로 이런 기독교 신앙의 요소가 신자들로 하여금 실제로 자신을 우월하게 만들고 자신이 의존하는 것에 대해 무의식적으로 집중할 때 오히려 자기가 관계하고 있다고 믿는 그 하나님과의 관계를 단절시킬 수 있다고 본다. 또한 존슨은 영적 질서를 위협하는 중요한 요소로 인간의 죄를 꼽는다. 죄에 대한 기독교의 가르침이 심리학적으로 유익이 있을지 반문하며, 다음의 네 가지 이유 때문에 성경의 죄에 대한 가르침은 심리적으로 유익하다고 설명한다(전요섭 외 역, p 542-544). 먼저 죄는 어떤 정신적, 심리적 문제를 가진 사람이라도 모두를 동등하게 만들어주는 힘이 있다. 왜냐하면 성직자나 상담자를 포함한 모든 인간이 하나님의 영광에 미치지 못하고 지옥에 가야 마땅하며 그 어느 누구도 하나님 앞에서 근본적으로 더 나빠질 수 없기 때문이다. 둘째, 자신의 죄를 바라보는 것은 깊이와 겸손을 가져다준다. 셋째, 인간의 죄를 심각하게 고려하는 상담만이 자신의 적나라한 죄책과 수치에 압도된 인간을 적절하게 도울 수 있다. 넷째, 죄를 적절하게 다룰 수 있다면 그것이 오히려 인간을 하나님과 다른 사람에게 가깝게 다가가도록 도와준다. 하지만 존슨은 죄에 대한 기독교의 가르침이 심리적으로 부정적인 영향을 미칠 수 있다는 점도 경계해야 한다고 보았다. 아마도 이는 근본주의자들이 모든 인간의 문제를 매우 쉽고 단순하게 죄의 문제로 단순화시킨 채 사람들에게 과도하게 죄책감이나 수치심을 부여할 수 있기 때문이라고 하였다. 따라서 존슨은 기독교 상담자들은 죄가 없는 것처럼 여길 것이 아니라 그 실체와 영향력을 부드럽고 겸손하게, 사랑 안에서 말하고 도전해야 한다고 하였다. 두 번째 인간의 문제를 이해하는 차원은 윤리적 질서에 대한 저항이다(전요섭 역, 2012, p. 544-550). 이는 앞의 영적 질서와는 구분되는 차원으로 개인적 악함, 파괴된 양심으로 윤리적 질서의 파괴가 드러난다. 이는 개인마다 상당한 차이를 드러내는데, 악의적 폭력, 선과 타락한 자아 사이의 간극, 잘못된 자아 인식 등이 그 원인이 된다. 기독교상담학자들의 궁극적인 관심을 끄는 인간 문제는 세 번째 심리사회적 질서의 장애에서 비롯되는 것이다. 이에는 심인성 원인을 가진 신체화 증상, 인지-행동적 증상(왜곡된 신념과 방어 등), 정서적 증상(불안정, 무감정 등), 의지작용의 증상(우유 부단, 주의력 부족, 충동성 등), 관계적 증상(애착 장애 등)으로 나타나며, 존슨은 한 사람이 여러 형태의 증상을 드러낼 수 있다고 보았다. 네 번째 인간의 문제 차원은 생물학적 질서에서 드러나는 결정론적 증상들로 이에는 유전적 결함과 신경계의 결함이 포함된다. 존슨은 지금까지 설명한 인간 문제에 대하여 다음과 같은 결론을 내리고 있다: 첫째, 죄가 인간의 정신병리의 최악의 형태이며, 인간 삶의 모든 형태에 스며들어있다; 둘째, 죄의 근원적 실재가 조현증과 같은 생물심리사회적 손상으로 상징화되어 나타난다; 셋째, 죄로 인한 해는 직간접적으로 네 가지 차원의 낮은 질서의 장애에 영향을 주며, 따라서 죄에 대한 기독교적 이해만이 정신 병리에 대한 전인적이고 통합적 이해를 발전시킬 수 있다.

(3) 상담 목표

따라서 존슨의 영혼돌봄에 있어서 가장 중요한 전제는 죄에 대한 인식이다(전요섭 역, 2012, p 564-575). 사람이 자신의 죄를 인식한다는 것은 하나님 앞에서 자신이 깨끗하지 못하다는 것을 아는 것인데, 인간이 하나님 앞에서 자신의 수치를 인식하고 스스로 절망을 체험하면서 완전 포기와 부패된 자신의 능력에 대한 믿음을 근본적으로 부인할 수 있도록 기독교적 회복 과정은 '진정한 수치심'을 장려할 필요성이 있다고 존슨은 역설한다. 그리고 존슨은 앞의 인간의 문제에서 열거한 네 가지 차원 각각에 있어서 어떠한 죄의 인식과 해결이 필요한 지에 대하여 설명하고 있다. 먼저 영적 차원에서 죄를 자기의 입으로 고백하는 회개는 영적 질서에로 복음의 초대에 응답하는 핵심 요소이다. 존슨은 회개를 일차적 회개와 이차적 회개로 다시 구분한다. 일차적 회개란 자신의 모든 더렵혀진 삶에 대한 능동적, 직접적, 적극적 부정으로서 그 모든 것을 십자가 앞에 내어놓는 것을 의미한다. 이차적 회개란 일차적 회개에서 파생된 것으로 하나님이 십자가를 통해 자신의 죄를 해결하도록 하는 '믿음의 기술'을 배우는 과정이라고 존슨은 보았다. 분리, 자아포기, 굴복, 의뢰, 양도, 해방, 거함, 안식, 적극적 수용, 단념 등의 용어로 이차적 회개는 표현될 수 있다. 그리고 이 모든 용어에 공통되는 것은 필연적이고 본질적으로 하나님께 의존하는 것이다. 윤리적 차원에서 죄 문제를 다룬다는 의미는 자신의 '악'에 대해 회개하는 것을 의미한다. 이는 자신의 구체적인 생각과 말, 행동, 악덕, 하나님을 거역하는 삶의 패턴 등을 고백하고 포기하는 과정이다. 또한 이 때 인간에게 필요한 자각은 자신이 절대로 도덕적, 윤리적으로 선할 수 없다는 자신의 도덕성에 대한 포기, 넘치는 타락성에 대한 체험과 깨달음이다. 심리사회적 차원에서 죄의 문제를 다루면서 존슨은 먼저 인간을 둘러싼 심리사회적 구조의 장애물이 그 자체로 죄는 아니라는 점을 상기시킨다. 대부분의 내담자들은 사실 자신의 속한 가족과 사회 안에서 성장하면서 증상을 발달시키고 상담자를 찾는다. 따라서 기독교상담자는 그리스도인 내담자들이 호소하는 심리사회적 문제를 직접적으로 죄로 연결짓고 해석하는 잘못을 피해야 한다는 것이다. 존슨은 이에 대해 '인간의 심리사회적 구조는 선하게 창조된 질서의 한 부분이나 동시에 훼손된 부분이기도 하다. 그리고 이것이 죄의 증거이고 해악과 파괴성의 상징이기는 하지만 그 자체가 도덕적이고 영적인 악은 아니다'고 보았다. 이를 해결하는 과정에서 존슨은 첫째, 하나님 앞에 그들의 마음을 먼저 쏟아놓아야 한다고 하였으며 이 과정에서 위로부터 비춰지는 은혜의 빛 안에서 자신의 역기능적으로 형성된 역동적 구조를 인식하고 무너뜨리게 된다고 하였다. 즉 자기와 타인, 세상에 대한 왜곡된 생각, 열악한 관계적 구조, 심하게 손상 받은 정신적 이미지, 열악한 사회화의 결과 낳게된 행동 패턴 등을 깨뜨리게 된다고 하였다. 그런데 존슨은 이러한 심리사회적 역동 구조의 해체는 반드시 그리스도와 관련된 자아 인식과 더불어 이루어져야 한다는 점을 강조한다. 마지막으로 생물학적 차원에서 깨어진 질서를 회복하는 과정에는 존슨은 그 한계를 인정하면서 인간에게 유익한 생물학적 효과를 만들어낼 수 있는 약물 치료 등을 사용될 수 있다고 보았다.

(4) 과정 및 기법

존슨의 영혼돌봄의 과정은 크게 내면으로의 부르심과 외면으로의 부르심의 두 가지로 크게 구분된다. 내면성은 다시 자기 점검, 장애물의 규명과 제거, 하나님 징표의 내면화라는 세가지 영역으로 나뉘는데, 이는 서로 배타적이거나 독자적인 것이 아니라 상호의존적으로 인간에게 작용한다. 먼저 기독교상담자는 내담자의 자가 진단을 도와야한다. 이 자가진단 부분에서 존슨의 기독교상담 모델의 독특성이 가장 잘 드러난다. 존슨은 자가진단의 영역을 기독교적인 부분과 심리적인 부분으로 나누었다. 기독교적인 자기 진단은 첫째, 하나님과 다른 사람들과의 대화를 통해 드러나는 자신을 인식하는 것이고, 둘째는 창조, 타락, 구속이라고 하는 구속사의 관점에서 자신의 위치를 확인하는 것이다. 존슨은 인간이 창조 질서 속에서는 선하고 추구할 만한 존재로 지어졌으나 타락 이후 손상되어 나쁘고 추구할만하지 않은 존재로 되어졌다고 본다. 그렇지만 인간을 향한 하나님의 구속의 은총으로 힘 입어 계속하여 구원의 회복 방향을 지향하며 나아간다고 하였다. 자가진단을 위한 두 번째 차원은 심리적 영역이다. 존슨은 이 부분을 진단하기 위하여 기독교 상담자는 내담자의 하나님에 대한 인식, 자기조절에 대한 인식(메타 인지, 정서에 대한 인식, 감정표현 불능증에 대한 인식, 행동 조절에 대한 인식), 과거와 현재에 대한 사람에 대한 인식, 자아기만의 인식 등을 다루어야 한다고 보았다(전요섭 역, 2012, p. 527-534). 이에 대한 자세한 내용은 에릭 존슨의 저서를 참고하기 바란다. 내면으로의 부르심을 다루기 위해 존슨이 주목하는 두 번째 내적 영역은 '장애의 내용과 제거'이다. 이와 관련된 자세한 내용은 앞 부분 죄가 가져온 네 가지 차원에 있어서의 질서의 파괴(영적, 윤리적, 심리사회적, 생물학적)가 어떻게 일어나며 회복되는가에 대해 설명한다. 내면으로의 부르심의 세 번째 내적 영역은 '영광의 표지에 대한 본질적 내면화'이다. 즉, 인간은 회복 과정에서 하나님의 탁월함과 그의 형상을 내면화해야 한다. 첫째, 인간은 자신이 하나님의 선하신 창조물로서 가진 가치와 행복감을 내면화해야 한다. 이는 내담자에게는 행복한 기억, 자신이 가진 긍정적 인격 특질, 사회적 기술, 건강한 양심, 예술적 재능 등을 통해 드러날 수 있다. 기독교 내담자들은 이 모든 것이 하나님의 창조 은혜의 선물이라는 점을 자각할 수 있어야 한다. 다음은 복음을 내면화하는 것이다. 성경은 스스로 하나님처럼 되고자 했던 인간을 창조주 하나님이 사랑하시어 그 인간을 반역의 댓가인 사망에서 구하기 위하여 그 아들 예수 그리스도를 십자가에 죽게 하였고, 이를 받아들여 믿는 모든 인간은 즉시 하나님의 자녀이자 의인의 자리로 신분이 변화된다는 기쁜 소식이 들어있다. 이것이 바로 복음이다.

회복: 하나님 형상의 내면화

그런 점에서 존슨에게 있어서 하나님 형상을 내면화하는 두 번째 영역에 '복음'의 내면화가 포함되어 있는 것은 어쩌면 당연한 것처럼 보여진다. 그렇다면 존슨에게 복음을 내면화한다는 것은 어떤 의미인가? 존슨은 복음의 내면화를 인지적, 정서적, 의지적, 관계적 차원으로 구분하여 설명하고 있다. 인지적 차원에서 복음을 내면화한다는 것은 복음 내용에 대한 암기와 상기, 지각과 이해, 성경의 진리에 대한 면밀한 분석, 지혜와 분별의 사용, 반복 등의 방식이 사용된다. 정서적 차원에서 복음을 내면화하는 방법으로는 존슨은 성경 묵상과 기도를 추천한다. 특히 하나님 사랑에 대한 감정을 계속 각성시켜보는 것이 도움이 된다고 하였다. 복음을 의지적으로 내면화한다는 뜻은 인지적, 정서적으로 인식된 것을 의지를 가지고 행동으로 옮기는 과정을 의미한다. 복음을 관계 차원에서 내면화한다는 것은 하나님의 형상으로 지어진 인간 모두가 삼위 하나님의 공동체적 표상이 되도록 하는 것을 의미한다. 예를 들면 정신분석 치료 모델이 최근 들어 치료적 동맹 관계를 강조하며, 전이 현상을 다루는 것은 내담자가 상담자의 긍정적인 신념과 평가를 내면화하여 하나님 형상의 형태를 발생시킬 수 있다고 보는 것이다. 그리고 내면으로의 부르심의 궁극적 목표는 내담자에게 하나님의 형상을 내면화하도록 돕는다. 이 과정에서 그리스도인 내담자는 창조시 부여받은 문화명령을 다시 확인하며 자신의 특별한 부르심 또는 소명에 순종하는 모습을 드러낸다. 존슨은 이 모든 과정에서 생물의학적, 인지적, 행동적, 관계적, 가족 및 집단치료적, 상징적 또는 극적, 경험적, 역동적, 정서중심적, 영성 지도, 인격 치료 등의 광범위하고 다양한 양식의 도움을 받을 수 있다고 설명하며, 각각에 대한 간단한 예를 들고 있다. 하지만 이 부분에 대한 기술이 지나치게 짧고 단순하여 구체적으로 기독교 상담에서 과정적, 내용적으로 상담을 개념화하여 진행하기에는 큰 도움을 받을 수 없다는 아쉬움이 남는다.

영혼돌봄의 다음 단계는 외면으로의 부르심에 순복하는 과정으로 '그리스도를 닮아가기'가 중요한 목적이 된다. 존슨은 내면에 대한 자각, 내적 장애물의 인식 및 제거, 그리고 하나님 형상의 내면화를 거친 내담자들은 그 다음 외현화의 과정으로서 예수 그리스도를 닮아가는 현상을 나타낸다고 보았다. 그리스도를 닮아가는 사람은 마음이 성결하고, 진실하며, 겸손하며 감사할 수 있고, 십자가에 순응하면서 하나님과 그 나라의 영광을 드러내며, 배우자와 가족, 주변 사람을 비롯한 이웃을 사랑할 수 있게 된다.

4. 마크 맥민의 통합상담 모델 (Integrative Psychotherapy, M. McMinn and C. Campbell)

마크 맥민은 미국 일리노이주에 위치한 휘튼 대학에서 재직하였고, 현재 조지 팍스 대학 (George Fox University)의 심리학과 교수이다. 그는 상담학 일반과 신학적 주제를 연결시키는 데 오랫동안 관심을 보여왔으며, 그 가운데 '신학, 심리학, 영성이 통합된 기독교상담학(2001)'이라는 저서가 한국에서 번역되어 소개된 바 있다. 앞서 소개한 기독교상담의 분파에 따라 맥민의 자리를 찾아보자면 평행 모델과 영화 모델의 중간에 위치한 강탈 모델에 가깝다고 여겨진다. 왜냐하면 심리학, 상담학의 이론을 충실히 따르고 적용하지만, 그 적용에 있어서 기독교적 세계관을 통한 사유와 비평을 우선시하고 있기 때문이다. 맥민은 휘튼 대학에서 가르치면서 정리한 자료들을 모아 2007년 캠벨과 함께 '통합 심리치료-포괄적인 기독교적 접근을 향하여'라는 책을 저술하였다(McMinn & Campbell, 2007). 또한 최근 '죄와 은혜의 기독교 상담학(Sin and Grace in Christian Counseling)'을 집필하여 인간의 온전한 회복 과정에 하나님의 은혜와 인간의 죄의 고백이 매우 긴밀히 연결되어 있으며, 하나님의 은혜를 충분히 경험하는 것이 인간의 문제 해결에 선행한다는 관점을 제시하였다 (McMinn, 2008, 전요섭, 박성은 역, 2011). 그는 이 책에서 다음과 같이 죄와 은혜의 관계를 분명하게 제시한다.

"죄와 은혜에 대한 기독교적 이해는 직선 모양으로는 적합하지 않다. 우리는 죄를 먼저 짓고 그 후 은혜가 필요한 것이 아니다. 은혜는 하나님 성품과 목적의 충만한 부분이고 영원 전부터 그러했다...(중략)... 그렉이 자신의 죄를 볼 수 있었던 것은 상담에서 충분한 은혜를 경험했기 때문이다." (p.68)

"두려움과 수치심이 사람을 스스로 자신 안에 가두게 한다면 은혜는 그것들로부터 벗어나게 한다. 아담과 하와가 자신의 벗은 몸을 무화과 잎으로 가린 것처럼, 우리도 부정과 왜곡 뒤에 우리의 수치심을 가린다. 우리는 화해를 추구하고, 우리의 고통과 투쟁을 인지하기 위해 마음 속 깊이 있게 탐구하기 원한다. 자신이 만든 감옥으로부터 벗어나게 하는 것이 바로 은혜이다." (p.77)

맥민은 잘 알려진 기독교 인지상담학자이다. 따라서 그의 이론은 본질적으로 인지상담 이론에 깊이 관련되어 있다. 그리고 맥민은 지금부터 소개하는 그의 책에서 인지상담과 신학적 관점이 교차하는 지점을 '관계를 향한 인간의 갈망'으로 보고, 이 갈망을 충족시키기 위하여 사람들이 발달시킨 인지 구조인 스키마와 그에 따른 행동적, 사고적, 정서적 증상들이 어떻게 연결되어 있는 지를 보여주고 있다는 점에서 그동안의 그의 다른 저서들과 차별된다고 여겨진다.

(1) 인간관

맥민은 기독교 상담자라면 인간 본성에 관한 상담의 여러 가지 이론을 인간을 이해하는 성경적 세계관의 틀 안에서 고찰해야 한다고 보았다. 그는 이에 대해 '하나님과의 관계'를 중심으로 창조, 타락, 구속의 세 가지 연속성 상에서 이해하고 있다. 그에 따르면 인간은 창조될 당시 삼위 일체 하나님의 세 가지 속성을 가진 그의 형상으로 창조되었다. 먼저 기능적 차원에서 인간은 하나님의 형상을 잘 반영하고 있었다. 창조 당시 하나님은 인간에게 복을 주시고 '생육하고 번성하여 땅에 충만하라, 땅을 정복하라, 바다의 물고기와 하늘의 새와 땅에 움직이는 모든 생물을 다스리라 하셨다 (창세기 1: 27-28). 그러나 하나님과 단절된 인간은 자신에게 주어졌던 이런 완전한 형태의 기능적 수준을 유지하지 못하고 그들의 행동과 사고, 정서적 영역에 역기능을 가져오게 되었다는 것이다. 맥민은 하나님의 형상을 닮은 인간의 두 번째 영역은 구조적 수준에서 찾아볼 수 있다고 보았다. 이는 특히 인간이 가진 도덕적이거나 합리적인 능력에 강조점을 두고 있다.

즉 창조 당시 인간은 하나님의 완전한 수준에서 공부하고 분석하고 선택하고 말하며 가치판단을 할 수 있었으나 타락 이후 인간은 이 완전한 수준을 유지하지 못한 채 합리적 사고 능력에 결함을 갖게 되었다는 것이다. 맥민은 세 번째 하나님의 형상을 '하나님과 관계하는 인간'에서 찾았다. 그는 에밀 브루너, 칼 바르트, 스탠리 그렌즈 등 신학자들을 인용하면서, 이들의 공통점은 하나님이 소유한 관계적 특성을 인간이 함께 공유하고 있다는 점을 강조하고 있다고 보았다. 하나님은 본성적으로 인간을 하나님과 다른 사람들과 사랑하는 관계를 갖고 우정과 성적 관계를 발전시켜 나가도록 창조하셨다. 하지만 범죄한 결과, 인간의 이런 관계에 대한 욕구는 여러 가지 다른 이유를 가지고 하나님이 아닌 다른 관계를 추구하게 만들었다. 맥민은 인간의 죄성이 결국 세상을 죄성으로 채우게 되었고, 그 결과 인간은 서로에게 상처를 입히게 된 것이 타락이라고 보고 있다.

그리고 이러한 죄성의 중심에는 '자기 스스로를 섬기는(self-serving)' 습성이 자리잡고 있다고 보았다. 맥민은 스캇 팩이 '거짓의 사람들'에서 자기애에 대해 언급한 부분을 인용하면서 자기애란 '인간이 자신의 죄성과 불완전함을 비현실적으로 부정하고 있는 일종의 자만심'이라고 보았다. 필자의 생각으로 자기애란 원죄의 원형을 설명하고 있다고 보인다. 인간이 하나님 자리에 자신을 둔 채 하나님만큼 되고 싶어 했던 욕심이 결국 자신의 불완전함과 부족함을 부인하고 스스로의 노력으로 자신을 괜찮은 사람으로 만들고자 하는 습성이 자기애를 잘 설명한다고 볼 수 있기 때문이다. 맥민은 이런 자기애로 분열되고 망가진 하나님과의 관계를 해결할 수 있는 길을 '자비와 격려로 채워진 사랑스런 가정'에서 찾는다. 즉 관계에 기초한 기독교의 믿음은 예수 그리스도를 통하여 하나님과의 실제 관계를 경험함으로써 이전의 잘못된 대인관계 패턴을 수정할 수 있다고 보았다. 그리고 이렇게 다시 회복된 하나님과의 관계가 인간들이 이전에 경험한 관계적 상처로부터 회복될 수 있는 길이라고 하였다.

(2) 인간의 문제

관계적 영역에 소홀했던 인지상담이론

맥민의 통합 심리치료 모델은 크게 기능적 영역, 구조적 영역, 관계적 영역의 세 가지로 구분된다. 이 세 가지 영역은 표면에서 이면을 향해 자리잡고 있는데 독자들이 예상하다시피 가장 표면에는 증상에 초점을 둔 기능적 영역(symptom-focused functional domain)이, 가운데에는 스키마(인지 구조)에 초점을 둔 구조적 영역 (schema-focused structural domain)이, 가장 안 쪽에는 관계 중심에 초점을 둔 관계적 영역(relationship-focused relational domain)이 위치한다고 본다. 이를 알기 쉽게 도표로 나타내면 다음과 같다.

기능적 영역 상황, 사고 행동, 감정	제1영역 증상에 초점을 둔
구조적 영역 핵심 신념(스키마)	제2영역 스키마에 초점을 둔
관계적 영역 관계에 대한 갈망	제3영역 관계에 초점을 둔

〈표8〉 통합 심리치료 모델(McMinn & Campbell, 2007, p114에서 인용)

앞서 소개했듯이, 맥민은 인지상담자로서, 오랫동안 인간의 사고를 변화시킴으로써 증상을 호전시키는 방법론에 익숙하다. 따라서 기본적으로 인간의 문제를 이해하는 틀은 전통적 인지상담이론을 채택하고 있다고 보여진다. 인지상담이론에 대한 자세한 이해는 다른 서적들을 참조하기 바란다. 기독교 상담의 통합 모델로서 맥민이 인간의 문제 이해에 제공하고 있는 가장 참신한 공헌은 그동안 기존의 세속적 인지상담이론가들이 상담 개입에서 중점을 두고 있던 핵심 신념 또는 스키마가 형성되는 데 있어서 사람들의 관계에 대한 갈망을 직접적이고 분명하게 관련짓고 있다는 점이다. 물론 세속적 인지상담이론가들 역시 사람들이 스키마를 발달시키는 과정을 도식화하면서 도식 발달의 가장 첫 단계에 '과거 어린 시절 경험'을 위치시키고 있다 (최은영, 양종국, 2005).

맥민은 과거 어린 시절의 경험을 관계 중심으로 재해석하며, 관계 욕구의 상실이 어떻게 인간이 발달시키고 있는 스키마, 그리고 그에 따른 증상과 연결되는 지를 설명하고자 하였다. 맥민은 완벽주의적 성향을 가지고 있던 해시나(Hasina)라는 한 여성의 사례를 들어 인간 문제를 위의 세가지 영역으로 나누어 설명하고 있다. 해시나는 어릴 때 기본적인 욕구는 어느 정도 만족되었으나 그녀 자신이 존재로서 부모에게 기쁘게 받아들여지는 경험을 충분히 하지 못한 채, 부모와의 연결과 연합을 갈망해왔다. 그리고 이러한 어머니와의 관계에 대한 욕구를 학교에서 A 학점을 계속하여 받아오는 것을 통해 충족시키고자 하였다. 즉 어머니의 따뜻한 돌봄과 인정을 충분히 받아보지 못한 해시나는 좋은 성적으로 자신이 가치있고 중요하다는 느낌을 유지하려고 하였다. 해시나는 대학 시절 역시 줄곧 A 학점을 받으며 보냈다. 그런데 결혼하고 출산한 이후 그녀에게 첫 번째 기능적 수준에서 위기가 찾아왔다. 육아와 가사 일, 그리고 학업을 병행하였기 때문에 더 이상 학교에서 계속되는 A 학점을 받지 못하게 된 것이다. 그 결과 해시나는 불안과 초조감에 시달리는 증상을 나타낸 것이다. 맥민은 이런 불안과 초조감의 기저에는 두 번째 구조적 영역에의 결함이 있다고 본다. 이는 이 여성의 잘못 개발된 신념, 즉 스키마에 해당하는 것으로 그 내용은 '내가 학교에서 완전한 성적을 내지 못한다면 나는 부모에게도, 남편에게도 가치있는 존재로 인정받지 못할 것이다'이다. 그러나 이러한 핵심 신념인 스키마는 어린 시절 이 여성이 빼앗긴 부모로부터 따뜻하게 돌봄받는 관계, 해시나라는 존재 그대로를 부모가 기뻐했던 경험의 부재, 또 이러한 관계에의 열망 또는 갈망을 채우지 못했기 때문에 개발하게 된 것이다.

(3) 상담의 방향 및 목표

맥민은 기본적으로 인지상담자로서 인간의 문제가 해결될 수 있는 방법으로 '성경적 세계관으로의 전환'을 제시한다. 그는 우선 어떤 심리치료 이론이라도 이론가의 기본 전제와 가치관, 세계관이 스며들어 있음을 강조하면서 기독교상담자들이 이에서 자유로울 수 있는 세 가지 전략을 제공하고 있다. 첫째, 당연한 말이지만 기독교상담자가 어떠한 이론을 대할 때 그 어떠한 것이든 특정 가치와 세계관이 전제되어 있다는 사실을 분명하게 인식하는 것이 중요하다. 다음으로 기독교상담자는 심리학과 상담의 방법론에 더하여 기독교의 신학과 역사를 익혀야한다. 그리고 이 과정에서 기독교상담자는 기독교 세계관에 전적으로 헌신할 수 있어야 한다. 마지막으로 일반 심리치료 이론과 방법론을 성경적 세계관에 근거하여 평가할 수 있는 능력을 개발해야

한다. 맥민은 데살로니가전서 5장 20-22절을 인용하여('예언을 멸시하지 말고 범사에 헤아려 좋은 것을 취하고 악은 어떤 모양이라도 버리라'), 여러 상담이론들을 역사적으로 수립된 기독교적 지적 체계에 광범위하게 노출시켜 적용하고 비판해볼 것을 제안한다. 그런 점에서 맥민 자신이 전통적 인지상담학을 다음 세 가지 관점에서 비판하였다. 첫째, 인지상담자들은 핵심 신념, 즉 스키마가 내담자들이 삶의 초기에 형성한 정적인 개념으로 보고 그 안에 내재된 관계나 역동을 상대적으로 등한시하였다는 것이다. 둘째, 전통적 인지상담자들은 치료적 관계에 숨어있는 치유 능력을 충분히 고려하지 않았다는 것이다. 셋째, 맥민은 그동안 인지상담자들이 과학도로서 익숙해있던 방법론이 과연 인지 행동적 개입을 잘 방어할 수 있는지 의문을 제기하였다. 맥민은 전통적 인지상담 이론가들은 인지상담이 매우 과학적, 객관적, 가치중립적이라고 말하지만 실제로는 그렇지 않다는 점을 지적하였다.

그렇다면 맥민이 앞에서 소개한 세 가지 영역에 대하여 어떠한 기독교상담적 해법을 제시하고 있을까? 그의 저서를 꼼꼼히 살펴보면, 맥민은 어떤 방향의 환원주의도 경계하고 있다는 점을 알게된다. 즉 한 사람에게 나타나는 신체적, 심리적, 정신적 문제를 완전히 신학적으로 환원하여 이해하는 것에도 주의를 기울여야 하지만, 반대로 한 사람이 드러내는 신학적 문제를 신체적, 심리적, 정신적 문제로 환원시키는 것에도 주의를 기울여야 한다는 입장이다. 이런 점에서 맥민은 증상이 드러나고 있는 첫 번째 기능적 영역의 문제와 구조적 측면, 즉 잘못된 핵심 신념이 움직이고 있는 두 번째 구조적 영역의 문제는 세속적 심리학자들이 개발해놓은 여러 가지 방법으로 포괄적이며 총체적으로 빌어서 쓸 수 있다는 입장이다. 다시 말하면 이상심리로 진단될 수 있는 여러 가지 감정 장애, 불안, 성격 장애 등 모든 심리적 문제에 대하여 기존의 세속적 인지상담자를 비롯한 상담학자들이 정리해놓은 지식의 틀을 적용한다. 필자가 생각하기에 기독교상담의 목표 및 방향이라는 관점에서 맥민의 가장 큰 공헌이자 그의 저서의 가장 아쉬운 점은 인간 내면의 세 번째 관계 영역의 문제를 표면의 기능적 측면이나 구조적 측면과 정교하게 이어주지 못했다는 것이다. 필자가 이 부분을 맥민의 가장 큰 공헌이라고 보는 이유는 맥민이 일반 상담이론과 심리평가의 틀을 이미 소유한 상담자들로 하여금 그들의 훈련 배경을 그대로 유지한 채, 각 문제가 드러내고 있는 '관계적 측면'의 결핍을 좀 더 정확하고 본질적으로 파악하고, 이를 성경적 세계관 내에서 이해하도록 하여 내담자의 변화에 활용할 수 있도록 하는 문을 열어주었기 때문이다. 즉 맥민의 세 영역의 구조를 이해한 기독교상담자라면 기독교 내담자의 증상을 표면적으로 이해하고, 이에 숨어있는 내담자의 핵심 신념을 파악한 뒤, 그는 내담자가 과거 하나님과 어떠한 관계 경험이 결핍되거나 상실되었었는지, 그리고 성화의 과정에서 하나님과의 어떠한 관계 경험이 필요한 지에 대해 열어놓고 생각해 볼 수 있다. 하지만 아직 맥민은 표면에 드러나는 내담자의 다양한 증상과 핵심 신념, 그리고 그 가운데 찾아볼 수 있는 하나님과의 잘못된 관계 경험 및 관계의 회복 방향에 대하여 임상적으로 일일이 제시하지 못하고 있다. 단지 그는 그의 저서 끝 부분에 통합적 심리치료에 대하여 다음 여섯가지 사항을 정리하였다.

1) 통합 심리치료자는 인간의 문제를 볼 때 심리학과 신학 모두를 포괄적으로 고려하여야 한다.

2) 통합 심리치료는 내담자의 기능적, 구조적, 관계적 세 가지 영역을 고려해보도록 한다.

3) 통합 심리치료는 심리치료의 다차원적 영역과 신학적 이해 사이를 포괄적으로 이어준다. (맥민은 그의 저서 전반에서 기존 세속 심리치료와 심리평가의 내용과 방식을 폭넓게 소개하였다. 그 예로 관계적 영역을 다루는 세속 심리치료 이론으로 호나이와 설리반의 대인관계 성격이론, 대상관계이론, 가족치료 이론 등을 간단히 소개

하였다)

4) 통합 심리치료는 과학적 지식을 존중하고 채택하나, 심리치료에서 있어서 관계적 접근을 절대로 과소평가하지 않는다.

5) 어떠한 종류의 영혼 돌봄 모델도 그리스도 중심적일 때라야 포괄적일 수 있다. 왜냐하면 통합 심리치료는 하나님의 형상에 기초하여 세워졌고, 그리스도 안에서만 완전히 드러날 수 있기 때문이다.

6) 통합 심리치료는 기독교인, 비기독교인 내담자 모두에게 포괄적으로 적용될 수 있다. 맥민은 내담자가 비기독교인이라도 기독교상담자가 그와의 동의 아래 성경적 세계관 안에서 살펴볼 수 있는 내담자의 관계 욕구를 다룰 수 있다고 보았다.

5. 코우와 홀의 상담 모델

존 코우(John H. Coe)는 미국 캘리포니아의 얼바인 주립대학(UC Irvine)에서 박사 학위를 받고 현재 캘리포니아 바이올라 대학의 영성 센터를 운영하며, 같은 학교의 심리학 대학원인 로우즈미드 대학원에서 영성 신학과 철학을 강의하는 교수이다. 타드 홀(Todd W. Hall)은 바이올라 대학에서 박사학위를 받고 코우와 같은 기관과 학교에 소속되어 있으며〈Journal of Psychology and Theology〉의 편집자로 일하고 있다. 이 두 사람은 최근 2010년 '영 안에서 심리학—변형심리학의 윤곽(Psychology in the Spirit: Contours of a Transformational Psychology)'라는 저서를 발간하여 심리학과 신학을 함께 적용하여 '변형심리학'이라는 이름으로 내담자를 이해하는 또 하나의 모델을 제시하였다 (Coe & Hall, 2010). 본 절에서는 코우와 홀의 저서에 나타난 변형심리학이라는 기독교 상담 모델을 소개해보고자 한다.

필자의 견해로는 코우와 홀은 앞서 소개한 맥민보다는 기독교 상담의 스펙트럼 상에서 영화 모델 쪽에 더 가까운 강탈모델론자들이다. 왜냐하면 상담 모델을 대표하는 변형심리학에서 변형이 의미하는 것은 '예수님의 모습처럼' 변화한다는 뜻이다. 또한 이들은 기독교상담의 목표를 "종말론과 목적론에 기초 위에 창조되어 하나님을 영화롭게 하고 하나님과 이웃을 사랑함으로써 하나님과 연합시키는 것"이라고 규정한다. 또한 상담자의 영적 훈련을 매우 강조하여 상담자가 자신의 두려움, 화, 죄책감, 수치심 그리고 성령의 필요를 다루지 않았다면, 그 자신이 이 부분에 대해서 심리학을 왜곡하거나 그른 것으로 환원할 수 있다고 보았다. 그리고 영화 상담자들과는 그들 대부분의 핵심적 명제와 통찰을 따르지만 '성경이 하나님 안에서 잘 살기 위한 지혜를 찾는 단 하나의 방법이라는 관점은 거부한다'고 밝히며 인간의 과학적 노력을 온전히 존중한다는 입장이다. 그러나 통합 상담론자와의 관계를 보면 변형심리학은 하나님의 형상으로 창조된 피조물로 인간을 이해하며 이들의 변화에 성경적 관점을 취한다는 점에서는 통합 모델과 비슷하지만 통합 모델이 지나치게 심리학적 전통에 의존하고 거기에 머무르고 있다고 평가한다. 이들의 저서를 살펴보면 코우와 홀이 상담 현장에서 일하는 임상가라기 보다는 기독교 대학의 영성 훈련 기관과 대학원에서 영성 신학을 가르치는 신학자로서의 정체성을 더 많이 드러내고 있음을 알 수 있다. 따라서 이들의 기독교상담 모델로부터 본서의 구조인 변형심리학의 인간관, 인간의 문제, 상담의 방향 및 목표 등을 찾아내기가 쉽지 않았다. 오히려 이 모델에는 성령 안에서 심리학을 하는 영적인 기독교 심리학자가 훈련되는 과정이 드러나있다. 이들이 제시한 변형심리학의 모델에 제시하는 5수준은 다음과 같다.

1수준의 질문: 어떻게 기독교상담학자가 영적-인식론적 세계관 안에서 심리학과 과학을 변형시켜낼 수 있을까?

5수준 : 변형 심리학 훈련의 목적	– 하나님과의 연합 – 그리스도에의 순응 – 사랑 – 하나님을 영화롭게 함
4수준 : 영혼 돌봄으로서의 심리학 실습	– 20세기 여러 가지 분파의 치료적 개입들(정신분석, 인본주의, 인지 상담 등) – 영성 지도 – 새로운 패러다임

3수준
: 교회의 영적 훈련 요구를 채우기 위한 지식의 이론화 및 개발
	– 자기(self)의 본성: 영으로서의 자기/ 본성을 소유한 자기/관계 맺는 자기 / 하나님과 연합하는 초월적 관계의 자기
	– 죄와 이상심리: 원죄/ 마음의 죄악/ 범죄케 된 상태/ 사탄
	– 심리적 건강: 그리스도 없는 건강함
	  하나님의 만들어가는 사랑을 느끼기 위한 모델로서의
	  부모의 사랑 / 성령으로 인한 그리스도 안에서의 건강함
	– 성령 안에서 하나님과 이웃을 사랑하기 위한 십자가의 구속
	– 영성 발달
	– 영적 훈련 및 분별

2수준 : 하나님 안에서 심리학하기를 위한 방법론, 연구 및 과정	– 하나님 사랑 안에서 피조물과 세상에 대한 관찰 – 하나님 사랑 안에서 피조물과 세상에 대한 숙고 – 하나님 사랑 안에서 피조물과 세상과의 상호작용
1수준 : 영적–인식론적 훈련 및 성령 안에서 심리학과 과학을 하기 위한 덕목에 의한 심리학자의 변형	– 내어놓기/ 회상하기/ 정직히 직면하기/ 분별하기/ 관상 기도 드리기

〈표9〉 심리학 변형 모델의 윤곽: 코우와 홀, 2010, p 99에서 인용

　　코우와 홀은 이 질문에 대하여 첫째, 과학 역시 인간의 노력임을 인정하여 인간의 죄성 역시 과학을 하는 과정과 그 결과에 영향을 미친다는 것을 인식하고 있어야 한다고 말한다. 따라서 기독교상담자들은 영적–인식론적 훈련 과정을 통해 무엇이 진리인지 보는 것을 가로막는 자신의 삶의 주제, 환상, 우월감, 자만심, 소심함 등으로부터 보호를 받아야한다. 둘째, 과학자 역시 죄인들로서 하나님과 그들을 끊어놓는 자신의 편견과 방어를 다루어야 한다. 왜냐하면 죄의 본성에 잡혀 있으면 인간의 합리성은 교만과 억압, 왜곡 등 마음의 다른 악을 섬기는데 사용될 수 있기 때문이라고

하였다.

2수준의 질문: 하나님 안에서 심리학하기를 위한 방법론, 연구 및 과정은 어떠할까?

코우와 홀은 이 질문에 답하면서 구약의 현자들의 노력을 전해준다. 그들은 하나님이 창조한 세상과 그 구조에 어떻게 다가갈 것인지에 대한 방식을 찾으려고 세심한 관찰과 숙고를 통하여 노력하였으며, 이미 하나님은 이에 대한 권위있는 해석을 제공하였다는 사실을 인식하고 있다. 그리고 이를 하나님에 대한 두려움과 사랑 안에서 행하여야한다고 본다.

3수준의 질문: 교회의 영적 훈련 요구를 채우기에 필요한 기독교 상담 모델은 어떻게 이론화되며 개발될 수 있을까?

이에 대해 코우와 홀이 제시한 도표를 살펴보면 기독교상담 모델은 크게 인간의 본성, 죄와 이상심리, 심리적으로 건강한 상태에 대한 답을 찾는 과정이라 이해할 수 있다. 이는 필자가 본서에서 필자의 기독교 상담 모델을 찾아가기 위하여 기독교상담의 틀로 삼고 있는 인간관, 인간의 문제, 상담의 방향과 목표와 일치하는 것이다. 코우와 홀은 현재 심리학에서 거의 사라지고 있는 개념 중 하나가 사랑이라고 지적한다. 따라서 변형모델에서 중요한 것은 정말 우리가 누구인지, 우리가 무엇이 되는지, 그리고 무엇이 되어야 하는지에 어떻게 죄와 심리적 건강이 관계되는지를 탐구하고자 하면, 하나님의 사랑이 인간의 관계성과 어떻게 연관되는 지를 알아가야 한다고 하였다. 이에 대해 코우와 홀은 자기(self)의 본성, 즉 일반적으로 인간의 모습을 영으로서의 자기, 본성을 소유한 자기, 관계 맺는 자기, 하나님과 연합하는 초월적 관계의 자기의 네가지로 구분한다. 죄와 이상심리에 대해서는 원죄, 마음의 죄악, 범죄케 된 상태, 사탄에 의한 것으로 구분한다. 기독교 상담의 방향과 목표가 되는 '심리적으로 건강한 상태'는 비그리스도인들은 그리스도가 없는 건강함, 하나님의 만들어가는 사랑을 느끼기 위한 모델로서의 부모의 사랑 가운데 답을 찾아가지만, 그리스도인들은 성령으로 인한 그리스도 안에서의 건강함, 성령 안에서 하나님과 이웃을 사랑하기 위한 십자가의 구속을 온전히 누리는 상태로서의 건강함에 관심을 가질 필요가 있다고 보았다. 이를 위해서는 영성 발달과 영적 훈련 및 분별을 위한 조력을 기울여야한다.

4수준의 질문: 영혼 돌봄으로서의 심리학 실습은 어떻게 진행할 수 있나?

이에 대해 코우와 홀은 지금까지 전통적으로 기독교 상담의 실습이 성경적 이해가 전무한 20세기 여러 가지 분파의 상담이론에 따른 훈련을 받는 것과 (예. 정신분석, 인본주의, 인지상담, 심층 관계 심리 등) 영성 지도 훈련의 두 가지 전통으로 이어지고 있다고 본다. 이들은 심리학 훈련과 영적 훈련은 서로 나선형으로 연결되어 있다고 보았다. 즉, 심리학자들이 받는 영적 훈련은 세속 심리학으로부터 상담자를 보호하는 것처럼, 신학자들 역시 심리학으로부터 영적 훈련을 하는 방식과 영적 훈련의 성격들에 대한 통찰을 제공 받는다는 것이다. 코우와 홀이 이와 같은 나선형 교육 방식을 새로운 패러다임으로 제안하고 있다고 보여진다.

5수준의 질문: 변형심리학 훈련의 목적은 무엇인가?

코우와 홀은 변형심리학의 목적이 하나님과 이웃 사랑 안에서, 교회와 세상을 연구하고 봉사의 대상 안에서 하나님을 사랑할 수 있도록 심리학자들을 예수님과 같이 변형시키는 것이라고 본다. 이와 같이 성경 안에서 심리학자의 변형과 성장이 심리학을 하는데 핵심을 이루기 때문에 기독교 상담 교육 기관에서 인간, 변화 과정, 심리학의 산물인 변형의 관점에서 심리학자의 훈련에 관한 지대한 고민이 필요하다고 역설한다. 그리고 변형심리학의 관점에서 심리학의 이론과 실제에서 최종 목표와 수단으로서의 변형을 교육생들에게 반드시 제공해야 한다는 것이다. 이들은 중세 사상가들이 '과학을 창조하는 것은 신앙을 갖기 위함이고, 과학자의 목표는 신앙을 제공하는 것'이라는 관점이 옳았다고 보며, 이 관점에서 성경에서 참이 되는 지혜는 일반 심리학에서도 참으로 밝혀지게 마련이라고 역설한다. 이들이 자신의 저서 마지막 장에서 소개하는 기독교 심리학 교육 기관에 대한 제안 사항이 필자에게는 매우 의미있는 도전이 되었다. 그 내용은 4부, 기독교 상담의 교육 및 훈련 부분에 기술되어 있다.

(1) 인간관

코우와 홀은 인간을 하나님 또는 다른 사람들과 관계를 맺을 수 있는 인격을 지닌 영적인 존재로 본다. 하나님에 의해 창조된 영적인 인간은 모든 창조적 능력과 실재를 진실되고 풍요로운 방법으로 이해하고 경험할 수 있다. 변형심리학자는 이 사실에 정직해 짐으로써 성경과 심리학의 통합을 꾀하고 이러한 인간에 대한 진실되고 실제적인 것을 추구하는데 열려있어야 한다고 보았다. 그들은 우주의 질량이나 몸체의 움직임을 측정하는 근대 자연주의의 방법론을 적용하는 동시대의 세속 심리학은 과학적 아카데미에서 "인간"에 대한 본질(home)을 발견하지 못했다고 결론 내린다. 왜냐하면 인간은 단지 물질로만 구성된 두뇌(matter brain)로 환원되거나, 생각하는 사람으로서 의지의 실재와는 관계없는 원인이나 방법으로만 이해 될 수 없다고 보기 때문이다. 그렇다고 인간이 과학적으로 연구할 수 없는 존재는 아니라는 입장이다. 그들은 이러한 질문에 대해 인격적 정체성, 자유, 정신적인 경험과 같은 영적인 실재는 측정하기 어렵다고 결론 내린다.

(2) 상담의 문제

죄와 병리에 대한 변형심리학의 관점은 선과 악의 대리인과 악한 환경 모두가 심리
병리를 설명한다는 상식적 사실에 주목하여 설명하고자 한다. 변형적 접근의 설명은
대리인의 관점에 주의를 기울이지만 동시에 환경에도 문제의 귀인을 두어, 인간 대리
인의 병리에 대하여 다음과 같이 세가지 원인을 제시하고 있다.

  - 출생 시부터 죄와 역기능으로의 경향성을 지닌 죄인으로서의 대리인(원죄)

  - 의지적으로 죄를 짓는 대리인(개인적 죄)

  - 다른 사람들과 환경에 의해 죄의 희생자가 된 대리인

코우와 홀은 구체적으로 창세기에 나타난 아담과 하와의 타락 이야기를 제시한다.
아담과 하와는 그들의 유한성과 한계를 받아들이거나 선과 악에 관련하여 작은 신처
럼 되어야만 하였다. 즉 그들은 창조 시에 하나님에 의해 성립된 선과 악이 무엇인지
를 발견하고 받아들이기 위해 유한한 인간 본성과 조화롭게 행동하거나, 아니면 하나
님처럼 되어서 무엇이 선과 악인지를 그들 스스로 구별하고 다스려야 했다. 초기, 아
담과 하와는 하나님의 사랑 속에서 선을 향하여 있었고 최대한의 자유를 경험하였다.
그러나 그들의 미래 행동은 미리 결정지어졌던 것이 아니라 그들의 과거와 현재의 행
동과 습관에 의해 결정되었다고 보았다. 하나님과 달리 유한한 아담과 하와는 미래의
선택과 결과에 대해 확신하지 못한 채 그들의 선에 관한 미래의 불확실성과 함께 경
험된 유한성은 "자연적 불안"으로 귀결되었다. 아담과 하와는 그들의 영혼의 계기판
위에 어리석게 비취는 불빛과 같은 이 자연적 불안을 따라야만 하였고, 자신들이 불
안 속에서 파국적인 선택과 실패를 할 수 있다는 진리를 알게 되었다. 이렇게 불안이
더 증가되면서 창조자에 대한 의심이 더 커지게 되었고, 그들은 하나님을 불신하기
시작하였다. 그의 무한성을 시기하여 하나님과 같이 되고자 하였고, 미래의 행복에
대하여 불안해하지 않는 경험을 하게 되었다는 것이다. 이는 차례로 사랑없는 행동과

그들 자신의 손에 자신의 인생을 맡기는 자율성(자만심)과 선악과로부터 그들 자신의 선과 행복으로 스스로 이끌어내려고 했다는 것이다. 또한 변형심리학자들은 인간에게는 원죄와 개인적 죄, 죄의 결과로서의 상태와 사탄에 의해 타락한 존재라는 역동으로부터 유래된 다양한 심리병리가 존재하는데, 사탄을 제외한 나머지는 어느 정도 원죄로부터 나왔다고 본다. 변형심리학의 병리적 역동과 그 결과를 다음과 같이 요약할 수 있다. 인류의 기본적 병리는

- 존재적 외로움으로부터 유래된 죽음과 역기능과 궁극적 붕괴
- 수치심으로 인한 인간 본성의 타고난 붕괴
- 정죄와 두려움으로 유래된 타고난 죄책감으로 구성되어 있고, 이들 모두는 인간 마음 안에 중심적인 방어, 병리적인 전략들을 조성한다.

(3) 상담의 목표 및 방법

변형심리학의 핵심 목표는 사람을 '하나님을 사랑하는 존재'로 만드는 것이다. 코우와 홀은 근대 심리학, 프로이드의 심리학, 포스트 모더니즘의 심리학이 공통적으로, 인간이 '객관적인 선, 삶의 방향'을 제시하는 데 실패한 채 허락된 범위에서 자신의 자율성과 자유를 최대화하는 것을 인간 회복의 목표로 인식하고 있다고 하였다. 즉, 일반적으로 칸트, 흄, 밀, 루소, 홉스와 같은 철학자들의 영향을 받은 현대 심리학자들은 선하고 나쁜 삶, 덕스럽거나 악한 삶에 대한 객관적 관점이 없다는 것이다. 오히려 개인의 선한 삶, 선하고 나쁜 가치와 성격은 개인이나 사회에 의해 결정되며, 이는 다른 사람의 자유를 침해하지 않으면서 자신의 좋은 삶을 추구하기 위해서 다른 사람의 권리와 자유, 자율성에 있어서 자신과 같은 기회를 지켜주어야 한다는 것으로 결론지어진다는 것이다. 반면 코우와 홀은 신학과 목회 상담은 실재하는 인간 현실의 병리를 탐색하지 못한 채, 오히려 사람들에게 너무 빨리 도덕적이며 성장지향적인 카드

를 제시한다고 보았다. 변형심리학은 매우 현실적으로 죄의 현실과 구원과 성장을 반추하고 있다. 코우와 홀에 따르면 변형심리학의 우선적 목표는 사람들로 하여금 가장 섬뜩하고 숨기고 싶은 죄의 현실과 타락 사탄의 역사들을 받아들이도록 돕는 것이다. 또한 회개와 용서, 구원과 하나님 안에서 낡은 것을 벗고 새로운 것을 덧입는 가능성에 열려있도록 하는 것이다. 그리고 이러한 성장 과정에는 실재 인간이 무엇인지(what we are)에 대한 현실과 진리와 사랑 가운데, 인간이 누구인지(who we are)를 바라보고 경험할 수 있어야 한다고 하였다. 이들에게 중요한 점은 진짜 자기만이 성장할 수 있고 사랑받을 수 있으며 진리를 들을 수 있다는 것이다. 자신의 진짜 모습을 숨기며 부끄러운 척하는 거짓 자기는 진실로 사랑하거나 사랑받을 수 없는데, 왜냐하면 이것은 실재 자기가 아니라 자기의 환영(phantom)을 나타나기 때문이라고 보았다. 실제로 신자들이 드러내는 영적 성숙의 열망 가운데에도 진짜 실재적 자기를 경험하지 않으려하고, 환상 속의 상상을 통하여 진짜 자기가 아닌 다른 존재이거나, 좋고 빛나는 어떤 존재가 되고자 하는 욕구가 들어있다는 것이다. 따라서 변형에 필요한 첫 번째 단계는 진리를 지각하며 진리를 향하여 마음을 여는 것이다. 이는 자신이 악하다는 것을 인정하면서 성장하고 중요한 존재가 되고자 하는 열망 속에 숨겨진 거짓동기를 보기 위하여 자신의 내면으로 깊숙이 들어가는, 말하자면 죽어가는 과정이다. 동시에 이는 우리 자신과 하나님에 대하여 정직하고자 하며, 우리의 의식적 경험으로는 신비스럽게 느껴졌던 진짜 자기를 경험하고자 하는 열망 가운데 일어나는 것으로, 죄인인 자신을 직면하는 과정이다. 이후 개인의 삶에 전개되는 구원의 역사에서 사람들은 영적 죽음으로 인한 실존적 외로움으로부터 다시 하나님과 연합하고 중생함으로써 영적인 생명을 얻게 된다. 또한 유전된 죄로 인한 두려움에서부터 예수님께 대속되어진 죄로 인해 자유롭게 되며, 타락으로 인한 수치심에서 벗어나 하나님께 받아들여지는 경험을 하게 된다. 바로 이것이 믿음으로 의롭게 되는 것의 본질이며 기독교인의 중심적 자기정체성을 이룬다. 이러한 회복이 이루어지는 과정에 대하여 코우와 홀이 제시한 구체적 시사점 가운데 필자에게 중요하게 보이는 두 가지는 다음과 같다.

첫째, 상담 초기, 내담자에게 선한 삶의 본질에 대해 처음부터 가르치는 것은 전략상 좋지 않다. 이는 내담자로 하여금 상담자를 기쁘게 하거나 융합하려는 그의 유아적 소망을 강화시킬 수 있다. 오히려 내담자들은 그들이 현재 어떠한 상태이며, 그들이 왜 특정 행동을 하는가에 관한 통찰과 함께, 상담자로부터 받아들여지는 관계 경험을 하면서 그들이 믿는 것이 옳고 그른지를 탐색해 나가는 것이 좋다.

둘째, 초기 관계의 역사는 인간의 심리적 건강을 이해하고 실현하는데 매우 중요하게 작용한다. 코우와 홀은 이 영역을 전통적 신학과 철학에서 주로 간과하고 있다고 보았다. 인간의 죄와 악, 성장, 심리적 건강이 성인의 시점에서 논의되는 것이지만, 성격에 영향을 끼치는 초기 유아 시절의 관계와 경험은 놀라우리만큼 중요하다. 하지만 신학과 철학은 이 부분을 무시하고 있다고 지적한다. 그리고 이들은 많은 세속적 심리학이 사람의 심리적 건강 여부를 결정짓는 초기 양육자의 역할에 대하여 제공한 중요한 통찰에 주의를 기울여야 한다고 역설한다. 예를 들면, 관계 심리학은 초기의 건강한 부모양육이 하나님의 용서를 잘 모델링하며 애착과 어린이의 수용이 원죄의 부정적 영향을 상쇄하는데 도움을 줄 수 있다는 것이다. 변형심리학은 긍정적 관계 경험이 초기의 손상된 대상관계를 회복시킬 수 있음을 가르쳐준다. 그리고 이는 부모와 상담자, 건강한 친구들과의 관계성 뿐 아니라 하나님에게도 똑같이 적용될 수 있다고 보았다. 코우와 홀은 사실상 바울과 요한의 신학에는 대상관계의 회복 방향이 드러나 있다고 본다: 하나님의 사랑이 우리의 마음에 비춰어졌기에 우리가 다른 사람을 사랑할 수 있다는 것인데(엡5:2, 요4:19), 이는 물론 오랜 시간이 걸리는 과정으로 이해된다.

요 약

본장은 기독상담자가 자신의 상담 모델을 개발하는데 참고가 될 수 있도록 국외 다섯 학자의 상담 모델-래리 크랩의 성경적 상담, 윌리암 커원의 절충적 상담, 에릭 존슨의 강한 개념적 통합, 마크 맥민의 인지상담 중심의 통합적 상담, 코우와 홀의 변형 심리학-을 제시하였다. 다섯 가지 모델 모두 성경의 진리를 인간 변화의 중심에 두지만 심리학적 관점의 수용, 적용의 정도에 따라 좌로부터 우를 향해 래리 크랩, 윌리암 커원, 마크 맥민, 에릭 존슨, 코우와 홀의 순으로 기독교상담의 연속선 상에 위치시켜 볼 수 있다.

생각할 거리들

1. 본장에 제시된 다섯 가지 모델 가운데 자신의 기독교상담과 가장 잘 부합하는 것은 무엇인가?

2. 위의 다섯 가지 모델이 자신의 상담적-신학적 관점을 잘 설명하지 못하는 부분이 있다면 무엇인가?

3. 기독교상담에서 상담학과 신학의 통합 가능성에 대한 자신의 의견은 어떠한가?

03

일반상담이론의
기독교적 비평 및 사례

3부에서는 실제로 기독교상담을 필자의 사례에 적용해본 바를 소개해보고
자 한다. 필자의 학문적, 임상적 경험이 일천하여 독자들에게 내놓기 위해서
는 큰 용기가 필요하였지만 본서에 대한 비판과 토론이 기독교상담의 모델
또는 이론을 정립해가고, 상담 실제에 활용되어 기독상담자의 임상적 능력
을 향상시키는 데 기여하리라는 기대와 소망을 담아 필자의 연구물과 사례
를 제시한다. 3부는 모두 세 장으로 구성되어 있다. 7장은 정신분석 이론, 8
장은 인지상담 이론, 9장은 가족상담 이론 가운데 보웬 이론을 중심으로 기
술되었다. 그리고 각 장은 간단한 이론의 소개와 기독교적 비평, 필자가 단
독 또는 공동으로 집필한 이론 비평 논문과 함께 필자가 상담 종결 시 내담
자들에게 제공하는 상담종결보고서, 종결 이후 내담자와의 면접 내용을 포함
하고 있다.

7장 정신분석이론

    정신분석이론은 상담학의 대표적인 이론으로 프로이드가 고전 정신분석학을 수립한 이후 그의 이론에 대한 열띤 토론과 연구가 현대 상담학을 발전시키는 동력으로 작용하며 상담학의 기초이자 자양분 역할을 해왔다. 본 장에서는 정신분석이론 전반에 관한 간단한 소개와 아울러 앞서 2부에서 제시한 기독교상담의 인간관, 상담의 문제 및 목표와 방향의 관점에서의 개략적 비평을 시도해보고자 한다. 그리고 대상관계이론으로 대표되는 현대 정신분석이론 가운데 하인즈 코헛(Heinz Kohut)의 자기 심리학(self psychology) 이론을 신학자 안토니 후크마의 인간론을 중심으로 비평해보고, 코헛의 이론으로 개념화한 필자의 상담 사례 및 집필 과정에서 실시한 내담자 면접 내용을 수록하였다. 필자가 상담 내용을 평소 녹음하지 않아 축어록을 싣지 못한 것을 유감스럽게 생각하여, 이를 대신할 수 있는 방법으로 내담자와의 추후 면접을 전화로 실시하였다.

1. 정신분석이론의 간단한 소개 및 기독교적 비평

(1) 인간관 (양명숙 외, 2013, pp. 56-57)

1) 인간의 행동은 비합리적이면서 무의식적인 생물학적인 동기인 추동(drive)에 의해 좌우된다.

2) 인간의 행동은 비합리적인 힘, 무의식적 동기, 생물학적 및 본능적 충동, 생의 초기 6년 동안의 심리성적 발달에 의해 결정된다.

3) 인간의 행동을 결정짓는 생물학적 본능적 충동을 리비도라고 하며, 이는 개인과 인류의 생존이라는 목적에 기여한다. 그리고 이는 인간의 성장과 발달을 촉진시키며 인간에게 창조성을 추구하도록 하는 동인이 된다.

4) 인간 삶의 목적은 고통을 피하고 욕구를 충족하여 쾌락을 얻는 것이다.

5) 인간의 또 다른 측면의 공격적 욕구를 설명하려고 사용된 개념으로 죽음의 본능(타나토스)을 들 수 있다.

6) 정신분석상담에서 추구하는 이상적 인간은 사랑하고 일하는 능력을 가진 사람. 본능이 개인과 종족의 생존 추구라는 본연의 기능을 수행함과 동시에 그 본능의 파괴적인 영향을 최소로 하는 삶이다. 정신적으로 건강한 사람이란 본능들이 미치는 영향을 인식한 것을 바탕으로 억압을 잘 조절하여 만족을 얻을 수 있도록 자기 행동을 의식적으로 선택할 수 있는 사람을 의미한다.

(2) 상담 문제: 부적응 행동 및 이상심리(김충기, 강봉규, 2001, pp. 90-91; 양명숙 외, 2013, pp. 58-69)

1) 정신분석 이론에서 인간의 부적응행동 및 이상심리는 아동기의 충동을 지나치게 억압하여 나타나며, 이러한 억압이 충동을 처리하는 방법이 되어버렸기 때문에 충동

이 의식화되어, 자아의 처리를 받아 건강한 발전에 기여하지 못하고 무의식에 머물러 있기 때문에 나타난다.

2) **의식구조**: 프로이드는 자각체계를 즉각적으로 자각할 수 있는 수준에 따라 의식, 전의식, 무의식으로 나누었다. 그는 어떤 정신적 내용이 의식에서 제외되는 과정을 억압이라 하였는데, 이는 고통이나 불안을 회피하려는 동기에서 어떤 생각이나 경험들을 의식 밖으로 내몰아, 결국에는 무의식 속으로 들어가는 과정을 의미한다. 프로이드는 무의식의 존재를 확신하는 중요한 임상적 증거로 꿈과 실수를 예로 들었다.

3) **성격구조**: 의식, 전의식, 무의식은 마음의 지형학적 모델의 요소이며 원초아(인간의 본능으로 구성된 성격구조), 자아(현실적인 외부세계와 관계를 가지며, 성격의 행정부로서 제어하고 통제하며 조절), 초자아(성격의 도덕적인 부분, 혹은 양심에 해당)로 구성된다.

4) **불안**: 프로이드에 의하면 인간의 일차적인 정서는 불안이다. 불안 이외의 다른 정서는 불안이 수정된 것이고 전치된 것이며, 혹은 대체된 것이다. 불안은 억압했던 감정, 기억, 욕망, 경험에서 생기는 두려움의 느낌이다. 불안은 원초아, 자아, 초자아 사이의 갈등이 자신의 정신에너지의 통제수준을 넘어서려고 할 때 발생된다. 건강한 성격은 원초아, 자아, 초자아 사이의 조화를 요구한다.

5) **자아방어기제**: 사람에게는 긴장과 불안을 감소시키려는 타고난 추동이 있다. 방어기제는 개인이 불안을 극복하고 불안에 압도되지 않음으로써 자아를 보호하도록 돕는 사고나 행동을 의미한다. 적응적인 방어기제로는 이타주의, 유머, 승화, 억제가 있

고, 부적응적 방어기제로는 행동화, 회피, 부인, 치환, 해리, 이상화, 동일시, 주지화, 투사, 합리화, 반동형성, 퇴행, 억압, 저항 등이 있다.

6) **성격발달:** 정신분석이론에 의하면, 성격적 특성은 한 개인의 어린 시절의 경험과 그 경험의 처리방식에 의해 좌우된다.

- 구강기: 출생-1세로 입을 통해 쾌락을 얻는다. 이 시기에 충분한 충족이 이루어 지지 않으면 지나친 소유욕이 생길 수 있다.

- 항문기: 대소변을 가리는 훈련이 시작되는 1세 내지 1세 반에서 3세까지로 리비 도가 항문에 집중되는 시기이다. 이 시기는 아이가 자신의 신체에 대한 숙달감과 환경에 대한 통제능력을 획득하는 중요한 시기이다.

- 남근기: 3-6세로 리비도가 아동의 성기로 집중되는 시기로서, 이 시기로부터 원 초아, 자아, 초자아는 역동적으로 작용하기 시작한다.

- 잠복기: 6-12, 13세까지로 리비도의 신체적 부위는 특별히 한정된 데가 없고, 성 적인 힘도 잠재된 시기이다. 성적 관심은 학교, 친구, 스포츠 등에 대한 관심으로 대치된다.

- 생식기: 사춘기부터 성숙되는 성인기 이전까지의 시기로 심한 생리적 변화가 특 징이며 격동적인 단계이다.

7) **신경증의 정의:** 신경증이란 자아를 중심으로 한 유기체의 기능에 결과적으로 불편 과 고통을 가져다주는 파손이 생겨서 일어난 행동 장애를 의미한다(김충기, 강봉규, 2001, p. 90) 이것은 자아의 조절이나 통합 기능의 실패와 그 대신에 반항적인 충동 을 처리하기 위한 퇴행, 억압, 방어기제의 발달로 특징지워진다.

(3) 상담의 목표 및 방법(김충기, 강봉규, 2001, pp. 90-91; 양명숙 외, 2013, p. 70)

1) 목표: 정신분석의 상담 목표는 무의식을 의식화하여 현재의 행동, 감정 및 사고들이 무의식적 충동에 의해 지배당하기보다 현실에 바탕을 두고 진행될 수 있도록 하는 것이다. 이를 위하여 내담자의 독특한 인지(방어), 대인 상호 작용 및 지각(전이)을 통하여 반복적으로 내담자의 정신건강에 장애를 주고 행동양식에 영향을 미치고 있는 과거의 경험에 상담의 초점을 맞춘다. 또한 무의식적 갈등을 의식화시켜 개인의 성격 구조를 재구성하는데 있다.

2) 과정 및 방법 (양명숙 외, 2013, pp. 73-75)

- 초기단계: 첫째, 첫 면담 장면에서 내담자의 문제를 결정한다. 둘째, 상담회기가 몇 번 진행된 후 내담자의 무의식적 갈등의 내면적 역동을 이해하게 된다.

- 전이단계: 내담자가 전이 욕구를 상담자로부터 충족 받으려는 시기이다. 전이를 발달시키고 분석하는 일은 정신분석의 핵심을 이룬다.

- 통찰단계: 신뢰로운 분위기 속에서 내담자는 자신의 의존 욕구나 사랑 욕구의 좌절 때문에 생기는 적개심을 상담자에게 표현하게 되며, 이렇게 자신의 감정을 표현하면서 자신의 의존욕구와 사랑욕구가 좌절된 것에서 비롯되었다는 것을 통찰하게 된다.

- 훈습단계: 전이에 대한 통찰을 기반으로 내담자가 자신의 행동과 태도를 변경하고자 계속 노력하는 과정이다. 상담자는 내담자의 이런 노력에 대하여 적절한 강화를 해주어야 한다.

(4) 기독교적 비평(Johns & Butman, 2009)

1) 정신분석은 기본적으로 무신론과 불가지론을 주장한다. 왜냐하면 종교는 한가지

의 환상으로 간주되기 때문이다. 정신분석에서 종교생활과 영적인 생활은 무시되거나 부정적으로 다루어진다.

2) 정신분석에서 언급하는 환상은 어린 시절 실현되지 않는 것들이 상징적으로 나오는 것으로 간주된다. 정신분석에서 종교를 환상이라고 언급하는 경우, 종교는 자신의 어린 시절 실현되지 않은 것들을 상징적으로 나타내는 것에 불과한 것이 되는 것이다.

3) 정신분석은 핵심 가정에서 기계적이고 자연주의적인 용어를 사용하는 경향이 있는데 그것은 정신적인 일들이 생리학적이고 본능적인 것에서 기원했다는 가정을 따른다. 따라서 정신분석은 초자연적인 것에 대해서는 아무런 여지를 남겨두지 않는다. 예를 들면 성경의 일반적이고 특별한 계시에 대해서 여지를 남겨두기 어렵다. 즉, 정신분석은 초월적인 진실로 인한 원인과 결과에 대해서 닫혀있다고 볼 수 있다. 특히 인간에 대한 기계론적, 결정론적 관점은 성경의 진리와 대치된다. 성경은 인간이 하나님의 이미지를 따라 창조된 인격적인 존재이며, 창조-타락-구속-새 하늘과 새 땅의 도식에 따라 문제를 가졌지만, 그 문제에서 벗어나 새로운 피조물이 되었다는 점을 강조한다.

4) 프로이드가 무의식적 정신 세계의 현실에 관해서 강조한 것은 성경적으로 매우 의미있는 일이다. 왜냐하면 앞서 인간 자신을 아는 것이 곧 하나님을 아는 것과 연결되어 있다고 밝힌 바 있는데 무의식 세계의 통찰을 통해 자신에 대한 지식을 쌓는 것은 곧 하나님을 알아가는 첩경을 제공하기 때문이다. 또한 정신분석에서 말하는 방어기제도 성경의 진리와 잘 연결되는 개념이다. 왜냐하면 성경은 아담과 하와가 하나님

보다 낫고자 하였으나 그렇지 못한 자신의 부끄러운 모습을 가리기 위하여 무화과 나무잎을 사용하였음을 알려주는데, 이렇듯 자신을 가리는 모습의 종류와 실제에 관하여 방어기제에 대한 설명은 뛰어난 통찰을 제공한다.

5) 정신분석은 우리의 죄의 본성의 잠재력에 대해서 심각하게 여기지 않는다. 오히려 사회적으로, 합법적으로 용인되는 범위에서 자신의 쾌락주의적 욕구를 충족시킬 것을 권장한다.

6) 정신적 건강에 대해서 정신분석의 가정은 도덕적인 의사결정과 행동에 관한 책임에서 기본적인 기초 근거가 없다는 아쉬움을 남긴다.

7) 정신분석이 가지고 있는 심각한 위험 중 하나는 인간이 자신의 무의식적 행동에 관하여 통찰하고, 그 의미를 해석하여 통제할 수 있다면 마치 인간 스스로 자신을 스스로 구원할 수 있다는 메시지를 주는 것이다. 더욱이 정신분석이 추구하는 상담 목표인 자아의 강화는 성경이 이상화하는 인간관과 대비된다. 물론 성경 역시 자신에 대한 깊은 이해와 통찰을 강조하지만, 자신을 더 깊이 깨달을수록 방어기제에 가리워진 인간 본연의 수치와 불안을 맞닥뜨리게 되며, 이러한 수치와 불안은 구속주이신 하나님과의 온전한 연합을 통해서만 해결가능하다는 점을 강조한다.

8) 정신분석은 정신병리의 문제점에 대한 근거를 지나치게 정신성적 발달에 두었다. 그러나 성적인 충동이 문제를 일으키는 것은 그 충동이 향하고 있는 대상에 대한 갈망이라 이해되고 있다. 즉 정신병리의 문제는 하나님에 대해 반역하여 발생한 하나님과의 관계 단절로부터 유래한다는 점을 간과하고 있다.

다음에 고전정신분석이론이 현대에 발전되어 형성된 대상관계이론 가운데 하인즈 코헛의 자기심리학 이론에 관한 기독교적 비평과 대화를 시도한 논문을 소개한다.

2. 코헛의 자기심리학에 대한 기독교적 비판 및 재해석[1]

기독교 상담적 측면에서 Kohut의 자기심리학은 스스로 자신의 완성을 향해 나아가는 인간의 모습을 잘 보여준다. 그런 점에서 Kohut의 자기심리학은 기독교에 기여하는 바가 크다. 하지만 Kohut은 기독교적인 인간관에 기초하여 인간의 자기 발달의 측면에 대해서 논의를 하지 않고 있기에, 기독교상담적 측면에서 자기심리학을 주의 깊게 살펴볼 필요가 있다. 문화신학자인 브라우닝과 쿠퍼(Browing & Cooper)(2004)는 현대 심리학들과 기독교 사이에 대화가 필요하다고 주장했다. 심리학은 사람의 심리를 과학이라는 틀로 연구하기에 영적이거나 종교적인 영역을 깊이 다루지 못하고, 성경은 인간의 구원을 위해 기록된 책이기에 인간의 심리가 어떻게 형성되는지에 대한 언급은 없다. 하지만 기독교 상담적 측면에서는 심리학과 성경, 또는 신학 사이의 대화가 절실하게 필요하다.

본 논문은 Kohut의 자기심리학의 인간관과, 성격의 형성, 문제, 치료에 대해서 어떤 견해를 가지고 있는지를 살펴보고, 이에 대해서 기독상담자인 Johns와 Butman과 문화 신학자인 Browning의 의견을 참조하여 개혁주의 신학자인 Hoekema를 중심으로 기독교적인 인간이해를 살펴보려 한다. 그리고 심리학과 기독교 사이에 대화가 필요한 부분이 무엇인지 살펴봄으로써, 기독교 상담적인 측면에서 Kohut의 자기심리학의 기여점과 한계점을 명확히 하려 한다. 이로써 Kohut의 자기심리학의 관점

---

1) 안인숙, 이지영, 유희주, 최은영(2012). 'Kohut의 자기심리학과 Hoekema의 인간 이해'. 한국기독교상담학회지, 23권 1호, 85-106. (학회와 공동연구자들의 허락 하에 본서에 논문 전편을 실었다.)

으로 기독교 상담을 하고 있는 관계자들에게 조금이나마 통합적인 시각을 제공할 수 있기를 바란다.

(1) 자기심리학의 인간관

1) Heinz Kohut의 생애

Heinz Kohut은 1913년 비엔나에서 휄릭스(Felix)와 엘스 램플 코헛(Else Lample Kohut)의 외아들로 태어났다. Kohut의 아버지는 피아니스트로서 전문 연주가였는데 1차 대전에 참전해서 부상을 입음으로 인해 우울한 날을 보내었으며, 어머니는 활달한 사람이었지만 어린 Kohut을 보모와 가정교사에게 맡겨 놓고 사교생활에 몰두한 다소 냉담하며(Siegal, 2002, p. 29), 자기중심적이고 자기애적 성향을 가진 사람이었다(박경순, 2009, p. 30). Kohut은 외디푸스 콤플렉스가 형성되는 중요한 시기를 아버지의 부재 속에서 자라게 되며(박경순, 2009, p. 130), 꿈이 꺾여 버린 아버지의 모습은 Kohut에게 있어 영웅시 했던 아버지에 대한 어린 Kohut의 환상이 깨어졌음을 짐작할 수 있게 한다(Siegal, 2002, p. 29). 아버지의 외도로 인해 어머니는 남편과 사이가 좋지 않았으며, 이런 환경 가운데 아버지의 존재가 어머니에 의해 차단 당한 채 자란 Kohut에게는 오이디푸스적인 갈등을 핵심으로 하는 프로이트의 이론이 잘 맞지 않았다(박경순, 2009, p. 130). 그러나 Kohut은 비엔나 대학에서 의학을 공부하는 동안 프로이트의 역동적 인간이해의 통찰에 깊은 영향을 받았으며(정석환, 1999), 1940년 미국으로 건너가 시카고 정신분석 연구소에서 정신분석 전문가로, 지도분석가 겸 교수로 활동하였으며, 1964년-1965년까지 미국정신분석가협회의 회장을 역임하기도 했다(Clair, 2009). 하지만 이러한 정통 분석적 경력에도 불구하고 그의 후기 저술들을 통해 전통적인 욕동 이론을 넘어서서 '자기(self)'를 구성함에 나르시시즘의 역할을 중시하는 모델로 이동하였기 때문에 정신분석학계로부터 강한 반향과 비판을 불러 일으켰으며(Clair, 2009, p. 244), 드디어 1968년 프로이드의 역동모델을 떠나 자신만의 자기심리학의 주장하며 독자적인 길을 걷게 된다.

2) 자기심리학의 인간관

자기 심리학의 인간관은 고전적인 정신분석적 관점에서 보는 인간관과 매우 다르다. 프로이드의 인간관을 "죄책감을 지닌 인간(guilty man)"이라고 부른다면, Kohut은 자기심리학의 인간관을 "비극적 인간(tragic man)"이라고 불렀다(Kohut, 2006, p.134,203; Siegal, 2009, pp. 187-188). 프로이드의 인간이해는 인간에 대한 결정론적, 부정적, 양면적 인간이해에 기인하므로 언제나 과거에 매여 갈등하며 고통 받는 인간, 즉 'guilty man'이다(정석환, 1999). 죄책감에 시달리는 인간은 욕동의 만족을 추구하지만, 환경의 압력과 내적 갈등으로 인해 그렇게 할 수 없는 존재이며, 본능적 세력과 투쟁하는 존재로서 억압된 본능과 거세불안을 가지게 된다. 반면에 Kohut의 인간이해는 통전성을 가진 인간이다. Kohut의 인간은 통일된 자기를 지니고 자기를 힘있게 주장하면서도 다른 사람들과 조화를 이룰 줄 아는 인간, 즉 독립적이고 응집적이며 관계 안에 있는 인간이다. 자기 심리학에서는 인간을 비극적 존재로 보고 있는데 그는 쾌락원리를 따라 살지 않는 대신에 자기의 타고난 잠재력을 표현하고자 노력하고 창조적이고 성취적인 삶을 살고자 한다. 그러나 사회적으로 성공했다 할지라도 잠재력을 성취하지 못한 사람은 비극적 삶을 살았다고 할 수 있다(Siegal, 2009, p188). 또한 관계적 인간은 근본적으로 사랑과 관심이라는 심리적 산소를 필요로 하며, 충분한 심리적 산소를 공급받는 인간은 건강한 관계 속에 살아가는 사람을 말한다. 이러한 건강한 인간의 심리 구조를 Kohut은 '응집적 자기'의 구조를 가진 사람이라 말한다. 이러한 Kohut의 자기와 자기대상의 관계적 이해는 서구의 개인중심주의적 인간이해의 패러다임에 발상의 전환을 가져온 개념이다(정석환, 1999).

(3) 자기심리학에서 본 인간의 문제

자기 심리학에서 가장 중요한 개념은 "자기(self)"와 "자기대상(self object)"이다. Kohut에 의하면, 자기는 "공간상으로 응집되어 있고, 시간상으로 영속하며, 주도성의 중심을 이루고 있고, 지각적으로 인상(impression)을 수용하는 하나의 단위체이며(Kohut, Clair재인용, 2009, p. 249), 객체로서 단독으로 존재하기 보다 자기대상과의 관계의 틀 안에서 존재한다"고 말한다(Kohut, 1977, 정석환, 1999). 자기(self)는 주관적으로 판단하고 느끼며, 행동을 결정하는 심리구조로써, 자기가 분명하고 동요함 없이 안정되어 있으며 통합된 자기를 가진 사람이 건강한 사람이다(이무석, 2008, p333). 코헛은 자기의 한 부분으로 경험되거나 자기가 기능을 할 수 있도록 도와주는 도구로 사용되는 사람들, 즉 대상들을 '자기대상'이라고 정의하였다(Clair, 2009, p250). Kohut은 이 용어를 '내 수족 같은 자기'라고 하였는데, 상대가 자신의 수족처럼 마음대로 움직여 주리라 믿고 있는 대상이다(이무석, 2008, p334). 코헛에 의하면 신체가 산소를 필요로 하듯이 유아는 자기대상을 필요로 한다. 즉, 유아는 자신의 경험을 반영해 주고 또한 동일시할 수 있는 사람이 있을 때만 자기자신을 응집력 있는 단위로 체험할 수 있는데 이러한 대상을 자기대상이라고 한다.

부모의 공감과 관심, 수용이 충분히 제공되면, "응집적 자기(cohesive self)"가 형성되는데, 응집적 자기란 관계 안에서 자신과 타인을 긍정하면서, 자신을 표현하고, 타인을 공감할 수 있고, 창의력과 유머로 그러한 관계를 지속할 수 있는 사람을 의미한다(정석환, 1999, p. 329). 자기대상의 적절한 사랑과 돌봄을 받으면, 유아는 당당하고 위대한 자기(grandiose self)를 경험하고, 그러한 자기대상의 경험을 자기 안으로 내면화하고 이상화된 자기구조(idealized self)를 획득한다. 시간의 흐름에 의한 성격의 변화라고 하기에는 덜 명확하지만, 과대적 자기나 이상화된 자기는 만 3세 이전에 형성된다고 보며, 쌍둥이 자기는 오이디푸스기 이후에 발현된다고 본다(정석환, 1999, p. 335).

Kohut은 인간 발달을 순차적 발달 단계로서가 아니라 자기의 자기대상과의 관계 측면에서 보았다(Clair, 2009, p251). 자기는 자기대상과의 관계 경험을 통해서 "자기의 두 축"(Bipolar Self)을 구축한다고 Kohut은 말한다(정석환, 1999). 첫째 축은 "야망의 기둥(the pole of ambitions)"으로 과대적 자기(grandiose self)이다. 아기가 세상에 태어나면, 자기대상은 마치 거울처럼 아기의 긍정적인 모습을 비춰주고 칭찬해주게 된다. 따뜻하게 비춰주고, 칭찬하고, 긍정하고, 인정하고, 수용해주는 경험을 통해서, 유아는 "I am perfect. Look at me" 라고 생각하게 되고, 자신에 대한 자존감과 타인에 대한 존중과 공감을 보일 수 있는 건강한 응집적 자기를 구축해 간다. 건강한 과대적 자기가 형성되지 못하면, 거울처럼 자신의 과대적 욕구를 채워 줄 수 있는 대상을 찾아 헤매는 '파편화된 자기'를 가지게 된다. 두 번째 축은 "가치와 이상들의 축(the pole of values and ideals)"의 이상화된 자기이다. 유아가 좀 더 자라면서 자기보다 더 크고 위대한 자기대상을 통해서 자기도 그러한 모습의 일부가 된 것처럼 느끼게 되어 "You are perfect. I am part of you."라고 생각하게 된다. 그리고 그러한 역할모델을 자신의 삶의 가치와 이상으로 내면화하는 과정을 경험하게 된다. 유아가 존경하고 흠모할 만한 그런 이상적인 대상을 찾는 이 과정에서 실패할 경우, 평생 동안 이상화된 대상을 찾는 데 삶을 낭비하게 된다. 이상화 욕구가 좌절되면서 삶의 목표와 방향감을 상실하게 되고, 이상화할 수 있는 대상에 대한 맹목적인 충성과 헌신을 하게 되기도 한다. 어머니에 대해 실망한 유아는 평생 동안 어머니처럼 자신을 돌보고 위로해 줄 사람을 찾아 다니기도 하고, 마약과 같은 것을 찾을 수도 있다. 정석환은 이 두 축이 건강한 자기를 구축하기 위해서 필수적으로 요청되는 자기의 기본적 요소이며, 이 때 자기와 자기대상과의 관계의 경험이 중요하게 작용된다고 말한다.

Kohut은 그의 마지막 책에서 세 번째의 축으로 쌍둥이 자기대상(alter ego, or twinship)에 대한 욕구데 대해 말하고 있다(정석환, 1999). 이는 유아가 자신과 비슷한 존재를 자기대상을 통해서 경험하고자 하는 욕구이다. 부모들의 행동을 그대로 흉내 냄으로써 자기가 보다 강화되는 것을 경험한다. 자신과 똑같이 말하고 생각해줌으로써 자신의 존재가 더욱 공고해지는 것을 의미한다. 쌍둥이 자기 욕구에 대해 실패하면, 자기 상실감이나 심각한 외로움을 경험하게 되고, 환상 속의 친구나 대상을 추구하는 증상들을 보이기도 한다.

이러한 거울대상의 욕구, 이상화대상의 욕구, 쌍둥이 대상의 욕구는 모두 인간의 원초적 욕구이며 동시에 오직 자기대상과의 관계 경험을 통해서만 충족될 수 있는 욕구인 것이다(정석환, 1999). 하지만 Kohut은 아이가 성장하면서 좌절을 경험하게 되고, 그것을 통해 부모의 현실적인 한계들을 인식해 나가고, 자신의 현실적인 한계도 점차 받아 들이게 된다고 말한다(최경순, 2009, p136). 자기상과 부모에 대한 원상을 점차 현실에 맞게 수정해 나가는 과정을 통해서 심리구조(Psychological structure)가 생성되어 간다(박경순, 2009, p136). Kohut은 심리구조의 발달은 부모에 대한 이상화가 점진적으로 철회하는 것을 통해 이루어진다고 보았고, 이상화를 철회하는 정도는 아이가 실망과 좌절을 견딜 수 있을 만큼 서서히 이루어져야 한다. 이것을 Kohut은 '최적의 좌절(optimal frustration)'이라고 불렀다(Siegal, 2009, p116, 박경순, 2009, p136). 최적의 좌절은 공감적이고 친밀한 정서적 유대관계 가운데서 발생하는 것이며, 그래야 외상을 남기지 않는 좌절이 가능해 진다(Clair, 2009, p255). 이러한 적절한 수준의 좌절을 경험해 가면서 아이는 유아적 자기상을 형성해 나가고 다른 사람을 존중하고 사랑할 수 있는 성숙한 인간으로 성장하게 된다. 최적의 좌절을 경험하면 아이의 심리구조는 자기애적 평정의 교란을 다루기 위해 노력하고 새로운 심리 구조를 수립하거나 한때는 자기대상이 행했던 기능을 수행하는 내적 구조를 만들어 그것으로 자기대상을 대체하는 것이다(Kohut, Clair 재인용, p. 255). 이러한 구조 형성의 과정을 "변형적 내면화(Transmuting Internalization)"라고 한다. 이 적절한 좌절을 통해 아이의 내면에 형성되는 건강한 자율성, 응집적 자기의 출현과정인 '변형적 내면화'의 과정은 한 인간의 성숙을 위해서 필수적 발달의 과정임을 말하고 있다(Kohut, 정석환 재인용). Kohut은 건강한 자기대상과의 관계를 통해 변형된 내면화 과정을 통해 건강한 응집적 자기를 형성한 사람은 창의성을 계발하여 사는 사람이며, 유머 감각을 가지고 타인과 교류할 수 있는 사람이고 자신과 타인의 인간으로서의 한계를 인정하며 용납할 수 있는 지혜를 지닌 사람이라고 말한다(Kohut, 1971; 정석환, 1999 재인용).

Kohut은 유아가 자기대상인 어머니로부터 충분히 좋은 돌봄을 받으면 응집적인 자기가 형성된다고 한다. 이때 중요한 것은 자기대상의 공감적 돌봄과 최적의 좌절이다. 자기대상으로부터 충분한 공감적 돌봄을 받고서 적절한 좌절이 일어나면, 유아는 자기대상과 가졌던 경험들에 의해서 형성되었던 변형적 내면화에 의해서 자기대상이 없이도 자신을 반영해줄 자기구조가 형성된다. 즉 생애 초기에 자신이 전능한 것 같은 환상을 가지면서 자기를 향하던 일차적 자기애가 자기대상의 과대적 자기대상 욕구와 이상화된 자기대상 욕구를 경험하면서 성숙한 자기애로 성장되는 것이다.

그러나 자기대상이 충분히 공감적이지 않거나 자신의 정신적 외상에 의해서 원초적 과대성(archaic grandiocity)에 머물러 있으면, 유아의 자기애적 욕구들을 반영해줄 수 없게 된다. 이러한 경험이 지속적으로 좌절되면, 유아의 과시적인 욕구는 좌절되어서 "나는 그렇게 완벽하지도 대단하지도 않다"(홍이화, 2010e, p. 358)는 생각을 하게 되면서 변형적 내면화를 경험하지 못한다. 또한 유아가 자기대상에게 외상적인 실망을 하게 되면, 이상화된 자기대상의 상은 붕괴되고, "나의 부모도 그렇게 완벽하지도 전능하지도 않으며 한계가 있다"(p. 358)고 생각하게 된다.

이렇듯 자기대상이 지속적으로 공감적인 돌봄을 제공하지 못해서 외상적인 좌절이 일어나면, 변형적 내면화 과정을 통해서 응집적인 자기구조가 형성되지 못한 채 자기장애(self disorders)가 발생한다. Kohut은 자기장애를 일차적 자기 장애(primary disturbances of the self)와 이차적 자기 장애(secondary disturbances of the self)로 구분하였다. 일차적 장애는 정신증(psychosis)과 경계선 상태(borderline state), 분열적 성격과 편집적 성격(schizoid and paranoid personality), 자기애성 성격장애(narcissistic personality disorder), 자기애성 행동 장애(narcissistic behavior disorder)의 다섯 가지로 구분했다(홍이화, 2010c, pp. 240-241). Kohut은 정신증과 경계선 상태, 분열적 성격과 편집적 성격은 취약한 자기 구조를 가지고 있고, 영구적이고 만성적인 자기해체와, 자기 쇠약, 자기 왜곡의 모습을 보여주고, 치료자와 환자 사이의 분석과 해석이 불가능하다고 보았다. 반면에 자기애성 성격장애와 자기애성 행동장애는, Kohut이 관심을 보였던 장애인데, 자기의 구조가 일시적으로 약해져 있거나 왜곡되어 있어서 적절한 분석과 치료가 이루어지면 극복 가능하다고 보았다. 자기애성 성격장애는 자기의 결함이 내적 증상으로 표현되어서 무기력하고 사소한 것들에 대해서 과민한 반응을 보이거나, 건강염려증, 수치심, 우울증과 같은 정신적인 증상들을 보인다. 반면에 자기애성 행동장애는 성도착, 중독, 혹은 반사회적 비행, 주물애착이나 섭식장애와 같은 외적 증상들을 보인다. 이차적 자기장애는 자기의 구조가 손상되지 않고 확고하지만 삶의 상황에 따라서 자존감이 높아지거나 낮아지는 것, 승리감이나 기쁨이 있기도 하지만 좌절로 인해서 낙심과 분노를 경험하는 것을 의미한다. 이차적 자기장애는 병리적이지 않지만 건강한 포부와 목표를 위해서는 자기구조라는 자기심리학의 관점에서 설명될 수 있다고 보았다.

Kohut의 자기장애를 건강한 자기의 축이 형성되지 않은 것이라는 관점에서도 설명할 수 있다. 응집적인 건강한 자기가 형성되려면, 과대적 자기대상 욕구와 이상화된 자기대상 욕구, 쌍둥이 자기대상 욕구가 적절하게 채워져야 한다. 자기대상의 공감적인 돌봄에 의해서 이러한 욕구가 적절한 좌절을 통해서 변형적으로 내면화되면 창의성, 공감, 유한성의 수용, 유머, 지혜를 특징으로 하는 성숙한 자기애가 발달된다 (Siegel, 2002, pp. 102-103).

그러나, 과대적 자기대상 욕구가 충족되지 않으면 부정(disavowal)과 억압(repression)의 방어기제를 사용하여 과대자기와 현실자기의 분리가 일어난다 (Kohut, 1971, pp. 28, 176-178; 정석환, 1999, pp. 338-340; 홍이화, 2010e, pp. 359-360). 부정의 방어기제가 사용되면, 수직적 분리(vertical split)가 일어난다. 즉 과대하고 거만한 자기의 부분들이 현실자기와 분리되어 공존한다. 과대적 자기가 현실적인 자기로부터 분리되어 차단되지만 의식 속에는 남아 있어서 일관적이지 않고 허황되어 보이거나, 허풍을 떨고, 지나치게 독단적이거나 과대적인 주장을 하는 모습으로 드러나고, 현실적 자기는 무기력감이나 허무감을 느낀다. 억압의 방어기제가 사용되면, 수평적 분리(horizontal split)가 일어난다. 즉 과대적 자기가 억압되어서 겉으로는 낮은 자존감, 막연한 우울감, 의욕상실, 주도성 결여와 같은 모습을 보인다.

이상화 자기대상 욕구가 좌절되면, 유아는 원초적 자기대상을 갈망하고 추구하며 그를 대체할 만한 다른 대상을 찾는데 일생을 보내게 된다. 이는 유아기에 결핍되었던 자기구조의 결함을 메우려는 시도로서, 자신을 진정시켜주고 긴장을 조절할 수 있도록 해주는 자기대상 경험의 부족을 채우기 위해서 마약과 같은 중독성 물질을 사용하거나 대상에게 집착하는 중독적 행동을 보이게 된다. 주물 애착과 같은 성도착, 마약과 같은 중독적 물질 남용, 섭식장애 등을 보인다(정석환, 1999, p. 339; 홍이화, 2010c, p. 238; 2010d, pp. 269-270).

마지막으로 유아의 쌍둥이 자기대상 욕구가 좌절되면, 지속적인 자기 상실감이나 심각한 외로움을 경험하며, 병리적인 자기 환상이나 백일몽에 몰입하게 된다. 대인관계에서 점차 소외되거나 대인관계를 회피하고 환상 속의 친구나 대상을 추구하며 만족감을 느끼는 자폐적인 모습을 보인다(Kohut, 2007; 정석환, 1999, pp. 339-340에서 재인용).

(4) 자기심리학의 상담의 목표: 치료과정

Kohut의 자기 심리학에서의 치료란 응집적인 자기를 형성하도록 돕는 것이 목표이다. 자기 결핍에 의해서 자기 구조가 확고하게 형성되지 않은 자기 해체, 자기 쇠약, 자기 왜곡의 구조적인 문제를 해결하기 위해서는 치료자와 새로운 자기대상 경험이 필요하다. 그 첫 번째 단계로서 유아 시절에 형성된 전이들이 치료적 구조 안에서 활성화되는 것이 필요하다. 자기의 결핍으로 인한 자기애적인 상처가 치료적인 관계에서 드러날 수 있도록 충분히 안전하고 공감적인 이해와 수용이 이루어져야 한다. 이는 성인으로서의 환자의 자기와 치료자의 자기가 서로 공감적으로 조율하며 새로운 관계를 형성하는 단계이다.

두 번째 단계로는 환자의 자기대상 욕구가 적절한 좌절을 경험하는 단계이다. 충분히 안전하고 공감적인 이해와 수용이 이루어지면, 환자는 상담자에 대한 신뢰가 깊어갈수록 과도한 자기대상 욕구를 치료자에게 표출하게 된다. 이해 대해서 치료자는 충분히 공감적이지만 어쩔 수 없이 좌절을 허락하게 되고, 이를 통해서 환자는 상담자에게 기대했던 유아적-환상적 기대감에서 벗어나 현실을 인식하면서, 치료자에 대한 실망을 극복하기 위해서 자신의 자기 구조를 구축하게 된다. 이를 변형적 내면화라 하는데, 이는 환자의 심리 구조 안에 자율성과 창의성을 획득하게 하는 기회를 제공해준다(Kohut, 2007, pp. 98-110; 정석환, 1999, pp. 341-342).

마지막 단계로, 변형적 내면화 과정을 통해서 응집적 자기가 형성된다. 이 단계에서 한 개인이 다른 사람의 경험에 공감적으로 반응할 줄 알고, 타인과의 건강한 의존을 할 수 있으며, 자신의 삶의 건조함과 무의미함을 극복하고, 삶에 대한 기쁨과 좌절, 희망, 분노 등을 표출할 수 있으면서도 자신의 삶의 포부를 향해 나아갈 수 있다. 건강한 자기애가 발달한 사람의 특징인 창의성, 공감, 유한성의 수용, 유머, 지혜를 습득하게 되는 단계라 할 수 있다(정석환, 1999, p. 342).

이러한 치료과정에서 가장 중요한 요소는 바로 공감이라 할 수 있다. Kohut은 공감을 "대리적 내성(vicarious introspection)"이라고 정의했는데(홍이화, 2011a, pp. 254-255), 이는 내담자의 감정과 사고, 경험을 그 사람의 내부 세계로부터 이해하고 경험하는 것을 의미한다. Kohut은 대리적 내성을 통해서 환자의 내부 세계를 공감적으로 이해하는 것이 필요하다 하였다. 공감적 이해란, 환자의 심리적인 정보를 수집하는 도구로서 하나의 관찰의 형태이며, 환자가 분명하게 드러내지 못하는 복잡한 내적 심리 상태를 경험하는 치료자의 능력이다.

Kohut은 대리적 내성에 덧붙여서, 이해된 자료들을 이론적 맥락에 맞추는 설명과 해석의 단계를 추가했다. 이해로서의 공감이 경험과 가까운 수준(experience-near level)인 낮은 형태의 공감(lower form of empathy)이라면, 이론적 맥락에 의한 설명과 해석은 경험에서 먼 수준(experience-distant level)인 높은 형태의 공감(higher form of empathy)라고 했다. 예를 들면, 공원에서 비둘기를 쫓아 가다가 엄마와 떨어진 아이가 엄마를 찾아 뒤를 바라보았을 때 놀라고 겁이 나서 엄마가 있는지 확인하고 싶은 마음이 있겠지만, 더불어 엄마의 도움이 없이도 스스로 혼자 걸어 온 성취에 대해서 엄마의 반응을 확인하고 싶은 마음도 있을 것이다. 이때 엄마가 아이에게 사랑스러움과 자랑스러움을 담은 미소를 보여주는 것이 낮은 형태의 공감이라면, 엄마가 아이에게 정말 잘했다고 자랑스럽다고 말해준다면 이것이 바로 높은 형태의 공감인 해석이다(홍이화, 2011a, pp. 256-257). 이처럼 치료자가 제공하는 통찰력 있는 설명과 해석은 환자로 하여금 자기에 대한 객관적인 관점을 가질 수 있게 하며, 공감적 이해가 전제된 설명과 해석은 환자와의 공감적 결속을 더 성숙하게 발전시킨다고 보았다.

Kohut은 『정신분석은 어떻게 치료하나?』에서 공감의 기능을 세 가지로 요약하고 있다. 첫째로 공감은 대리적 내성으로서 다른 사람의 심리 내적 세계를 관찰하는 가치-중립적인 관찰도구이다. 둘째로 공감은 다른 사람의 심리 내적 경험에 대한 현실을 인정하고 받아들일 수 있도록 인식을 확장하고 심화시켜준다. 셋째, 공감은 환자를 이해하는 것뿐만 아니라 설명하고 해석하는 데 있어서 기초적인 토대를 마련해 준다. 이처럼 공감은 치료과정에서 환자의 자기 구조를 응집력 있게 회복하게 하는 중요한 요소이며, Kohut은 이를 "심리적 산소"라고 비유하고 있다(홍이화, 2011a, p. 259).

(5) Hoekema의 인간 이해

개혁주의 신학자 Hoekema는 기독교의 인간 이해를 말하기 앞서 비기독교적 인간론을 두 가지 유형으로 구별한다. 첫째는 인간의 근본이 정신으로 이루어졌다는 관념주의적 인간론이고, 둘째는 인간이 오직 물질적 요소로 이루어져있다는 물질주의적 인간론이다. Hoekema는 이 두 가지 인간론이 인간 존재의 한 면만을 절대화시키고 있다고 비판한다.

인간은 하나님과 피할 수 없는 관계성 속에 놓여 있는 존재라는 것은 성경에 나타난 인간 이해의 가장 중요한 사실이다(Hoekema, 2004, p.12). Hoekema는 두 가지 측면에서 기독교 신학적 인간에 대한 이해를 설명한다.

첫째, 창조된 인격으로서의 인간 이해이다. 이것은 인간이 자율적 혹은 독립적으로 존재하지 않는 하나님의 피조물임을 말한다(Hoekema, 2004, p. 14). 창조되었다는 것은 인간이 완전하게 하나님을 의존하고 있는 존재라는 것이며 창조는 하나님의 자발적 의도로 이루어진 행위인 것이다 (김완신, 1989, p. 6). 즉 인간은 창조주 하나님의 의도로 만들어진, 하나님을 완전히 의존하는 피조물이라는 것이다. 또한 인간은 피조물일 뿐 아니라 동시에 인격체이다. 이 사실은 인간이 로봇처럼 시키는 대로만 움직이는 존재가 아니라 스스로 무엇인가를 사고하고 방향을 선택하여 결정하는 힘을 가졌다는 말이다(Hoekema, 2004, p. 15). 인간은 절대적으로 하나님께 의존할 수 밖에 없는 피조물인 동시에 상대적으로 스스로 결정하는 독립된 인격체이다. 성경은 인간이 하나님에 대한 온전한 의존과 스스로 결정할 수 있는 자유를 함께 지니고 있는 역설적인 신비를 가진 존재임을 이야기한다.

둘째, 하나님의 형상으로 지어진 인간 이해이다. 하나님의 형상대로 지음 받았다는 것은 인간을 구성하고 있는 전체가 하나님을 닮았고 그것이 하나님을 반영하고 있다는 것이다(Hoekema, 2004, p. 119). 그는 구약성경 창세기 1:26-28을 통해 하나님의 형상을 지닌 인간이 하나님과 어떠한 유사점이 있는지 말하고 있다.

"하나님이 이르시되 우리의 형상을 따라 우리의 모양대로 우리가 사람을 만들고 그들로 바다의 물고기와 하늘의 새와 가축과 온 땅과 땅에 기는 모든 것을 다스리게 하자 하시고 하나님이 자기 형상 곧 하나님의 형상대로 사람을 창조하시되 남자와 여자를 창조하시고 하나님이 그들에게 복을 주시며 하나님이 그들에게 이르시되 생육하고 번성하여 땅에 충만하라, 땅을 정복하라, 바다의 물고기와 하늘의 새와 땅에 움직이는 모든 생물을 다스리라 하시니라"

인간이 통치력을 행사하는 점(26절), 남자와 여자로 창조되었다는 점, 즉 하나님께서 성부, 성자, 성령의 교제 가운데 계시는 분인 것처럼 인간은 동반자적 관계가 필요한 사회적인 존재이며 서로 보완한다는 점(27절), 만물을 다스리는 사명을 위탁하셨다는 점에서 다스리는 책임을 지닌 존재라는 점(28절)에서 하나님을 닮았다고 본다(Hoekema, 2004, p. 28). 여기서 하나님의 형상으로 지음 받은 인간은 사람과 하나님과의 관계, 사람과 사람과의 관계, 그리고 사람과 자연과의 관계라는 삼중적 관계성 속에 놓여있음을 볼 수 있다. 인간과 하나님의 관계안에 있다는 것은 우리의 방향이 하나님께로 향해 있다는 것을 의미한다. 즉, 인간은 그의 존재가 전적으로 하나님께 달려 있으며 동시에 하나님에 대해 책임이 있는 피조물이라는 것이다. 이러한 하나님과의 관계성은 인간의 가장 우선적 관계이기에 항상 하나님의 면전에서 사는 것 같이 살아야 한다(Hoekema, 2004, p. 138). 하나님의 형상으로 지어진 인간의 방향은 동료 인간을 향해 있다. 즉, 인간은 사람들 사이의 교제를 필요로 하는 사회적 존재라는 것이다. 인간은 사람을 떠나 참된 인간일 수 없고 다른 사람들과의 만남을 통해서만 자신을 알게 되며, 사람들과의 관계를 통해 성숙해질 수 있으며, 다른 사람들과의 협력을 통해서만이 우리의 잠재성을 충분히 발전시킬 수 있다(Hoekema, 2004, p. 138). 마지막으로 하나님의 형상을 지는 인간은 만물을 지배하고 그것에 책임을 지는 자연과의 관계성을 가진다(Hoekema, 2004, p. 139). 이러한 삼중적 관계 중에서 인간은 어느 하나를 떠나선 존재할 수 없으며 바르게 기능할 수 없다. 사람은 하나님과 피할 수 없는 관계를 맺고 있고 이 관계는 가장 우선시되며 가장 중요한 관계이다. 하지만 다른 두 관계없이는 이 관계가 존재하지 아니하며 다른 두 관계를 떠나선 그 관계가 실현되지 못한다. 우리가 이웃을 사랑하며 하나님의 피조세계를 책임성 있게 돌볼 때 우리는 동시에 하나님을 섬기게 되는 것이다(Hoekema, 2004, p. 143).

Hoekema(2004)는 인간을 이 세 가지 관계 속에서 볼 때, 네 번째 관계인 자신과의 관계를 살펴볼 수 있는 가능성에 대해 말한다. 건강한 자신과의 관계는 삼중적 관계 속에서 인간이 바르게 기능을 할 수 있도록 돕는 전제이며, 이 삼중적 관계들의 기초가 되는 관계이다(p. 179). 건강한 자신과의 관계를 긍정적 자아상이라고 하는데 이는 성경에 나타난 타락 이전의 인간의 순결한 상태, 즉 죄를 짓지 않아 하나님의 형상이 변질되지 않은 본래의 상태를 말한다.

앞에서 기술한 피조된 인격체와 하나님의 형상으로서의 인간이해와 더불어 Hoekema가 중요하게 보는 인간이해의 요소는 인간을 단일체 즉, 전인으로 보아야 한다는 것이다. 여러 신학자들은 인간이 구별된 부분들도 이루어져있다고 주장하면서 인간이 몸, 혼, 영혼으로 이루어졌다는 삼분설이나 육체와 영혼으로 구성되어있다는 이분설을 주장해왔다. 하지만 Hoekema(2004)는 이러한 인간본성에 대한 견해를 거절하고 전인으로서의 인간을 주장한다. 그는 인간의 육체적인 측면과 정신적 혹은 영적 측면을 분리해서 이해 할 것이 아니라 단일체로서 인간을 "육체를 가진 영혼" 또는 "영혼을 갖은 육체"로 이해되어야 하며, 인간은 상이한 부분들이 "부분들"의 복합체로서가 아니라 인간의 전체성에 비추어 이해되어야 한다고 한다(p. 359). 또한 하나님의 형상으로서의 인간은 전인적인 인간을 이야기하므로 인간의 구조성과 기능성을 함께 포함하여야 할 것이라고 말한다(p. 124). 구조적인 측면은 하나님께서 주신 재능, 능력, 그리고 잠재적 역량을 말하며, 기능적 측면은 인간의 행위의 모든 것, 즉 하나님과 다른 사람들과의 관계를 가지는 행위들과 구조적 기능을 사용하는 것들을 말한다. 즉, 전인적 인간이라는 것은 하나님으로부터 주어진 재능과 임무를 모두 가지고 있다는 것이다. 그렇기 때문에 다른 한쪽을 희생시킨다든지 어느 한쪽만을 강조하는 것은 인간을 전인적으로 보지 못하는 것으로 보았다(p. 130).

하나님의 형상대로 피조받은 인격체로서의 인간은 타락을 통해 변질되었다. 하나님은 인간을 선한 존재로 창조하셨으나 타락을 통해 죄가 들어오게 되었다. 성경에 의하면 이것은 창세기의 첫 인간인 아담과 이브의 원죄, 즉 "동산 중앙에 있는 열매를 먹지도 말고 만지지도 말라 그리하면 정녕 죽으리라"는 하나님의 명령에 대한 불순종으로 인하여 들어오게 되었고, 인간은 이 과정 안에서 창조의 본래의 형상에서 변질되는 결과를 가지게 된다. 이들의 첫 범죄는 지성에서는 그 자체를 불신앙과 교만으로 계시하였고, 의지에는 하나님와 같이 되려는 욕망으로, 또한 감정에서는 금지된 실과를 먹음으로써 얻은 불결한 만족으로 계시하였다(Louis Berkhof; 김완신, 1989에서 재인용). 타락 이후 인간에게 하나님의 형상은 모두 없어진 것이 아니라 변질되어 버렸는데, 인간의 재능, 재질, 역량과 같은 구조적 측면의 하나님의 형상은 파괴되지 않고 여전히 존재하지만, 기능적 측면이 변질되어 인간은 이러한 재능들을 하나님의 뜻과는 어긋난 방향으로 사용하게 되었다(Hoekema, 2004, p. 147). 세가지 관계성 안에서 변질된 기능을 살펴볼 수 있다. 첫 번째 관계인 하나님과의 필연적인 관계 안에서, 인간은 하나님을 경배하도록 지음 받은 재능과 역량들을 하나님이 아닌 다른 것들을 경배하고 섬기는 변질된 기능을 하게 되었다. 이것을 우상들이라 할 수 있는데, 이 우상은 나무와 돌로 만든 우상뿐 아니라 자기자신, 인간사회, 국가, 돈, 명예, 쾌락과 같은 형태로 나타난다(p. 149). 두 번째로 인간과의 관계에서의 기능적 변질이 나타나는데 타인의 삶을 풍요롭게 하고 서로 사랑하도록 창조된 인간의 역량이 자신의 이기적인 목적을 위해 사람과 관계하거나 타인에 대해 무관심하고 소외시키는 것으로 변질되었다. 세 번째 관계인 자연과의 관계에도 영향을 미쳤는데, 만물을 다스리고 그에 책임을 지도록 주신 인간의 재능과 역량은 자신의 이익을 위해 자연을 착취하고 고갈시키는 모습으로 깨어짐을 볼 수 있다. 변질된 하나님의 형상으로서의 인간은 하나님의 형상을 나타내는 재능들과 역량들을 가지고 자신만을 위해 그것들을 사용하는 것으로 죄를 짓고 있다(p. 151).

세 가지 관계와 더불어 타락은 삼중적 관계의 기초가 되는 자신과의 관계 즉, 자아상에 변질을 발생시켰다. 창세기 3장의 이야기에서 아담과 하와는 선악과를 먹으면 너희 눈이 밝아져 하나님과 같이 될 것이라는 뱀의 유혹에 넘어가 하나님께서 금하신 선악과를 먹게 된다. 그들은 자신들을 하나님보다 더 위로 올라가기 원하는 자만심이 이었고 이러한 상향적 성향이 인간의 원죄의 원인이라고 보았다. 범죄 후에 아담과 하와는 자신들의 벗은 몸을 보고 부끄러워하고 자신들의 범죄로 하나님을 두려워하였다. 이것으로 인간은 수치심과 두려움을 갖는 하향성의 자아상의 변질이 생겨 나게 되었다. 이처럼, 타락 이후 지금까지 인간의 자아상은 죄된 자만의 형태로 지나치게 높은 상태에 있기도 하고 수치감이나 무가치함의 감정형태로 극도로 낮은 상태에 있기도 하다.

성경은 타락으로 인해 변질되었던 인간의 하나님의 형상이 온전한 모습으로 회복되는 방법은 구속의 과정이라고 말한다. 이 회복은 거듭남이라는 중생 즉, 성령의 역사라고 정의되는 사건으로 말씀의 선포를 통해 성령께서 사람을 그리스도와 살아있는 연합을 이루게 하시며 그의 마음을 변화시켜 전에 영적으로 죽은 그를 다시 살리사 복음을 믿게 하시며 주님을 섬길 수 있도록 하시는 것이다(Hoekema, 2004, p. 152). 이러한 회복은 두 가지 방향의 자아상의 회복으로 나타난다. 첫째로 타락으로 인해 인간이 자아상을 지나치게 높이려던 모습은 죄된 자만심을 버리고 참된 겸손을 배양하게 한다. 이것은 자신에 대한 솔직한 인식을 가져오게 하고, 타인을 나보다 낮게 여기는 마음을 가져오며, 자신의 모든 은사와 재능들이 하나님께로부터 왔으므로 이것을 하나님과 타인을 섬기는 일에 기꺼이 사용하도록 한다. 자만으로 얼룩진 죄된 자아상의 회복은 자아상의 변화뿐 아니라 삼중관계의 회복을 일으킨다. 둘째로 비하된 자아상의 회복이 일어나게 된다. 긍정적 자아상은 구속과정을 통해서 일어나게 되는 건전하고 유익한 결과 중의 하나이며 하나님의 형상이 새롭게 되는 것이다. Hoekema(2004)는 이 회복의 과정이 구속자 되시는 예수 그리스도로 말미암아 구속의 과정을 통하여 성령이 하나님을 닮아가도록 하시는 역사인 동시에 인간의 책임임을 강조한다. 에베소서 5:1의 "사랑을 입은 자녀같이 너희는 하나님을 본받는 자가 되라"는 말씀과 같이 하나님의 형상을 닮아가는 것이 인간의 책임임을 말한다(p. 54).

(6) Kohut과 Hoekema의 대화

1) 인간관

Kohut의 자기심리학과 Hoekema의 신학에서 모두 강조하고 있는 것은 관계의 중심성이다. 하나님의 형상을 지닌 인간이 삼중적 관계 안에 있다는 사실과 자기 심리학이 관계의 중심성을 강조한 것은 서로 유사성을 가지고 있으며 자기심리학과 기독교 신학 사이의 통합적인 인간이해를 하는데 기반이 된다고 볼 수 있다. Hoekema가 말하고 있는 삼중적 관계의 기초가 되는 자신과의 관계에 대해 Kohut은 성경과 Hoekema가 자신과의 관계에 대해 말하고 있지 않은 섬세한 부분, 즉 인간이 건강한 자기를 형성해가는 과정들을 말해주고 있다. 하지만 인간이 하나님, 이웃, 자연과의 삼중적 관계에 있다는 사실을 두고 볼 때, 무엇보다도 인간이 창조주 하나님으로부터 피조 된 인격체라는 성경의 진리에 비추어 볼 때, 인간을 하나님과의 관계를 제외하고는 이해할 수 없다. 하지만 Kohut은 자기와의 관계만을 언급하고 강조하는 한계점을 볼 수 있다. 삼중적 관계의 목적이라는 측면에서 볼 때, Hoekema의 기독교적 인간은 하나님으로부터 부여 받은 재능과 역량과 같은 구조적인 인간의 측면들을 자신이 아닌 하나님, 타인, 자연을 위해 사용하는 것이 목적이다. 그리고 예수 그리스도를 통해 하나님께서 인간에게 보이셨던 희생적인 사랑처럼 인간 역시 자기희생의 사랑을 베풀 수 있는 인간을 성숙한 인간으로 보고 있다. 이와 달리, Kohut은 관계 역시도 자기 대상을 통한 응집적 자기를 추구하기 위해 상호성을 이야기 한다. Kohut의 인간관에서는 자기희생적인 행위를 진정으로 할 수 있도록 우리에게 능력을 부어주시는 실재적인 하나님과의 관계란 꿈꿀 수 없다(Johns & Bretman, 1991, 이관직 역, 2009). Browning(1987)은 현대심리학이 온전한 인간이 되기 위해서 윤리적 이기주의를 선택할 것을 함축하는데, 프로이드 정신분석학은 욕구충족을 위해 초자아의 역할을 약화시키는 쾌락적 윤리적 이기주의에, 인본주의 심리학은 전통적인 가치보다 자기결정을 더 중시하므로써 비쾌락적 윤리적 이기주의에 빠졌다고 비판한다. Browning은 Kohut이 비록 따뜻한 헌신과 공감이 필요하다는 이야기를 하고 있지만 결국은 자기 실현을 위한 것이므로 프로이드나 인본주의심리학과 마찬가지로 윤리적 이기주의에 빠졌다고 한다(Browning,1987, pp.182-185)

Kohut은 그의 심리학의 기초를 성격의 생물학적 요소보다는 관계적인 요소에 둠으로써 고전적 정신분석이 이야기하는 과학적이고 기계적인 모델보다 좀 더 인간 본질과 가치와 주관적인 경험에 관심을 두었다. 얼핏 보면 자기심리학이 생물학적 본능과 충동을 덜 강조하거나 배격함으로써 피조된 인격체로서의 인간의 관계적 본질과 잘 연결되고 자유의지의 개념을 완전히 받아들이는 것처럼 보이지만, 사실 '부드러운' 결정론 또는 '제한된 자유'를 주장한다. Kohut이 말하는 인간은 각자의 개인적 역사안에서 존재하며 과거의 관계들에게서 강력하면서도 중요한 방식으로 영향을 받고 있고, 이 관계는 인간이 예정된 방식으로 행동하도록 '강요한다'는 것이다. 즉, 그는 인간이 자기 대상과의 적절한 관계의 결핍이 일어났을 때 인간은 건강하고 성숙한 인간이 되도록 선택할 수 없다는 부드러운 결정론적인 입장을 취하고 있다. 이와 달리, Hoekema의 신학은 인간이 타락으로 인하여 기능적 측면이 부패되었음에도 불구하고 인간에게는 여전히 선택할 수 있는 자유가 부여되어 있고 더 나아가 하나님의 구속으로 인하여 기능적 측면이 회복되고 올바른 선택을 할 수 있다고 말한다.

Kohut은 자기 대상이라는 개념은 하나님에 대한 이미지가 타락한 세상에서 사는 타락한 인간들과의 경험, 특히 부모와의 경험에 의하여 왜곡될 수 있다는 것을 알려주고, 관계를 맺을 수 있는 능력이 치유 과정과 성숙 과정을 거치면서 하나님의 이미지가 어떻게 변화하는지 유익한 통찰을 제공한다. 하지만 하나님에 대한 경험이 사실상 무의식의 활동이고 인간의 내면에 있는 '하나님 이미지'라고 함으로써 하나님을 실재적 인격으로 보지 않고 심리학화할 위험성이 있다. 한편, 인간이 관계를 내면화한 존재라는 것과 내면화된 자기대상이라는 Kohut의 개념은 부부간의 연합과 그리스도의 몸인 교회 안에서 신앙 공동체와의 가족적인 관계성, 그리고 말씀의 선포를 통해 성령께서 사람을 그리스도와 살아있는 연합을 이루게 하시어 하나님의 자녀가 되는 것을 통해 우리의 존재 속에 하나님이 내주하신다는 기독교 신앙과 부합되는 방향으로 나아갔다고 볼 수 있다(Johns & Bretman, 1991, 이관직 역, 2009).

Kohut과 Hoekema는 인간의 전인성에 대해 강조한다. 하지만, 각각이 말하고 있는 전인성은 전혀 다른 개념임을 볼 수 있다. Hoekema의 전인은 인간의 육체적인 측면과 정신적 혹은 영적 측면이 분리되지 않은 단일체이다. 인간이 육체와 정신뿐아니라 영혼이 함께 있는 단일체라는 것은 Kohut이 말하지 못하고 있는 중요한 사실이다. 인간의 문제를 정신건강의 문제라고만 생각하는 심리학이나 영적인 문제로만 강조하는 신학 모두 올바른 접근이 아닐 것이다. 따라서 영적인 건강과 정신건강을 완전히 구별된 것으로 생각하지 않고 다룸으로서 전인적인 회복을 이루는 것이 필요하다.

2) 인간의 문제: 성격형성과 병리

Kohut의 인간의 병리에 대한 설명은 Hoekema의 죄로 인하며 타락한 인간의 형상을 잘 설명해 준다. Kohut은 자기대상이 지속적으로 공감적인 돌봄을 제공하지 못해서 외상적인 좌절이 일어나면, 변형적 내면화 과정을 통해서 응집적인 자기구조가 형성되지 못한 채 자기 장애(self disorders)가 발생한다고 한다. 과대적 자기대상 욕구가 충족되지 않으면 부정(disavowal)과 억압(repression)의 방어기제를 사용하여 과대자기와 현실자기의 분리가 일어나게 된다. 부정의 방어기제가 사용될 때 과대적 자기가 현실적인 자기로부터 분리되어 차단되지만 의식 속에는 남아 있어서 일관적이지 않고 허황되어 보이거나, 허풍을 떨고, 지나치게 독단적이거나 과대적인 주장을 하는 모습으로 드러나고, 현실적 자기는 무기력감이나 허무감을 느낀다. 억압의 방어기제가 사용되면, 과대적 자기가 억압되어서 겉으로는 낮은 자존감, 막연한 우울감, 의욕상실, 주도성 결여와 같은 모습을 보인다. 이러한 병리적 자기애의 모습은 Hoekema의 인간이 타락으로 인하여 변질된 자아상과 잘 부합된다. 아담과 하와가 범죄하게 된 원인이었던 하나님보다 높아지고 싶은 자만감이라는 상향적 성향의 자아상은 과대적 자기의 모습과 유사하고 범죄 후에 생겨난 수치심과 두려움이라는 하향성의 자아상은 무기력, 허무, 우울한 현실적 자기의 모습과 닮아있다. 또한 자기애의 행동장애가 말하는 중독의 문제는 Hoekema가 이야기하는 타락한 인간이 하나님이 아닌 다른 것을 찾아 섬기는 우상과 잘 부합된다. 이러한 일차적 자기애는 원죄의 이기주의, 즉 자기를 우주의 중심으로 보는 인식 또는 자기 전능감으로 보는 유대기독교적 관점 사이에 유사성이 있다. 죄로 인해 변질된 인간의 자아상, 즉 인간의 죄된 상태를 Kohut의 병리적 자기애 인간이 섬세하게 보여주고 있음은 그의 기여점이라 할 수 있겠다.

하지만 Kohut은 인간의 병리적 자기애를 성경이 이야기하는 것과 같이 죄성으로 보고 있지 않다는 점에서 기독교적 비판이 가능하다. Kohut의 일차적 자기애가 정신적이고 행동적인 문제만을 이야기하는 것과 달리 기독교 상담자는 일차적 자기애성의 특징이 죄 된 인간의 변질된 하나님의 형상으로서의 기능임을 알고 정신적 측면뿐 아니라 영적인 측면으로 회개로 인한 구속의 중요성을 인식하는 것이 필요하다.

3) 상담의 목표와 방향: 치료

Hoekema는 인간의 죄로부터의 회복을 성령의 개입으로 인한 구속의 과정이라고 말한다. 반면, Kohut은 자기애의 치료의 중심은 공감이라고 한다. 자기의 결핍으로 인한 자기애적인 상처가 치료적인 관계에서 드러날 수 있도록 충분히 안전하고 공감적인 이해와 수용이 이루어져야 하며, 이것이 이루어지면 내담자는 과도한 자기대상 욕구를 상담자에게 표출하게 되는데 이에 상담자가 공감적이나 어쩔 수 없는 좌절을 허락하게 됨으로써 내담자는 자기 구조를 구축하게 된다. 이는 기독교 신앙 안에서 인간이 경험하는 실재적인 하나님의 역사와 유사하다고 볼 수 있다. 하지만, 상담자의 역할을 예수와 성령과 일치시키는 것은 유의해야 한다. 또한 정신적인 측면인 나와의 건강한 관계의 회복뿐 아니라 영적 측면인 하나님과의 관계의 회복은 중요하다. 인간의 회복은 성령의 인도하심으로 인한 예수그리스도의 구속으로 말미암는다. 인간은 성령의 역사로 인해 죄 된 자신의 모습을 발견하고 회개하며 그리스도의 구속하심으로 그 죄가 구속됨을 믿음으로 하나님과의 무너졌던 관계가 다시 회복되고 하나님의 자녀로써 삶을 살아 나아가는 것이 필요하다.

Kohut이 내담자가 정말 좋은 관계를 맺기만 한다면 모든 것이 잘될 것이라고 가정하는 것, 즉 일단 내면화된 나쁜 대상들만 교정해주면 내담자는 자아의 지시에 따라 자율적으로 기능할 수 있다는 것은 인본주의적인 것임을 비판 할 수 있다.

지금까지 Kohut의 자기심리학과 Hoekema의 성경적 인간이해를 비교하면서 심리학과 신학간의 대화를 시도해 보았다. 자기심리학은 인간관계에 있어서 따뜻한 사랑과 관심과 수용이 건강한 인간관계를 만든다는 면에서 기독교 정신과 많이 닿아 있는 듯하다. 하지만 자기희생적인 면이나 자기책임적인 면을 언급하고 있고 있지 않은 면에서 한계점을 보이고 있다. Hoekema의 사상 역시 인간의 전인성을 말하면서 영적인 부분에 대해서는 언급하고 있지만, 심리적인 병리를 회복하는 과정에 있어서 성령의 역사만을 강조하고 있는 듯이 보인다. 이런 면에서 심리학과 기독교 신학의 대화가 아직도 미진하며, 앞으로 더 많은 논의가 이루어져서 기독상담가들이 올바른 기독교 신앙을 바탕으로 심리적인 부분을 효과적으로 잘 다룰 수 있는 길이 열리기를 바란다.

3. 상담 사례: 전이의 관점에서[2]

"자살한 어머니의 기쁨이 되고 싶었지만, 하나님의 친한 딸이 되지 못했어요"

본 상담은 필자의 상담 사례이며, 8개월의 간격을 두고 두 차례에 걸쳐 진행되었다.

(1) 1차 상담

1) 상담 일시: 20**. 11. 8 첫 회 이후 15회 진행

2) 내방 경위 및 이전 상담 경험 :

- 20**년 여름방학 중 교회 분의 소개로 연결/ 세 달 정도 기다리셨다가 상담 시작

- 이전 상담 경험은 없으며, 큰 아이가 나쁜 친구들과 어울리면서 몹시 힘들다는 말만 전해 들음

3) 상담 문제 및 목표

합의한 상담 문제

---

2) 본 사례는 필자가 상담한 사례이며, 내담자의 허락 하에 상담 추후 면접 내용을 포함하여 종결시 내담자에게 전달한 종결보고서 전문을 실었다.

– 아침에 잘 일어나기

– 하나님과 깊은 관계 맺기

– 가족과 함께 무엇인가 좋은 경험하기

 상담자의 임상적 상담 문제

– 우울 현상을 우선 약물로 다룬다

– 자신을 스스로 괴롭히며 비난하고 있던 생각이 무엇인지 알도록 한다

– 가족 내 중요 발달사와 가족 관계 탐색을 통하여 '늘 자신을 비난의 자리로 몰아넣을 수밖에 없었던 이유'를 알아간다

– 발달사와 가족력을 통해 하나님과의 깊은 관계 경험이 어려웠던 이유를 밝히고 성경에 계시된 하나님 그분과의 친밀한 관계를 회복하도록 한다

4) 상담 과정[3]

≫ 1회(20**. 11. 8) 〈많이 울면서〉 행복하게 살고 싶다. 많이 외롭다. 한 순간도 행복한 순간이 없었던 것 같다. 무뚝뚝하지만 남편은 옆에 있는 것만으로 좋다. 중2 아들이 담배, 도벽, 게임 등의 문제가 있었다. 초3 딸아이만 아니면 죽고 싶다. 매일 아침 하나님께 '제발..'하면서 겨우 일어난다. 그러나 하루를 살기가 버겁다. 최근 3주전 폭발, 너무 힘겹게 진료 마치고 왔는데 가족들이 각각 자기일 하는 것 보면서... 아들은 다 나 때문이지 했고 남편은 내가 교회 나가면 나을까 하는 태도. (목표 합의, 우울이란 스스로에 대한 공격과 강박적인 죄책감이 합쳐진 것인데) 뭔가 기대가 생긴다.

≫ 2회(11. 15) 정신과 의사 친구에게 물어서 약을 먹기 시작했다. 사분의 일 티부터. 그러면서 정말 약을 먹을 정도까지 왔구나 싶고 우울이란 감정에 압도되며 하나님 말씀도 잘 와 닿지 않는다 (약 용량은 주의 깊게 조절하시면 좋겠다. 우울을 드러

---

3) 반 괄호 안은 상담자 개입, 반괄 호 밖은 내담자 반응, 꺾쇠괄호 안은 내담자의 비언어적 행동을 나타낸다.

내는 사람을 우리는 IP: Identified Patient-라고 한다. 가계도 간단히 탐색. 어머니가 선생님의 모든 것이었다) 엄마가 내 모든 것 맞다. 막내인 나까지 셋을 엄마는 제왕절개로 나으셨다. 아버지는 내가 남자가 아니라 무시하셨지만 어머니는 혼자서 날 너무 많이 사랑하셨다. (그런데 그런 엄마가 웃는 모습 보는 것, 그 분을 행복하게 해 드리는 게 너무 어렵지 않았나? 그러나 성경에 맹인으로 태어난 사람 앞에서 누구의 죄냐고 묻는 사람들에게 예수님께서는 '그런 식의 인과 관계는 존재하지 않는다. 오직 하나님의 영광을 나타내기 위해서다'고 말씀하셨다) 〈눈물 많이〉 나는 지금 목표를 '본다'. 나아질 수 있을 거란 희망이 생긴다.

≫ 3회(11. 22) 약물을 반티로 올렸다. 덜 졸리고 기분도 나아졌다. 특히 지난 주 언니와 고모가 와서 시간을 보냈다. 참 오랜만에 편안한 시간이었다. 〈생기 넘치는 얼굴〉 심리검사 결과가 지금은 별로 좋지 않은데 이것을 함께 볼지 어떨지..) 기분이 더 가라앉을 것 같아서 안 듣고 싶다. 〈가계도 얘기 더 함〉 아버지는 물리학자. 무섭고 성공, 체면 중심인 분이었다. 인간 극장에 엄마 돌아가시고 나오기도 하셨다. 고모 둘이 같이 있었는데 내가 대학교 갈 때까지 공부 못하는 큰 언니는 하대하고 난 대접 받으며 자랐다. (약간은 도구적이란 느낌도 들었겠다) 그렇다. 성공, 명예, 체면이 중요한데 나는 공부를 잘하였으니까 (집안의 영웅, 트로피, 영광으로 살기가 힘들었을 것 같다) 오늘 한 이야기가 날 더 다운시킬까 염려된다.

≫ 4회(11. 29) (요즘은?) 무드도 올라왔고 약 용량도 잘 맞는다. 그러나 여전히 월, 목요일은 일이 없어서인지 일어나기가 힘들다. (지난 주 첫사랑 이야기가 나왔다. 무슨 얘기를 해볼까?) 믿음 얘기. 하나님을 '찾았다, 난 딸이 되었다, 그럼으로 인생의 의미, 목표가 생겼다' 그래서 그 이후 재수해서 법대를 갔다. (초등학교부터 대학까지

는?) 점수 잘 맞고 성공하는 것 외에는 관심이 없었다. 엄마가 돌아가신 후 공부로 아버지 대 이을 사람은 너 밖에 없다고 해서 물리학과 진학. 그런데 점수도 떨어지고 패배의식에 찌들어 재미가 없었다. 이후 선교, 봉사가 소명이라 생각했는데 계속 돈 벌고 성공하는 데만 관심이 있는 이중적인 내 모습을 본다. 그래서 하나님 앞에서도 당당하지 못하다.

≫ 5회(12. 6) 지난 주 금요일 밤 작은 애가 내게 자와 지우개 가져오라고 명령했다. 큰 아이는 공부 안하고 게임만 하고.. 작은 애 혼내고 '나가, 잘 거야' 했더니 '맞먹겠다는 거야?'며 게임기를 내동댕이쳐서 서운하고 화가 나서 폭발했다. 큰 애가 얼굴이 달라져. 나에겐 엄마도 없는데, 아이들이 감히 엄마인 나에게 이럴 수 있나? (우울에서 벗어나는 과정에서 분노발작이 흔히 나타난다) 그 말을 들으니 안심이 된다 (큰 아이는 어떻게 자랐나?) 나서 7개월부터 입주 아줌마 손에. 변리사 시험 보느냐 밤늦게까지 공부해야했다. 7개월부터 세 살까지는 작은 할머니가 옆에서 돌봐주셨고 3살부터는 병원 다니며 영어유치원을 보냈다. 5살 즈음 작은 아이가 태어나서 다시 3년간 입주 아줌마 손에 자랐다. 자주 보모가 바뀌었고 남편은 계속 새벽 3시 지나 술 마시고 들어오는 날이 많았다. (아이구, 바깥일에 애들 혼자 키우시기까지... 고생이 정말 많으셨다. 엄마가 아이에게 정서적으로 채워주지 못한 부분을 채워주면 좋게 변할 것 같다) 마음이 가벼워진다. 좋아진다니 좋고, 내가 지금까지 시간을 참 속절없이 보냈구나 했는데 지금은 '내가 참 애썼구나'란 생각이 든다.

≫ 6회(12. 13) 지난 주 힘들 일도 없었고 기분도 좋았다 (밝고 여유 있어 보인다) 〈한참 생각하다가〉 하나님을 체험으로 만나지 않고 진리로 만나라는 설교가 인상적이었다 (무슨 말인지?) 체험으로 만난다는 것은 아이가 기적적으로 변하고 남편도 믿

고.. 그래야 하나님을 믿는 것이고 진리로 만난다는 것은 하나님은 창조자, 구속자로 믿는 것이다 (바로 그것이 핵심이다. 하나님 그러면 떠오르는 생각은?) 위대, 심판, 먼, 서러운.. 아버지 생각이 난다. 아버지는 늘 멀고 언제부터인가 의무적인... 그런데 하나님을 더 깊이 가까이 만나고 싶다. 지난 번 '목표를 봤다'면 오늘은 좀 더 구체적으로 본 느낌이다.

≫ 7회(12. 20) 요즘 내가 너무 날 돌보지 않는다. 먹는 게 없어서 기운이 없나보다. (아침, 점심 먹는 것을 물어봄) 아침은 하나도 안 먹고, 점심은 월요일, 목요일 안 먹고 겨우 저녁만.. (이런 얘기하면서 기분은?) 이젠 내가 중요하니까 나를 챙기고 싶다 (너무 좋다. 아침은 뭘로?) 달콤하고 고소한 시리얼. 월요일과 목요일에 살 것이다. 점심 이후 월요일, 목요일은 윤형이(이하 가명)가 친구를 데려와 먹을 것을 많이 해줬다. 경진이(이하 가명)는 '나만의 특별한 것'을 엄마로부터 받고 싶어 한다. 푸딩이나 가방같이 (아이들이 엄마를 그리워하던 마음을 '밥으로, 물건'으로 이제 채워가고 있는 것 같다). 아, 내가 일방적으로 희생만 하는 게 아니라는 생각이 드니 반갑다. 그동안 내가 아이들이 원하는 것을 다 해주는 것이 사랑이라고 인식했던 것 같다. 그러나 애들이 좀 더 성실하고 게으르지 않았으면 좋겠는데... (문제는 고통과 좌절 경험이 아이들에게 구체적으로 없는 것이다. 훈육은 고통과 좌절을 동반하는데, 사랑을 채우되 이 과정을 아이들에게 잘 설명하면서 훈육의 틀을 잡아보면 좋겠다) 오늘 아이들과 말하는 지혜를 얻었다. 또 내가 쓸데없이 고생한 게 아니라는 느낌도 들어 반가웠다.

≫ 8회(12. 27) 〈눈에 띄게 밝아진 모습〉 아이들은 여전하다. 윤형이는 크리스마스 때 피씨방에 친구들과 가면서 교회에 간다고 거짓말했다. 하지만 하나님께서 그 아이

를 지키실 것이라는 믿음이 생겼다. 지금은 한 점일 뿐, 과정일 뿐. 하나님은 늘 나를 지켜보고 계시고 알고 계시니까 (전과는 하나님을 많이 달라지게 느끼신다. 먼 하나님이 아니고, 그래서 더 감사하고 기쁘고, 참 어떻게 지난 주 자신이 소중하다는 생각이 들었는지?) 내가 엄마, 변리사, 딸로 꽤 열심히 살았구나 하는 생각이 드니까. 또 하나님도 나를 그렇게 생각하신다고 느껴지니까. (MMPI-II 해석, 2-7-0 코드, 4-3이 조금 상승, 어머니의 자살과 그 대응과정에서 과도한 책임감, 감정의 억압이 있었던 것 같다). 다 맞는 말이다. 실타래 얽힌 것이 잘 풀릴 일만 남았다.

≫ 9회(1. 5) 〈좀 어두워진 모습〉 내가 에너지가 생기면서 전에는 큰 애에게 다 맞추고 쩔쩔 매었는데 지난주는 거짓말하지 말라고 다 안다고 나도 약간의 거짓말을 하면서 막 소리를 질렀다. 애는 잘못했다고 메모를 남기고 (문장완성검사에 거짓말이 네 번이나 등장한다) 1) 선교단체하면서 회개를 했지만, 자위에 대한 죄책감이 컸었다. 초등학교 1년 때부터 시작했다. 2) 중학교 때 도시락 반찬은 별로였으나 늘 1등, 반장을 했고 잘사는 집을 내세우며 집도 너무 좋다고 거짓말했다 3) 엄마 자살하신 이야기를 도저히 그대로 할 수 없었다. 그래서 병으로 돌아가셨다고 거짓말을 했다. (그거야 자신을 보호하고자 했던 생존의 방식이었다고 생각한다. 너무나 외롭고 엄마 없는 삶이 적응하기 힘드셨겠다) 그런 나를 보는 것이 두려웠다. 정말 내 마음의 중심을 안보고 살았다. 내가 약하다, 고약하다는 생각.. (그 중심을 그럼 하나님이 채우시나?) 정말 강해보이고 싶었다. 〈기도〉 약한 나를 봐도 내가 '텅 비어 있지' 않아 감사하다. 의인이 아무도 없는데 아들을 판단한 것을 회개한다.

≫ 10회(1. 12) 지난 주말 금요일과 토요일, 대학 친구들과 부산에 여행 다녀왔다. 지난 11월 바닥을 칠 때 만났을 때는 한마디도 안했는데 모두가 내 걱정을 했나보다. 이번에는 정말 말을 많이 했고 즐거웠다 (신나셨겠다. 뭐가 가장 좋았는지?) 친구들

이 너무 고마웠다. 서로에게 집중하며 격려해주는 분위기가 좋았다. 예를 들면, 모닝콜 장난에 넘어가는 내 모습이 순진하고 재미있다고.. (잘 되었다. MCMI 와 문장완성검사 해석: 미래를 희망적으로 보지만 늘 잘 견디고 참아야한다는 생각. 남자에 관한 내용이 어두움. 남편과는 어떤가?) 남편은 편안하다 (편안하다는 것은?) 경계를 잘 지켜준다. 이전 좋아했던 연하 남자는 재밌고 즐거웠지만 욱하고 성질냈다. 지금 남편과 결혼하기 잘했다는 생각이다. (그러나 검사에는 외롭고 공허한 마음이 드러난다. 의존적이고 깊은 관계를 매우 원하며 자기 스스로를 괴롭히고) 다 맞는 말이다. 내가 늘 다른 이들 의견 구하며 살았고, 내 결정과 생각을 믿지 못했다. (그럼 하나님과는?) 〈기도: 제가 혼자 올라가지 말고 하나님과 함께 딱 붙어 올라갈 수 있기를〉

≫ 11회(1. 20) 지난 주 이후 남편과 참 멀구나 하는 느낌이 크게 들었다. 남편은 중학교부터 서울에 올라와 다니면서 객지 생활을 했다. 힘들다고 말도 못하면서 공부만 했을 것이다. 고시준비하고 패스하고.. 그래서 늘 자기 경계가 분명하다. 남의 경계도 잘 지켜주고. 그러나 1주일에 3-4번은 늘 술 마시고 늦었다. (지난 주 내가 우울하니 남편이 술을 덜 마시면서 아이들 문제를 함께 걱정하게 되더라는 말은 참 통찰력 있다) 그 전에는 거의 일주일 내내 새벽에 들어온 적도 많다. 주말에는 잠만 잤고. 아이가 말썽 피고 내가 아프니까 이제는 그러지 않고 관심을 가져준다.

≫ 12회(1. 31) 지난 주 필립 얀시의 '기도'라는 책을 보며 좋았다 (무엇이?) 고난은 피하는 것보다 뚫고 가는 것이 편하다는 부분. 그러고 보니 나는 늘 피해 다니며 살았다. 전공을 바꾼 것, 변리사를 택한 것, 남편을 택한 것 모두.. 주일 말씀에 교만이 가장 큰 죄라고 했는데 정말 많이 울었다. (무엇을 그리도 피하고 싶으셨나?) 선택에 대해 끝까지 책임지는 것, 두각을 나타내지 못하는 것 (비실거리지 않고 잘 하고 싶은

것?) 맞다. (사실 표면적으로는 어린 아이로 겪은 고난 가운데 '아버지 기대를 맞추는 딸이 되기'가 있었겠지만 깊은 곳에는 '어머니의 자살'이 있었을 것 같은데) 19**년 *월 **일, 여름방학 때 우리 셋만 있을 때 어머니가 2층에서 음독자살을 하셨다. 어두워지는 저녁 무렵이었다. 치마가 올라가 있었고. 믿기지 않았고 너무 무서웠다. 그러나 '다 잘 될 거야, 울지 마' 그런 얘기에 그냥 아무치도 않은 양 시간이 지나갔다. (그 고난의 한 중심에 하나님을 지금 모셔본다면?) 〈눈물을 많이 흘리며〉 하나님께서 집을 양 손을 펴고 감싸고 계시는 모습이 떠오른다.

2월 초 2주간 상담자 미국 방문으로 쉼

≫ 13회(2. 21) 지난 상담 이후 마음이 너무 가벼워졌다. 약도 사분의 일 티로 줄였는데 괜찮다. 큰 아이와 드라마 얘기도 한다. 안구정화 드라마 '마이 프린세스'를 본다. 송승헌에 대해서도 인터넷으로 뒤져 찾아보고.. 아이도 못 본 드라마 얘기 해주며 즐거워한다(좋은 변화가 많으시다. 아이와의 관계에서도 큰 방향은 잡힌 것 같고) 그렇다. 요즘 거의 꿈을 매일 꾸면, 1) 나쁜 친구들이 등장하면서 윤형이가 거기 있나 없나 확인하는 꿈 2) 맡은 일을 못해서 혼줄 나고 있는 꿈을 반복해서 꾼다. (깊은 불안을 만나고 나면 전의식 수준에 알 것 같은 불안이 꿈에 나타날 수 있다) 그런 것 같다. 이 두 가지가 요즘 현실에서 내 가장 큰 걱정거리니까. (종결을 두 달 뒤 즈음에 할 생각도 있는데) 그 말을 들으니 반가운 마음도 함께 든다.

≫ 14회(2. 28) 내가 '마이 프린세스'를 너무 좋아한다. 7회까지 윤형이가 다운 받아줬고, 아이들 학원 갔을 때 몰래 보는데.. 기도도 안하면서 본다는 것이 부담스럽고 창피하다. 절제해야 하는데 큰 일이다 (어릴 때 혹시 하고 싶은 것 실컷 해보셨는

지?) 아니다. 아버지, 고모 눈치 보느라 하지 못했다. 돈 많이 들게 하지 않으려고, 상처 안 받으려고 뭐 여러 가지 이유가 있었던 것 같다. 그래서 못해본 것이 많다.(절제는 한번 진탕 다 해본 후 할 수 있지 않을까?) 아, 그렇겠다. 애들한테 늘 '절제'하라고만 했는데 애들 마음이 정말 이해가 된다. 마이 프린세스 드라마는 참기름같은 좋은 역할이란 생각이 든다. (상담 목표 세 가지 확인을 해보자) 70% 정도 달성된 것 같다. 아침에 그래도 잘 일어나기는 하지만 '아, 새날이다'는 기쁨으로 일어나지는 못하고, 하나님과는 전엔 절박함으로 깊이 관계하는 것 같았는데, 요즘 문제가 가벼워지니까 깊이 못하는 느낌, 가족과는 포개지기 놀이까지 하면서 좋은 시간을 갖고 있다.

≫ 15회(3. 10) 지난 열흘 마이 프린세스에 빠져 너무 우울해서 다시 약을 먹어야하나 생각했다. (어떤 일이 있으셨나?) 드라마에 빠져있는 내가 창피하고 그런 모습 보이기 싫고. 지난 번엔 참기름이라 생각했는데.. (빠져서 하셨던 것은 무엇인지?) 송승헌은 너무 멋져라는 생각이다. 그 생각하면서 내가 그런 이에게 관심 받고 사랑받고 싶다는 마음이 들고, 김태희는 응석 부리는 게 너무 귀엽게 느껴진다 (빠지는 것에서 나를 알고, 나오려면 그 대안이 있어야 하는데) 아, 내가 남편과 각방 쓴지가 오래되었다. 윤형이 한 살 때, 윤형이 젖을 따로 먹이면서부터이다. 그래서 내가 그런 관계가 결핍되었을 것 같다. (하나님은 왕, 우리는 이미 공주인데 하나님과의 관계에서 '빠져든다'는 죄책감, 질책 대신 공주라는 모습 그대로 하나님께 나가보면 어떨까?)

* 2차 상담: 합의 하에 1차 상담 종결하였지만 내담자 요구로 합의를 거쳐 2차 상담 실시

≫ 16회(3. 21) 어제, 그제 남편이 직장 가기 싫다고 하고 짜증냈다. 그러면서 '교회

가면 마음이 편해져'라고 물었다 (남편이 자신의 한계를 느끼는 듯하다 – 남편 가계도 분석: 안주고 안 받는 정 없는 가족, 제각각인 가족, 착하고 선하나 남의 말 안 듣는 고집 센 가족, 남편은 부모님 모두와 융합되어 영웅 역할 하느라 너무 바쁘고 자신을 만나기 어려웠을 것) 듣고 나니 남편이 불쌍하다〈눈물〉

≫ 17회(3. 28) 남편이 '부하 직원 공문을 내가 다 고친거야'하면서 내게 보여주었다. 내가 '왜 그 직원이 말이 안 통해?' 라고 물으니 벙찐 표정을 지었다. 남편이 상관에게 올라가는 모든 서류를 혼자 고치고 있다. 윤형이도 상암 축구장 가겠다고 전날 밤 12시에 말을 했다. '위험하고 갑자기 말해서, 피곤해서 안 된다'고 말하니 '공부 안 하고 양아치 되겠다'라고 내게 으름장을 놓았다. 기도하면서 '하나님, 윤형이 너무 못 됐지요?'라고 일렀다(훈육도 하셨고 아이가 약하다고 생각하는 부분으로 흔드는 것도 잘 넘기셨다. 남편은 이제야 엄마에게 못했던 짓, 종알종알 하는 것을 아내와 시작한 듯하다, 엄마가 돼서 어떤 말을 해주고 싶나?) 생각해보니 난 엄마 말을 믿지 못했다. 늘 엄마 말에는 과장이 있었다. 잘한다는 칭찬도 그래서 엄마 것은 받아들여지지 않았다. (엄마 역시 체면이 중요했던 분이고 그럴 만한 사연이 있었을 것이다) 오늘 정말 큰 걸 낚은 기분이다. 그동안 내가 사람들에게 '진실 된 반응'을 왜 하지 못했는지 알았다.

≫ 18회(4. 4) (지난 시간 큰 걸 낚았다는 말은?) 지난 시간 '물어보면 된다'는 말에 지혜와 지식, 방법까지 더해 큰 걸 낚았다는 기분. 지난 주 결혼기념일이었는데 남편이 기억을 못해 8시30분까지 백화점에서 혼자 놀다 들어갔다. 하지만 폭발 안하고 잘 참았다. (그러셨다. 그런데 마음은 어떠셨나?) 서글프고 화도 나고 (그걸 표현해보는게 진실된 걸텐데요)

≫ 19회(4. 11) 윤형이가 독서실을 다니는데 뭘 하는지 모르겠고 밤 12시 40분 들어와 늦게 자고 깨우면 안 일어나고, 학교 가라니까 배 아프다고 늦고 한다. 담배가 주머니에서 나와 '험한 말 나오기 전에 가라'고 소리도 질렀다 〈눈물〉 하나님이 해결, 회복하시겠지 생각하니 70-80%는 편안해졌다 (우리는 이미-아직의 천국을 산다. 천국을 사는 데에도 변하는 과정이 필요하고, 부모로서의 수퍼비전도 필요한데… 진실을 담아 어떤 말을 윤형이에게 하고 싶으셨나?) 요즘 열심히 뭐든 하는 건 좋다. 또 네가 어떤 상태인지, 무얼 원하는지 듣고 싶다고 했다. 사실 피하려했다. 하나님께만 맡기고. 그동안 내가 그리 품격 있는 대화를 윤형이와 해본 것이 없다 〈기도: 제 십자가를 피하지 말고 지게 가게 해 주세요〉

≫ 20회 (4. 18) 지난 주 윤형이와 내용적으로는 의미 있고, 형식적으로는 품격 있는 대화를 처음으로 나누었다. 콘돔, 담배에 대해 묻고 묻기 전 칭찬하고 믿고 있다고 말하고 나니 기분이 좋았다 옷을 사 달라 해서 '좌절' 견디는 힘을 길러주기 위해 10만원 안에서만 사라고 했다. 내 내면이 찼다는 느낌이 든다 남편이 새벽부터 일만 많이 해서 난 대화를 원한다고 표현했다 (〈박수를 치며〉 너무 잘하셨다. 어떻게 그런 힘이 나올 수 있었나?) 하나님과 깊은 관계를 맺게 되고 나를 찾고 자리를 잡은 것 같다. 그리고 그런 나를 표현하는 것 같다 (정리를 참 잘하셨다) 지금까지 막 내 얘기를 쏟아내었다면 오늘은 배운 대로 잘 프리젠테이션한 느낌이다.

≫ 21회(4. 25) 지난 주 힘겹게 버텼다. 윤형이는 **도서관에 여자 친구 만나러 기어이 갔다. 솔직하게 얘기해줘 믿는구나 싶어 지나갔다. 남편이 월요일과 금요일, 새벽 5시에 술 마시고.. 전에 쌀쌀맞게 했지만 어느 순간 남편에게 1단계는 '누나, 엄마처럼 돌봐주는 것'이란 생각에 챙겨주니 어제는 재활용쓰레기를 같이 버렸다. (지난

주 버틴 수준이 아니라 굉장히 발전한 수준이신데요. 어떻게 엄마, 누나를 할 생각을 하셨나?) 너무 우울하고 외로워 보이고, 일에 몰두해있지만 무력한 모습이었다. '기도'라는 책을 읽으며 '하나님 마음으로 둘을 보기로'했다. 모두가 하나님의 위탁자라는 생각이 들었다. 오늘 아침 아픈 교우를 병원에 데려다 주며 '아, 이런 것이 사명이구나' 싶어 기분이 좋았다.

≫ 22회(5. 2) 변리사 사무실에 고객 불평이 계속 들어오고 항의가 있었다. 내가 진실하게 얘기하지 않은 잘못이 있다 그 사람이 아이처럼 너무 안 되어 보였다 (진심은 중요한 것 같다. 방어를 낮추시게 되셨다. 그러나 선생님 상하신 마음은 누가 알아주나? 나름 변리사로서 성실히, 최선을 다하셨는데...) 선생님이 알아주니 괜찮다. 윤형이에게도 진심으로 대해야겠다.

≫ 23회(5. 9) 지난 주 윤형이랑 너무 힘들었다. 친구 엄마가 중3여학생 가운데 돈 받고 성관계하는 애가 있다고 전해주었다 독서실 간다고 하고 놀러 가고, 밤에 야동 보는 것 같다 전자 담배 팔아 담배 사 피우고 수학 37점, 영어 46점 받고 1시 40분 새벽에 들어와 '난 돈만 쓰고 가치도 없는 놈이죠'하면서 울고. 그러면서 '우울한 엄마, 아빠와 사는 게 넘 힘들다'고 했다 (숨 쉴 틈 없이 힘든 일이 많으셔서 힘드셨겠다. 그러나 오늘은 윤형이 마음이 더 크게 느껴진다. 잘난 부모와 못난 나, 한편 무력한 부모와 그 부모에게 잘해 드려야하는 나, 이 둘 사이에서 참 어려웠을 것 같다. 공부는 조금 내려놓고 잘 하는 것 찾아 칭찬해주면 어떨까?) 〈기도: 저는 하나님의 무조건적 은혜, 수용을 경험했는데, 윤형이에게는 그걸 잘 못합니다〉

 나 선생님 사정으로 상담을 금요일로 옮김

≫ 24회(5. 20. 금) 윤형이는 계속 거짓말을 한다. 내가 습관적으로 주머니를 뒤지는데 지갑에서 만 오천 원이 나왔다. 담배 살까봐 매일 2000원씩만 줘서 돈 없는데 말이다. 그래도 내가 완전히 가라앉지 않는 건, 지난 주 성경을 보며 '내 속사람을 강건케 하옵시고' 하는 말씀이 힘이 되었다. (정말 궁금했었다. 무엇이 가장 힘들고, 무엇이 그간 달라진 것인지?) 그동안 아이 문제를 나 혼자 담당해야한다는 외로움이 정말 컸었는데 이젠 하나님께서 함께 하시는 걸 알아서 금방 올라온다. (이제 힘이 생기셨으니까 우울감 말고 불안에 대해 얘기해보자. 무엇이 가장 불안하셨나?) 윤형이가 중1때 돈 만원씩 훔쳐 친구들 뭐 사준 것 알았을 때 윤형에게 친구 데려오지 말라 했는데 여전히 데려와서 집을 난장판 만들었을 때였다. (윤형이는 늘 친구가 그립고 필요했다. 내 큰 아들도 외롭게 자라더니 초등학교 4학년때 친구들 게임 시켜주며 몰고 다니더라)〈눈물〉내가 그렇게 윤형이를 몰랐다. 이젠 정말 윤형이를 잘 받아주어야겠다. 속은 아프지만 시원하다.〈기도: 하나님은 저를 40년 이상 참으셨는데, 저는 윤형이를 2–3년도 못참았네요〉

≫ 25회(5. 27) 지금까지 상담 오면서 오늘이 가장 편했다. (무엇이요?) 남편은 지난 주도 3–4시까지 술 마시고 온 날 있고, 윤형이도 많이 변한 건 아니지만 이제는 내가 문제를 맞서고 해결할 수 있을 것이란 느낌이 든다 (이전에는요?) 내가 흐느적거리고 허물어지는 느낌이었다. (어떻게 달라지신 것 같으신가?) 남편이 월요일 새벽 5시에 술 마시고 들어왔지만 화요일에 남편에게 전화해서 '괜찮아?' 안부 물으며 '그동안 내가 잔소리해서 미안하다'고 했다. 내가 안 좋을 때는 술 안마시고 일찍 들어와 고마웠는데 내가 괜찮아지니 다시 시작 한다 (이제 나 선생님은 사태를 객관적으로 보는 능력이 생기셨다. 정말 많이 달라지셨다)

≫ 26회(6. 3) 오늘 얘기는 용기가 필요하다. 남편에게 화요일에 '성관계'하고 싶다 했는데 술 마시고 정말 늦게 들어왔다. 그래서 수요일, 목요일 계속 얘기를 안했다. (저는 그런데 참 기쁘다. 성관계를 하고 싶다는 욕구가 들었다는 것은 우울증에서 상당히 회복되었다는 증거이고, 남편과 친밀하게 지내고 싶다는 표현을 적극적으로 하셨으니까) 〈눈물〉 맞다. 그동안 너무나 외로웠다. 남편은 일에 90%, 본가에 5%, 우리 가족에게 5%를 쏟는 것 같다 (남편에게 일이 관계의 보상이었던 것 같다. 남편은 부모의 인정을 공부나 일로 받아왔으니까 말이다) 그런 것 같다. 어머니에게나 나에게 매일 아침마다 전화를 한다 (그것이 남편에게는 사랑의 표현일 수도 있다, 나 선생님은 이에 대해 어떻게 표현하면 좋을까?) 내 맘이 궁금하지도 않았냐고 묻고 싶다. (그럼 비난받는다는 느낌이 들 것 같다. 대신 내 마음에 대해 얘기한다면 어떨까?) 그동안 내가 많이 외로웠다고, 나는 당신과 시간을 보내고 대화를 하고 싶다고 말하고 싶다.

≫ 27회(6. 15) 남편이 취중이라 성관계하고 싶다는 말도 기억 못했다. 금요일 밤 얘기를 했더니 아무 말 않고 토요일 아침에 뒤에서 안아줬다. 나도 돌아서서 껴안았다. (그래서요?) 토요일 밤에 성관계를 했다. (누가 먼저?) 보통은 남편이 먼저 하자고 한다. 그동안 내가 먼저 하자고 한 적 거의 없었던 것 같다. 남편이 서운했을 것 같다. (어떠셨나?) '아 우리가 정말 부부구나' 처음으로 나도 성관계를 참 많이 즐겼고 좋았다. (좋았다고 표현은 하셨나?) 말로 하지는 않았던 것 같다. 남편 역시 그동안 좋은 것도, 안 좋은 것도 거의 표현 안하고 산 것 같고, 그걸 쌓았다가 술로 푸는 것 같다. 얼마나 답답하겠는가? (좋은 발견이시다. 남편의 좋은 점부터 자주 말해주시고, 그 다음 원하는 것을 말씀하시면?) 그래야겠다.

≫ 28회(6. 22) (저는 종결해도 좋을 것 같은데) 지난 주 저도 종결해도 되겠다는 생각이 들었다. 오늘 오면서도 '내가 상담에 왜 가지?'라는 생각이 들었다.〈2주 후 종결보고서 보고 종결회기 갖기로 합의〉

5) 심리검사 해석

① 실시한 심리검사: 다면적 인성검사, 문장완성검사, MCMI-III, 가계도

② 다면적 인성검사(MMPI-II)

③ MCMI-III (Milton Clinical Multidemensional Inventory, 3판)

DSM에 근거한 1축 주요 장애와 2축 성격 병리가 드러나는 검사로 한국어 번역본을 사용했지만 표준화 절차를 아직 거치지 않음

* 내담자의 사적인 정보 보호를 위해 자세한 검사 점수는 생략하였다.

검사에 나타난 나 선생님의 현재 임상적 문제는 주요 우울이다. 동시에 MMPI의 다른 상승 척도는 감정의 왜곡(Hy), 불안(Pt), 숨은 분노(Pd)이며 이는 MCMI의 수동공격성(passive-aggressiveness)과 상통한다. 즉, 나 선생님은 다른 사람들의 기대에 맞추며 사느라 자신의 내면에서 느껴지는 고통이나 분노 등의 감정을 외면하고 눌러놓았지만, 실제로 사람들이나 상황에 화가 나 있을 가능성이 있다. 또한 Ma(Manic) 점수가 매우 낮기 때문에 실제 의욕이나 에너지가 거의 없을 가능성이 높다. MCMI에서 특징적인 것은 의존성이다. 이는 자신이 아닌 타인의 기대나 욕구를 맞추며 생활할 가능성을 나타내준다.

6) 사례개념화

검사 결과 및 그동안의 상담 인터뷰 내용을 종합하여, 어느 한 가지 상담이론의 틀

로 나 선생님의 이야기를 분석하고, 이어서 성경적 관점에서 나 선생님의 어려움과 나아갈 길을 함께 모색해보면 다음과 같다.

① 보웬의 다세대 가족상담 이론

가족상담자 보웬은 사람들이 가진 가족의 문제는 그 가족 내에서 느껴지는 불안의 정도가 클수록, 그리고 그 불안을 이성적으로 분석하여 처리하는 능력이 떨어질수록 커진다고 보았다. 나 선생님에게 적용시킬 수 있는 중요개념으로는 융합, 삼각관계 및 탈삼각화와 다세대 전수를 들 수 있다.

나 선생님은 출생부터 어머니의 특별한 은혜와 관심을 입었다. 세 딸 모두를 제왕절개를 해서 출산하신 어머님께서는 어쩌면 자신 신체의 위험을 감수하셔야 했을 것이다. 더구나 선생님께서 '남자'가 아니어서 서운하셨던 아버지와 달리 어머니는 '그 어떤 것도 받아들여주시는 완전한 선생님편'이 되어주었다. 보웬식으로 설명하면 나 선생님과 어머니는 '융합'관계를 형성하였다. 보웬 이론으로 해석하자면 나 선생과 어머니 사이에 '융합'관계가 형성된 것이다. 융합관계란 정서적으로 너무 밀접히 연결되어, 어머니의 가치'와 감정, 삶의 태도가 곧 나의 것과 분리되지 않는 상태를 말한다. 그런데 어려서부터 나 선생님이 관찰한 어머니는 그리 행복하시지 않았다. 아버지는 성공, 명예 등을 따라 자주 가정에 소홀하셨을했을 것 같고, 외도 경험도 있으셨다있었다고 들었다. 이렇듯 남편과의 관계에서 채워져야 할 사랑과 정을 채우지 못하면 보통 아내는 자녀 중 한 사람을 자신의 불안에 끌어들여, 그 자녀를 통해 자신의 정서적 욕구를 채우려 한다. 이런 현상을 삼각관계의 형성이라 한다. 나 선생님은 어머니와 융합되어, 부모님 사이에서 삼각관계를 형성하게 된 것이다. 이렇게 되면 자녀는 자신의 정서적 요구에 반응하기 보다는, 융합 관계를 맺은 부모와의 관계에 반응하게 된다. 부모님이 행복해하시는 모습을 보기 위해 나 선생님은 자신에게 특별하게 주어진 '학습 능력'을 최대화하려 했을 것 같다. 왜냐하면, 아버지의 업을 물려받을 똑똑한 딸인 동시에, 이를 통해 어머니도 역시 만족시킬 수 있다 생각했을 가능성이 크다.

그러나 어머니는 자살로 삶을 마감하셨였다. 이는 융합관계에 있었던 나 선생님에게는 하늘이 무너져 내리는 큰 슬픔이고 좌절이었을텐데, 집안의 영웅(트로피) 역할을 하며 살았던 나 선생님은 슬퍼하고 낙심할 틈 없이 아버지, 고모들의 기대를 맞추기 위하여 자신의 진정한 느낌을 뒤로한 채 주위 사람들이 원하는 삶(인정받는 삶, 학업에 뛰어난 삶, 괜찮은 집안에서 사는 삶을 살았을 것이다.

보웬은 이의 해결 방법으로, 융합 관계를 인식하여 그 관계에서 분리되어 나오기, 삼각 관계에서 나오기(탈삼각화), 그리고 다세대 전수를 끊기 등의 방법을 제시한다. 나 선생님 가정에서의 다세대 전수 현상은 큰 아들의 일탈 행동으로 드러난다. 나 선생님은 자신이 진정한 욕구를 누르고 주위 사람들의 기대에 맞추며 살았기 때문에, 당연히 이러한 삶을 자신의 아들에게도 기대했을 것이다. 또한, 집안의 트로피 역할을 하는 변리사로 살아가는 과정에서 어쩔 수 없이 아들의 양육을 다른 사람에게 의지하고, 정신없이 바쁜 삶을 살았을 것 같다. 따라서 아들에게 필요한 때 필요한 정서적 따뜻함을 제공하지 못했을 것 같고, 이런 정서적 허기를 채우기 위해 친구들을 만나 일탈 행동을 하는 아들에게 늘 자신에게 했던 것처럼 '절제하고 참을 것'을 요구했을 가능성이 있다.

② 전이의 개념

상담은 보웬식의 이해와 더불어 성경적 관점에서 진행되었다. 먼저 어머니와의 융합 관계를 풀기 위해 나 선생님께서 한 번도 다른 사람에게 구체적으로 말하지 못했던 어머니의 자살 사건을 말할 기회를 드렸다. 늘 어머니에 대한 죄책감, 어머니를 완전히 떠나보내지 못한 채 자신의 삶의 어디에서 받았던 어머니의 영향은 어쩌면 어머니의 삶을 객관적으로 이해하고, 어머니의 한이나 슬픔을 본인의 것과 분리하는 데서 시작된다고 본다. 나 선생님의 표현에 의하면 어머니 역시 만성 우울증을 앓으셨을 가능성이 크고, 이는 다세대 전수 이론에 따라 어머니의 부모님, 조부모님으로부터 파생된 정서적 문제를 이미 어머니가 안고 계셨다는있었다는 뜻이다. 그러나 어린 나 선생님에게는 '내가 무엇인가 더 잘하면 어머니가 웃을 수 있을 것 같다'는 절대 이루어질 수 없는 소망을 만들었을 것이다. 그리고 그 소망은 나 선생님이 아무리 애를 써도 이루어질 수 없었을 것이다. 더구나 그 어머님이 자신의 슬픔을 못 이기고 자살을 선택하셨기 때문에 나 선생님께서 지고 사신 마음의 짐은 엄청났을 것이라 추측된다. 또한 아버지의 '촉망받는 딸' 역할을 하셨던 선생님은 아버지 역시 객관적으로 거리를 두고 이해할 필요가 있다고 생각된다. 겉으로는 성공한 물리학자셨지만, 내면적으로 아직 자라지 못한 채 외로움에 떨고 계셨던 연약한 아버지를 아마 이해하기 힘들었을 것 같다. 더구나 이 아버지가 새엄마와 결혼한 아버지의 재혼은 정서적 거리감마저 가져왔을 것이다. 이후는 정서적인 거리감마저 생기셨을 것이다. 그래서 나 선생님에게 아버지는 늘 '대단하고 완벽한 아버지'였고, 그 분은 늘 나 선생님에게 대단한 요구를 해대는 무섭고 엄격하며 멀리 계신 아버지였다.

나 선생의 이러한 아버지에 대한 이미지는 그대로 하나님에게도 적용되었다. 상담 초기 나선생은 하나님을 '엄격, 멀리, 처벌하는 분'의 이미지로 그렸다. 이라는 이미지가 이를 설명하고 있다. 그러나 정말 감사하게도 나 선생님은 상담 내내 하나님과의 친밀한 관계를 너무나도 간절히 바라고 있었고, 그러한 기도에 성령 하나님께서는 그대로 응답해주셨다. 어머니의 자살 이야기를 하기 전에도, 나 선생님에게 하나님은 '내 곁에 나를 그저 지켜보고 계신 분'으로 더 가깝게 다가오셨고, 결정적으로 어머니의 자살 현장, 그 무섭고 어두웠던 곳에 그 집을 감싸고 계시는 영상으로 나 선생님에게 든든하고 따뜻하게 다가오셨다.

정신분석적으로 우울증은 '내면으로 향한 분노와 강박적 죄책감'으로 설명된다. 성장 과정에서 늘 아버지, 어머니의 기대를 채우기에 위해 급급해서 너무나 열심히 삶을 살아왔던 나 선생님이었지만 그 기대는 잘 채워지지 않았다. 그러면 그럴수록 '나는 별 수 없어, 나는 정말 부족해'란 생각이 자신을 지배했을 것이다. 동시에 주변의 기대를 맞추며 살아야만 한다는 간절한 소망이, 그러지 못하는 자신에게 과도한 죄책감을 만들었을 것이다. 그리고 이는 하나님과의 관계에도 그대로 드러난다. 드라마를 보는 것, 하루를 성실하게 살지 못한 것 등이 하나님 앞에서 죄책감을 키워, 그 분과의 관계를 오히려 멀게 만드는 요소가 된다.

하지만 상담 과정에서 상담을 마칠 때마다 한 두 문장으로 그날의 상담을 요약하면서 나 선생님께서는 자신과 가족에게 일어난 사건, 그리고 하나님과의 관계에 대한 매우 중요한 통찰을 얻어갔다. 첫 회기부터 희망을 보았고, 구체적으로 희망이 이루어질 수 있는 길을 계속 직시하였다. 그리고 그 희망을 하나님과의 깊은 관계에서 빠른 속도로 찾아가고 계신다. 하나님은 멀리서 못하는 것을 찾아내어 나무라시는 그런 무서운 분이 아니시고, 우리 모두가 이미 죄인 되었을 때에 자신의 목숨을 우리에게 주시면서까지 우리 곁에서 우리를 사랑하는 '아버지 하나님'이시라는 것을 체험적으로 알아가고 있었기 때문이다.

보웬은 가족에게 일어난 일을 이성적으로 알게 되면 건강해진다고 말한다. 그러나 성경은 정말 지혜로운 것은 '하나님을 경외하는 것'이라고 말한다. 즉 하나님이 누구신지를 알아 그 분을 최고로 삼고 살아가는 사람이 가장 똑똑하고 건강한 사람이라는 뜻이다.

(상담의 경험으로) 이제 나 선생님께서는 어쩌면 아버지, 어머니의 기대를 맞추는 삶이 아니라, 하나님께서 하신 구속의 일을 기뻐하며 감사하면서 그 하나님께 무엇을 해드릴까 고민하시는 단계에 들어선 게 아닐까 생각된다. 이를 '사명 내지 소명'이라고 한다. 하나님께 무엇을 못해드리면 죄책감이 들어서가 아니라, 우리의 죄책(죄인 됨)은 이미 십자가에서 해결되었으므로, 이에 강박적으로 매이지 않고 구원의 은혜를 입은 당당한 그분의 자녀이자 하나님 나라의 상속자로서 기쁨으로 살아갈 길을 찾아보는 것이다. (아침에 눈을 뜰 때 그런 사명이 가슴을 뛰게 하는 것을 어쩌면 나 선생님이 원하시는 상태가 아닐까?)

7) 1차 상담 성과 평가

나 선생님의 상담 목표 달성도는 70%로 평가되었다. 대체로 성공적이었다고 생각한다. 우선 우울감이 급격히 감소하였고, 아침 식사를 하게 되었으며, 가족들과 재미있는 시간도 갖게 되었다. 회복 과정에서 자녀들에게 분노가 폭발하기도 하였으나, 이를 계기로 자녀들에게 적절한 훈육을 하는 것을 배워가기도 하였다. 늘 우울하고 어두웠지만 '마이 프린세스'를 다운 받아 보면서 재미와 자극을 느끼게도 되었다. 아들과도 드라마 이야기를 하며, 아들 역시 시간이 날 때 이제는 어머니와 이야기를 나누고 싶어지게 되었다. 모두 관찰되는 좋은 변화이다.

이는 나 선생님께서 상담에 매우 성실하고 진지하게 참여한 점, 회기 때마다 상담자를 능가하면서 회기를 요약하고 깨달은 점을 통찰력 있게 나눈 점, 무엇보다 하나님을 간절히 만나기 소망하며 기도했던 점 덕분이었다고 생각된다.

8) 미해결 과제 및 제안점

하지만 의존적, 관계 중심적인 나 선생님에게 아직 각방을 쓰고 있는 남편과의 면

관계, 남편이 일 중심적이며 알콜 의존의 정도를 보이는 문제를 확대 가족 내에서 이해해 보는 것 등이 다루어지지 않았다. 그리고 최근 드라마에 빠져있는 자신을 보며 다시 우울증 약을 복용해야 한다고 느낄 정도의 우울감을 경험한 것은 상담의 종결을 신중하게 해야 할 필요가 있다고 느껴지는 부분이다.

이제 나 선생님께 남아있는 더 다루어야 할 점과 앞으로 변화를 지속, 극대화하기 위한 몇 가지 제안 사항을 정리하면 다음과 같다.

① 기억에 떠오르는 어린 시절로 돌아가서 아버지, 어머니 기대를 맞추느라 하지 못했던 일들을 떠올려보고, 그것을 현재 가족들과 함께 즐겨보시면 좋겠다. 실수와 허점을 서로 드러내보기, 맛있는 것을 먹거나 재미있는 데 가서 자신의 즐거움을 맘껏 표현해보기 등이다.

② 남편이 적당히 거리를 두고 경계를 유지해줘서 편안하다고 느끼면서도 한편 자신과 깊이 소통하지 못하고 늘 멀리 있는 대상이란 느낌이 나 선생님에게 크다고 생각된다. 남편 역시 자신 집안의 '영웅'으로 어렸을 때부터 혼자 자급자족하며, 성취 중심적 삶을 살아오신 분이 아닌가 생각되며, 그 과정에서 자신의 힘든 감정을 다스리기 위해 '관계(사람)'이 아닌 '물질(술)'을 사용하셨을 가능성이 있다. 이미 남편에게 큰 변화가 시작되어 가족들에게 더 관심을 갖게 된 것은 잘 된 일이다. 나 선생님에게 상담을 통해 일어난 변화, 하나님과의 관계 경험 등을 남편과 나눌 수 있는 기회가 있다면 남편 역시 나 선생님을 통해 하나님을 간절히 만나기 원하게 될 수도 있지 않을까?

③ 윤형이가 문제를 일으키면서 이미 나 선생님은 '지금까지 내가 살아온 삶이 맞는 것이었나'는 질문을 심각하게 하셨을 것 같다. 상담 과정에서 '부모님의 기대를 맞추

는 과정에서 자녀들에게 소홀했던 것'을 발견하셨었을 것이다. 그리고 현재는 자녀들에게 자신의 시간과 정성을 더 많이 쏟고 계시다있다. 그러나 한편 '변리사'로 살아가면서 자신의 전문적인 일에 최선을 다하지 못하는 모습을 보며 또 좌절하고 죄책감을 갖고 있다고 여겨진다. 이 둘 사이에서 중심을 잡으며 '네, 이런 모습으로 이런 사명을 다하며 하나님 앞에서 살겠습니다'고 말할 수 있는 선생님 삶의 모토(소명)를 찾게 되시면 좋겠다. 하나님은 늘 결과보다는 우리의 중심을 보시고, 성과보다는 그것을 이루어가는 과정 가운데 하나님에 대한 믿음과 사랑이 있는 지를 물으시는 분이시다.

9) 2차 상담 평가 및 함께 드리는 편지

" 나 선생님,

지난 11월 이후 여덟 달 동안, 저와 지나오신 삶의 자리 구석구석을 함께 다니시면서 숨이 막히도록, 평생 잊고 싶을 정도로 힘들었던 어머니의 자살 순간 이야기를 비롯해서 '내가 거짓말쟁이였다', '내가 대책 없이 짜증만 내며 살았다' 등 누구와 나누기 부끄러운 이야기들도 저와 함께 나누어주셔서 진짜 감사합니다. 돌아보니 상담이 시작되고 1차 보고서를 드렸던 전반부에는 주로 선생님 원가족 이야기(어머니-아버지-성장과정 등)가 나누어졌고, 후반부에는 윤형이와 남편 등 지금의 핵가족 이야기가 주로 나누어졌어요. 또한 전반부에는 멀리-강한-맞추어야하는 하나님을 주로 만나셨다면, 후반부에는 가까이-따뜻하게-수용하고 품어주시는 하나님을 주로 만나셨어요. 또한 전반부가 선생님의 '힘들었던, 한스러웠던, 고통스러웠던 이야기'였다면 후반부는 회복되신 선생님께서 윤형이와 남편에게 회복의 빛을 비춰주는 이야기'이었던 것을 알게 되었습니다. 그리고 그 사이에 선생님께서 스스로 '공부 잘하고, 집안의 영광이 되고, 어머니-아버지에게 위안이 되는 잘나고 완벽한 딸'이 되기 위해 힘들기도 하셨지만 거짓되고 위선적인 모습으로 살아오셨는지에 대한 통렬한 회개가 있었음을 알게 되었습니다. 다시 말하면, '내가 별 것 아닌데도, 이렇게 부족한 것투성인데도 나를 용납하시고 피를 흘려 구속해주신 하나님'의 사랑과 은혜를 선생님께서 깊이 누리시고, 그것이 힘이 되어 남편과 윤형에게도 선생님께서 받으신 것을 주고자 하시는 모습을 상담을 정리하며 구석구석에서 많이 보았습니다.

먼저 처음 합의한 상담 목표로 상담을 평가해보면 저희가 합의한 상담 목표 세 가지

- 아침에 잘 일어나기
- 하나님과 깊은 관계 맺기
- 가족과 함께 뭔가 좋은 경험을 하기

는 90% 이상 이루어졌다고 판단됩니다.

선생님 얼굴은 훨씬 밝아지셨고, 무력감이나 우울감을 호소하시지 않으시니까요. 또한 하나님과도 친구처럼 대화하시고, 남편과도 '성관계'를 먼저 요구하셔서서 즐기실 수 있게 되었으니까요. 정말 축하드립니다!

이런 성과를 거둘 수 있었던 데에는 선생님의 다음과 같은 강점이 작용하였다고 생각합니다.

- 타고난 성실함: 상담 약속을 한 번도 잊으신 적 없고, 안 오신 적이 없으셨습니다.
- 탁월한 지적 능력: 제가 드리는 말씀을 쉽게 이해하셨고, 그것을 요약-정리해서서 적용도 잘 하셨습니다.
- 진실하고자 하는 노력: 선생님의 '거짓됨'을 인식하고부터 하나님과 가족들 앞에서 진실함을 느끼고 표현하시려고 부단히 노력하셨습니다.
- 하나님과의 진솔하고 싶은 관계: 주중 말씀과 기도 가운데 마음에 느껴지시는 것을 진솔하게 하나님께 표현하셨고, 하나님께서 마음에 주신 말씀을 잘 간직하고 실천하셨습니다.

무엇보다도 모든 인간이 그러하듯, 온 맘으로 회개하고 하나님의 구속의 은혜를 누린 것이 가장 큰 상담의 효과를 가져왔다고 확신합니다. 그래서 하나님께 감사하고, 그 분에게 영광을 돌립니다.

더구나 저희가 중반에 미해결과제로 남겼던 다음 세 가지에 대해서도 어느 정도 진전을 보였다고 생각합니다.

① 어린 시절로 돌아가서 아버지, 어머니 기대를 맞추느라 하지 못했던 일들을 떠올려보고, 그것을 현재 가족들과 함께 해보시면 좋겠다. 실수와 허점을 서로 드러내보기, 맛있는 것을 먹거나 재미있는 데 가서 자신의 즐거움을 맘껏 표현해보기 등에 관하여-

드라마를 보시며 쉼과 재미를 얻으시는 것, 남편에게 그동안 잘못했다고 말씀하신 것 등을 과정에서 찾아볼 수 있었습니다.

② 나 선생님에게 상담을 통해 일어난 변화, 하나님과의 관계 경험 등을 남편과 나눌 수 있는 기회가 있다면 남편 역시 나 선생님을 통해 하나님을 간절히 만나기 원하게 될 수도 있지 않을까에 관하여 -

남편과 거의 처음으로 즐겁게 성관계를 가지시고, 남편의 외로움과 버거움을 '엄마와 누나'의 마음으로 알아주시며, 남편 역시 선생님과 '종알종알'의 경험을 하기 시작하신 점 역시 참 좋은 변화라고 여겨집니다. 더구나 남편이 술을 마시는 이유에 대해 '좋은 것도, 싫은 것도 표현 안하고 눌러놨다가 푸는 것이다'는 통찰을 얻게 되셨으니, 하기 좋고 편한 이야기(남편이 수고한 이야기, 남편이 외로웠던 이야기 등부터 이제는 슬슬 풀어놓고 하시면 좋을 것 같습니다. 일찍 들어와서 선생님과 대화 나누시고 성적 교감을 나눈 것이 좋아지시면, 늦게까지 술 마시고 들어오는 날도 많이 줄어들겠지요.

③ 삶의 모토(소명)를 찾게 되시면 좋겠다에 관하여—

윤형이와 어려운 시간을 보내면서도 선생님의 어려움에 몰입되지 않으시고, 교인들의 필요를 따라 도와주시며 느끼신 즐거운 경험, 남편이나 윤형이를 '하나님께서 나를 대하셨듯이 대하려고 노력하시는 모습' 안에서 선생님께서 대학 시절 영접한 하나님과 약속했던 '사명을 따라 사는 삶'을 현실의 구체적인 삶 속에서 조금씩 찾아가신다는 생각을 하게 되었습니다. 다시 한번, 이런 중요한 삶의 변화의 시간에 저를 함께 참여시켜 주셔서 깊이 감사합니다. 저에게도 매우 은혜롭고 값진 경험이 되었습니다.

마지막으로 제가 최근 감동 깊게 읽은 헨리 나우웬의 '영적 발돋움'에 나오는 한 구절을 함께 나누고 싶습니다.

"부모가 자녀에게 줄 수 있는 것은 가정인데, 이 가정은 받아들이는 분위기가 형성되어 있으면서도 안전한 경계선들이 정해져 있어서 자녀들이 안정적으로 성장하고 또 유익하고 해로운 것을 발견할 수 있는 곳입니다. 가정에서 자녀들은 두려움 없이 질문을 던질 수 있으며 거절당하는 위험을 감수하지 않고서도 인생을 실험해볼 수 있습니다. 가정 안에서 자녀들은 자기 내면의 자아에 귀를 기울이도록 훈련받고 집을 떠나 세상을 돌아다닐 수 있는 용기와 자유를 계발하도록 격려 받을 수 있습니다. 따뜻한 환대가 있는 가정은 실로 아버지와 어머니 그리고 자녀가 각자의 재능을 서로에게 드러낼 수 있을 뿐만 아니라 한 가족의 구성원으로서 서로 인격적으로 대하고 함께 살 수 있으며 자기도 살고 남도 살리는 공동 싸움에서 서로에게 힘이 되어줄 수 있는 곳입니다.

자녀가 손님이라는 인식은 우리를 자유롭게 해줍니다. 대부분 부모들은 자녀들의 모든 행동에 대한 책임이 자기들에게 있다는 생각으로 깊은 죄책감에 시달리기 때문입니다. 자녀들이 못된 짓거리를 하며 살아가는 모습을 보면 부모들은 '우리가 뭘 잘못해서 저렇게 되었을까? 이렇게 되지 않으려면 우리가 어떻게 했어야 했나?'라고 자문하며 스스로를 질책하거나 그들이 어디에서부터 잘못되었는지를 따져볼 것입니다. 하지만 자녀들은 소유물이 아니기에 꼭두각시 인형극을 하는 사람이 인형을 부리듯이, 또는 조련사가 사자를 훈련시키듯이 다룰 수 없습니다. 자녀는 우리가 접대해야 할 손님이지 우리에게 조롱당하는 소유물이 아닙니다."

나 선생님,

먼저 선생님께서 성장하신 가정에 하나님을 아버지로 모심으로 선생님께서 잘하지 못해도 조금은 부족해도 받아들여지고 거절당하지 않는 위험을 감수하지 않고서 선생님의 인생을 실험해보실 수 있기를 바랍니다. 어머님의 불행과 죽음, 아버님의 명예 욕심은 그 분들의 삶에 하나님이 없어 나타날 수 밖에 없었던 고통이었지요. 그런 가족의 영향을 우리가 피할 수 없지만, 우리 가정의 진짜 아버지되시는 하나님을 모시면 그분의 자녀로 우리는 다른 선택을 할 수 있는 힘이 생기는 것이지요.

나아가 선생님께서 원가족에서 경험했던 영향을 그대로 받지 않으시고, 하나님과 함께 현재 삶을 사시듯, 선생님 가정에 하나님께서 손님으로 보내신 두 친구, 윤형이와 경진이 역시 그들이 하나님 앞에서 선택하고 결정하며 살아갈 것이기 때문에 '내가 더 잘했어야 되는데' 라는 죄책감에서 벗어나시면 좋겠습니다. 선생님의 선택이 선생님의 몫이었듯, 우리 자녀들의 선택 역시 자녀들의 몫이니까요.

계속되는 하나님의 은혜와 인도하심을 기도합니다."

10) 종결 후 내담자 전화 면접 축어록

상1; 그동안은 어떻게 지내셨어요?

내1; 제가 조금 기록해놨는데요 일단 무기력하지 않고, 속상할 때 바닥까지 내려가지 않고, 낙담해도 속히 회복되고, 제가 발음이 좀 이상하지 않으세요? 제가 지금 교정하고 있어요.

상2; 오! 교정기 끼셨어요?

내2; 네 일주일에 한번씩 마사지도 받고

상3; 허.. 오허허..아침도 안드셨었는데 굉장한 발전이에요

내3; 이런 것도 하고 가장 큰 사건은 중국에 서안이 있고, 시안 또는 서안이라고 하더라고요, 거기서 2시간 반정도 들어가면 향락이라는 시골이 있는데 거기 한센병 요양병원이 있어요. 요양병원을 누가하시냐면 김** 박사라고 외학 박사이면서 목사님이세요. 65세이세요. 그분이 김** 목사님이라고 새벽을 깨우리로다 읽으셨어요?

상4; 네 봤어요, 책

내4; 거기 읽다보면 한 뒤쪽쯤에 돌팔이 서울 의대생이 나와요. 의대생이 봉사하겠다고 김진홍 목사님이 청계천에 계실 때 이 돌팔이 의사는 비타민하고 소화제를 지어오고 김진홍 목사님은 기도를 하시면 이렇제 정말 성령의 역사가 많이 일어났나봐요. 그때 그 돌팔이 서울 의대생 그분이에요. 정말 하나님의 은혜로 그분을 알게되어서 작년에 8월과 1월에 두 번을 물론 짧죠. 5박 6일 가서... 한센병 환자가 77명 그분이 매일 매일 드레싱을 하는 일이 그분의 일이에요. 365일 하면 지치시잖아요. 제가 가면 그분이 조금 쉬시는 거에요. 물론 치료하는 것으로 은혜를 받은 것이 아니라 영성과 그냥 하나님이 기뻐하시는 공간, 가면 아무 생각이 안나요. 그러나 하나님 나라에 있고.. 올해는 **이도 예중을 가려고 해요. 올해는 힘들 것 같은데 하나님이 기회를 주셔가지고 가게 되서..

**이가 미술학원에서 여행을 가게 되어서 제가 아직 챙겨야 해서.. 하여튼 저는 기회만 주시면 거기를 가야겠다 생각을 하고 있어요. 그게 하여튼 제가 상담 이후에 가시적인 가장 큰 변화된 사건인 것 같아요. 그 전에는 정말 상상하지 못했던 일인데..

상5; 전 너무 놀라고 있어요

내5; 저도 놀랐어요. 막상 해보니까.. 놀라운 일이 아니고..하나님이 정말.. 제가 처음 법대 갈때 하나님께 말씀드렷던 거잖아요.

상6; 아 저도 방금 그 생각을 했어요...

내6; 21년 전 이야기 이잖아요.

상7; 맞아요..

내7; 저도 그것이 기억이 나고요. 그렇게 마음을 먹기 까지 목사님이 사명, 소명 이야기 설교하실 때 가슴이 뜨거워져서 너무 많이 울었어요. 그 이후에 **이 교회에서 미국을 가게 되었다..제가 보내야겠다고 생각했고 그와 동시에 저와 같은 병원에 있는 권사님선생님이 이야기를 하셨는데.. 이런 곳이 있는데 자신은 인도 선교때문에 못가니까 가보면 어떻냐 해서 전 그전에는 전 못가요 이래저래서 못 간다고 애들도 봐야하고 그 때 제가 전 기도해볼께요. 아 그때 **이는 없구나.. 근데 사실은 남편 설득이 어려웠어요. 남편은 저희 교회는 안 오고요. **교회에서 7시에 예배를 드려요. 예배를 두번 드려요. 제가 그날 일부예배를 두번 드리면서 이** 목사님 예배가 그런거였어요. 남을 위한 삶 그런 거.. 그때 여보 나좀 보내달라고.. 다른 삶을 살고 싶다.. 그래서 남편 허락도 받고..그 과정이 너무 감사해요. 하나님께서 기뻐하시는 일이기 때문에 이렇게 이렇게 인도하시는거다.

상8; 어유 뭐 눈으로 보고 귀로 듣기에도 굉장히 크게 달라지셨어요. 정말 하나님이 놀라운 분이에요.

내8; 좀전에 **이 학교가기 전에 ** 엄마가 예전에 상담받은 거 아냐고 물으니 안데요. 엄마가 상담받고 뭐가 달라진 것 같니 그랬더니. "즐거워졌잖아"그러더라고요.

상9; 더 말이 필요 없어요. 그러면요 그게 어떻게 달라진 것 같으세요?

내9; 그게 선생님 결국 믿음인거더라고요. 하나님을 생각하는 거에요. 하나님의 마음, 하나님의 관점, 저를 자꾸 버리고.. 내가 해야지 하는 거 제 뜻대로 안 되는 것이 많으니까 제가 할 수 없는 것도 굉장히 많고요. 하나님의 주권을 인정하는 거죠. 하나님이 주인이고 나를 지으시고 하나님의 성령이 저한테 두신 뜻이 있고, 그걸 제가 믿는거죠. 전에는 머리로는 생각했지만 못 믿었죠. 그렇기에 아둥바둥 했던 거에요. 지금 내가 어떻게 이렇게 할 수 있지 생각해 보면 하나님을 제가 믿고 있는 거죠.

상10; 오늘 저도 마가복음 큐티 순서 따라가면서 보니까 너희가 믿음을 가지면 산을 바다에 빠뜨릴수 있게 된다 말씀하시는데 믿음을 가지는 것을 하나님의 생명을 품으라 다른 번역본에 그렇게 되어있는 거에요. 저도 오늘 믿음이라는 것에 대해서 막연하지 않게, 하나님께서 주시는 생명 하나님의 생명을 품는다, 말씀하신 것처럼, 하나님이 원하는 삶을 사는 것, 하나님의 힘으로, 맞아요, 선생님, 관점이 달라지신 것이네요.

내10; 네.

상11; 그렇게 해서 상담을 통해서 만나는 하나님은? 전에는 어떤 하나님이었어요?

내11; 전에는 늘 거리감이 있고, 체크 받아야 하고, 하나님이 저를 평가하시는 것 같고, 하나님 앞에서 저의 삶이 마치 선생님이 저를 학생 때 평가하시고 잘하나 못하나 보고 그런 관계였다면 지금은 잘하나 못하나 늘 함께 하시고 사실은 선생님 제가 새벽에 꿈을 꿨어요. 제가 저의 엄마 꿈을 한 번도 꾼 적이 없어요. 돌아가신 이후로, 이 긴세월 동안 엄마를 꿈에서 보는 것이 소원이었어요. 사춘기 때 아니면 대학생 때도 그랬던 것 같았고. 꿈에서 엄마한번 보았으면... 정말 놀라워요. 엄마 꿈을 꿨는데 엄마의 돌아가시기 전에 얼굴이 너무 예쁘게 깨끗하고 마르시긴 했지만 건강하고, 혈색도 괜찮고 너무 선명하고 저를 꽉 안아주셨는데, 이리와... 엄마의 가슴과 저의 가슴이 밀착되고 한참을 꼭 안고 있었어요. 너무 생생했어요. 제가 울었나봐요. 일어나서 눈에 눈꼽이 껴 있더라고요. 그래서 아 이 꿈을 왜 꿨을까? 제가 요즘 읽는 책이 주서택 목사님의 "내 마음속에 울고 있는 내가 있어요." 읽고 있어서 읽는 것이 아니라 제가 요즘에 직장을 많이 나가거든요. 집에 도우미로 오시는 권사님이 읽으라고 권면하셨어요. 어제 읽었던 부분이 부모님과의 관계 그 부분인데.. 지금 느끼는 것은 엄마와 제가 가슴을 꽉 안고 있는 것은 하나님이 너랑 나랑 밀착하고 있어 내가 너를 꽉 안고 있어 이런 확신을 주시는 것 같아요.

상12; 저도 그런 것 같아요.

내12; 그래서 이제 하나님이랑 저랑 참 가까운 분이에요.

상13; 가슴과 가슴이 닿는

내13; 제가 가끔 윤형이를 그렇게 안아주고 그래요. 지금은 사춘기라 안 안아주는데 안아주려고 하면 막 빼요. 그런데 어제 꿈에 엄마와 저는 너무나 오랫동안 가슴과 가슴을 붙이고 있었어요. 하나님과 저의 관계를 확신시켜주시는 꿈이 아니었나.

상14; 저도요. 이상해요. 저도 전화하면서 마음이 울컥울컥해요. 눈물이 나려고 하고. 아 이 얼마나 저한테는 영광이고 특권인지 모르겠어요. 하나님이 하시는 일을 가까이서 볼 수 있는 거가. 두가지 정도 질문 그렇게 하나님을 경험할 때 까지 상담자로서 상담자가 무엇을 한 것 같으세요?

내14; 선생님이 가장 고마웠던 것은 공감해 주셨던 것. 그 시간이 제가 기다려졌던 이유는 저의 아프고 하염없이 눈물만 나고 그 저의 정말, 정말 음침한 골짜기에 있었던 저의 그 때는 그 누구도 선생님만큼 공감해 주었던 사람은 없었던 것 같아요. 제가 마음을 열고 상담에 최선을 집중할 수 있었던 것 같아요. 그래서 선생님의 역할은 공감을 통해서 커튼을 걷어주시는 역할, 하나님을 가리고 있는 커튼을 거두어 주셨던 것 같아요. 그래서 제가 하나님을 볼 수 있었던 것 같아요.

상15; 그렇군요. 이게 커튼이 걷혀질 때까지 상담이라는 방법, 이론이라는 틀.. 그런 거 보다는 옆에 있어주는 것 이야기 들어주는 것이 더 중요했다는 말씀이네요.

내15; 네. 공감해주셨던 것, 그리고.. 선생님이 어.. 그냥 잔잔한 가운데 같이 공감하시면서 잔잔한 가운데 정말 저도 이 질문이 어떤 역할을 하셨지? 죄송한 마음인데 특별히 어떤 역할을 하셨지? 선생님 근데 정말 제가 너무나 달라졌잖아요. 선생님이 제가 완전히 엎어져 있었는데 일어나 앉게 해주시고 세워주시고 한발 띄게 하시고 그냥 데리고 가셨어요. 그게 하나님이 하셨는데 선생님을 이용해서 하신 건데 어떻게 말해야 할지 잘 모르겠어요.

11) 상담자 사후 논평

내담자는 임상적으로 문제될만한 수준의 우울 증상을 호소하였고 하나님과의 관계 회복을 원하였다. 상담자는 보웬의 가족상담이론과 정신분석의 전이 개념을 상담에 활용하여 내담자가 하나님과 어떻게 어긋난 관계를 맺게 되었는지, 그리고 현재 맺고 있는 지 탐색하고자 하였다. 상담자는 내담자가 가족의 영웅이자 트로피 같은 역할을 하였으며, 우울증을 앓으셨던 어머니와 융해된 딸이었다는 점을 알게 되었다. 더구나 중학생 때 그렇게 행복하게 해드리고 싶었던 어머니의 자살 장면을 혼자 목격한 것은 오랫동안 내담자에게 외상으로 남아있었다. 따라서 상담자는 상담 초기에는 우울 현상을 감소시키는 데 집중하며 편한 관계를 맺었으며, 중기 이후 가계도와 심리검사를 통하여 내담자의 역할 변화, 어머니-아버지와의 분리, 외상 다루기, 자녀에게 이어지는 다세대 전수 현상 등의 이해를 시도하였다. 2차 상담에서는 술만 가까이 하며 내담자와 소원했던 남편과의 관계 회복에 집중하였다. 한편 물리학과 교수로 아내와 친밀한 관계를 맺지 못한 채 자녀들에게 공부 잘하기만을 기대하였던 엄한 아버지와의 소원한 관계는 하나님과의 관계에도 그대로 이어지고 있다(전이)는 사실을 발견하였다.

성경적으로 내담자 상담을 분석해보면, 내담자는 사랑의 하나님을 머리로 알았지만 어머니의 자살, 아버지의 혹독한 기대에 부응하는 과정에서 마음으로는 하나님이 늘 무섭고 멀게 느껴졌기 때문에 복음의 내용과는 달리, 스스로의 힘으로 가족들에게 기쁨이 되며 사회에서 성공하려는 노력을 과도하게 기울였다. 하지만 상담이 진행되면서 상담자와의 편안한 관계 안에서 이미지로서 과거 어머니의 자살 현장에 가족을 감싸고 있었던 하나님을 극적으로 경험하였다. 또한 부모님과의 분화가 진행되면서 복음에 드러난 사랑의 하나님을 친근하게 만날 수 있었다. 이러한 변화는 곧 내담자가 자신의 거짓된 모습, 교만한 모습 등을 솔직하게 자각하여 죄를 고백하는 데까지 안내하였으며, 상담 종결 이후 내담자는 이전보다 즐겁고 기쁘게 하님의 구원을 누리고, 자신의 소명을 따라 단기 선교 여행을 하며 살 수 있도록 이끌었다.

이 상담에서 상담자의 역할은 함께 있어준 사람과 커튼을 열어준 사람으로 대표된다. 내담자는 어머니의 자살 목격이라는 어둡고 커다란 짐을 평생 지고 아무에게도 말 못한 채, 어머니 삶을 보상하듯이 살아오던 자신의 아픔의 자리에 상담자가 따뜻하게 함께 있어주고 공감해주었던 것을 가장 좋게 기억하고 있었다. 또한 자신이 성경에 나타난 하나님 그대로의 모습을 만나고 경험할 수 있도록 상담자가 하나님과 자신 사이를 막고 있던 커튼을 열어주었다고 회상한다. 이 상담에서 상담자는 같은 그리스도인 친구로서 옆에 있어주고 상담 이론의 틀로 자신의 모습을 보여줄 수 있었을 뿐이며, 내담자에게 일어난 극적인 변화는 그 분과 하나님과의 역동적인 관계에서만 가능했다고 생각한다.

요 약

고전정신분석 및 현대정신분석이론은 인간 타락 이후 자신의 벗은 몸을 가렸던 무화과 나뭇잎으로 상징되는 방어의 종류와 현상을 잘 드러내준다. 또한 삶의 초기 중요한 대상과의 경험을 중시하므로, 어린 시절 부모와의 경험이 하나님과의 관계 경험에 미치는 영향을 통찰하는 데에도 도움을 준다. 하지만 다른 상담학 이론과 같이 제한된 자원만을 사용하여 현실에 잘 적응하도록 사람들을 조력한다는 상담학 본연의 역할과 목적에 충실할 수밖에 없다. 정신분석이론의 도움을 받아 내담자의 방어와 죄, 하나님과의 어긋난 관계를 신학적 틀로 밝히고 성경적 관점으로 내담자의 회복을 돕는 것은 기독교상담자의 몫이다.

생각할 거리들

1. 고전 정신분석과 현대 정신분석이론 가운데 가장 잘 이해되고, 상담에 활용하기 편한 이론은 무엇인가, 그리고 그 이유는 무엇인가?

2. 위 이론에 전제되어 있는 세계관 가운데 성경과 일치하는 부분과 불일치하는 부분은 무엇인가? 그에 따라 위 이론으로 성경적 틀로 내담자를 상담할 때 활용할 수 있는 지혜와 주의해야 할 점이 있다면 무엇인가?

3. 위 이론의 인간관, 성격이론, 이상심리, 상담의 목표 및 방법을 생각해보고, 이를 성경적 인간관, 인간의 문제, 상담의 방향의 틀 안에서 활용한다면 어떤 개념과 방법들이 떠오르는가?

8장 인지상담이론

　인간은 다른 동물과 달리 이성이 고도로 발달되었으며, 이러한 사고의 기능은 사람들이 여러 가지 측면에서 발전과 진보를 이루는 힘이 되었다. 하지만 2부에서 밝힌 바와 같이 인간 사고의 능력은 그것이 사용되는 방향과 용도에 따라 인간과 하나님과의 관계를 더 넓히기도 하고 좁히기도 한다. 본 장에서는 중요한 일반상담 이론 가운데 하나인 인지상담이론에 대한 개관과 기독교적 비평, 제3세대 인지심리학으로 불리는 수용전념치료(ACT)에 관한 기독교적 비평 논문과 함께 수용전념치료의 관점으로 고통을 해석하고 다룬 '고난에 대한 기독교적 해석: 단일사례 연구를 중심으로'라고 하는 필자의 논문을 소개하고자 한다.

1. 인지상담이론의 간단한 소개 및 기독교적 비평

(1) 인간관(김충기, 강봉규 2001, p. 171; 김교헌, 김경의, 김금미, 김세진, 원두리 , 2010)

　1) 인간은 동시에 사고하고 느끼고, 행동하며 이들은 서로 중대한 영향을 주고받는 존재다. 인간은 합리적이고 올바른 사고를 할 수도 있고, 비합리적이고 왜곡된 사고

를 할 수도 있다. 하지만 인간은 제한된 범위에서나마 자신의 미래를 변화시키고 통제할 수 있는 능력을 가진다.

2) 인간은 끊임없는 결정을 통해 인생의 흐름을 결정한다. 인간은 자신의 경험을 재해석하고 그 틀을 바꿀 수도 있는, 스스로 선택하고 결정하는 책임 있는 존재다.

3) 인간은 목표를 추구하는 존재로 선택한 목표의 성취를 극대화하려고 노력하고 목표를 향해 나갈 때, 올바른 방향으로 가는 지 확신하기 위해서 그 과정을 모니터하는 자기조절 능력을 갖춘 존재이다.

(2) 상담 문제 (김충기, 강봉규, 2001, pp. 171-172)

인지상담이론은 정서장애를 유발하는 것은 생활사건 자체가 아니라 사건에 대한 왜곡된 지각 때문이라는 가정에서 출발한다. 그리고 이 왜곡된 지각 및 잘못된 생각의 뿌리에는 비합리적이고 자기패배적인 사고들이 깔려있다고 파악한다. 이와 같이 내담자의 정신, 신체적 행동이나 감정을 사고와 신념의 소산으로 보고 있는 데 특징이 있다. 즉 정서적, 심리적 동요 및 불안은 거의 비논리적-비합리적 사고에서 발생하는 것이다. 따라서 상담자가 내담자의 비합리적 사고를 최소화하고 합리적 사고를 극대화하도록 하면, 내담자로 하여금 정신적, 정서적인 갈등, 비효율성, 부적응 상태로부터 벗어나게 할 수 있다는 것을 전제로 하고 있다. 뿐만 아니라 이 관점에서는 인간은 태어날 때 논리적이고 합리적인 사고의 가능성을 가지고 태어났지만, 어렸을 적에 형성된 "굴곡된 사고(crooked thinking)"에 의해서 비논리적이고 무절제한 사람이 된다고 보고 있다.

A-B-C-D-E의 도식

A: 선행 사건 (activating event)

B: 비합리적 신념 (irrational Belief)

C: 결과 (Consequence)

D: 상담자의 논박 (Dispute)

E: 상담의 효과 (Effect)

REBT에서는 선행 사건이 부정적 정서 결과를 초래한다고 보는 것이 아니라 선행 사건에 대한 믿음, 즉 내담자의 비합리적 사고가 정서적 반응을 초래한다고 본다. 그리하여 인간이 자신의 정서반응이나 장애를 일으키는 비합리적인 생각을 어떻게 바꾸는지 그 방법을 내담자에게 제시하는 것이 REBT의 핵심이며, 그 방법이 바로 논박이다. 상담자의 논박이 성공하게 되면 내담자의 적절한 정서와 적응적 행동을 일으키는 효과, 즉 E(effect)가 드러난다. (양명숙 외 17명, 2013, p. 310)

한편, 알버트 엘리스의 ABCDE 도식 이외에 아론 벡을 중심으로 '다양한 심리적 문제에 기저에 있는 인지 도식'을 찾기 위한 시도가 진행된 바 있다. 인지 도식이 형성되는 과정에는 최대화/ 최소화 사고, 최소화 사고, 사적인 추론, 선택적 사고, 파국적 사고, 과잉 일반화, 잘못된 귀인 등의 사고의 오류가 자리 잡고 있다고 알려져 있다. 이에 대한 자세한 내용은 다른 상담이론 교재를 참고하기 바란다.

(3) 상담의 목표 및 방법 (양명숙 외 17명, 2013, p. 323; 김충기, 강봉규, 2001, pp 172-177)

1) 비합리적 생각의 교정을 통하여 부적절한 정서를 적절한 정서로, 부적응적 행동을 적응적 행동으로 교정하는데 있다.

2) 내담자의 보이는 문제행동의 제거에 두기보다 문제 행동의 배후에 있는 핵심적

인 자기패배적 신념과 비합리적 사고를 극소화시키고 삶에 대하여 보다 현실적이고 합리적인 가치관을 갖게 하는데 있다.

3) 인지상담의 목표는 내담자의 병리에 자리 잡고 있는 "절대로, 반드시, 항상" 등의 비합리적, 비현실적, 경직된 사고를 합리적, 현실적, 유연한 사고로 변화시키는 것이다.

4) 방법

- 상담자는 내담자에게 문제점을 질문한다.

- 문제점을 규명한다.

- 부적절한 감정을 알아본다.

- 선행사건(A)을 찾아내고 평가한다.

- 이차적 정서문제를 규명한다.

- 비합리적 신념(B)−정서적 결과(C)의 연관성을 가르쳐준다.

- 비합리적 신념(B)을 평가 확인한다.

- 비합리적 신념체제(B)와 정서적 결과(C)를 연관, 비합리적 신념을 확인시킨다.

- 비합리적 신념을 논박한다.

- 합리적 신념체제를 내담자가 학습하고 심화하도록 한다.

- 새로 학습된 신념체제를 실천에 옮기도록 내담자를 격려하고 연습시킨다.

- 합리적인 인생관을 확립하게 한다

한편, 3세대 인지심리학으로 알려진 수용전념치료(Acceptance Committment Therapy: 이하 ACT)는 비합리적 사고를 교정하고자 했던 기존 2세대 인지심리학의 전통에서 벗어나 비합리적 사고 도식을 유발한 내담자 삶의 고통을 내담자가 그대로 경험하여 받아들이도록 한다. 또한 고통을 계속 경험해야 함에도 불구하고 내담자가 자신의 삶을 바칠 만한 가치를 선택하여 그 일에 전념하도록 조력한다. 필자의 견해로는 인지심리학은 세대를 거듭하면서 인간 행동의 표면에서 이면으로 그 초점이 이행하고 있다고 여겨진다. 1세대 인지심리학은 문제가 되는 표면의 행동을 수정하려고 하였고, 2세대 인지심리학은 문제를 유발하는 인간 마음 내의 생각을 수정하려 하였다면, 3세대 인지심리학은 고통을 회피하고 통제하는 과정에서 발생하는 인간 문제의 본질에 다다르고 있다. 인지심리학에 관한 기독교적 비평은 두 부분으로 나누어 시도하고자 한다. 먼저 본 절에서는 2세대 인지심리학에 관한 기독교적 평가를 소개하며, 다음 절에는 3세대 인지심리학인 수용전념치료에 관한 기독교적 비평을 담은 논문을 소개하고자 한다.

(4) 기독교적 비평

1) 인지상담의 가장 기본적인 전제인 인본주의와 쾌락주의는 기독교 가치관과 양립하기 어렵다. 인간은 스스로 완전한 자아완성이나 자치권을 가지고 있지 않다.

2) 일반적 인지상담이론과 기독교는 인간 경험이라는 관점에서 사람의 안녕과 심리적인 기능이 인간의 가치를 규정짓는데 필수적인 점이라는 것은 공유하나, 상담의 목표가 다르다. 인지상담은 사람들의 행복을 목표로 하는 반면, 기독교는 하나님의 영광을 위한 변화의 목표로 한다.

3) 인지상담은 인간의 믿음은 논쟁, 증거, 이성, 인간의 결정을 통해서 바뀔 수 있다고 한다. 그러나 이것은 인간이라는 존재가 궁극적으로 자신의 노력만으로 완벽하게 된다는 것을 전제로 한다.

4) 엘리스는 신념은 감정을 이끌어내는, 감정의 원인이 된다고 주장한다. 그러나 이는 인간이 가진 부정적인 감정에 지나치게 치우쳐있다. 즉, 인간이 염려하지 않는 것 혹 인간에게 영향을 미치지 않는 것에 대해서는 감정을 가지지 않고 있다고 역설한

다. 그러나 감정은 어떤 상황에 대한 본능적 해석이다. 또한 성경은 인간에게 특정 감정(소망, 감사, 친절)들을 발전시키라고 명한다. 그 결과 인간이 기독교적 방법으로 생각하고 믿으면 기독교 감정들을 느낄 수 있게 된다.

5) 인지상담에서 이상적으로 말하는 사람은 침착(equanimity)한 사람이다. 감정적으로 융통성 있게, 그리고 적응할 수 있게, 어떤 일이 발생해도 상대적으로 만족할 수 있는 것이 바로 인지상담이 말하는 침착이다. 이는 스토아 철학에서 영향을 받은 것으로 보인다. 이것은 기독교 관점과 맥락이 비슷한 부분이 있다. 즉 어떤 상황에서도 중심을 잡는 것, 만족하는 것, 인내하는 것, 용기를 갖는 것 등이 그것이다. 그러나 이것은 근본적으로 다른 마음에 나온 것이다. 인지상담에서는 자신의 행복에 대해서 높은 가치를 둔다. 침착의 기독교적 개념은 이 세상의 관점으로는 중요해 보이지 않지만 그러나 정말 중요한 영원을 사모하는 것, 영원(eternity)한 하나님 나라를 중요하게 여기는 것이다. 그렇기에 "현재의 고난은 장차 우리에게 나타날 영광과 비교할 수 없다(롬8:1).

6) 인지상담에서 문제로 여기는 것은 비합리적 신념인데 기독교 신학에서 일부는 지지하지만 지지하지 못하는 부분도 있으며, 지지하지 못할 뿐 아니라 신학과 정면대응 되는 문제가 되기도 한다. 인지상담에서 의존을 문제화 하는데, 이것은 인간이 하나님을 필요로 하고 의지하는 존재로 창조된 것까지 문제시한다. 하나님을 의지하는 것은 건강한 의지 혹 의존일 뿐 아니라 이것은 영적인 성장에 꼭 필요하다.

7) 엘리스에 따르면 그에게는 절대적인 초월적인 존재가 없기에 그는 "반드시 …해야 만한다" 라는 것이 문제를 일으킨다고 여긴다. 그러나 이는 잘못되었다. 왜냐하면 하나님을 믿는 신앙에서 하나님의 말씀대로 반드시 해야만 하는 순종이 있기 때문이다. 이렇듯 절대적으로 순종한 사람은 반드시 무엇인가를 더 해야 할 필요가 없다. 인간의 모든 문제는 하나님의 은총으로 이미 완전히 해결되었기 때문이다.

이 밖에 다음과 같은 점을 성경적 관점에서 더 생각해볼 수 있다.

1) 인간에 있어서 근본적인 변화는 성경이 개인의 사고와 도식을 평가하는 기준이 될 때 비로소 가능해진다.

2) 기독상담은 개인이 지닌 자신이나 주변 관계에 대한 왜곡된 사고와 도식뿐 아니라 하나님에 대한 왜곡된 사고와 도식을 변화시킬 수 있을 때 가능해진다.

3) 위의 관점에서 엘리스의 비합리적 사고에 대응하는 몇 가지 성경적 사고의 대안을 소개해보면 다음과 같다.

- "나는 모든 사람의 인정과 칭찬을 받아야만 한다": 인정 주제
  성경적 대안) " 내가 죄인이었을 때 하나님께서 이미 나를 그의 희생으로 높여주셨다. 모든 사람의 인정과 칭찬을 받아 스스로 괜찮아 지려고 하는 것은 타락한 죄인으로서 하나님과의 어긋난 관계를 보여주는 것이다."

- "세상에는 용서할 수 없을 정도로 악하고 부패한 사람이 있다": 용서 주제
  성경적 대안) " 나를 포함한 모든 사람이 죄인이며, 예수 그리스도께서 모두를 십자가의 피로 이미 깨끗하게 하셨다"

- "내가 원하는 대로 일이 이루어지지 않으면 끝장이다": 통제 주제
  성경적 대안) "모든 일은 하나님의 때에, 하나님의 뜻에 따라 이루어질 것이다"

- "세상은 나에게 공평해야 하며 내 필요를 모두 채워주어야 한다": 의존 주제
  성경적 대안) "반석이고 요새이신 하나님만이 든든히 의존할 수 있는 대상이다."

다음에 3세대 인지심리학으로 알려진 수용전념치료에 대한 성경적 비평과 대화를 시도한 논문을 소개한다.

2. 기독교적 관점에서 보는 수용전념치료(ACT)[4]

최근 수용 전념 치료(ACT)가 제 3세대 인지행동치료로 관심을 모으고 있다. 특히, 불교의 통찰명상에 뿌리를 둔 마음 챙김의 상담적 활용은 주로 불교적 관점을 기반으로 활발하게 진행되고 있다. 이 논문에서는. 수용전념치료의 핵심 개념인 마음 챙김, 수용, 가치를 기독교적인 관점으로 고찰해 보았다. 불교와 ACT와 기독교적 관점에서 말하는 마음 챙김, 수용, 가치의 개념들을 설명하면서 기독교적 관점에 부합한 점들과 부합하지 않은 점들 논의하였다. 마음챙김에서는 관찰적 자기로서의 성령 하나님과 기독교 영성 훈련의 상담적 접목 가능성에 대해서, 수용에서는 고통의 근원에 대한 설명과 죄와의 관련성에 대해서, 그리고 가치에서는 절대적 가치를 제시하면서 이 개념들의 기독교적 통합 가능성을 논의하였다.

(1) 서론

수용전념치료(Acceptance and Commitment Therapy: 이후는 ACT로 표기)는 최근 10여 년 전부터 인지행동 치료 분야에서 제 3 세대로 주목 받고 있는 비교적 새로운 접근법들 중의 하나이다. 행동치료의 동향은 크게 3 세대로 구분될 수 있다(Hayes, 2004a; Hayes, Luoma, Bond, Masuda & Lillis, 2006). Hayes, Luoma, Bond, Masuda, Lillis(2006)는 전통적인 행동치료를 제 1세대로, 전통적 인지치료와 인지-행동치료(CBT)를 제 2세대로, 그리고 알아차림 명상에 기반을 두는 접근법들을 '제 3 세대'로 언급하고 있다. 제 1세대의 행동주의가 인간의 행동을 객관적으로 설명하는데 기여하고 있지만, 인간의 사적 사건들(private events)을 설명하지 못하는 반면, 제 2세대의 인지치료는 행동주의가 설명하지 못하는 인간의 사

---

4) 신현, 김지연, 박영남, 김미선, 최은영(2013). 기독교적 관점에서 보는 수용전념치료(ACT). 한국기독교상담학회지, 23권 2호. (학회와 공동연구자들의 허락 하에 본서에 논문 전편을 실었다.)

적 사건들을 인지과정과 같은 모델을 통해 설명하고자 하고 그 인지과정의 왜곡을 치료 목표로 삼는다. 행동치료나 인지치료는 부정적인 경험을 그대로 수용하고 경험하기 보다는 변화에 역점을 두고(문현미, 2005), 부정적인 경험을 회피하거나 감소시키는 것에 중점을 두어왔다.

반면, 인지행동치료의 제 3세대에 속하는 알아차림 스트레스 관리(MBSR: Mindfulness-Based Stress Reduction), 마음챙김에 근거한 인지치료(MBCT: Mindfulness-Based Cognitive Therapy), 변증법적 행동치료(DBT: Dialectical Behavior Therapy), ACT등과 같은 치료법들은 행동과학에 기초한 마음챙김 기반의 치료(mindfulness-based therapy)로써 경험을 수용하고 현실에 전념하도록 돕는다. 마음챙김을 사용한 접근법들은 요가, 명상, 선 등에 관심이 늘어가고 있는 현대에 긍정적으로 활용되고 있으며, 특히 ACT는 지난 15년간 인지 행동적 접근에서 경험적 연구를 통하여 지속적으로 발전하여, 사회적 불안, 우울증과 같은 기분 장애, 강박증, 분열증, 경계선 성격장애, 직장에서의 스트레스, 만성통증, 중독 회복, 금연, 당뇨병 등의 다양한 치료에 사용되며 효과를 나타내고 있다. 예를 들면, 우울치료(Folke & Parling, 2004; Zettle & Rains, 1989), 불안치료 (Block, 2002; Zettle, 2003), 직장 스트레스(Bond & Bunce, 2003; Bond & Flaxman, 2006) 치료와 같은 심리 내적 요인뿐 아니라 공황장애치료(Carrascoso, 2000; Eifert & Heffner, 2003), 부부치료(Jacobson, Christensen, Prince, Cordoya, & Eldridge, 2000; Jacobson & Christensen, 1996; Koerner, Jacobson & Christensen, 1994), 금연(Gifford et al., 2004) 등에서도 ACT의 효과는 입증되었다. Marlatt(1994)은 약물 남용 환자의 재발 예방 치료로서 마음 챙김 명상 기법을 활용하여 그 효과를 증명한 바 있다.

국내에서는 ACT를 중심으로 한 프로그램의 개발은 문현미(2005)에 의해 처음 이루어졌다. 문현미(2005)는 ACT가 심리적 건강과 삶의 질을 높이는데 효과적이며 심리적 수용이 이러한 효과를 촉진한다고 보고하였다. 황성옥(2010)은 불안과 부정적 자동적 사고의 감소에 ACT가 효과가 있음을 입증하였고, 이선영(2010)도 ACT를 불안 문제에 적용하여 프로그램을 구성하여 그 효과를 검증하였다. 김미하(2007)는 발달장애 아동 어머니의 양육 스트레스와 심리적 안녕감 및 우울 사이에서 경험회피와 인지적 융합이 매개변인으로 작용하는 경로 모형을 통해 ACT가 심리적 안녕감과 우울에 미치는 효과를 분석하였다. 염승훈(2008)은 ACT 모델을 기반으로 분노를 수용하고 조절할 수 있도록 돕는 프로그램을 개발하고, 그 치료효과를 통계적으로 검증하였다. 그리고, 이정화(2010)는 알코올중독환자들에게 ACT를 기반으로 한 집단 프로그램을 개발하여 적용하였을 때 알코올중독자들의 심리적 안녕감과 경험회피 및 인지적 융합에 미치는 효과를 확인하였다. 강광순(2010)의 연구에서는 치료적 요소로 마음챙김 명상을 적용한 결과, 마음챙김 명상 프로그램이 유방암 환자의 스트레스 지각을 감소시키고 생리적, 심리적 상태를 호전시켜 삶의 적응을 돕는데 효과적임이 밝혀졌다. 그 밖에 분노 감소(송혜정, 손정락, 2011) 및 스트레스 감소(김인구, 2008)에서도 ACT의 효과가 입증되었다.

국내에서 마음챙김이나 명상은 초월영성이나 선, 혹은 불교적 영성 훈련을 중심으로 활용되며 연구되고 있다. 마음챙김이나 명상의 목적은 다르지만, 묵상이나 명상과 같은 수행방식은 초대교회나 사막 교부시대 때부터 이어져온 기독교 신앙의 오랜 전통중의 하나로 말씀에 근거하여 하나님의 임재 안에 머무르는 훈련이다(허성준, 2003; 박노권, 2008; Foster & Beebe, 2009). 기독교적인 관점은 인간은 영적인 존재(spiritual being)이며 인간 안에 내주하는 능력을 경험하며 영적인 더 큰 대상인 하나님과 연합할 수 있고, 인간의 집중을 분산시키는 욕구들로부터 자유로울 수 있다고 본다(Miller & Delaney, 2005). 이런 관점에서 마음챙김은 내면의 경험에 집중하며 영성의 개발을 시도하는 관상기도 등 다른 영성 수련과 맥을 같이 한다. 권명수(2009)는 기독교 영성의 수행으로 관상기도가 마음챙김과 현상적으로 유사한 효과가 나타난다고 보았다. 그는 의식의 흐름을 5단계로 나누어서 1단계는 표면적 의식의 단계, 2단계는 특정 감정, 이미지, 개념에 끌리고, 3단계는 평안하지만 사고나 감정에 동의하게 되고, 4단계는 평안하지만 원치 않는 사고나 감정을 의식하게 되고, 5단계에서는 무의식이 풀리면서 자신의 내면의 원치 않는 어두운 면이 올라오면서 심리적인 치유가 일어나게 된다고 설명한다.

최근까지 상담이나 심리치료 분야에서는 심리학과 신학을 다양한 방식으로 통합해보려는 노력들이 이루어져 왔다(Jones & Butman, 2009; McMinn, 1996; Johnson & Jones, 2000). 또한 상담치료 학계도 최근 초월, 영성, 명상, 묵상, 관상 등에 대한 관심이 높아지고 있으며 영성 지향 심리치료에 대한 관심도 확대되고 있다(Sperry & Shafranske, 2008). 하지만, 심리치료와 상담계에서 주목 받기 시작한 ACT를 기독교 상담에 통합하려는 연구는 아직 시도되지 않았다. Jones와 Butman(2009)은 건설적인 통합은 특정 이론이 통합의 기준이 되는 틀에 부합하는 부분과 부합하지 않은 부분들을 잘 분별하여야 한다고 말한다(p.33). ACT의 주된 기법이자 통찰명상의 수행법의 하나인 마음챙김은 불교적 세계관에 근거한 철학적 전제를 가지고 있다. 이에 ACT의 철학적 전제들을 기독교적 세계관으로 재조명해 보며, 기독교 상담 안에서 어떻게 적용되고 활용할 수 있는지 점검해 보는 것은 반드시 필요하다. 관심이 높아지고 있고 다양한 증상에도 효과를 보이고 있는 ACT를 기독교 상담에 적용하기 이전에, ACT가 가지는 이론적 관점이 기독교가 가지는 성경적 진리와 상이하거나 충돌하는 면은 없는지 점검해 보는 것은 기독교 상담가에게 의미 있는 일이다. 본 논문은 이러한 필요성 위해 시도되는 기초적 개념 연구로 향후 ACT의 기독상담적 적용에도 영향을 미칠 수 있을 것이다. 그러므로, 본 연구의 목적은 영적 수행의 특성을 가지는 마음챙김을 강조하는 ACT를 기독교 상담에 통합하기 위한 기초 단계로써 이러한 철학적 전제들을 기독교적 관점으로 살펴보고 그 가능성을 제시하는 것에 있다.

ACT는 병리를 경험적 회피(experiential avoidance), 인지적융합(cognitive fusion), 개념화된 자기에의 집착(attachment to the conceptualized self), 행동하지 않음(Inaction, impulsivity, or avoidant persistence), 가치의 부재(lack of values clarity; dominance of pliance and avoidant tracking), 지배적으로 개념화된 과거와 두려운 미래(dominance of the conceptualized past and feared future; weak self-knowledge)에 의한다고 보기 때문에 수용(acceptance), 인지적 탈융합(cognitive defusion), 현재에 존재하기(being present), 맥락으로서의 자기(self as context), 가치(value), 전념하는 행동(committed action)의 6가지 핵심과정들을 중요하게 다룬다(Hayes, Luoma, Bond, Masuda, & Lillis, 2006). 본 논문에서는 치료적 과정 자체보다는 핵심개념과 전제들을 다루고자 하기에 Hayes와 Smith(2010)가 ACT의 세 가지 핵심 개념들로 강조한 마음챙김, 수용, 그리고 가치에 대해서만 논하기로 한다. 우선 ACT의 관점을 논의한 뒤, 기독교적 관점으로 평가해보고자 한다.

(2) ACT의 핵심 개념: 마음챙김, 수용, 가치

1) ACT의 마음챙김(mindfulness)

ACT에서 마음 챙김은 "경험적인 사건이 그 순간에 일어날 때, 융합되지 않고, 집착하지 않고, 수용적이고, 판단하지 않으며, 의도적으로 이를 알아차리는 것(Hayes & Smith, 2010, p.230)"으로써 경험을 보는 한 방법이며, 현재 그 순간의 개인의 경험에 대해 그 개인이 비평가적이고 비판단적으로 경험할 수 있게 한다(Dobson, 2010).

뿐만 아니라, 개인의 사고, 감정들, 그리고 다른 내적 경험들보다 자기(self)에 대한 감각을 더 크게 키워나간다(Baer, 2006). 이러한 마음챙김은 ACT의 치료적 목표인 심리적 유연성을 만드는 핵심 개념이자 수용을 촉진시키는 기법이다(Hayes & Smith, 2010). Hayes, Jacobson, Follette, Dougher(1994)는 마음챙김 훈련이 중요하며 이를 통해 자신의 내적 경험과 부정적인 정서를 있는 그대로 완전하게 경험하는 수용능력이 발달되며, 심리적 문제의 원인인 경험회피가 감소된다고 주장한다. 이로써 심리적 장애를 치료할 뿐 아니라, 심리적 안녕(wellbeing)을 증진시킬 수 있게 된다(박성현, 2007).

구체적으로 할 수 있는 훈련 방법들로는 마음챙김의 기초인 경험의 특정영역인 생각의 시점, 신체감각과 암묵적인 평가를 알아차리는 연습이 있다. 이는 생각과 감정에 집착하지 않고 마음과 몸에서 일어나는 것을 관찰하는 것이 어떤 것인지에 대해 느껴볼 수 있도록 하는 것이다. 또한, 자신이 있는 곳에 존재하기, 침묵하며 걷기 명상, 범주 명명하기, 건포도 먹기, 차 마시기, 마음 챙김 먹기, 명상하며 단지 앉아 있기 등은 현재에 존재하는 것을 알아차리는 능력을 증대시키는 연습들이다(Hayes & Smith, 2010).

이러한 마음챙김 연습들을 통해서 개인은 관찰적 자기(observer −self)를 계발할 수 있고 이 관찰적 자기를 통해서 순간 순간 자신의 경험과 접촉하기 위해 현재에 주의를 기울이고, 현재 순간에 일어나는 자신의 모든 말하기, 행동하기, 생각하기, 느끼기, 지각하기 등을 그대로 경험하고 관찰할 수 있다(문현미, 2006). 그러면, 특정한 상황들과 활동들을 피하게 만들었던 고통과 관련된 사고를 자신의 현실이나 진리가 아닌 자신의 생각으로 받아들이게 되어 그것들을 믿거나, 그것들에 의해 통제를 당하거나, 혹은 바로 행동하지 않고, 관찰적 자기가 자신이 피했던 감정들과 감각들에 노출되고, 그 노출로 인해 어떤 현상에 대한 부정적인 정서들이 감소되는 심리적 유연성이 늘어나면서 현재에서 더 큰 행동적인 유연성이 생긴다. 이런 측면에서 마음챙김 연습은 관찰적 자기를 계발하는 훈련이라고 할 수 있다. 또한 이러한 훈련은 개인에게 중요한 가치 중심의 삶이 무엇인지 찾고 확인할 수 있게 도와준다.

현대에 와서는 마음챙김에 근거한 심리치료들은 임상적인 적용에 있어서 일반적으로 동아시아의 남방 불교의 영성 수행법의 하나인 '위빠사나(vipassana)' 명상을 채택하고 있다. 명상은 기독교뿐만 아니라 이슬람이나 힌두교와 같은 종교에서도 몸과 마음을 집중하는 전통적인 수련 과정의 하나로 사용되어 왔다. 불교에서 수행법으로 사용되고 있는 명상은 크게 집중명상(concentration meditation)과 통찰 명상(insight meditation)으로 구분할 수 있는데(김정호, 1994), 붓다는 마음의 평정을 이루기 위해서는 집중명상을, 그리고 고통을 극복하는 방법으로는 통찰명상을 강조하였다(Belinda & Luan, 2009). 위빠사나 수행이라고도 불리는 이 통찰명상은 외부든 자신이든 현존하는 대상을 있는 그대로 받아들이고 객관적으로 바라봄으로써 자기 자신과 세계에 대해 더 큰 인식을 얻도록 도와준다(Belinda & Luan, 2009). 특히 통찰명상의 하나인 '마음챙김'은 위빠사나 명상의 원리이며 핵심 요소이다.

최근 수 십 년간, 서양의 심리학자들은 종교적인 거부감 때문에 다가오기 힘든 사람들을 위해 불교적인 색채를 제거하고 심리치료의 한 기법으로 마음챙김을 사용하고자 해왔다(정준영, 박성현, 2010). 마음챙김을 임상 치료현장에 정착시킨 Kabat-Zinn(2003)은 마음챙김이라는 기법과 마음챙김 훈련의 목적이 불교를 가르치는 것에 있지 않기 때문에, 종교적, 문화적, 개념적인 요인들로부터 벗어나야 함을 강조하고 있다. Hayes와 Wilson(2003) 역시 마음챙김이 종교적인 근원을 가지고 있기 때문에, 치료법의 한 부분으로 통합할 때에는 반드시 과학적으로 확인하고 평가되어야 한다고 주장한다(Dobson, 2010). Teasdale(1999)은 마음챙김을 감정을 주관적 경험으로 느끼면서 비평가적으로 자각하는 정서 처리의 한 방식이라고 보았고, 박성현과 성승연(2008)은 마음챙김을 내적인 경험에 대한 습관적인 주의(attention)뿐만 아니라, 비판단, 비평가, 수용, 감정의 탈 중심화 등의 다른 요인들을 사용하는 독특한 정보 처리 방식이라 보았다. 다시 말해서, 심리학자들은 마음챙김이 가지고 있는 종교적인 색채를 빼고 조금 더 인지적이고 과학적인 영역에 포함되는 치료의 기법으로써 마음챙김을 통합하는 방식으로 사용하기 시작하였다. 그럼에도 불구하고, ACT의 마음챙김이라는 개념이 불교라는 종교에 근원을 두고 있으므로 그 철학적 전제들을 완전히 배제할 수는 없다. 불교에서는 세상과 인간은 끊임없이 변화하고 있으며(무상:無常), 개체의 고유의 실체나 본체가 없다(무아:無我)고 본다(안도 오사무, 2010). 김정호(1996)는 몸과 마음도 항상 변화하고 어떤 불변하는 영혼과 같은 존재는 없다고 보며, 자기(self)에 대해서 "물질적으로나 정신적으로나 여러 구성요소들의 조합으로 되어 있지, 이것들과 구분되는 별개의 불변적인 개체를 갖지는 않는다"고 하였다(김정호, 1996, p.46). 그러나, 그는 '자기(self)' 라고 말할 수 있는 실체는 없지만, 여러 구성요소들의 상호작용으로 인해 개인에게 보여지는 물질적, 심리적 현상을 '자기'라고 볼 수 있고 그것이 하나의 단위로 기능한다고 주장한다. 이러한 세상과 자기 자신에 대한 인지적 무지로 인해 세상을 변하지 않고 고유의 실체나 본체가 있다고 착각하기 때문에 집착이 생기고 욕구가 생겨나며 그 욕구가 좌절될 때 고통이 생긴다고 본다(안점식, 2008, p.131-132). 이러한 무상(無常: impermanence), 무아(無我: egolessness), 고(苦: suffering)의 원인에 대한 인식적인 무지와 인지적인 오류를 알게 되고 인식의 변화와 인지 체계의 변화가 일어나는 것이 불교에서 말하는 '깨달음'이며, 이 깨달음은 몸과 마음에서 일어나고 있는 현상들을 관찰함으로 이르고, 바로 이 관찰 방법이 마음챙김이다. 마음 챙김은 마음뿐만 아니라, 몸과 마음의 모든 현상을 다 관찰하기 때문에, 호흡, 걷기, 감각, 신체활동들, 생각, 감정, 욕구와 갈망까지도 모두 주의 깊게 인식해야 하는 대상이 되며 마음챙김의 과정에 포함된다. 즉, 마음을 관찰하는 것은 궁극적으로 "사물을 인식하는 주체인 자아와 인식의 문제를 다루는 것(안점식, 2008, p.130)"이다.

'마음챙김'은 '알아차림'과 '분명한 이해(clear comprehension)'라는 의미도 포함한다. (Bhikkhu Bodhi, 1984). 박성현(2007)은 마음 챙김을 "몸과 마음에서 일어나는 일체의 현상을 있는 그대로 즉각적으로 분명하게 알아 차리는 것(p. 88)"으로 보았다. 한편 김정호(2004a, 2004b)는 마음챙김은 특별한 방식의 주의(attention)이고, 알아차림은 그러한 주의에 수반되는 의식(consciousness)으로써 마음챙김의 행위에 따라오는 결과라고 정의하는데, 주의없는 명확한 의식은 불가능하기 때문이다. 그래서, 김정호(1996)는 마음챙김을 "주의집중의 대상이 고정되지 않고 일상생활에서 매 순간의 변화하는 경험에 열린 마음으로 주의를 집중하는 것(p. 36)"의 특징으로 언급하면서 마음의 작용 또는 현상에 빠지지 않고 떨어져서 관찰할 수 있어야 한다고 주장하였다. 그렇지만, 그는 관찰하는 것은 특정한 개성을 갖는 또 다른 인격적 존재가 관찰자나 보는 자로써 필요하지 않다고 보았다(김정호, 1995).

2) ACT에서의 수용

① 고통과 경험의 회피

ACT에서는 고통(pain)과 괴로움(suffering)을 분명하게 구분하고 있으며 고통을 기꺼이 경험하지 않고 회피하려고 하면 괴로움이 되고, 괴로움은 고통 이상을 의미하고 있다고 본다. ACT에서는 인간이 경험하는 고통을 어떻게 다루며, 고통과 함께 어떻게 앞으로 나아가느냐 하는 것이 중요한 문제로 다뤄진다(Hayes & Smith, 2010).

종종 의식적이고 계획적인 회피 방법은 삶의 여러 가지 위험들을 피하는 데에 유용하기 때문에, 인간은 혐오적이라고 평가된 생각이나 정서 등에 대해서도 동일한 대처 방법을 사용하면서 경험을 회피한다(Hayes & Smith, 2010). 경험 회피는 긍정적인 행동들을 잠식시켜 실재 고통을 인위적으로 더욱더 확대 시키는 것으로 개인의 지속적인 행동상의 문제들이 발생함에도 불구하고 자신의 경험인 신체적 감각, 감정, 기억, 생각, 행동성향 등을 회피 하려고 애쓰거나, 이런 원하지 않는 개인적인 경험에 관련된 상황들을 회피하여 바꾸려고 하거나 그 상황에서 벗어나려고 하는 과정을 말한다(Hayes, Masuda, Bissett, Luoma & Guerrero, 2004). 하지만, 두려운 생각을 문자적으로 받아 들여 경험을 회피하면 그에 따른 생각에 더 확신을 가지게 되고 거기에 더욱 얽매이게 된다. 그럴수록 그것은 더 강렬하고 빈번하게 나타나 실재적인 고통은 증가되고 내면의 투쟁으로 인해 삶이 유보된다(Ciarrochi & Bailey, 2009). 즉, 고통스러운 감정이나 생각들을 회피하기 위하여 감정을 느끼는 것과 생각하기를 멈추거나 또는 합리화를 시키고 다른 대처 행동을 하면 할수록 괴로움은 더욱더 증가하고 삶은 가중된 고통과 괴로움 가운데 멈추게 된다. 어떤 것을 생각하지 않으려고 노력 할수록 더 생각하게 되고, 나쁜 결과를 피하기 위하여 나쁜 것을 느끼지 않으려고 하면 지금 이 순간에 그 나쁜 결과와 관계하게 되어 나쁜 감정이 일어나게 되는 것이다(Hayes & Smith, 2010). 다시 말해서, 고통스러운 생각이나 감정, 신체적 감각으로부터 회피하려고 하면 그 회피하려고 하던 것이 더욱 더 뚜렷해지고 중요해진다.

인간이 경험하는 고통은 역사를 지니고 있고, 이런 고통을 제거하려고 노력하면 할수록 오히려 고통은 더 커지고 더욱더 괴로움 속으로 빠져들기 때문에 고통을 제거하거나 회피하기 보다는 이것을 수용하여야 한다. ACT에서 말하는 수용은 "허무주의적인 자기 패배를 의미하는 것이 아니다. 또한 그저 고통을 참고 견디라는 의미도 아니다(Hayes & Smith, 2010, p. 32)." Hayes(2004a, 2004b)는 고통의 감정에 머물러 있는 것을 수용하지 않고 회피하는 사람은 자기 통제에 대해 더욱 더 어려움을 보이고, 자신의 건강을 적절하게 돌볼 수 없게 되어, 결국 경험의 회피가 삶의 질을 점점 더 악화시킨다고 주장한다.

② 수용

수용이란 인간이 내적으로 경험하는 것에 대하여 회피하거나 통제하는 것이 아니라 기꺼이 경험하도록 하여 자신의 감정, 생각, 기억, 그리고 신체적 감각을 있는 그대로 느끼고, 생각하고, 기억하게 하여 능동적으로 반응하여 자신의 경험에 대해 더 잘 알아차리고 자신이 가치를 두는 것에 더 효율적으로 다가가는 것을 말한다 (Greenberg, 1994). 수용하기의 목표는 판단함 없이 경험적인 생각, 느낌, 감정, 신체감각 등을 능동적으로 받아들이고, 피하고 있던 개인적 경험에 접촉하고 이를 있는 그대로 경험하면서 개인적 경험에 대한 관계를 변화시킴으로써, 개인적 경험의 구성 과정을 수용하여 통제로부터 자유로워지고 유연성을 가지는 것이다(Hayes & Smith, 2010).

ACT에서는 개인적인 경험적 사건에 대한 회피의 부적합한 적용을 먼저 직면시킴으로써 수용을 촉진시킨다. 즉, 그 동안 자신에게 익숙해진 자동 반응적인 사고나 감정에 대해 탈중심적인 관점으로 이동함으로 심리적 경험에 관계하는 언어적인 과정을 중립화해야 한다(문현미, 2005). ACT에서는 그 생각이 사실인지 잘못된 것인지에 관계없이 그 생각에 사로잡혀 있는 것이 도움이 되는지 아닌지에 관심을 가진다. "지금 당신이 느끼고 인식하고 있는 감정과 생각이 당신의 인생을 풍요롭고 의미 있게 만들어 주는가?"를 질문함으로 그렇다면 유용(workability)한 것으로 받아들이고, 그렇지 않은 경우는 버리거나 다른 무언가로 변화시켜야 한다(Harris, 2009).

이를 위해서는 사고와 감정을 언어적인 의미로 보지 않고 존재하는 그대로 바라보는 인지적 탈융합을 시도함으로써, 새롭게 해석되고 경험되는 사고나 감정을 마음속에 지나가는 하나의 심리적 사건으로 인식하는 메타 인지적 자각(meta-cognitive awareness)인 알아차림을 증진시키는 것이 필요하다. 다시 말해서, 도움이 되지 않는 생각, 신념, 인지를 거리를 두어 이탈시키고, 고통스러운 감정, 충동, 감각에 대해 공간을 만들고 판단 없이 오고 가게 하면서, 지금-여기의 경험에 개방성과 호기심을 가지고 충분히 머물도록 하면, 내면에 명료해지는 의식을 알아차리게 된다(Harris, 2009). 부정적인 경험으로 고통 받고 있는 지금 현재적 순간을 알아차리고, 도움이 되지 않는 사고와 정서를 명명함으로 다른 관점으로 바라보는 일련의 과정이 자신에게 의미 있는 명료한 가치지향적인 정서, 인지, 행동적인 결과를 낳게 되므로 구체적인 목표와 행동을 추구하는 효과적이고 새로운 존재로 성장하게 된다(Teasdale, 1999).

윤호균(2005)은 경험의 수용은 모든 경험을 소중하고 가치 있는 것들로 여기게 하며 행동도 보다 자신에게 도움이 되고 목표지향적인 방향으로 바뀌게 하지만, 경험수용의 실패는 감정을 지나치게 부인하고 통제하거나 행동을 비난하고 억제하는 형태로 나타나서 경험 수용의 실패가 만성적으로 반복되면 심리적 부적응과 정신 병리를 초래할 수 있다고 하였다. 특히 최근에 여러 연구자들에 의해 정서조절의 손상과 실패가 정신 병리를 초래한다고 주장되고 있다(이지영, 권석만, 2006).

③ ACT의 가치

ACT에서 정의하는 가치는 선택, 혹은 선택한 삶의 방향을 뜻한다(Hayes & Smith, 2010; Vilardaga, Hayes & Schelin, 2007). 여기에서의 방향은 어떤 물건을 소유하거나 지점에 도달 하는 것이 아니라 일련의 순간들과 함께 하나의 의미 있는 길을 이루는 것을 말한다. 다시 말해 가치는 목표처럼 추구되는 것이 아니라, 단지 실현되는 것이다. 즉, ACT에서 정의하는 가치는 매일의 삶에서 추구하고 싶은 것을 규정하는데 그치지 않고 인생을 통해 실현하고 싶은 것을 삶의 방향으로 선택하여 지속적인 행동으로 추구해 나가는 것을 의미한다(Hayes & Smith, 2010).

또한 Hayes와 Smith(2010)는 가치는 책임을 수반하며 반응을 선택할 수 있는 능력을 항상 지니고 있고, 인간이 언제나 할 수 있는 반응은 가치를 선택하는 것이라고 말한다. ACT에서 가치는 판단하는 것이 아니라 선택하는 것으로, 내담자가 다양한 삶의 영역에서 자신의 삶이 어떻게 실현되기를 바라는지 생각하게 돕는다(Hayes & Smith, 2010). 자신의 삶에서 무엇이 가치가 있는 것인지에 대해 알아보고, 이런 가치 있는 삶을 원하지만 여러 가지 장애물로 인해 가치의 삶을 살아가지 못하고 있는 것이 무엇인지를 살펴보게 한다. 부정적인 감정과 싸우면서 실질적으로 희생되고, 하고 싶었지만 하지 못했던 것들을 탐색해보게도 한다. 인간이 각자의 가치를 선택하고 그 길을 추구 할 때 모든 힘든 역경 속에서도 풍요로운 의미의 삶을 살 수 있다. Hayes와 Smith(2010)는 인간은 방향을 선택하는데 필요한 모든 것을 지니고 있다고 보았으며, 가치를 가지고 있는 인간은 언제 자신이 선택한 방향대로 살지 못했는지를 분별할 수 있고, 가치가 길을 비추는 전조등역할을 해주어 길을 잘못 들어섰을 때에도 바른 길로 돌아설 수 있다고 보았다.

그러므로, ACT는 자신의 삶에서 가장 가치 있게 여기는 것이 무엇인지 확인하고 그것을 실행하는데 전념하도록 하고, 두려워하는 심리적 장애물들에 직면 하도록 하면서 전념된 행동을 할 수 있도록 도와 보다 활기 있게 목적을 향한 삶을 살 수 있도록 하는 데 목적을 둔다. 개인의 근본적인 가치가 명료해지고 삶의 방향이 정해지면 그에 따른 구체적인 목표와 행동들을 정하고 가치를 추구하면서 직면되는 심리적 장애물에 대해서 확인하게 되는데, 이때 심리적 수용의 필요성이 다시 부각된다(문현미, 2006).

(3) ACT의 마음챙김, 수용, 가치에 대한 기독교적 평가

1) 기독교적 관점에서의 마음챙김: 관찰적 자기로서 일하는 영과 성령

앞서 마음챙김은 위빠싸나 명상의 핵심 수행방법이자, ACT에서의 핵심적인 개념과 기법으로써 심리치료에 적용되는 것이라고 밝힌 바 있다. 마음챙김은 깨달음을 얻기 위해서 자신의 몸과 동작들, 생각, 감정, 욕구, 사고 등 현재 일어나고 있는 경험을 관찰하는 노력이다. 김정호(1995)는 의식이 자신의 경험을 관찰한다고 보고, 이를 '관찰하는 의식'과 '경험하는 의식'으로 나누었다. 그는 '관찰하는 의식'을 '관찰적 자기(observing self)'라는 용어와 동의어로 사용하면서(김정호, 2006), ACT의 '관찰적 자기(observing self)'도 하나의 의식으로 보았다. 즉, 그는 관찰자나 보는 자로서의 특정한 인격적인 존재를 상정할 필요가 없으며, 마음의 또 다른 부분이 관찰한다고 주장한다(김정호, 1996).

마음챙김을 '관찰적 자기'가 모든 몸과 마음의 현상들을 생생하게 인식함(awareness)으로 마음의 평정한 상태를 유지하는 것이라고 보는 것은 관찰적 자기를 메타 인지의 관점에서 설명한 것으로 볼 수 있다. 그러나, 이에 대해서 권석만(1996)은 관찰적 자기 자체가 인식의 주체이기 때문에 자기 관찰을 통해서는 인식될 수 없으므로, 이것은 심리학의 대상이 아닌 철학의 대상이라고 주장하였다. 박성현(2007)은 관찰적 자기를 자기 초월적인 의식의 확장'이자 자기 초월적인 자기 이해로써, 무상 무아의 심리학적 표현으로 보았다.

마음챙김을 기독교적 관점으로 이해하기 위해서 마음챙김에 대한 ACT의 철학적 전제와 대조되는 기독교적인 전제를 살펴보는 것이 필요하다. 기독교에서는 이러한 관찰적 자기를 하나님과 인간의 관계적 측면에서 설명하고 있다. 기독교적 관점에서 볼 때, 인간은 절대적인 불변하시는 존재인 하나님이 지은 피조물이며, 불변하는 실체가 있는 영적인 존재다. 인간은 '하나님의 형상(Imago Dei)'대로 지음 받아 신적 형상을 소유한 영적인 존재(spiritual being)로서, 이는 인간의 가장 핵심적인 본성 중의 하나이다(Miller & Delaney, 2005). Coe와 Hall(2010)은 하나님의 형상대로 지음 받은 인간을 '관찰되는 나(observed I)' 와 '관찰하는 나(observing I)'로 설명한다. '관찰되는 나'는 존재론적인 본성과 성격 그리고 자신의 가능성과 잠재성으로 관찰되는 기질로서 경험되는 나이다. 그리고, '관찰하는 나'는 인격적인 핵심정체성으로써 의식의 중심이며 개인을 유일하게 만드는 본성과 성격 그 이상의 것으로 내면을 관찰하는 수행자(agent)이다. 즉, 인간 안에 감추어진 생각과 감정, 습관과 성격등, 본성을 관찰하고 조절하는 일을 하면서 '관찰적 자기'로서의 역할을 하는 것이다. 이러한 관찰적 자기는 영적인 실체로서의 인간의 핵심이자 실재로서 내면에서 일어나는 모든 의식과 감각을 주의 깊게 관찰하고 조정하는 자기 의식과 자기 인식이 가능한 수행자이다(Coe & Hall, 2010).

인간의 마음은 여러 인지, 정서, 의지 등의 체계들의 활동과 조합 이상의 영속하는 영적인 실체(entity)도 포함한다. 성경에서 마음은 심장이자, 정서, 감정과 욕구, 지식, 이해함, 생각과 의지가 있는 곳이며, 인격과 동의어로 사용되기도 한다(김찬제, 2008). 김찬제(2008)에 의하면, 특히 히브리인들에게는 심장이 마음을 의미하기도 했는데, 그들은 마음을 인간이 도달할 수 없을 만큼 높고 깊은 곳에 있는 신비하고 가리워진 부분으로 여겼고, 신적인 이해가 필요한 곳이라고 보았다. 즉, 마음을 하나님과의 접촉점이자 하나님께로 향하는 인간의 중심으로 여겼다. 다시 말하면, 마음은 이성적 능력이 있는 진리를 깨달을 수 있는 수단과 도구이자 정서적인 요소들을 포함한 인격으로서 하나님과의 교감이 일어나는 장소이고, 거하시는 곳이다(김찬제, 2008). 이것은 인간이 그 마음을 통하여 하나님과 특별한 관계를 맺고 있다는 점을 시사하며(White, 1984), 영적인 이해나 분별의 가능성을 보여준다.

그에 더해, 기독교적 관점은 이 마음에 초월적인 하나님이 영적인 실체로 함께 한다고 본다(요 16:13~14). 이를 폴 틸리히는 인간 안에 내주하는 신적 현존을 내주하는 성령의 개념으로 설명했고 내주하는 성령은 다음과 같은 두 가지 특성을 지닌다고 하였다(김기환, 2002). 첫째는 초월적 특성으로, 내 안에 '다른 존재'로 내주하는 성령이 소리가 하나님으로부터 오는 것이다. 즉, 내 안에서 들리는 성령의 소리가 외부로부터 오는 하나님의 소리라는 것이다. 두 번째 특성은 성령과의 개인적인 만남은 인간의 마음과 정신을 초월하여, 인간의 이성적인 삶의 영역 너머에 있는 것들을 볼 수 있도록 우리 눈을 열어준다. 이런 성령을 경험할 때 인간 안에 있었던 손상된 하나님의 형상이 회복이 되기 시작하고 변화가 일어나게 된다. 이런 관점에서 볼 때, 성령은 '관찰적 자기'나 '관찰하는 나'를 통한 깨달음이나 인식의 전환 혹은 인지 체계의 변화를 넘어서서 개인의 존재(being) 자체의 변형(transformation)을 가져오는 역동적인 존재이다. 그러므로, 기독교적 관점에서의 현재의 자기(the self)는 인간 안의 하나님의 형상을 인간이 경험하는 하는 것이라고 할 수 있다. 즉, 일반적으로 심리학에서 말하는 자기(the self)는 인간의 의식에 드러난 성령의 모습으로 이해할 수 있다. 이는 하나님을 믿는 사람에게는 하나님이 멀리 떨어져 있는 것이 아니라 성령으로 자신의 마음 깊은 곳에 계시고 그 분과 친밀해 질 수 있다는 것이며, 하나님을 믿지 않는 사람에게도 자신(the Self) 안에 신적인 모습(하나님의 형상)이 있기 때문에 이것이 삶에서 자아 성장의 추진력이 될 수도 있음을 의미한다(김기환, 2002).

기독교적 관점에서는 많은 기독교인들이 내주하는 성령의 역동적이고도 무한한 능력을 경험하거나 지속적으로 그들의 삶에 적용하지 못한다는(Ingram, 1996; 김기환, 2002) 현실을 비추어볼 때, 알아차림의 양식으로써의 마음 챙김은 말하는 듯 자기 성찰로써 내주하는 성령의 임재와 세미한 음성을 분별하고, 인간의 이성을 넘어서는 하나님을 알아가는 경험에 대해 개방적이고 수용적으로 반응하도록 돕는 영성 수련의 한 방식으로(권명수, 2008) 기독교 상담에 접목 될 수 있을 것이다. 기독교적 맥락에서는 제한된 인간의 의식 확장이나 자기의 경험을 관찰하는 자기를 통한 깨달음에 더하여, 영적인 존재로서의 인간의 한 부분인 '관찰하는 나(observing I)'와 그 이상의 존재적 변형을 가져오는 역동적인 존재로서 일하는 성령을 만나는 개인적인 경험은 고통의 근원인 죄로부터 진정한 내적 자유를 누릴 수 있게 하고 궁극적으로는 깨어진 하나님의 형상을 회복가능케 한다.

2) 기독교적 관점에서의 고통과 수용: 고통의 근원으로서의 죄, 그리고 수용

불교에서는 고통의 실체를 인생자체로 보며, 그 고통의 근원이 마음에 있는 탐욕과 분노와 어리석음으로 인한 모든 내적인 경험들, 감정들과 생각들이라고 본다(안도 오사무, 2010). 즉 고통은 무상, 무아의 세계를 유상, 유아의 관점으로 인식한 결과이다. 때문에 불교에서는 깨달음을 통한 인식의 변화를 통해 고통을 없애려고 한다(안도 오사무, 2010). ACT에서도 고통을 보편적 현상으로 보고 당연한 것이라 생각하기 때문에, 역사적 경험이 언어적으로 얽혀있는 개인적 사건이나 고통과 같은 정서 경험을 회피하고자 할 때 인간은 괴로움을 느끼게 된다고 보고, 마음챙김을 통해 비판단적인 태도로 고통을 그대로 체험하고 수용하게 한다. ACT에서 고통은 단지 환경이자 맥락으로써 다가오는 인간의 경험으로써 다루어진다(Ciarrochi & Bailey, 2009). 즉 사건과 언어의 인지적 융합으로 인해 나타나는 불편한 정서경험이다. 불교나 ACT는 인간의 고통을 관념적으로 본다는 점에서 일치한다. 하지만 기독교적 관점은 고통을 역사적으로 보며, 인간의 고통이 어디서부터 오는지, 그 고통의 원초적인 근원과 이유가 무엇인지에 대해 이들과는 전혀 다른 세계관을 가지고 고통을 해석한다(안점식, 2008). C.S. Lewis(1999, 이경태 역, 2005)는 고통을 '특정한 종류의 감각'과 '육체적이든 정신적인 것이든 당사자가 싫어하는 모든 경험'으로 구분하고(p. 136-137), 후자의 경우가 '고난', '고뇌', '시련', '역경', '곤란'과 같은 의미로 쓰인다고 말하며, 고통의 문제를 후자의 문제로 다루고 있다. 그는 "인간이 겪는 고통의 80%는 인간의 탐욕과 어리석음으로 인해 생긴다"고 말한다(p. 135). 이런 면에서 기독교적 관점에서의 고통은 불교에서 말하는 고통과 일맥상통하는 면이 있다. 그러나, 기독교는 고통의 원인이 하나님과의 관계성 안에서 설명되며 인간의 원죄의 결과라는 것을 밝히고 있다는 면에서 불교나 ACT와는 명확히 다르다.

성경은 고통의 근원에 대해 보다 명확하게 말해주고 있다. Cotterell(2004)이 언급하듯이, 성경은 해산의 고통의 원인(창3:1-19)으로 시작하여, 더 이상 고통과 슬픔이 없는 천국에 대한 묘사(계21:1-4; 22:1-5)로 끝나고 있다. 이것은 인간의 고통이 원죄와 관련이 있음을 시사해 주는데, 인간이 창조되었을 때에는 고통이 없었다. 그러나 인간이 경험하는 최초의 고통은 죄의 결과로써 말미암는다. 기독교에서 말하는 인간의 고통은 인간의 원죄로 말미암아 타락하게 되면서 창조주이신 하나님과의 관계가 깨어지면서 경험하게 되는 결과들 중의 하나이다. 대부분의 기독교 상담 모델들은 타락으로 말미암아 인간이 죄성을 가지고 태어나게 되었으며, 그러한 죄성이 자기중심성과 욕심 등을 만들어 내며 이것이 고통의 원인이 된다는 입장을 취한다(김용태, 2006). Hoekema(2004)는 죄의 결과로써 수치감, 두려움, 책임회피를 언급한다. ACT는 고통 자체는 인간과 무관하다고 보고, 수용하면 지나가는 것으로 보기 때문에 고통에 대한 인간 개개인의 책임이 없다. 개인은 다만 그 고통을 회피함으로써 생기는 괴로움에만 책임이 있을 뿐이다. 그렇다면, 세상의 모든 만물과 인간을 창조하시고 모든 만물의 근원이 되시는 하나님을 믿는 기독교적 관점에서는 하나님과 인간의 고통 사이에는 어떠한 관련이 있을까? 선하신 하나님은 왜 이 세상에 고통(혹은 악)이 존재하도록 만드셨을까? 하나님이 인간에게 직접 고통을 부여하지 않았다 하더라도 그것을 허용하시는 하나님에게 그 책임이 있는 것은 아닌가 하는 것은 그리스도인들조차 종종 맞닥뜨리게 되는 의문이며, 이는 신학적으로는 신정론의 주제로 연결된다. 기독교적 관점은 인간에게 그 고통의 원인과 책임이 있음을 명백하게 말해준다. 인간은 환경이나 하나님에게 종속되어 아무것도 자의로 할 수 없고 영향만 받는 피동적인 존재만은 아니다. Jones와 Butman(2009)은 인간을 제한된 자유와 책임을 동시에 지니고 있는 행위자로 보며, 신학자인 Carson (2006)도 인간에게 죄에 대한 책임이 없다고 말하지 않는다. Carson(2006)는 하나님은 절대 주권자이지만, 그로 인해 인간의 책임이 억제되거나 줄지 않으며, 인간은 도덕적으로 책임 있는 피조물이지만, 이런 특성이 하나님을 완전히 의존적으로 만들지 못한다라는 두 가지 진실의 양립가능성(compatibility)이 성경에 의해 지지되고 있음을 주장한다. 그는 선과 악의 배후에 하나님이 비대칭적으로 존재한다고 보았다: 즉, 선은 하나님의 주권 안에서 이루어지며 그 책임은 항상 하나님에게 있으며, 악은 하나님의 주권 안에서 이루어지지만 그 도덕적 책임은 이차적 대리인에게 있다. 하나님이 만물의 근원이 되시지만, 선에 대한 책임은 하나님에게, 그리고 악에 대한 책임은 인간 혹은 사단에게 부과된다는 것을 의미한다. 다시 말해서, 인간의 고통과 괴로움은 하나님으로부터 오는 것이 아닌, 인간의 죄의 결과로써 당면하는 것이다. 하지만, 고통이 인간을 힘들게 하기는 하지만, 그것이 늘 악하고 나쁜 것만은 아니다. 고통이나 고난은 기독교에서 훈련의 과정으로, 은혜를 경험하는 과정으로 주어지는 것으로도 받아들여지고 있다 (Yancey, 2009; Dawn, 2010). 인간의 삶 가운데 생겨나는 고통의 원인이 하나님에게 있는 것은 아니지만, 인간이 경험하는 고통도 하나님의 주권 아래서 행해지는 것임을 인정할 필요가 있다. 특히 그리스도인으로서 고통이나 고난을 하나님께 영광을 돌릴 수 있는 기회로 삼을 때 그것은 의미 있고 중요한 삶의 과정의 하나로써 또 다른 차원의 개인적, 신앙적 성장도 함께 경험할 수 있는 기회가 될 수 있다.

그러므로, ACT에 성경적 진리를 적용하기 위해서는 우선 인간의 괴로움이나 고통이 보편적이라는 수용전념 치료의 전제 위에 그러한 괴로움과 고통 뒤에는 깨어진 하나님과의 관계가 존재한다는 전제를 더할 필요가 있다. C. S. Lewis(2002)는 고난의 역설에 대해 언급하며, 고난 자체는 좋은 것이 아니지만, 고통이라는 경험이 주는 유익에 대해 말한다. 즉, 고난을 통해 하나님의 뜻에 복종하게 되며, 그 고난을 보는 사람으로 하여금 동정심을 가지고 자비로운 행동을 하게 한다는 것이다. 그러나 여기서 중요한 것은 죄나 고통에 대해 책임이 우리에게 있다는 사실이다. Hoekema(2004)는 "하나님은 그의 전능하심으로 심지어 악으로부터도 선을 가져오실 수 있기에 인간 타락을 허락하셨다. 그러나 인간의 죄가 하나님의 뜻 밖에서 일어나지 않았다는 사실이 죄를 면제해 주거나 설명해 주지는 못한다(p. 225)"고 말한다. 여기서 고려해야 할 것은 죄의 회피와 하나님에게로의 책임전가로 인해 우리의 죄나 죄의 결과가 사라지는 것은 아니라는 것이다. 이것은 고통을 수용한다고 해서, 즉 죄와 그 결과로써 고통을 수용한다고 해서 그 죄가 사함을 얻는 것은 아니다. 죄에 대한 회개가 이루어짐으로써, 보다 근원적이고 전인적인 회복과 안녕에 이를 수 있다.

요약하면, ACT에서 자신의 경험에 대한 수용이 변화를 선도한다는 주장은 변화시키는 주체가 사람 자체라는 것에 중점을 둔다. ACT도 인정하듯이 인간의 왜곡된 지각을 자신 스스로가 깨닫고 거기서 나오는 것은 사실상 쉽지 않은 일이다. ACT의 인지적 탈융합은 새로운 생각의 방식으로 렌즈 자체를 봄으로써 생각으로부터 자유로워지는 것이라고 하는데, 원죄 아래 있는 인간은 렌즈 자체를 보는 눈이 왜곡되어 있기 때문에 이는 단순히 새로운 색깔의 안경을 끼는 것과 같을 수 있다. 인간에게 고통의 책임이 있다는 것이 인간이 해결 능력도 가지고 있다는 것을 말하는 것은 아니다. 근본적으로 인간을 변화시키는 주체는 하나님이며 인간은 하나님과의 관계를 통해 변화된다. 인간의 변화는 함께 일하여 주시는 성령님이 계시다는 믿음에 기초하여야 한다. 고통을 수용하고 인지적 탈 융합을 시도하는 ACT의 전 과정에서 하나님을 배제하고 인간의 의지로만 심리적 고통에서 벗어나기 위해 애쓰는 것은 기독교적 관점에서 볼 때 또 다른 자기중심성, 즉 죄의 뿌리인 교만의 표현일 수 있다. 안점식 (2008)이 언급하였듯이 기독교에서 고통의 문제는 해결해야 할 핵심문제는 아니다. 핵심문제는 죄의 문제이다. 기독교 상담은 내담자의 정서적 고통을 덜어주는 것이 목적이 아니라, 내담자가 궁극적으로 진정으로 하나님과의 관계를 회복하고, 하나님의 가치를 가지고 살도록 돕는 것이다. 죄의 결과로써의 고통과 하나님의 섭리 안에서 일어나는 고통에 대한 이해와 수용은 근본적인 고통의 문제의 해결에 이르도록 도와준다. 고통이 기독교적 세계관 안에서 이해되고 수용될 때 진정한 자유함과 해방감을 누리며 고통 가운데에도 건강하고 의미 있는 삶, 가치에 전념하는 삶을 살 수 있다.

3) 기독교적 관점에서의 가치: 절대적 가치인 하나님

앞에서 밝힌 바와 같이 가치는 구체적인 상황에 처한 개인의 삶의 방향에 있어서 선택한 행동에 영향을 주는 것으로 바람직하거나 하고 싶은 것에 대한 기준이 된다. 하지만 ACT에서는 가치를 선택할 때 명확하게 어디에 기준을 두어 결정하고 선택하는지에 대해서는 구체적으로 언급하고 있지 않으며, 결국 그 기준은 개인이 된다. 그 목적이 심리적 유연성을 키워 환경에 적응적인 인간이 되는 것이기 때문이다. 개개인은 각자의 가치 신념을 가지고 그것을 기준으로 삼아 삶의 방향을 선택할 수 있다. 개개인의 가치를 존중하는 것은 개인의 삶을 위해서는 최선의 선택일 수 있으나, 타인과 공동체 안에서 만날 때 부조화를 낳을 수 있다. 가치에 중점을 두고 삶의 방향을 선택하는 것은 ACT가 기독교가 같은 맥락을 가지고 있다고 볼 수 있지만, ACT가 가지는 가치의 핵심은 기독교가 가지는 절대적 가치와는 전혀 다르다.

기독교적인 관점에서는 인간을 창조하시고 구속하신, 하나님, 예수 그리스도, 성령의 삼위일체 하나님 자체가 최고의 가치이며, 하나님의 영광을 드러내기 위하여 자기 십자가를 지고 그리스도를 따라 사는 삶을 가치 있는 삶, 즉 이웃을 사랑하는 삶으로 연결된다. 하나님을 기쁘시게 하기 위해 사는 것이 그리스도인의 삶의 목표이다. 따라서 기독교에서 말하는 중요한 덕목은 자기를 세우는 것이 아니라 자기를 버리는 것이며, 자기주장이 아닌 자기부인에 있다. 이것은 자기나 자아를 없애라는 의미가 아니고, 자기중심적이 아닌, 하나님 중심 그리고 이웃 중심의 삶을 사는 것을 의미한다. 기독교에서의 가치는 또한 그리스도인들이 신앙으로 고백하고 삶의 척도로 받아들이는 하나님의 말씀인 성경에서 출발하고 성경에 의해서 형성된다. 성경은 창조주 하나님과 영원한 교제를 할 수 있는 유일한 길을 안내해주고, 우리 자신을 아는데 필요한 모든 것과 구원을 받아 인간으로 성숙해가는 과정에서 인간이 겪는 고통을 가르쳐 주기도 한다(Jones & Butman, 2009). 세상의 가치는 시대의 변화에 따라 유동적으로 변화하지만, 성경의 가치는 시대가 변해도 절대적인 가치로써 의미를 지닌다. ACT의 가치라는 개념을 기독교적으로 통합하는 것은 내담자가 기독교적 가치를 삶의 방향으로 선택하고 행동할 수 있도록 돕는 것이라 할 수 있다. 기독교 상담은 내담자의 적응적 삶뿐만 아니라 공동체와 사회에 적응적인 사람이 되는 것을 전제로 한다. 기독교적 관점은 개인주의에 기초하지 않고 공동체적 삶에 기초하기 때문이다.

(4) ACT의 마음챙김, 수용, 가치의 기독교적 통합가능성

불교의 마음챙김에서 발전되어 온 ACT는 마음챙김, 고통의 근원과 수용, 그리고 가치라는 핵심개념에 있어서 기독교적 관점과 다분히 다르기는 하지만, 충분히 기독교적 관점과 통합 가능한 부분들이 있다. ACT는 마음챙김의 주체로서 관찰적 자기를 상정하는 반면, 기독교적 관점은 관찰적 자기로서 일하시는 성령의 역할을 강조한다. 깨달음이나 의식을 변화시키는 주체가 자기자신을 강조하는 ACT와는 달리 기독교적 관점은 인간은 죄성으로 인해 온전한 깨달음에 이르지 못하며 그것을 도와주는 분이 성령임을 명확히 한다. 그리고, ACT에서는 고통을 관념적으로 이해하지만, 기독교적 관점은 고통의 근원을 죄로 인한 하나님과의 관계적 단절에서 오는 결과로써 정의하면서 그 원인과 책임이 인간에게 있음을 보여준다. 고통이나 책임에 대한 인간 개인적인 수용만으로는 근본적인 원죄의 문제가 해결하지 못하며 하나님과의 관계 회복도 불가능하다. 그것은 그리스도를 통해서만이 해결될 수 있는 것이다. 마지막으로 ACT에서 말하는 가치는 인간이 실현하고 싶은 방향으로 선택하고 행동하는 개인적이고 주관적인 가치이다. 하지만, 기독교적 관점에서는 창조주 하나님이 절대적 가치가 되며, 하나님 사랑과 이웃 사랑이 실현되는 공동체 중심의 가치실현이 중심이 된다.

이제까지 본 바와 같이 ACT의 기본개념들이 관찰적 자기로서 일하시는 성령 하나님, 고통의 근원으로써의 죄(악)의 문제, 그리고 삼위일체 하나님이라는 절대적 가치와 같은 기독교적 세계관 안에서 재해석되어지고, 통합되어진다면, ACT는 기독교 상담에서 기독교적 영적 성장을 위해 충분히 활용될 수 있을 것이다. 마음챙김을 통해 자기 인식 뿐만 아니라 성령을 통한 자기 관찰의 범위를 확장하고, 고통의 문제를 인지적 탈융합을 활용함과 동시에 수용함에 있어서 인간의 원죄와 하나님의 섭리와 주권 아래서 고통을 이해하며, 자신의 삶의 가치가 하나님과 공동체의 가치와 함께 발맞추어 나가도록 개인의 심리적, 영적 성장을 위한 상담적 개입이 심리치료에 이루어질 수 있다.

본 논문은 ACT와 기독교적 상담에 통합해보려는 기초 단계의 개념적 연구로서 ACT의 핵심개념과 그와 관련된 기독교점 관점을 고찰하는 데 중점을 두었다. 따라서 ACT를 보다 더 기독교적 상담과 치료에 통합하기 위해서는 기독교가 가지고 있는 성경적 기준을 통해 ACT를 신중히 검토하여 부합되지 않는 면을 잘 분별하고 부합되는 면을 받아들이려는 후속 노력이 필요하다고 여겨진다. 또한 본 연구는 ACT의 핵심 개념 가운데 마음챙김, 수용, 가치라는 세 가지에 관한 개념적 논의에 그쳤지만, ACT

가 가지고 있는 인간관이나 세계관도 기독교적 관점과 비교하여 면밀히 검토되어야 할 것이며, 치료과정과 기법들의 구체적인 기독교적 적용을 위한 후속연구가 진행되어야 할 것이다. 나아가 기독교적 관점에서 통합된 ACT를 실제 사례에 적용한 사례연구나 상담 프로그램 개발 연구도 함께 이루어지기를 기대한다.

ACT에서 소개하는 수용전념치료의 도식은 해석에 따라 기독교적 진리나 가치와 상통하는 부분이 있다. 수용전념치료 과정에서 첫 단계인 '고통의 경험 및 수용' 개념은 내담자의 증상이 곧 고통에서 직접 유래하지 않는다는 점을 시사한다. 증상은 인간이 본질적으로 피할 수 없는 고통의 경험을 인간 자신의 힘으로 스스로 통제하려고 하면 할수록 더 심해지기 때문이라는 것이다. 인간이 자기 스스로의 힘으로 하나님보다 나아지고자 했던 원죄는 인간을 피할 수 없는 고통으로 내몰았다. 따라서 이 첫 번째 단계에서 인간이 할 수 있는 것은 자신의 자리를 정확히 파악하고, 그 자리를 피하지 않고 경험하는 것이다. 다시 말하면, '죄인'으로서의 자신의 모습(혹은 가족이나 사회의 모습)을 자각, 통찰하고 그대로 받아들이는 것이다. 수용전념치료의 다음 단계인 '전념'의 개념을 성경적으로 해석해보자면 하나님은 '죄인'인 인간의 모습 그대로 살며, 고통을 그대로 경험하기를 원하지 않으신다. 하나님은 인간의 고통 문제에 관여하시며, 자신의 아들을 인간에게 내어주면서까지 인간의 고통 문제를 해결하시려 하셨다. 그러나 여기에는 인간의 자발적 선택과 반응이 필요하다. 즉 자신의 고통의 문제를 스스로의 힘으로 통제하려는 것이 아니라 하나님으로부터 주어지는 구원의 은혜를 그대로 받아 누리는 믿음의 선택을 하여야 한다. 나아가 그 결과 주어지는 '하나님의 자녀, 하나님의 동역자, 하나님의 종, 하나님의 군사'된 신분으로 고통을 그래도 감내하면서도 추구하여야할 삶의 가치와 방향, 즉 사명을 확인하고 이에 자신을 헌신하여야 한다. 그 결과 고통과 함께 살지만 하나님의 능력과 은혜를 입어 고통을 극복하며 누리는 즐거움과 기쁨을 경험하며, 그 즐거움과 기쁨이 계속하여 고통을 피하지 않고 직면할 수 있는 힘을 제공할 수 있게 된다. 필자는 수년 전 아버지의 계속되는 신체적 학대라는 고통을 경험한 내담자가 어떻게 군대에서 계속 구타를 당하면서도 찬양단 일을 계속할 수 있었는가에 대한 답을 찾기 위한 단일사례연구를 진행한 바 있다. 비록 본 사례 연구는 조직화된 상담사례보고서는 아니지만 두 번에 걸쳐 진행된 심층 면접 결과를 바탕으로 수용전념치료의 기독교적 적용의 좋은 예를 제시해준다.

3. 상담 사례: 고난의 기독교상담학적 해석: 단일사례 연구를 중심으로[5]

본 연구는 고난을 당하는 그리스도인 내담자가 당하는 고난이 어떻게 해석되고 받아들여질 때 이를 극복할 힘을 가지게 되는가에 대한 답을 찾는 데 그 목적이 있다. 연구 방법으로는 단일 사례를 대상으로 근거이론에 기초한 내용분석 방법이 사용되었다. 연구자는 연구대상자와 20**년 1시간 여 단회상담을 실시하였으며, 이 과정에서 당시 연구대상자가 관여하고 있던 찬양단 리더에게 당했던 언어적 폭력으로 인한 무기력증이 아버지에게서 받은심한 신체적 폭력으로 인한 외상 경험과 연결되어 있으며, 연구대상자에게는 과거 자신이 당했던 아버지로부터의 폭력 때문에 자신에게 하나님의 이미지가 '사랑, 친근한 아버지'로 자리 잡고 있지 못했다는 것을 자각하였다. 단회상담 직후 군에 입대한 연구대상자는 친근하고 신뢰할 수 있는 하나님과의 관계를 회복하고, 오히려 그리스도의 제자로서 찬양단에 참여하면서 부대 상사들의 혹독

---

5) 최은영(2008). 기독교상담학, 고난에 대한 해석: 단일사례 연구를 중심으로, 16권, (학회와 공동연구자들의 허락 하에 본서에 논문 전편을 실었다.)

한 구타를 견뎌내었다. 연구자는 이러한 변화 과정에서 그의 '고난'에 대한 인식이 어떠했는지에 관한 면접 연구를 실시하였으며, 연구 결과 그는 고난을 '훈련, 교육과 성화', '더 큰 고난의 예방', '제자로서의 영적 전투', '하나님의 거대한 계획'으로 이해하고 있음이 밝혀졌다. 그리고 자신이 경험한 기독교상담은 고난을 이겨낼 수 있었던 '신뢰로운 하나님과의 관계'를 회복하는 데 크게 도움을 준 것으로 해석하였다.

(1) 단일사례 연구의 배경

1) 20**년도 연구대상자와의 단회 상담

본 논문은 20**년 10월 중순, 연구자가 재직했던 경기도 소재 C 대학 2학년에 재학 중이던 남학생(이하 연구대상자로 표기함)과의 한 시간 남짓한 상담에서 시작되었다. 같은 해 봄, 연구대상자는 2학기에 수강할 과목의 강의안을 미리 이메일로 넣어달라는 부탁을 하기 위해 연구자의 방을 처음 찾았으며 그의 얼굴에는 활기와 의욕이 넘쳤다. 그러나 몇 달이 지난 10월, 연구대상자는 완전히 무표정한 얼굴로 연구자를 다시 찾았다. 그는 지난 몇 달간 아무 것도 할 수 없을 정도로 무기력하다고 했으며, 그 이유라도 알고 싶어서 상담을 하고 싶다고 했다. 그리고 이어서 진행된 약 한 시간의 상담을 통해 다음과 같은 사실을 알게 되었다. 당시 녹음을 하지 않아 연구자와 연구대상자의 회상에 근거하여 상담 내용을 간략히 요약하였다.

① 찬양단 연습 도중 한 연상의 남자 인도자에게 공개적으로 언어 폭력을 당했다. 그 이후부터 삶에 의욕이 없고 학교 오기도 싫어졌다.

(연구자는 '전이' 개념을 활용하여 연구대상자의 아버지에 대하여 탐색하였다)

② 연구대상자는 잠시 아버지에 대해 생각하다가, 초등학교 시절 보습학원 원장이었던 아버지에게 여러 명의 학원 친구들 앞에서 아버지가 던진 주판에 머리를 얻어맞

고 피를 흘렸던 기억을 떠올렸다. 그리고 이 때 무표정했던 얼굴에 고통과 슬픔의 감정이 올라왔다.

(연구대상자는 아버지로부터 보습학원 이외에, 가정에서도 계속되는 폭력과 구타가 있었음을 이야기했다. 연구자는 연구대상자가 이처럼 폭력적이었던 아버지 밑에서 성장하면서 어떠한 하나님의 이미지를 갖고 있는 지 궁금하여 '너에게 하나님은 어떤 분이시지?'라는 질문을 하면서, 성경에서 하나님께서는 우리가 태 안에 조성되기 이전부터 우리를 알고 계셨고, 사랑하시는 분이신데 그 하나님을 느낄 수 있는 지에 대하여 물어보았다.)

③ 연구대상자는 아무 말없이 흐느껴 울기 시작하였고, 감정에 못 이겨 '잠시 화장실에 다녀오겠다'고 하고 방을 나간 후 약 10분 뒤 다시 돌아왔다. 그리고 '하나님께서 제가 맞고 있던 자리에 사랑으로 함께 계셨다는 것을 한 번도 생각해본 적이 없다. 지금까지 하나님이 나에게 '사랑'으로 느껴졌던 적이 없는 것 같은데, 지금은 그것을 느낄 수 있다'고 말하고 상담자를 떠났다.

이상에서 요약한 단회 상담 이후 연구대상자와의 면접 상담은 진행되지 않았다. 그리고 약 3개월 정도가 지난 후 그는 연구자에게 '상담 이후, 사랑의 하나님을 찬양하는 느낌이 이전과 매우 달라졌다. 감사하다. 그리고 군에 입대하기 위하여 휴학을 한다'는 짤막한 이메일을 보내왔다.

그리고 6년이 지난 20**년 8월, 연구자는 연구대상자로부터 뜻밖의 이메일을 받고 점심 식사를 함께 하였다. 이 자리에서 두 사람은 이전에 있었던 상담에 대하여 한 마디도 나누지 않았다. 단지 연구대상자는 자신이 아주 많이 바뀌었다고 했고, 약 세 시간 동안 현재 자신이 하는 교회 사역(**교회 중고등부 교사 및 찬양 리더)과 군 입대 후 찬양단에 자원해서 당했던 상사들로부터의 혹독한 신체적 폭력과 그 폭력을 신앙으로 극복한 것에 대한 이야기를 즐거운 표정으로 들려주었다.

2) 연구 문제 및 연구 목적

연구대상자와 헤어진 연구자는 끊임없이 마음속에 울리는 질문에 대한 답을 찾고 싶어졌다. "무엇이 이 친구를 이렇게 놀랍게 변화시켰는가? 남자 권위자로부터 폭력에 대한 외상 경험을 갖고, 어떻게 군대에서 계속된 상사들로부터의 신체적 학대를 이겨나갈 수 있었을까?" 그리고 연구대상자와 만난 직후, 연구자는 2007년 8월부터 12월, "다윗과 솔로몬의 기도를 통해 본 그리스도인의 고난관"이라는 제목의 논문을 완성하였다. 그 이후 위의 질문들은 다시 "그는 자신에게 주어졌던 '남자 권위자에게 받은 폭력'이란 고난을 어떻게 해석하였을까?"로 바뀌었다. 즉, 본 연구의 문제는 '그리스도인이 자신에게 닥친 고난을 어떻게 해석할 때 긍정적인 영적 변화를 이루어 고난을 극복해 나갈 수 있는가'이며, 연구 목적은 이 질문에 대한 답을 찾는 것이다.

3) 연구 방법

연구 문제가 내담자 한 명에게 일어난 '고통'에 대한 해석의 변화를 찾는 것이므로 연구자는 근거이론에 기초한 면접 연구를 통한 내용분석 방법을 적용하였다. 내용분석이란 메시지로서 표현되는 특정 상징, 명제, 인물 등을 분석단위로 하고 그들에 대한 출현 빈도의 계산, 출현공간의 계측 및 평가 등 미리 설정한 카테고리와 판단 기준에 따라 분석한다. 이는 1920년대에 미국에서 시작하여, 처음에는 신문 기사를 분야별로 분류하고 행수를 세어 그 신문의 경향을 파악하는 식의 매우 소박한 것이었으나, 제2차 세계대전 중 라스웰 등이 미국 의회도서관 내에 설치한 '전시 커뮤니케이션 연구 프로젝트'의 업적에 의해 내용분석은 비약적으로 발전하여, 이후 커뮤니케이션 연구의 주요 분야의 하나가 되었다. 미디어 연구에서 시작된 이러한 내용분석 방법은 메시지 제공자의 분석 ·메시지 수신자의 심리 분석 등에 활용되었다. 본 연구에서는 한 사람의 심층적 경험을 이해하고 분석해야 했으므로, 두 가지 면접 연구 방법—심층 면접 연구와 사례 면접연구(survey interview case study) 가운데 전자인 심층 면접 연구 방법을 택하였다(최은영, 1999). 왜냐하면, 심층 면접 연구는 연구하려는 현상에 관하여 소수 사례를 깊이 이해함으로써 그 사례가 대표하는 전체 현상의 핵심에 이르려 하는데, 본 연구는 단일 사례에서 과거 '고통'의 경험이 이에 대한 성경적 해석과 어떻게 연결되는 지를 깊이 살펴보려 하는 것이기 때문이다.

연구자는 2007년 연구대상자와의 만남 이후 1년 만에 연구자가 먼저 연구대상자에게 전화를 걸어 연구 주제를 알리고, 면접 연구에 참여해줄 것을 요청하고 이를 허락 받았다. 연구자는 연구대상자에게 면접 5일 전 상기 논문을 이메일로 송부하여 이를 숙독해줄 것과 논문 내용 가운데 '그리스도인의 고난관'에 따라 자신의 경험을 어떻게 해석해볼 수 있는 지 미리 생각해올 것을 부탁하였다. 이는 연구대상자가 집중적으로 자신의 고난 경험에 대한 해석의 틀을 정확하게 이해하고, 이에 대하여 주관적으로 반응할 수 있는 시간을 주기 위함이었다.

면접 연구는 2008년 8월, 연구자가 재직하는 학교 연구실에서 세 시간동안 진행되었다. 면접 시작 이전 연구자는 약 15분 동안 연구 목적을 정확히 전달하였다. 이후 연구자는 거의 특별한 질문을 하지 않고, 연구대상자의 이야기를 경청하였다. 연구자는 연구대상자와의 면접 내용을 녹음하였고, 연구 내용과 전혀 관련되지 않은 약 50분 정도를 제외한 2시간 분량의 면접 내용을 일용직 학생에게 부탁하여 빠짐없이 녹취하였다. 이어서 연구자가 녹취된 내용을 '그리스도인 고난의 원인과 종류, 그리고 대처방식'에 따라 내용 분석하였다. 내용 분석의 단위는 이어서 기술될 '그리스도인의 고난관'에 드러난 '죄로 인한 고난', '징계와 처벌로서의 고난', '훈련과 성화로서의 고난', '더 큰 고난의 예방으로서의 고난', '그리스도 제자의 영적 전투로서의 고난', '고난을 통한 하나님께의 완전한 의탁', '공동체 지도자로서의 대속적 고난' 등이다. 연구자는 반복하여 녹취된 면접 결과를 읽으면서 위의 영역과 관련된 면접 내용을 추출하였다. 추출된 면접 결과는 각 영역 밑에 한글 프로그램을 이용하여 위에 제시된 '고난관'의 주제에 따라 묶어보았으며, 이 과정을 되풀이하면서 해당되는 영역과 최대한 관련된 이야기들이 서로 모이도록 면접 내용을 헤치고 모으는 과정을 반복하였다.

(2) 기독교상담: 구속사, 언약을 중심으로 한 이야기의 재구성

상담학에서 '이야기 치료'는 포스트 모더니즘과 사회구성주의의 영향 아래 상담학의 새로운 접근 방식으로 부상하고 있다. 원래 이 접근 방식은 가족상담이론의 하나로 시작된 것이나 최근에는 개인상담이나 집단상담 장면에서도 활용되기도 한다. 한 예로 여인숙, 김춘경(2007)은 노년기의 자아통합감 증진을 위한 이야기치료 회상집단상담 프로그램을 구성하고, 그 효과를 비교하였다. 이들은 상기 프로그램의 목표를 다음의 다섯 가지로 상정하였다.

첫째, 자신의 경험에 대해 긍적적인 의미를 부여하여 자기 가치감을 지니도록 한다. 둘째, 각 발달 단계의 경험을 조망, 재구성하여 의미 있는 존재임을 자각하도록 한다. 셋째, 노화와 죽음을 편안하게 수용할 수 있도록 한다. 넷째, 미해결과제로 인한 회한, 갈등을 재구성하여 과거, 현재의 삶을 수용하도록 한다. 다섯째, 난관 극복의 지혜로움과 용기를 자각하여 미래 삶의 대처방식으로 활용할 수 있도록 한다.

그러나 이 집단상담 프로그램에 드러난 이야기 치료의 상담 목표가 '인간이 스스로 자기 가치감을 지니고 노화, 죽음, 난관 등 삶의 어려움을 스스로 수용하고 변화시킬 수 있도록 하는 데' 있다는 점에서 '인간은 죄인이며, 인간이 하나님을 떠나서는 긍정적 변화를 꾀할 수 없다'는 성경의 진리에 위배된다. 더구나 그 철학적 배경을 상대주의적 진리관에 두고 있고, 인간에 대한 절대적 긍정적 관점 때문에 성경의 진리와 배치되는 면을 가진다. 또한 '문제의 외재화'라는 관점은 '죄성이 인간에 내재해있다'는 성경의 진리 안에서 설명되어지기 어렵다는 점에서 이 접근 방식을 기독교상담에 적용하는데 상당한 주의를 요한다고 여겨진다.

하지만 이러한 한계를 가지고 있음에도 불구하고 이야기치료는 내담자의 문제를 '새로운 관점'으로 조명해본다는 점에서, 내담자 문제를 구속사적 관점에서 해석하여 해결 방향을 제시하고자 하는 '기독교상담'의 한 영역에 새롭게 적용할 수 있는 상담적 접근 방법이 될 수 있다(김수연, 2007). 과거 이야기 속에 나타나는 내재아의 모습을 상담학적 방법으로 탐색하고, 그 과거 내담자의 이야기 속에 신실하게 언약을 이행하시며 동행하셨던 하나님을 포함시켜, 그 이야기를 다시 써보게 한 후, 구속사적 관점에서 과거와 미래를 해석할 수 있도록 도와준다면 그 나름대로 독특한 하나의 기독교상담학적 접근방법을 구성할 수 있다. 왜냐하면 신앙적 삶의 이야기의 가장 두드러진 특징은 삶의 저작권(authorship:"누가 나의 인생 이야기를 쓰는가?")을 하나님께 돌려드린 이야기이기 때문이다(김수연, 2007). 성경에 나타난 하나님의 구속 이야기는 하나님께서 개인의 삶이나 민족의 역사를 통하여 자신을 알리시는 이야기로, 자신이 누구시며, 무슨 목적으로 어떤 일을 하셨는지를 보여준다. 그리고 그리스도인 내담자는 하나님이 저작자가 되어 쓰시는 구속 이야기 가운데 하나님의 관점에서 자기를 바라보는 자기객관화 및 자기초월을 이룬다(김수연, 2007). 이 과정에서 기독교상담자는 우선 하나님 앞에서 자신의 진짜 감정, 진짜 생각, 자신이 현재 하고 있는 행동 등을 정확하게 알지 못하는 내담자에게 상담적 지식을 사용하여 이것들을 알고 받아들이게 한 후, 그런 자신의 감정, 생각, 행동을 형성하였던 과거 역사 속에 신실히 동행하셨던 하나님을 만나게 해주는 것이 무엇보다 중요하다. 그리고, 현재 내담자가 느끼는 어려움 속에 내재한 내담자의 죄를 밝혀냄과 동시에, 자신의 고난과 어려움을 구속사적 관점에서 다시 해석할 수 있는 눈을 내담자에게 제공할 필요가 있다. 또한 이 두 가지가 가능해졌다면 그 연장선상에서 '자신의 책임 있는 선택과 행동'으로 장차 미래, 하나님의 나라에 이르기까지 자신의 구원은 물론이요, 주변 사람들의 구원을 위해 하나님과 그의 구속 사역 이야기를 함께 써나갈 동역자로서 자신의 미래를 그려보고, 이를 위해 결단할 수 있도록 조력할 필요가 있다. 본 연구는 이상의 배경을 가진 이야기치료의 기독교상담적 적용 가능성을 '고난'이라는 주제를 중심으로 살펴보려는 것이다.

(3) 성경적 고난관

1) 성경적 고난의 의미

① 성경에 제시된 고난에 관한 용어 및 사례

성경에서 위의 고난과 고통을 지칭하는 용어로는 괴로움, 아픔, 고생, 수고, 불행, 환난, 암담함, 근심, 걱정, 불안, 고뇌, 좌절, 두들겨 맞음, 비통, 슬픔 등 다양하다. (김중은, 2003). 김중은(2003)은 고난이 성경에서 구체적으로 어떠한 인간의 상태를 나타내고 있는 지에 대하여 조사하였다. 먼저, 성경에서의 고난은 앞에서 일반적인 고난을 정의하였듯이, 육체적인 고통과 정신적인 참담함의 경험을 통틀어 지칭하는 말이다. 그리고 그 구체적인 내용으로는 모든 죽음, 특히 가족의 상실(창 50:1 이하'신 30:8; 시 116:3; 행 2:24; 창 37:35; 44:29; 룻 1:6-21; 삼하 1:17 이하; 요 11:33-35 등), 모든 질병(욥 2:7; 33:19-22; 시 38; 마 4:24), 불임과 무자함(창 16:5; 삼상 1:6), 불효(잠 10:1; 17:21; 창 26:34-35; 삼상 2:25), 명예 상실(삼하 13:19; 15:30), 재산상실(욥 1:13-19), 가난, 종으로 팔림(레 25:39) 등을 들고 있다. 그러나 김중은은 성경에서의 무 엇보다도 큰 고난은 하나님으로부터 버림받은 느낌과 사람들로부터의 소외감을 느끼는 것임을(시 22:2; 욥 14:22; 사 53:2 이하; 마

27:42) 지적하였다.

이상을 종합하면, 성경에 나타난 고난이란 아픔, 고생, 괴로움, 불행, 비탄, 슬픔 등 다양한 의미로 사용되고 있으며, 그 고난이 개인이나 공동체에 미칠 때에는 구체적으로 죽음, 가족이나 자녀, 명예나 재산 등의 상실, 가난, 포로됨, 하나님과 사람들로부터 버림받음 등의 형태로 나타난다.

② 성경에 제시된 고난의 원인

그렇다면 현상적으로 존재하는 위와 같은 고난이 인간에게 어떠한 이유로 임하는 것인가? 이에 대한 성경의 대답은 어느 한 가지만으로 대답될 수 없을 만큼 복잡하고 다양하다는 것이 많은 학자나 저술가들의 공통된 의견이다. 먼저, 이승구(1998)는 성경에서의 고난은 하나님께서 창조하신 것이 아니라는 것을 분명히 하였다. 하나님께서 이 세상을 창조하셨을 때 이 땅에는 고난과 고통이 없었다. 고난은 인간의 죄와 더불어 찾아온 것이다. 창세기 3장을 신화적으로 보는 이들에게 인간의 고난의 기원은 신화적으로 밖에 설명될 수 없으나, 창세기 3장을 '역사적 기사(historical narrative)'로 보는 이들에게는 고난의 기원에 대한 역사적 설명이 가능하다. 선악과를 먹지 말라고 하는 하나님의 명령에 대해 반역, 반항하고 선악과를 따먹은 인간의 불순종에 이어, 하나님의 낯을 피해 동산 나무 사이에 숨는 모습과 그 아내를 비난하는 모습 속에서 인간이 가질 수 있는 '심리적 고난'을 엿볼 수 있고, 수고하고 자식을 낳으며, 저주받은 땅에서 종신토록 수고해야만 식물을 먹을 수 있는 남자의 고난에 대한 선언에서 '물리적 고난'의 시작을 찾아볼 수 있다. 또 창세기 3장 안에는 남자와 여자의 '세력 다툼', 고난의 극치 가운데 하나인 '죽음에 대한 선언'도 들어있다.

김정아(2006) 역시 고난은 죄에 대한 하나님의 심판의 결과로 이 땅에 들어왔다고 보았다. 즉 아담과 하와의 범죄 이후 타락한 세상에서 타락한 모습으로 살면서 인간은 서로에게 고통을 주고받는 악순환의 삶을 살게 되었다는 것이다. 이러한 입장은 이승구(1998)에 의하여 아담과 하와의 범죄로 '고난의 구조(structure of suffering)'가 이 세상에 들어왔다고 표현된다. 다시 말하면, 하나님이 창조하신 이 땅의 처음에는 눈물과 한숨, 괴로움과 땀 흘림, 고통과 번민이 없었다. 그러나 하나님에 대한 인간의 반역으로 인하여 이 모든 고통과 고난이 이 땅에 들어오게 되었다는 것이다.

그러면, '왜 선하신 하나님께서 인간에게 악함을 허락하셨는가'라고 하는 전통적 신정론(theodicy)의 주제가 대두될 수 밖에 없다. 이는 '하나님이 참으로 전능하시다면, 왜 그 손을 펴서 극적인 방법이나 특별한 방법으로 여러 가지 고난을 해결하지 않는가?'라는 다른 형태의 질문을 통해서도 표현된다(Leuis, C.S., 1999, dlwhdxo dur 2005). 루이스 C. S. 는 고통의 문제를 가장 단순하게 표현한 말은 다음과 같다고 하였다.

하나님이 선하다면 자신이 만든 피조물들에게 완벽한 행복을 주고 싶어 할 것이며, 하나님이 전능하다면 그 소원대로 할 수 있을 것이다. 그런데 지금 피조물들은 행복하지 않다. 그러므로 하나님은 선하지 않은 존재이거나 능력이 없는 존재, 또는 선하지도 않고 능력도 없는 존재일 것이다.

따라서, 이 신정론이 담보하고 있는 몇 가지 주제는 다음과 같다. 첫째, 하나님은 과연 전능하신가? 둘째, 하나님은 과연 선하신가? 셋째, 전능하시고 선하신 하나님께서 왜 인간에게 하나님께 반역할 수 있는 자유의지를 주었는가?

먼저 루이스는 그의 저서 '고통의 문제'에서 위의 첫째 질문과 둘째 질문에 대한 대답을 차례로 해나간다. 그는 전능(omnipotence)이란 '모든 것을 할 수 있는 능력'이라고 정의한 후 하나님께는 불가능한 일이 없기 때문에 전능하다고 말한다. 그리고 불가능하다(impossible)란 말에는 대개 '...하지 않는다면(unless)'라는 구절이 숨어있다고 보았다. 예를 들면, 어떤 사람이 높은 곳에 올라가지 않는다면 넓은 거리를 보는 것이 불가능하다. 그런데 이와는 대조적으로 절대적 불가능성, 또는 내재적 불가능성이 있다. 이는 외부의 다른 불가능한 것들에 원인이 있는 것이 아니라 그 자체 안에 원인이 있다는 것을 뜻한다. 하나님이 전능하시다는 것은 내재적으로 가능한 일이라면 무엇이든 하실 수 있는 능력이 있다는 뜻이고, 내재적으로 가능하지도 않은 일을 하실 수 있다는 뜻은 아니다. 그런데 피조물인 인간의 자의식은 자아가 아닌 어떤 것, 즉 타자와의 대조를 전제로 생겨나므로, 여기에서 인간은 자신과 대조를 이루는 대상 가운데 하나인 하나님에게는 없는 어떤 것이 인간에게 있어야만 자의식을 가진 인간으로 존재할 수 있다. 그렇다면 하나님께서는 자신에게 내재되어 있지 않은 다른 대상, 즉 인간 안의 일에 대해서는 그것이 내재적으로 가능하지 않으므로 하나님 안에 없는 인간의 자의식에 대해서는 전능하다, 하지 않다 라는 개념 자체가 성립할 수 없게 된다. 이는 고통과 관련된 세 번째 질문인 '인간에게 허락된 자유의지'의 문제에 대한 답을 하고 있는 셈이다. 왜냐하면 하나님 안에 내재되어 있지 않은 대상인 인간의 자유에 대하여 하나님께서 전적인 통제력을 가지셨다, 가지지 않으셨다고 말하기 곤란하기 때문이다.

루이스는 두 번째 질문인 '하나님은 과연 선하신가'의 문제를 논하면서 하나님의 '선함'은 인간의 '선함'과는 다르지만, 완전히 다르지 않다고 보았다. 하나님의 '선함'은 인간의 '선함'과 흰 색이 검은 색과 다른 것처럼 완전히 다른 것이 아니다. 그것은 아이가 처음 그린 바퀴 그림이 완벽한 원의 모양과 다르듯이 다른 것이다, 즉, 아이가 제대로 원을 그리는 법을 배우고 나면 자신이 처음부터 그리려 했던 것이 바로 그렇게 동그랗게 생긴 원이었다는 사실을 알게 되는 것처럼 인간이 '선하려고' 노력하는 과정 가운데 실패하고 좌절한 후, 비로소 '이것이 하나님의 선이다'고 깨닫게 되는 것이다. 그는 계속해서 하나님이 선하시다는 뜻은 바로 '하나님은 사랑이다'는 것을 의미하는데, 하나님의 사랑은 상대에게 불편을 끼치지 않고 표면적 만족을 주려는 '친절'과는 구분되는 것이며, 이런 의미에서 할아버지의 사랑이 아닌 아버지의 사랑임을 다음과 같이 강조한다.

(하나님은) 꾸벅꾸벅 졸면서 여러분이 그 나름대로 행복해지기를 바라는 연로한 할아버지의 인자함이나 양심적인 치안관사의 냉담한 박애주의, 손님 대접에 책임감을 느끼는 집주인의 배려로서가 아니라, 소멸하는 불로서, 세상을 창조해 낸 사랑으로서, 작품을 향한 화가의 사랑처럼 집요하고 개를 향한 인간의 사랑처럼 전제적이며 자식을 향한 아버지의 사랑처럼 신중하고 숭고하며 남녀의 사랑처럼 질투할 뿐 아니라 꺾일 줄 모르는 철두철미한 사랑으로 여기 계십니다.

그는 계속해서 하나님의 사랑을 플라톤의 사랑의 개념과 대비시킨다. 플라톤은 사랑을 결핍의 산물로 보아, 사랑하는 쪽에서 필요로 하고 갈망하는 선한 것이 그 대상 안에 실제로 있거나 또는 있다고 여겨질 때 사랑이 생겨난다고 본다. 그러나 하나님의 사랑은 상대방이 가진 선에 근원을 두는 것이 아니다. 오히려 자신이 먼저 인간을 사랑하여 그를 존재케 한 후 진정한 사랑스러움을 갖추어 가게 함으로 그 모든 선의 근원이 되어준다. 그리고 이러한 사랑의 끝은 아무 필요도 갈망도 없으신 하나님 자신을 우리에게 희생적으로 내어줌으로써 극치에 다다르고 있다. 따라서 인간은 하나님이 될 것이냐, 피조물의 자리에서 하나님의 선함에 반응함으로 그의 선함을 공유하며 그를 닮은 존재가 될 것이냐, 아니면 이 모든 것과 관련이 없는 비참한 존재가 될 것이냐 이 세 가지 중 하나를 선택해야 한다.

이와 같은 '선택'의 문제는 세 번째 질문인 '왜 하나님께서는 인간에게 그에게 반역하여 고난을 초래했던 자유의지를 주셨는가'라는 물음과 관련된다. 이에 대하여 최홍석(1998)은 신정론에 대한 루터의 대답을 상기시킨다. 루터는 하나님이 역사하시는 방법을 크게 두 가지로 나누었는데, 첫째는 정상적인 일(opus proprium)이요, 다음은 비정상적인 일(opus alienum)이다. 전자는 그리스도의 구원 역사를 의미하며, 후자는 인간이 잘 이해하지 못하고 깨닫지 못하는 방향으로의 역사를 의미한다. 루터에 따르면 악의 존재는 하나님의 비정상적 일에 속한다. 그러나, 최홍석은 신정론에 관한 부룬너, 바르트, 틸리히, 벨카워 등의 논의의 공통점으로 '이 문제에 대해 인간에게는 어떠한 해결도 없다'는 결론을 내리고 있다. 죄와 악은 하나님의 절대주권과 이성적 피조물이 지닌 자유의지 사이에서 생겨난 것이다. 이 문제를 해결하기 위하여 하나님께서는 십자가 사건을 중심으로 한 구원 역사의 과정을 설정하셨다. 즉, 죄와 악이 존재하게 된 것은 피조물의 자유와 창조주의 주권 사이에서 피조물이 행사한 자유의 오용에서 비롯되었으나, 이 모든 타락과 왜곡으로부터 회복은 세계 역사와 유기적 관계를 지닌 구속역사를 통해 이루어지게 된다.

이는 김이곤이 내린 신정론에 관한 구약신학적 해석에서 더욱 분명하게 제시되고 있다(1989). 고난을 "인간 본성 속에 내재하는 한 필연성"으로 이해하는 것은 구약성서적 고난 이해와는 전혀 다르다. 오히려 구약성서에서 고난은 "신의 필연성"으로 이해해야 한다. 이는 고난이란 하나님의 구원 섭리의 한 도구로, 이른바 "하나님으로부터 오는 것"이라는 이해가 구약성서를 지배하고 있는 주제이기 때문이다. 이는 욥이 고난을 당할 때 여호와께 하는 고백에서 다음과 같이 나타난다.

내가 모태에서 적신이 나왔사온즉 또한 적신이 그리로 돌아갈지라
주신 자도 여호와시오 취하신 자도 여호와시오니

여호와의 이름이 찬송을 받으실지니이다(욥기 1:21)

김이곤은 계속하여 신정론적 질문에 대한 구약성서의 대답은 소돔과 고모라를 징벌하려는 하나님을 향한 아브라함의 항거(창세기 18:23)에서 시작하여, 범죄한 이스라엘을 무자비하게 진멸하려는 하나님을 향한 모세의 저항(출 32:11 이하), 역사의 부조리에 침묵하는 하나님을 향한 예언자 하박국의 항변(합 1:13) 등에서 다양하게 제기되었다고 보았다. 그리고 전도서 기자의 "누가 알랴?"(전 31:21)라고 하는 불가지론적 냉소주의의 형태의 질문으로 구약성서 안에 남아있다. 그러나 이스라엘 백성은 여호와에 대한 '구속의 주권 신앙'을 중심으로 그들의 고난의 의미를 찾아왔다.

이러한 여러 학자들의 고난에 대한 이해를 요약하면, 성경에 제시된 고난의 원인은 분명히 죄에 대한 하나님의 심판의 결과이다. 그러나 인간을 그토록 사랑하시는 하나님께서 왜 인간에게 이러한 죄와 고난을 허락하셨는가의 문제에 대해서는 정확히 알 수 없다. 다만 하나님은 절대 선하시고 전능하시어, 고난을 통해서라도 인간에게 그의 구원 섭리를 이루어가신다. 즉, 하나님의 구속적 주권 안에서 인간의 고난은 해석될 수 있는 것이다.

③ 성경적 고난의 의미

그렇다면 성경에서 고난은 어떤 의미를 가지고 있는가? 김이곤은 구약성경에 나타난 고난의 의미를 크게 다음의 세 가지로 나누었다. 첫째는 고난이란 인간의 반역에 대한 하나님의 제동 활동의 양식이다. 비록 고난이 첫 인류의 타락 때문에 발생한 것이고, 타락한 인간의 그 '죄스러운 현실'을 제도(制度)하기 위해 '하나님께서 준 것'이 고난이다. 고난은 인간 현실을 제도하기 위한 수단으로 하나님께서 그의 역사적 주권 안에서 사용하시는 것이다. 두 번째, 구약성경에서 고난은 인간을 위한 하나님의 교육 또는 훈련 수단이다. 예언자 아모스는 "그러나 너희는 내게로 돌아오지 아니하였느니라"라는 강조 어구를 다섯 번이나 반복하면서 고난이 이스라엘의 회개를 촉구하는 하나님의 교육 수단 또는 훈련 방식이라는 점을 시사하였다. 고난에 대한 이러한 사상은 많은 선지서에서 반복되어 나타나고 있다. 세 번째 고난은 앞의 둘과 본질적으로 다른 것이다. 구약성경에는 동족이 받을 징벌을 대신 받는 지도자의 속량적 고난이 나타나 있다. 예를 들면, 예레미야의 "딸, 내 백성이 상하였으므로 나도 상하여 슬퍼하며 놀라움에 잡혔도다(렘 8:21)"와 같은 고백이나, "이제 그들의 죄를 사하시옵소서 그렇지 않사오면 원컨대 주의 기록하신 책에서 내 이름을 지워버려 주옵소서(출 32:32)"와 같은 모세의 기도 등에서 찾아볼 수 있듯이 지도자가 이스라엘 백성을 대신하여 속죄의 고난을 겪는다. 그리고 이러한 속량적 고난 사상은 포로시기를 거쳐 예언자 전승, 메시아 전승, 그리고 제사장 전승으로 발전하여, 이른바 다른 사람을 위하여 대신 고난을 받아 대속 제물이 되는 하나님의 종이 받는 대속적 고난 사상과 연결된다. 그리고 이러한 의인의 대속적 고난 사상은 예수 그리스도에게로 계승되어 구약과 신약을 연결하는 매우 탁월한 성서적 정신 세계를 형성하게 된다.

한편 이승구(1998)는 그리스도인이 당하는 고난의 의미를 단순히 수동적 고난(passive suffering)과 능동적 고난(active suffering)으로 구분하여 설명하였다. 먼저 수동적 고난이란 이미 하나님 나라 안에 있는 그리스도인이라 할지라도 이 세상에 있는 한 '고난의 구조' 안에 살 수 밖에 없으므로 비그리스도인들과 같은 고난을 경험하는 것을 의미한다. 인간이 이 세상에서 살면서 피할 수 없는 전쟁, 가난, 인간관계의 불화 등이 여기에 해당된다. 이러한 수동적 고난이라고 할지라도 그리스도인들은 그 고난을 대처하는 방식과 고난에 임하는 태도에 있어서 기독교적 특징을 드러낼 수 있다. 예를 들면, 비그리스도인들도 죽고 그리스도인들도 죽지만, 그리스도인은 죽음을 죄에 대한 형벌이라고 생각하지 않고 자신의 영혼을 성화시켜가는 수단이라 믿고 죽음을 맞는다. 두 번째, 능동적 고난은 단지 그리스도인이라는 이유 때문에 받는 고난을 의미한다. 이는 그리스도인임을 포기하거나 양보하거나 절충하면 피할 수 있는 고난이다. 바울이 디모데에게 말한 대로 "복음과 함께 고난을 받으라"(딤후 1:8)고 할 때의 고난이다. 즉, 그리스도인이라면 예수 그리스도의 뜻을 구현하기 위하여 싸워야하며, 그 과정에서 고난의 길로 나아가야만 하는 것이다.

고난에 대한 정훈택(1998)의 분류는 이승구의 분류와 매우 비슷하게 보이나, 이승구의 능동적 고난을 좀 더 구체화시켰다는 점에서 차이를 나타낸다. 정훈택 역시 고난을 크게 두가지로 대별한다. 첫째는 '인간이기 때문에 어쩔 수 없이 겪는 고난'이고 둘째는 '기독교인이라는 것 때문에 경험하는 고통'이다. 첫째 고난은 생로병사, 가난, 고생, 병, 사고, 재난 등과 같은 것으로 기독교인이라 하여도 그 비참한 강도가 약해지지 않는다. 정훈택에 따르면 두 번째 고난은 예수 그리스도의 세계관과 예수 그리스도와 그 제자들과의 관계에 의해 그리스도인에게는 필연적이다. 예수 그리스도께서 이 세상을 사랑하고 구원하시기 위하여 이 세상에 오셨다. 이 점에서 예수 그리스도의 세계관은 긍정적이다. 이와 반대로 예수께서는 이 세상을 '하나님을 배반하고 죄에 빠져 어두움이 지배하고 있는 세상'이라고 말씀하신다. 또한 '세상이 예수님을 영접하지 않았고(요 1:11), 예수님을 미워했다(요 7:7)'. 이 점에서 예수 그리스도의 세계관은 부정적이다. 예수 그리스도에 대해 이와 같은 부정적 관점을 지닌 세상에서 그리스도인으로 사는 데에는 당연히 고난이 따르기 마련이다. 또한 예수님과 제자 관계를 맺고 세상을 살아가는 그리스도인들은 그 누구보다, 그 무엇보다 주 예수님을 가장 사랑해야한다. 그 과정에서 자신의 가족, 명예, 목숨까지도 부정해야 하는 고통의 경험을 피할 수 없게 된다. 더 나아가서 예수님과 제자와의 관계는 스승과 제자 관계 이상으로, 인격적, 영적 결합, 언약적 결합 관계이기 때문에 예수께서 당하신 고난을 피할 수 없다.

김정아(2006)는 고난은 그것이 주어진 맥락에 따라 다양한 원인과 목적이 있음을 밝히면서, 고난의 의미를 죄에 대한 심판, 타인의 비참함에 대한 연민, 대속적 고통, 그리스도의 제자로서 받는 고통, 예방적 목적의 고통, 교육적 목적의 고통으로 대별하였다. 그 가운데 예방적 목적의 고통은 필립 얀시의 저서에도 나타난다. 필립 얀시(Yancey, P., 1990)는 폴 브랜드 박사가 일하던 한센병 환자들의 마을에서 생활한 경험을 바탕으로 고난을 이해한다. 한센씨 병 환자들은 신체의 고통을 느끼지 못하기 때문에 신체의 일부가 상하고 절단되어도 제대로 반응하지 못하기 때문에 심각한 부작용을 겪을 수 있다. 이러한 체험을 통하여, 필립 얀시는 인간이 지각할 수 있는 고난이 하나님께서 더 큰 위험에서 인간을 구해내고자 하는 하나님의 은혜임을 깨닫는다.

김중은(2003)은 욥기에 제시된 신정론이 제기하는 고난을 교육적 의미, 종말론적 의미, 대속적 의미, 위탁의 의미 등 네 가지로 구분하였다. 먼저 교육적 의미의 고난이란 마치 부모가 자식을 꾸지람하고 징계하듯 하나님도 그 사랑하는 자를 징계하신다는 것이다(신 4:30; 호 2:6-7; 잠 3:11-12; 히 12:5-7). 두 번째, 종말론적 의미의 고난이란 세상의 마지막 때에 그리스도인이 더 심각하고 경험하게 되는 더 심각하고 특별한 고난을 뜻한다(단 12:1-3;히 11:24-26; 계 2:10). 그리스도인은 이러한 죽음의 고난을 통해 하나님이 심판하실 마지막 때의 부활과 영생을 누릴 수 있다. 셋째, 대속적 의미의 고난이란 하나님의 종이 다른 사람들의 죄를 대신하여 수난을 당하는 것을 의미하며(사 42:44; 49; 50:52-53), 이는 예수 그리스도의 십자가 수난을 뜻한다. 그리고 그리스도인도 이러한 예수 그리스도의 십자가의 고난에 참예한다(고후 1:5-7). 넷째, 위탁적 의미의 고난이란 고난을 통해 그리스도인이 자신의 무력과 무능을 깨닫고 더욱 자신을 하나님의 능력에 위탁하게 되는 것을 뜻한다. 사도 바울은 '육체의 가시'때문에 고통당했으나 이 고난을 통해 자고하지 않고 더욱 하나님께

의지하게 되었다. 결론적으로 성경에서 인간 고난의 의미는 고난의 현실을 통해 인간은 누구나 예외없이 '구원받아야 할 존재'임을 깨우쳐주는 데 있다.

마이어(Myers) 역시 고난은 그리스도인의 회개와 성화, 구원을 돕는다고 보았다(1981, 김진석, 2005). 그는 『고난의 선물』이라는 그의 저서에서, 하나님은 우리가 제 갈 길로 가지 못할 때 고난을 통해 우리를 돌이키시며(Where Did I Go Wrong?), 고통을 통하여 그의 완전하심에 맞추어 우리를 성숙시키시며(Finding the Lost Chord), 십자가의 죽음과 같은 고통을 통해 우리에게 가장 좋은 삶을 주시기 원하신다고 (The Best Kind of Living Comes Through Dying) 주장한다.

이상을 종합하여 성경적 고난의 의미와 그에 따른 그리스도인의 고난관을 정리하면 다음과 같다.

첫째, 고난은 하나님의 뜻에 반역한 인간의 죄에서 기원하였다. 따라서 그리스도인을 포함한 모든 사람은 고난을 피할 수 없다. 그러므로 그리스도인은 고난을 자연스럽게 받아들여야한다. 또한 고난을 당할 때 하나님과 단절된 관계의 회복을 시도해야 한다.

둘째, 그리스도인에게 고난은 하나님의 뜻을 좇아 살지 않을 때 그 길에서 돌이키고 회개하라고 하나님께서 주시는 징계 또는 처벌의 의미를 가진다. 그리스도인은 고난의 때에 자신이 지은 구체적 죄를 돌아보고, 하나님께서 주시는 사랑의 징계를 겸허히 받아야한다.

셋째, 그리스도인의 고난은 교육, 훈련, 성화 장치로서의 의미를 지닌다. 그리스도인은 어려움을 당할 때 자신을 온전케 하실 하나님의 선한 뜻을 바라보며 고난을 통한 교육과 훈련 과정에 충실하여야한다.

넷째, 하나님께서는 그리스도인에게 그를 더 큰 고통이나 위험을 피하게 하시기 위하여 예방적 목적으로 고난을 주신다. 그리스도인은 고난을 당할 때 자신이 힘들다고 느껴지는 것이 자신에게 닥칠 더 큰 어려움을 방지하는 데 도움이 된다고 생각해야한다.

다섯째, 그리스도인에게 고난은 이 세상에서 예수 그리스도의 제자로서 '영적 전투 과정'에 참여하면서 피할 수 없는 것이다. 그러므로 그리스도인은 적극적이고 능동적으로 이러한 고난에 자원하여 참여하여 그리스도인으로서의 정체성을 더욱 분명히 해야한다.

여섯째, 그리스도인은 다른 사람이나 공동체를 대신하여 의인 또는 지도자로서의 고난을 경험할 수 있다. 만일, 자신이 이러한 고난을 겪을 준비가 되어있다고 생각한다면, 위와 같은 '대속적, 지도자적 의미'의 고난을 피하거나 두려워하지 않고 능동적으로 고난에 참여하여야한다.

일곱째, 그리스도인은 고난을 통해 자신의 무력과 무능을 철저히 깨닫고 하나님께 자신을 완전히 의탁하게 된다. 따라서 고난을 당하는 그리스도인은 자신에게 고난을 허락하신 전능하신 하나님께 더욱 의지하고, 그에게 나아가도록 한다.

마지막으로, 성경에는 예수 그리스도의 '십자가 위의 구속적 고난'이 나타난다. 그리스도인은 자신의 범죄와 타락에 따른 인간의 고난 문제를 해결하기 위하여 죽음의 고난을 자처하여 당하신 그리스도의 희생적 사랑에 감사하는 마음으로, 자신에게 당한 고난을 극복할 수 있다.

(4) 단일사례에 드러난 고난관

이제 연구대상자와의 상담이 그가 자신의 내면에 묻어두었던 고통을 인식하고 해결해 가는데 어떤 영향을 주었으며, 하나님께서 삶의 이야기의 주인이 되어 저술되는 자신의 이야기에서 '고난'을 어떻게 해석하며 대처해왔는지를 면접 내용을 중심으로 살펴보겠다.

1) 상담의 중심 주제: '폭력을 사용하는 권위자'로 인해 막혀있던 사랑의 하나님과의 관계

앞에 요약한 상담 내용에 드러난 연구대상자의 주요 문제는 아버지로 대표되는 '폭력을 행사하는 남성 권위자' 앞에서 자신의 분노를 제대로 표현하지 못하고, 폭력 앞에서 무기력감을 느끼는 것이다. 연구대상자는 유아기부터 아버지에게 피가 나는 정도까지 신체적 폭력을 당했지만 고등학교 2학년이 될 때까지 한 번도 자신의 분노와 수치감에 대해서 표현하지 못했었다.

"아버지를 통해서 어릴 때 당했던 그 고통이 싫다고도 말 못했어요. 사실 중학교 때까지는 .. 그럴 능력이 없었으니까 맞으면 맞아야 됐었으니까... 고등학생이 되면서 아마 그 때 말씀드리지 않았나 싶은데 그 때 부터 반항을 하기 시작했어요. 고2때 처음 가출을 해봤고.. 아주 짧은 가출이었죠. 말이 가출이었지 놀다 온 거에요. (중략) 토요일 밤에 출발해서 주일날 새벽에 서울역에 떨어지고 첫차타고 집에 들어가서 근데 아무 말 안하시더라고요 아버지가 어디 나가면 말을 하고 가라고 그러고 그냥 넘어가시더라고요. 전 맞을 걸 예상하고 들어갔는데 그러고 마시더라고요. 오히려 마음이 편하지가 않았어요. 왜 저러시지 생각했죠. 근데 그 때가 아마 제가 손에 상처가 있는데 이게 너무 화나서 욱해서.. 그 때 너무 화가 나고 풀 수는 없고 그러니까 학원에 유리창이 많았어요. 그걸 깬 거에요. 그걸 깨다가 유리가 떨어지면서 베인 거에요. 고등학교 1학년 2학년 때 그때 유리 떨어지면 피 쫙 나고.. 부모님도 충격 받으셨을거에요. 그 때 이후로, 그런 일이 거의 없었어요. 표현하기 시작한 거죠."

연구대상자는 2001년 경험했던 찬양단 남성 인도자가 여러 찬양단 멤버들 앞에서 행사한 언어폭력 앞에서 그 부당함, 억울함, 분노, 수치심 등을 표현하지 못한 채 이러한 감정을 자신 안에 억압하고 자신을 오히려 학대하면서 극도의 무력감에 이르렀다. 또한 아버지로부터 경험한 신체적 폭력 역시 이 당시에는 자각되지 못했었다. 그리고 폭력적인 아버지와의 관계 때문에 하나님께서 '사랑의 아버지'라는 경험을 거의 하지 못하고 지내왔다. 그런데 상담 과정에서 찬양단 앞에서 받은 언어폭력과 아버지로부터 받은 신체적 폭력이 서로 연결되어 있고, 그것이 얼마나 자신에게 크게 영향을 주었는지 깨달음과 동시에, 하나님께서 폭력적인 자신의 아버지와 같지 않으신 '사랑의 아버지'라는 사실을 마음으로 경험했다고 했다.

"그 때 교수님이 저한테 하신 질문이 저한텐 충격이었어요. 너의 하나님이 어디 계시냐고 물어보셨을 때, 하나님이 어떤 분이냐고 물으셨을 때 저한텐 그때 정말 큰 충격이었던 거 같고 그때 정말 많이 울었을 거예요. 아마 그때 제가 그런 찬양이 그냥 불러졌던 찬양이 저한테 가슴에 와 닿는 찬양이 되었어요 소리엘 4집에 있는 1번 이었는데 아버지라는 찬양이 있어요. 네, 아버지라는 찬양의 가사가 그냥 그랬어요. 그 땐 그 가사를 부르는데 그 주체 못하는 그 마음 속에 살아있는 아버지의 느낌이 하나님의 느낌이 가슴으로 참 말로 표현 못할 그런 그 가사의 감동이 막 느껴지는 거에요. 그래서 그것 때문에 제가 그 찬양이 그렇게 불렸다고 제가 메일을 보냈던 것 같아요."

2) 처벌, 징계로서의 고난의 오해: 저주로서의 고난은 없다

성경에 나타난 고난에 관한 해석 가운데 하나는 고난을 하나님의 처벌이나 징계로 이해하는 것이다. 이에 대하여 연구대상자는 흔히 사람들이 고난을 조상으로부터 내려오는 저주를 끊지 못해서 그런 것이라고 생각하지만 자신은 '하나님은 용서하시는 분'이며 '저주하는 분'이 아니라고 했다.

"일단은 저도 어제 논문을 읽다 보면서 어떤 걸 물어보실까 고민을 사실 좀 했었거든요. 어떤 얘기를 할까 고민을 하고 왔는데, 제가 최근은 아닌데 예전에 군대 갔다 오구..제 어머니도 그 얘기를 해주셨어요. 이건 딴 사람한테 했던 얘기도 아니고 교수님한테 처음 하는 얘긴데, 저희 할아버지 그러니까 저희 아버지의 아버지가 바람도 피셨고 놀음도 하셨고 옛날에 저 태어났을 땐 돌아 가셨고 그러니까 되게 오래 전 일이죠. 이제 그 얘기를 해 주시더라고요. 그게 이제 우리 * 씨 가문에 뿌리를 뽑지 않으면 그런 조상들의 선조들의 잘못을 뽑지 않으면 소용이 없다고.. 지금 우리가 겪고 있는 고난도 그런 것 중에 하나다, 가난하고 돈이 없고 그렇게 된 게 그런데서 비롯된 거다, 그런 말씀을 하시더라고요. 그 얘기를 들을 때에는 한편으로는 처음엔 받아들였거든요. 아, 그럴 수도 있겠다는 생각을 했었어요. 논문에도 쓰신 것처럼 그런 구절들 또 신명기 말씀에도 나오는 것처럼 말씀에 순종할 때는 막 어쩌고저쩌고 이런 것들 막 그런 것들을 얘기 하실 때는 그럴 수도 있겠다 생각을 했었는데 이제 배우면서 아 그건 아니다 라는 걸 알게 되더라고요. 제가 분당으로 왔을 때 이 ** 목사님한테 홈페이지에 그런 질문들이 많이 올라왔어요. 자기 어떤 아는 집사님이 당신네 집안 조상들이 뭘 잘못해서 당신이 지금 이런 고난을 겪고 있다는 얘기를 항상 하시면서 목사님이 그 글에 답을 다셨는데 그런 문제에 대응하지 말라고 말씀을 하시더라고요. 그런 말씀을 하시면서 예수그리스도를 믿음으로 용서를 받았는데 죄의 대가를 치른다거나 그런 조상의 죄를 치른다는 게 어디 있냐, 한 번의 용서는 완전한 용서인데 죄는 용서가 되는데 죄의 대가를 치른다는 말은 없다고 하시더라고요."

3) 교육, 훈련, 성화로서의 고난

연구대상자는 자신이 폭력에 노출되면서 겪은 고난이 자신을 연단시켰으며, 이는 하나님의 사람들을 더 잘 이해하고 도울 수 있게 만든 도구였다고 고난을 인식하고 있다. 또한 고난이 없다면 영적 훈련을 받는 데에도 나태해질 수밖에 없었다고 이해한다.

"근데 그 때가 아마 제가 손에 상처가 있는데 이게 너무 화나서 욱해서 그래도 지금 생각해도 그 매가 있으니까 내가 이 정도 인격을 갖췄지 그 매가 없었으면 난 망나니가 됐을 거라는 생각을 해요."

"또 한편으론 저에게 아픔을 준 것이 네가 가진 그 아픔을 다른 사람들도 가지고 있다는 걸 알게 하시기 위한, 저에게 주시고자하는 도구였다는 생각이 좀 들었어요. 지금도 아이들을 대하고 성도들을 대할 때 제가 그 사람들에 대한 구체적인 아픔을 알 순 없지만 최소한 한 가지 내가 힘들었던 것만큼 저 사람들도 힘들었구나, 그럼 나도 그렇게 힘들었는데 저 사람들은 얼마나 힘들었을까 라는 그거 하나는 느낄 수 있더라고요. 구체적으로 무엇이 힘든지 무엇이 아픈지 무엇이 고통스러운지 모르지만 그렇지만 내가 아픈 만큼 저 사람들도 힘들었다는 생각들을 가지게 됐어요."

"군대 전역할 때는 제가 신앙이 약해졌어요. 말년 때 고난이 없어서 그랬던 것 같아요. 그 핍박들이 제 신앙을 묶어놓은 거 같아요. 제대 후 많이 나태했었어요. 하나님이 군대에서 저에게 주셨던 게 그런 것 같아요. 동기부여가 안 되었으면 전 이렇게 못 섰을 거에요."

4) 그리스도의 제자로 겪는 '영적 전투'로서의 고난

다음으로 연구대상자는 위의 고난에 관한 분류 가운데, 자신이 경험한 고난을 '그리스도의 제자로서 능동적으로 자청한 영적 전투로서의 고난'으로 해석하였다. 연구대상자는 군대에서 교회 찬양단을 하면서 상사로부터 받은 혹독한 신체적 학대 경험을 자원하였다. 자신은 군종병, 군목도 아니었지만 입대 초 어느 예배 시간 중에 하나님께서 자신의 마음을 향하여 (그리스도의 제자로서) '네가 나를 위해 핍박을 받을 수 있겠니?'라고 질문하셨으며 자신은 이에 '그러겠다'고 대답한 이후 군 생활에서 되풀이된 상사들의 폭력을 견딜 수 있었다고 말했다.

"군대에서는 그 때 상황은 말씀을 드렸을 거예요. 이등병 코흘리개가 아니 나이는 많았지만 군대는 계급이니까 찬양 팀을 하겠다고 주일날 해야 할게 많은 막내가 교회 가서 안 올라오니 선임들은 난리 나는 거죠. 근데 수요일 저한테 예배하는데 그날은 특히 특송이 많았어요. 계속 특송을 하는 거에요. 나갈까 말까 고민을 하는데 (하나님께서) 제 마음을 치셨어요. 네가 나 때문에 핍박받을 수 있겠느냐 라고 하시더라고요. 너무 생생하게 정말 그게 그 질문에서 베드로를 향해서 네가 나를 사랑하느냐 라고 질문했던 것을 들은 베드로가 부담을 느낀 것처럼 그랬던 거 같아요. 더 이상 좀 지나서 찬양 팀 할게요 라는 고백이 안 나오더라고요. 그때 불렀던 찬양이 '보라 두려워 말고' 그 찬양이었어요. 제가 찬양팀 신청을 했어요. 이등병이 그때부터 고난의 시작이었어요. 죽는 줄 알았어요. 주일엔 죽을 각오하고 교회 갔어요. 화장실로 끌려가든 내무실에서 대놓고 맞았어요. 맞아도 누가 뭐라고 안했어요. 그래도 재밌었어요. 군장 돌면서 이런 저런 얘기하고 맞을 때마다 알았던 게 사람이 악해질 수 있구나... 하나님의 음성의 힘을 느끼고 받아들인 거 같아요. 제가 핍박당하기를 원하셨던 거 같아요. 맞는 게 힘들었지만 죽을 만큼 힘들진 않았어요."

5) 하나님의 거대한 섭리 가운데 허락되는 고난

흥미롭게도 연구대상자의 고난에 대한 해석 가운데 연구자의 논문에 포함되어 있지 않은 내용이 들어있었다. 이는 자신의 고난이 '나를 향한 하나님의 특별한 계획' 가운데 포함되어 있었다고 바라보는 '하나님의 거대한 섭리로서의 고난관'이다.

"지금 제가 겪은 고난도 그렇고 저희 집안에 있던 그런 어려움들도 그렇고 아! 하나님이 우리 집안을 향한 계획이 있었구나라는 것들을 발견했어요. 왜냐하면 저희 집안이 그러니까 저희 큰아버지의 집안도 유교적인 집안이었어요. 정상적인 유교 집안, 제사 지내고 그렇게 했던 집안이었는데 지금 할머니 기일을 추도예배로 지켜요. 얼마 전에 갔다 왔어요. 저 저번 준가 저번 준가 가서 아주 형식적이었지만 이제 뭐 어머니 전도사고 저도 전도사였지만 저희가 인도하지 않고 큰아버지가 교회에서 준비해준 추도 예배 양식을 보시고 그대로 읽어 가시면서 그냥 했어요. 근데 그게 저는 그게 되게 마음이 불편했어요. 되게 불편했는데 가서 그렇게 예배하는데 제 마음이 되게 편하더라고요. 좋더라고요. 제사 지내는 거 때문에 중학교 때 고등학교 때 교회 다니면서 교회 고등부 때 내가 절을 해야 할 것인가 말아야 할 것인가에 대해 고민하기 시작한 때였으니까, 고2가 그런 고민을 하던 집안이 예배드리는 걸로 바뀌었으니까... 그걸 보면서 저희 할머니 돌아가신 이후에 예수님을 영접하기 시작했어요. 큰아버지들이요. 그러면서 그런 고난들이 아 이거는 우리를 향한 하나님의 계획이 있었구나라는..."

(5) 기독교상담과 고난에 대한 해석

지금까지 연구자가 단회상담으로 진행한 기독교상담을 통해 연구대상자에게 일어났던 심리적, 영적 변화를 기술하였고, 연구대상자가 자신이 경험했던 '폭력'이라는 고난을 어떻게 성경의 진리 가운데 해석하였는지에 관하여 그와의 면접 내용을 중심으로 살펴보았다. 요약하면, 연구대상자는 자신이 어린 시절 아버지로부터 받았던 '폭력'이라는 고난을 훈련, 성화나 예방의 관점으로 해석해 내었으며, 연구자와의 단회상담 이후 군에 입대하여서는 '자신이 친밀하게 만난 사랑의 하나님'의 신실한 제자로 살아가는 하나의 방식으로 찬양팀을 자원하여 똑같은 '폭력'의 고난을 심하게 당했지만, 그의 표현대로 '재밌게' 이겨내었다. 그리고 폭력적인 아버지가 포함된 가문에 계속되었던 고난을 '하나님께서 그의 백성으로 삼기 위한 거대한 계획' 아래 이루어진 일로 해석하고 있었다. 하지만 '처벌이나 징계'로서의 고난이 주어진다는 것은 받아들이지 않았고, 오히려 이를 '저주'의 개념으로 오해하여 '하나님은 저주하시는 분이 아니라 용서하시는 분이다'는 믿음을 갖고 있는 것으로 확인되었다. 또한 그의 고난에 대한 해석에서 '더 큰 고통을 예방하기 위한 고난'이나 '공동체를 대신한 대속적 고난'의 개념은 발견되지 않았다. 마지막으로, 연구대상자는 연구자가 제시한 논문에는 포함되어 있지 않았지만, 자신의 가족에게 일어났던 고난을 '하나님의 거대한 섭리 속에 허락된 고난'으로 해석하였다.

어떠한 상담이든 내담자는 상담자에게 자신의 '고통'을 호소한다. 상담을 받는 사람들은 자신을 '고난' 중에 있다고 자각한다. 따라서 기독상담자가 그리스도인 내담자를 상담하는 경우, 내담자가 자신의 고통과 고난을 어떻게 바라보고 해석하고 있는가는 매우 중요한 문제이다. 연구자는 면접을 마무리하면서 연구대상자에게 그의 변화에 기여한 기독교상담의 역할이 무엇이었는지에 대하여 질문하였다. 그의 답변을 바탕으로 그리스도인이 고난을 해석하는 과정에서 기독교상담자가 고려해야할 사실들을 다음과 같이 정리해볼 수 있었다.

첫째, 그리스도인이 고난 가운데 있을 경우, 그가 경험하고 있는 '하나님'과의 관계가 가장 중요하다.

"하나님을 신뢰한다, 안 그렇다, 믿는다, 믿지 않는다, 얼핏 보면 똑같지만 전 신뢰가 더 친근하게 느껴지더라고요. 교수님과 상담 이후 하나님과 신뢰가 더 두터워진 것 같아요.(중략) 제가 이러한 용기를 가지게 된 건 아버지 이상이신 전능하신 하나님에 대한 신뢰에서 나온 거 같아요. 나는 못해도 그분은 다 하신다는 것, 그분이 다 결정하신다는 것에서 나오는 것 같아요... (그 분은 어떤 하나님이신가?) 전지전능하신 분, 그리고 선하신 분이지요."

둘째, 기독상담자가 고난을 견디고 승화시키도록 도와주려면 상담학적인 방법으로 내담자에게 잘못 형성된 하나님의 이미지가 그의 삶의 역사와 경험과 어떻게 연결되는 지 자각하게 조력하고, 성경에 계시된 하나님과의 신뢰롭고 친밀한 관계를 맺을 수 있도록 도와주어야 한다.

"상담이라는게 저에게 준 영향은..... 많은 사람들이 상담은 들어주는 것이 중요하다고 하잖아요. 그것도 중요하지만 한편으로는 공감해주는 것이 더 중요하다고 생각이 들어요. 상대방의 얘기를 이해 못하는 상황이 많기 때문에.... 당시 제 수업 때 교수님의 가르침 중에 가장 생각나는 것이 기독교상담학을 설명하시면서 세상의 상담학과는 다른 게 기독교 상담학은 결국 내담자가 하나님과 연결되도록 연결하는 게 가장 큰 역할이다 라고 말씀하신 게 기억에 남고 사람들을 대할 때의 숙제로 삼고 있어요. 가장 위험한 것 중에 하나가 내가 저 사람한테 가장 소중한 사람일거야 라고 생각하는 게 가장 위험한 생각인 것 같고 나를 의지하게 하는 것 만한 범죄도 없는 것 같아요.그게 자신이 하나님이 되는 범죄니까요. 그래서 그런 혜택, 상담학의 은혜를 받았던 저로서는 어떻게 보면 그런 공감대 가운데 단 한마디의 질문에 제 속에 있던 것들이 꺼내졌을 뿐 아니라 마지막에 저한테 해주셨던 하나님 아버지에 대한 얘기가..... 그것도 말씀이잖아요? 개인의 이야기가 아니라..... 제가 기억하진 않는데 제가 기억하고 있는 건 하나님이 나의 아버지라는 건 기억하고 있어요. 생생하게 기억하고 있는 것이 내가 만난 하나님이 아버지라는 사실에 대해서 모르고 살았던 거 같고 그 한마디 때문에 제가 더 울었던 것 같아요. 그 찬양이 저한텐 더 애절하게 다가왔고 그래서 그렇게 연관 되어 질 수 있는 상담학이 교회 안에서도 이루어 졌으면 좋겠다는 생각이 들었고, 그래서 제가 상담학을 배우고 싶어 하고 하나님 앞으로 끌고 나올 수 있다는 점이 좋았고 또 그런 역할을 해야 한다고 생각이 되어져요.”

셋째, 지속적으로 고난을 견딜 수 있는 힘은 공동체 안에서의 체계적인 말씀 훈련을 통하여 형성된다.

“군대에서는 성경일독을 했어요. 그러면서 그 말씀의 힘도 제 안에 있다는 느낌도 있었어요. 말씀을 알고 있다는 은혜가 깊었어요. 그 말씀이 없었으면 군대에서 정신병까지도 얻을 뻔 했어요.(중략) 웬만한 상담으로는 안 되더라고요 말씀의 체계적인 훈련들이 필요하다고 느껴요. 우리 교회 사람들 훈련 정말 인정 사정 없어요. 매일 큐티한 거 노트정리해서 가지고 오고 2주에 한번 독후감 쓰고 정말 강한 훈련을 받고 살아내시더라고요. 단순 대화로는 안돼요. 그 사람의 말을 듣고 공감 해줄 수는 있겠죠. 근데 그 선이 한계인 것 같아요. 그런 훈련들이 필요한 거 같아요.”

마지막으로 본 연구의 의미를 밝히고, 연구의 제한점을 바탕으로 몇 가지 제언을 덧붙이려 한다. 그리스도인 내담자에게 있어서 그가 당한 고난에 대한 해석은 기독교상담에서 그 어떤 주제보다 중요하다. 이 '고난'의 문제를 이론적, 통계적으로 다룬 연구들은 찾아볼 수 있으나 성경에 나타난 고난의 종류와 원인들을 개관하고, 이를 실제 상담 사례와 연결하여 기독상담이 한 내담자가 '고난'을 받아들이고 해석하는 과정을 밝히는 질적 연구는 찾아보기 어렵다. 본 연구는 사변과 논리, 통계에서 나아가 실제 상담 장면에서 변화를 경험한 내담자에게 심층면접 방법을 사용하였다는 점에서 그 의의를 지닌다. 또한 성경에 제시된 고난을 해석하는 몇 가지 틀을 연구대상자에게 적용시켜 실제로 그가 자신의 고난을 '훈련과 성화, 그리스도의 제자로서의 영적 전투', '더 큰 고난을 예방하기 위한 고난' 등으로 개념화하고 있다는 사실을 확인하였다. 나아가 면접의 틀로 주어진 연구자의 논문에서 분류되어 있던 고난관 이외에 '하나님의 거대한 섭리 가운데 허락된 고난'이라는 개념을 면접 과정에서 새롭게 발견해낼 수 있었다는 점에서 의미가 깊다. 하지만 단일 사례 연구로 인한 연구 결과의 일반화 문제는 피할 수 없는 본 연구의 한계라고 여겨진다. 또한 본 연구가 체계적으로 미리 고안된 종단 연구 계획에 의해 진행된 것이 아니고, 1년에서 6년의 시간 차이를 두고 체계적인 계획 없이 진행된 연구이기 때문에 가지는 문제점을 가진다. 내담자의 변화에 중요한 영향을 미쳤던 단회 상담의 녹취록이 없이 상담 내용을 연구자와 연구대상자의 회상 기억에 의존하여 정리한 것이 그 예이다. 따라서, 앞으로 진행되는 기독상담 연구는 '고난'을 비롯한 기독교상담의 중요한 주제에 관한 질적 연구를 좀 더 체계적, 종단적으로 진행할 필요가 있다. 또한 사례의 수를 늘려 본 연구에서 밝혀진 '고난'과 관련된 정적, 신앙적 해석이 임상적으로 내담자들의 심리적, 영적 안녕에 영향을 미치고 있는 지 과학적으로 밝혀보는 양적 연구 방법이 통합적으로 사용되길 기대한다.

요 약

인지상담은 세대를 거듭하면서 사람들에게 행동-사고-감정의 자각과 변화를 통한 성장에 도움을 주고 있다. 하지만 인간의 소망 또는 갈망, 관계의 영역은 인지상담에서 상대적으로 소홀히 다루어진 면이 있다. 기독교상담은 기본적으로 인간의 하나님과의 어긋난 관계와 그릇된 갈망 등을 다루게 된다. 인지상담의 이상심리를 초래한다고 알려진 비합리적 신념이나 사고의 오류 등은 인간이 타락 이후 자신의 불안이나 수치를 가리고 생존하기 위하여 발달시킨 전략이라 여겨진다. 따라서 인지상담을 기독교상담에 활용하려면 각 이론이 전제하고 있는 세계관을 검토하고, 건전한 성경적 변화의 틀 안에서 그 이론과 방법을 사용하여야 할 것이다. 수용전념치료는 인간의 행동-사고-감정 이면에 위치한 가치와 선택 영역을 다루며, 사람들에게 통제를 내려놓고 힘을 뺄 것을 권한다. 따라서 이 이론은 성경적 세계관으로 재해석될 여지를 갖추고 있다. 기독교상담자는 수용전념치료 모델을 활용하여 내담자가 죄인으로 자신의 한계와 부족함을 있는 그대로 받아들이고, 구속의 은총을 입은 자로서 하나님의 일과 나라를 선택하여 헌신하는 과정을 조력할 수 있다. 상담 사례를 통해 고난에 대한 성경적 해석과 그에 따라 변화된 내담자의 헌신적 삶을 조명해보았다.

생각할 거리들

1. 인지상담 이론 가운데 가장 잘 이해되고 활용하기 편한 이론은 무엇인가?

2. 위 이론에 전제되어 있는 세계관 가운데 성경과 일치하는 부분과 불일치하는 부분은 무엇인가? 그에 따라 위 이론으로 성경적 틀로 내담자를 상담할 때 활용할 수 있는 지혜와 주의해야 할 점이 있다면 무엇인가?

3. 위 이론의 인간관, 성격이론, 이상심리, 상담의 목표 및 방법을 생각해보고, 이를 성경적 인간관, 인간의 문제, 상담의 방향의 틀 안에서 활용한다면 어떤 개념과 방법들이 떠오르는가?

9장 가족상담이론

　사람들의 마음의 문제는 대체로 가족 관계 안에서 시작된다. 개인심리적 (intrapsychic) 상담이론들이 지목하는 정신 병리 원인의 중심에는 안전하고 친밀한 대상 경험의 결핍(대상관계이론), 어린 시절 부모와의 경험(인지 도식), 부모의 가치 조건화(인간중심 이론)와 같은 관계의 문제가 자리하고 있다. 그러므로 상담을 효과적으로 진행하기 위하여 상담자가 개인심리적 상담이론과 방법론 뿐 아니라 증상이 발현되는 관계를 설명하는 가족상담의 이론과 방법론을 균형 있게 갖추는 것이 중요하다. 본 장은 여러 가지 가족상담 이론 가운데 보편적으로 알려져 있고 사용되는 보웬의 다세대 가족상담 이론을 중심으로 상담이론에 대한 개관과 기독교적 비평, 보웬 이론의 비평 논문, 그리고 보웬 이론을 기초로 진행하며 성경적 해석과 방법을 더한 필자의 상담 사례를 차례로 소개하고자 한다.

1. 보웬 이론의 간단한 소개

(1) 인간관
보웬의 가족치료이론은 인간이 성공적으로 건강하게 살아가기 위해서는 지적 체제를 충분히 활용하고 발전시켜야 한다는 가정을 가지고 있다. 지적체제를 충분히 활용하여서 자신을 환경 속에서 충분히 통제하고 지배할 수 있는 사람들은 인생을 성공적으로 살아갈 수 있다. 인간이 가지고 있는 증상은 환경에 적응하는 데 있어서 실패한 행동들이다. 보웬 가족치료 이론의 연속성은 분화라는 개념에 잘 나타나 있다(김용태, 2000, pp. 324-326)

(2) 상담 문제

보웬의 다세대 가족상담 이론을 위시한 가족상담자들의 기본적인 가정은 사람들이 드러내는 심리적 증상은 선형적 인과 관계에 의하여 개인 내에서 발생되는 것이라기보다 가족 관계 안의 순환적 관계에 의하여 가족 체계 내에서 발생되는 것이라는 점이다. 특히 보웬은 가족 안에서 경험되는 불안의 원인을 분명하게 설명하지 못하였으나, 가족 문제의 중심에는 분화되지 않은 개인의 불안에 대한 반사 반응이 자리 잡고 있다고 보았다. 아래에 보웬이 제시하는 가족의 문제를 그의 저서를 중심으로 간단하게 정리하였다.

1) **분화**: 가장 핵심 개념. 가족은 감정체제이기 때문에 가족 구성원들 서로에 대해서 감정반사행동을 한다. 가족들이 서로 깊은 감정을 공유하면 할수록 감정반사행동은 더욱 커진다. 여기서 감정 반사행동을 쉽게 하지 않는 사람들을 분화가 된 사람들이라고 한다. 반면 감정반사행동을 많이 하는 사람들을 분화되지 않은 사람이라고 한다.

2) **기본분화**: 어린 시절 자아의 형성에 의해서 이루어지므로 한번 일정한 수준으로 분화가 이루어지면 자아의 특성은 환경에 따라서 변화되지 않는다. 어린 시절에 이미

진짜 자신을 많이 형성하고 있으면 이러한 자아는 시간에 따라서 잘 변화하지 않는다.

3) **기능 분화**: 주어진 상황에서 얼마나 주어진 목표활동을 하는가에 대한 개념이다. 비록 자아의 측면에서 분화가 덜 된 사람이라 할지라도 어떤 상황에서는 특별한 목적 지향 행동을 할 수 있다.

4) **분화수준**

- 진짜 자신과 가짜 자신의 비례로 나타낸다. 진짜 자신과 가짜 자신의 비율에서 진짜 자신이 많을 수록 분화의 수준은 높아진다. 반면 가짜 자신이 많을수록 분화의 수준은 낮아진다.

- 지적 체제와 감정체제 사이의 비율에 의해서도 나타난다. 지적체제가 감정 체제보다 더 많이 작동을 하는 경우는 분화의 수준이 높다. 지적체제가 제대로 작용하기 위해서 느낌체제가 제대로 작동해야 한다. 자신의 감정에 대해서 제대로 인식할 수 있어야 지적활동을 할 수 있기 때문이다.

- 0: 가장 분화되지 않는 상태로, 완전히 감정적으로 반사행동을 하는 상태를 의미한다.

- 0-25: 만성증상, 감정반사행동이 행동의 주를 이룬다. 이들은 목표지향적 활동이 거의 어려운 사람들이다. 다른 사람들에게 계속 매달리는 방식으로 삶을 살아가게 된다. 이를 융해라고 한다. 이런 사람들은 만성증상을 보이게 된다. 대부분 가짜 자신으로 구성되어 있어서 지적 힘으로 반응하는데 어려움을 보인다.

- 25-50: 증상회복 늦음: 감정체제에 의해서 영향을 받는 사람들이다. 자신의 확신과 지적체제에 의해서 움직이기 보다는 다른 사람들의 생각이나 행동에 더 많이 영

향을 받는 사람들이다. 다른 사람들의 인정과 지지를 통해서 자신을 확인하고 다른 사람들과 융해되고자 하는 마음이 많은 사람들이다. 진짜 자신의 부분이 가짜 자신이 더 많은 사람들로서 독자적 행동이 어려운 사람들이다. 이들은 관계 속에서 여러 갈등을 경험하고 있으며 갈등으로부터 회복하는 데 시간이 많이 걸린다.

 − 50-70: 약한 목표지향적 활동을 보이고, 낮은 불안 속에서 목표지향 활동을 한다. 불안이 높으면 일시적으로 융해하려는 경향이 생긴다. 지적체제는 감정체제에 의해서 일시적으로 영향을 받는다. 삶은 자신의 내부의 확신으로부터 결정되며 지적체제에 의한 힘이 인생의 경로를 결정해 나가는데 작용한다. 이러한 부분은 진짜 자신의 부분으로서 삶을 조용하게 자신의 내부의 힘을 통해서 볼 수 있게 된다. 지적체제는 감정체제와 상호작용이 가능하다.

 − 75-100: 강한 목표지향적 활동을 보이고, 높은 불안을 다룰 수 있는 능력이 있다. 높은 불안 속에서도 목표지향활동을 한다. 자신의 내면에서부터 결정된 삶을 산다. 자신의 내면에서부터 결정된 삶을 살며, 자신에 대한 분명한 믿음을 가지고 산다. 지적체제와 감정체제의 상호작용이 활발하다.

 5) 삼각관계: 삼각관계란 두 사람이 불안정한 관계를 가지고 있을 때 제 3자, 다른 사람이나 대상을 그 관계에 끌고 들어와서 삼자가 상대적으로 안정된 관계를 구축하는 것을 의미한다. 두 사람이 불안으로 인해서 갈등이 생길 때 제 삼자가 개입해서 서로 화해를 시키거나 또는 두 사람의 갈등을 대신 짊어짐으로써 갈등이 줄어들게 된다.

 6) 핵가족 감정체제: 가족들이 융해되거나 감정적으로 하나 된 상태를 표현한 개념이다. 핵가족 감정체제는 가족들이 감정적으로 연결되어 있는 감정상태의 질을 의미한다. 가족들이 가지고 있는 감정연결의 강도를 나타내는 개념이 핵가족 감정체제이다.

7) **가족투사과정**: 핵가족 감정체제가 미분화로 인한 감정적 불안정을 다루기 위해서 사용되는 기제로, 가족들 사이에 감정적 갈등을 다루기 어렵거나 인지의 힘을 통해서 처리하지 못하는 경우에는 가족들이 자신들의 불안을 다른 가족 구성원들에게 투사하는 과정을 의미한다.

8) **다세대간 전이과정**: 세대와 세대 사이에 가족들의 분화수준과 기능을 연결하는 행동양식을 다세대간 전이과정이라고 부른다. 이것은 삼각관계와 가족투사과정을 통해서 이루어진다.

9) **사회적 감정과정**: 사회에서 이루어지는 관계가 가족구성원들의 감정과정에 영향을 미치는 영향이다. 사회에서 관계는 두 가지 방향에서 가족구성원들의 감정과정에 영향을 미치게 된다. 만일 사회에서 오랫동안 제대로 적응하며 살아간다면 이러한 경험은 가족 구성원의 분화수준은 높일 수 있다. 반대로 사회에서 지속적으로 스트레스를 받고 자신의 독립된 생각에 의한 활동을 못하게 되면 가족 내에서 분화 수준이 낮아지게 된다.

(3) 상담의 목표 및 방법

1) **목표**: 보웬 가족상담이론 근본 목표는 분화수준을 올리는 일이다. 앞서 밝혔듯이 분화수준은 가족들의 감정반사행동과 밀접한 관련을 가지며, 분화수준을 올리기 위해서는 가족 내 불안을 낮추는 활동을 해야 한다. 분화수준을 올리는 일은 개인의 일이 아니라 체제의 일이며, 증상은 개인에게 있는 현상이 아니라 체계 안에 있는 현상이다. 분화수준을 올리는 활동은 핵가족과 원가족의 구성원들이 관계를 조정하는 과정을 통해서 이루어진다.

2) **방법**: 이하 내용은 김용태의 보웬 이론 강의안(미간행)을 기초로 필자가 정리한 것이다.

1단계) 문제 정의 및 평가단계

첫째, 호소 문제를 평가한다.

– 호소문제가 가족 안에서 어떤 기능을 하고 있는가?

– 호소문제의 결과는 무엇인가?

– 호소문제로 내담자가 얻는 것과 가족이 얻는 것은 무엇인가?

– 각 구성원은 호소문제에 어떻게 반응하고 있는가?

* 가족항상성/ 삼각관계/ 가족 규칙/ 가족신화/ 가족의식/ 격리와 밀착/ 부모화 등
  에 대한 탐색이 요구된다.

둘째. 호소 문제를 기초로 상담 목표를 설정하여 합의 한다: 각 가족의 발달 단계마다 필요한 과제를 잘 완성하도록 도와준다.

셋째, 가계도를 그린다.

① 최소한 3대를 그린다.

② 가계도 그리기를 위한 회기를 독립적으로 갖는다.

③ 가계도 내용을 이야기 하는 것은 내담자에게 적지 않은 위협감을 줄 수 있다. 그
   러므로 내담자를 중심으로 정보 중심으로 그려나간다.

④ 가계도 분석: 구조적 측면의 분석/ 감정적 측면의 분석
   각 가족 구성원의 발달 단계의 분석
   각 가족 구성원의 감정적, 지적 발달 정도 및 강점, 약점의 분석

가족 신화 및 규칙 찾기

넷째, 초기 개입을 시도한다.

① 불안을 낮추도록 돕고, 내담자에게 초점을 맞춘다.

② 호소 문제를 자세하게 파악한다.

다섯째, 감정적 체계에 대하여 가르친다.

여섯째, 현재 호소문제에 초점을 맞추도록 한다.

일곱째, 현재 문제와 관련되는 사건과 관계를 가르친다.

2단계) 변화 시작 단계: 가장 핵심적 단계로 초점을 확대가족에게로 확장한다.

– 확대 가족으로부터 정보를 얻고 그들과의 관계 변화를 시작하도록 한다

– 내담자의 기대 낮추기: 나 자신의 행동에 초점을 맞추고, 무리한 변화가 아니라 "조금만 더하기"를 가르친다.

– 변화의 기회 찾기: 가족 의식이나 결혼기념일, 생일, 기일, 설날, 추석 등 가족의 중요한 사건이나 모임들을 변화에 활용하도록 한다.

3단계) 변화 안착 단계

내담자 자신이 자신에게 계속 초점을 맞추며 자신을 계속 변화시키고 있는 지를 확인한다. 이 과정에서 상담자는 내담자의 변화 과정을 함께 검토하고 앞으로의 계획을 함께 세워본다. 내담자가 어느 시기를 변화의 적기로 삼을 것인가를 계획한다. 나아

가 내담자가 가족에 대한 새로운 방향성을 갖고 변화의 주체로서 자기 가족을 새롭게 만들수 있도록 하는 데 초점을 맞춘다.

2. 보웬 이론의 기독교적 비평: 보웬의 자아분화와 룻기 신학[6]

필자는 보웬 이론에 관한 기독교적 비평을 룻기 신학의 주제인 고엘 제도와 하나님의 무한한 자비(헤세드)라는 관점에서 시도한 바 있다.

1) 서론: 문제 제기 및 연구 목적

본 연구의 목적은 보웬의 자아분화의 개념을 중심으로 룻기의 두 여자 주인공, 나오미와 룻의 자아분화 정도를 기술하고, 룻기 신학의 관점에서 보웬의 자아분화 개념을 비판적으로 고찰하는 것이다.

보웬의 다세대 가족상담이론은 많은 가족상담자들이 익숙하게 알고 있을 뿐만 아니라 가족의 변화를 위해 실제로 많이 사용하는 이론이다. 또한 보웬 이론은 일반적인 가족상담자들 뿐만 아니라 기독교상담자들 사이에서도 흔히 사용되는 이론 가운데 하나이다. 이는 보웬 이론이 내담자의 다세대 가계도를 통해 가족의 역동, 가족의 정서적 관계, 가족의 신화 등을 체계적으로 보여줄 수 있기 때문에 내담자의 증상과 관련된 문제를 이해하고 해결하는 뚜렷한 방향을 제시한다는 측면에서 유용하다고 생각한다. 하지만 보웬 이론이 성경의 세계관과 부합하지 못하는 면이 있기 때문에, 기독교상담자들이 보웬 이론을 적용하는 데에는 주의를 기울일 필요가 있다고 여겨진

---

6) 최은영(2012). 보웬의 자아분화와 룻기 신학. 목회와 상담. (한국목회상담학회의 허락을 받아 논문 전편을 실었다.)

다. 왜냐하면 성경의 중심 메시지가 보웬의 가족상담 이론의 원리와 동일하지는 않기 때문이다. 리치(Leach, E., 1953, 신인철 역, 1996)는 성경의 진리는 어떻게든 코드화되어 있으며, 이 코드는 유형화된 구조들의 순열과 조합에 달려 있다고 보았다.[7] 따라서 코드를 해독하는 방법은 일련의 변형과정들 속에 일관되게 존속하는 그 무엇이 있다는 것을 보여주어야 한다는 것이다. 그리고 성경 속에 숨겨진 코드를 찾아내고, 이의 해독 방법을 연구하는 것은 신학의 중요한 주제가 된다. 그렇다면 기독교 가족상담학자들은 성경의 가족 이야기에 일관되게 존속하는 코드, 즉 신학을 어떻게 찾아내어 의미 부여를 하여야 하며, 이는 보웬 이론을 적용하는 데 있어서 어떠한 시사점을 줄 수 있을까?

기독교상담학자는 성경에 제시된 원리를 따라 인간을 이해하고, 회복의 방향을 모색하려고 한다. 따라서 기독교 개인상담학자들은 성경에 제시된 개별적 인간의 본질(인간관)과 문제(이상심리), 그리고 회복 방향(상담 목표)에 관심을 기울이게 되며, 기독교 가족상담학자들 역시 성경에 제시된 건강한 가족의 본질과 문제, 그리고 문제의 해결 방향에 관심을 갖고 있다. 성경에는 특히 창세기를 중심으로 여러 가족의 이야기가 대를 이어 전개되고 있다. 이들의 가족 이야기는 핵가족 중심으로 분석되기도 하고, 3대를 포함하는 확대 가족 중심으로 분석될 수도 있다. 손운산(2011)은 125년 한국 개신교의 역사를 크게 세 시기로 구분하면서, 2000년 이후 현재에 이르는 세 번째 시기에 본격적으로 목회상담전문가들이 배출되었다고 보았다.[8] 또한 이 시기는 다문화사회를 포함한 새로운 사회적, 문화적 상황이 목회상담에 새로운 과제를 제시한다고 하였다.[9] 현재 우리 사회와 교회는 급속히 증가하는 이혼율과 계속되는 가족 해

---

7) 에드먼드 리치/신일철 옮김, 『성서의 구조인류학』(서울: 한길사, 1996), 35–60.
8) 손운산, "한국 목회돌봄과 목회상담의 역사와 과제", 「목회와상담」17(2011), 9.
9) 앞의 논문, 9.

체 현상을 맞고 있다. 이에 기독교 가족상담전문가들이 가족문제에 대한 성경적 회복원리를 그들의 전문 분야인 가족상담이론의 관점과 비교, 분석하며 정립해 나가야 필요가 있다. 이러한 관점에서 김계현(1993)의 상담심리학 영역 분류는 기독교 가족상담자들이 참조할 수 있는 좋은 틀을 제공한다. 김계현은 상담심리학을 크게 문제론과 실제론으로 구분하고, 각각을 다시 실제, 연구, 이론 영역으로 구분하였다.[10] 즉, 상담심리학은 문제론의 실제, 연구, 이론/ 실제론의 실제, 연구, 이론의 여섯 영역으로 구성된다고 보았다. 본 연구는 김계현이 제기한 가족상담 이론의 문제론과 실제론에 해당되는 세 번째와 여섯 번째 질문 – '성경에서 제시하는 건강한 가족이란 무엇인가?', '성경의 관점이 구체적으로 가족상담에 어떻게 영향을 미치는가' –에 잠정적인 답을 찾기 위하여 룻기 신학을 중심으로 보웬의 자아분화의 개념을 고찰하는데 그 목적이 있다. 먼저, 필자는 보웬의 자아분화의 개념을 간단히 정리하고, 이에 따라 룻기에 등장하는 두 여자 주인공인 나오미와 룻의 행동을 분석해보고자 한다. 다음으로, 룻기 신학에 포함된 주요 개념을 통해 나오미와 룻의 행동을 고찰해보고자 한다. 마지막으로 보웬의 자아분화 개념에 대한 비판과 기독교 가족상담적 대안을 제시해보겠다.

2) 보웬의 자아분화: 나오미와 룻

① 보웬의 자아분화 개념

보웬의 자아분화 개념 정도는 낮은 수준에서 높은 수준에 이르는 연속선상에 위치하며, 지적 과정(intellectual process)과 정서 과정(feeling process)을 구분할 수 있는 정도와 자신의 원가족과 정서적 분리를 이루어낼 수 있는 능력으로 측정된다.[11]

---

10) 김계현, 『기독교 가족상담 연구, 기독교 가족상담의 위상정립을 위한 기독교 가족상담 II 』(서울: 한국장로교출판사, 1993), 112–120.
11) Kerr M. E. & Bowen M. Family Evaluation: The Role of the Family as an Emotional Unit that Governs Individual Behavior and Development, (New York: Norton, 1988). 97–98.

또한 자아분화(differentiation of self)는 보웬 이론의 핵심을 이루며, 정문자, 정혜정, 이선혜, 전영주 등은 자아분화란 "정신내적 개념인 동시에 대인관계적 개념으로, 정신내적으로는 사고와 감정을 분리할 수 있는 능력을 의미하며 대인관계적으로는 자신과 타인 사이의 분화를 의미한다"고 보았다.[12] 또한 그들은 자아분화의 정도가 지적과정과 정서 과정 사이를 구분할 수 있는 능력, 자주적 정체감이 높아 타인과 쉽게 융합되면서 자신과 타인을 분리시킬 수 있는 능력, 그리고 타인과 차별되는 자신만의 입장과 신념을 가질 수 있는 있는 능력을 보인다고 하였다.[13] 김용태는 높은 수준 분화의 지표로 1) 가족 또는 다른 사람들에게 의해 의사결정을 하지 않으면서도 그들에게 민감하게 반응할 수 있는 정도, 2) 자신의 느낌과 감정을 유지하고 스스로 행동할 수 있으면서도 그 집단이나 가족의 일원으로 남아있을 수 있는 정도, 3) 다른 사람들의 책임에 얽혀 들어가지 않으면서도 그들을 책임질 수 있다는 사실을 아는 정도, 4) 불일치, 적대감, 소외에 직면하면서도 정직하게 남아있을 수 있는 정도, 5) 다른 사람들과의 관계에서 자신을 잃지 않으면서도 그들과 친밀한 관계를 유지할 수 있는 정도를 나열하였다.[14] 필자가 이를 종합해보면 보웬의 가족상담이론에서 분화의 수준을 가늠하는 방식은 다음 세 가지로 정리될 수 있다.

첫째, 분화의 수준이 높은 사람이란 자신에 대한 신뢰와 확신, 그리고 자신이 원하는 바를 다른 사람들에 의해서 흔들리지 않고 제대로 수행해나갈 수 있는 특성을 지닌, 강한 목표지향활동을 할 수 있는 사람이다.

둘째, 분화의 수준은 지적 체제(intellectual system)와 감정체제(emotional system) 사이의 비율로 나타난다. 즉, 지적 체제가 감정체제보다 더 많이 작동하는 경우 분화의 수준이 높아진다. 그런데 지적 체제가 제대로 작동하기 위해서는 느낌

---

12) 정문자, 정혜정, 이선혜, 전영주. 『가족치료의 이해』(서울: 학지사, 2007), 133.
13) 앞의 책, 133.
14) 김용태, 가족치료이론(2000), 334.

체제(feeling system)가 제대로 작동해야하며, 이 느낌체제는 가족 구성원이 발달된 지적 체제를 통해 자신의 감정에 대해 이성적으로 판단하여 인식할 수 있을 때 기능적으로 작동된다. 왜냐하면 보웬에 따르면 느낌(feeling)이란 피상적 수준의 감정(emotion)에 대한 지적이며 인지적인 자각이라고 정의되기 때문이다.[15] 보웬은 자신이 스스로 다른 동물과 인간 동물이 구별되어 다른 동물들과 달리 뛰어난 지적 능력을 발휘할 수 있는 이유는 생물학적으로 잘 발달된 대뇌 기능 때문이라고 보았다고 밝혔으며, 특히 그는 대뇌 피질의 발달에 주목하면서, 인간 동물만이 다른 동물과는 달리 언어 능력과 선택의 능력을 소유였다고 보았다.[16]

셋째, 분화의 수준은 타인과 관계를 맺는 과정에서 본인 자신에 대해서 책임 있는 행동을 하면서도 타인의 무책임함을 강화하지도, 그 무책임함에 참여하지도 않을 때 높아진다.[17] 즉 자신의 가족으로부터 정서적으로 전혀 분리가 되어 있지 않은 사람은 매우 미분화된 사람이다. 이는 불안에 대한 감정반사행동과 관련된다. 보웬에 의하면 불안이란 상상 또는 실제 위협에 대한 유기체의 반응으로 형태와 모양은 다르나 불안은 모든 살아있는 생명체에 존재하는 현상이라고 보았다.[18] 불안은 또한 해결되지 않은 감정적 애착(unresolved emotional attachment)으로 이해되기도 한다.[19] 그리고 이 불안에 대해 유기체들은 감정반사행동을 보인다. 그런데 개별성(individuality)과 연합성(togetherness)의 상호작용은 감정적으로 중요한 관계에서 균형을 이루어야 한다. 왜냐하면 각자는 관계 내에서 정해진 양만큼의 '삶의 에너지'밖에 투자할 수 없기 때문이며, 각자는 관계에서 자신의 삶을 분리해내는데 같은 양의 에너지를 보유할(retain)수 밖에 없기 때문이라는 것이다. 따라서 정리해보자

---

15) Kerr M. E. & Bowen M. , Family Evaluation(1988), 47-50.

16) Ibid, 5.

17) Ibid., 97-99.

18) Ibid., 75.

19) Roberto L. G., Transgenerational Family Therapies, (New York and London: The Guildford Press, 1992), 11.

면, 세 번째 의미로 분화 수준이 높은 사람이란 불안 상황에서 개별성과 연합성의 적절한 균형을 이루어내는 사람으로, 자신에 대해서는 책임 있는 행동을 하면서도 자신은 한정된 삶의 에너지밖에 보유할 수 없기 때문에 타인의 무책임함에 참여하지 않는 사람이다.

요약하면 보웬의 자아분화 개념에 따라 분화가 잘 이루어진 사람이란 첫째, 진짜 자신이 발달되어 강한 목표지향적 행동을 하는 사람, 둘째, 지적 체제가 잘 발달되어 불안에 대하여 감정반사반응을 보이지 않는 사람, 마지막으로 개별성과 연합성의 균형을 이루어 관계 내에서 책임있는 행동을 보이면서도 타인의 무책임함에 참여하지 않는 사람으로 정리될 수 있다.

② 나오미의 자아분화 정도

그렇다면 이제 보웬의 자아분화 개념에 따라 룻기에 현상적으로 드러난 나오미와 룻의 언행을 통해 이들의 자아분화 정도를 추측해보기로 한다. 나오미와 룻이 현재 가족상담의 내담자가 아니기 때문에 분석의 정보가 상담 면접 장면에서 상호작용을 통해 수집된 정보가 아니라는 제한을 피할 수 없다고 생각한다. 그러나 룻기에 나타난 나오미와 룻의 드러난 행동을 자세하게 분석해보는 것은 이들의 자아분화 정도를 가늠하는데 도움이 된다.

보웬의 개념으로 보면 룻기 1장 1-5절까지에 나타난 나오미는 어느 정도의 높은 분화 수준을 보인다고 할 수 있다. 왜냐하면 흉년 중 먹을 것을 찾아 배우자와 함께 이방 지역으로 떠나는 분명한 목표지향적 행동을 보이기 때문이다. 나오미는 베들레헴을 떠나 모압으로 가자고 하는 남편의 제안을 받아들이고 함께 행동하였다. 나오미의 남편 엘리멜렉은 장막 짓는 것과 관련된 나손(민 1:7)의 후손으로 가문이 좋고 능력있는 사람'이었으며 이름의 뜻은 "나의 하나님이 나의 왕이다"이다.[20] 그러나 이 엘리멜렉이 하나님의 심판으로 인식되어졌던 베들레헴의 흉년에 대처했던 방식은 죄에 대한 회개와 돌이킴이 아니라 그 땅을 떠나 먹을 것을 구할 수 있는 모압 땅으로의 이주였다. 아트킨슨(Atkinson)은 거처를 옮기는 것은 대부분 사람들에게 가볍게 여겨질 수 있는 일이 아니며 비용이 들고 삶의 뿌리가 뒤흔들리는 일이라고 하였다.[21] 친구와 이웃을 다시 만나야 하고 새로운 일을 찾아야 한다. 더구나, 엘리멜렉은 자신이 거처하던 이스라엘 지역 내에서 이주한 것이 아니라, 언어와 문화, 종교와 관습이 모두 다른 이방 지역, 모압으로 거처를 옮기게 된다. 이런 관점으로 엘리멜렉을 이해해본다면, 그는 '가족을 위해 살 길을 찾을 것이다'는 삶의 목표가 분명했고, 이를 위해 집을 떠나는 모험도 감수할 수 있을 만큼 자기분화 수준이 높은 사람이었다고 짐작되며, 그의 배우자인 나오미 역시 비슷한 분화수준을 보이며 남편과 행동을 같이 하였다고 볼 수 있다. 또한 1장 6절 이후 기술되고 있는 나오미는 분명히 매우 높은 수준의 분화 정도를 보여준다고 보여진다. 그 이유는 나오미가 '여호와께서 자기 백성을 권고하사 그들에게 양식을 주셨다 함을 듣고' 다시 베들레헴으로 되돌아오는 행동을 통해 짐작할 수 있다. 나오미 가족은 여호와께서 내리신 재앙을 피해 흉년을 자신들의 방법으로 해결해보고자 여호와를 잊고 모압으로 이주하였다. 그러나 여호와께서 자기 백성을 기억하시고 베들레헴에 다시 양식을 주셨다는 소식을 들은 이후, 이전과는 다른 방식으로 반응하였다. 즉, 많은 사람들의 비난을 감수하면서도 고향을 되돌아가는 강한 목표지향적 행동을 보여주었다. 이 점에서 나오미는 진짜 자신의 비율이 높아 높은 불안 상황에서도 분명히 자신의 내면에서부터 결정된 삶을 사는 목표지향적인 사람이었다. 나오미는 이제 혈혈단신으로, 남편과 두 아들을 모두 잃고 이방 며느리인 룻과 함께 고향으로 돌아가게 되었다. 그 당시 과부의 상황을 생각해본다면 베

---

20) 밀라. J. P., 발센데일 월터/ 박양조 옮김, 『사사기, 룻기/ 하』(서울: 기독교문사, 1989). 256.
21) Atkinson, D. J., The Massage of Ruth (Downers Grove: IVP, 1983), 32–33.

들레헴에 흉년이 해결되었다고 할지라도 홀몸이 된 나이 든 여자가 먹을 것을 해결하며 살아가기란 매우 어려운 상황이었을 것이다. 뿐만 아니라 자기 가족이 고향을 떠난 이유를 알고 있던 고향 사람들에게 남편과 두 아들을 잃은 자신의 모습을 보여주어야했다. 실제로 나오미가 돌아올 때 베들레헴 온 성읍이 떠들며 이르기를 '이가 나오미냐'고 하였다(1:19). 그것도 그 당시 이스라엘 사람들에게 비난의 대상이 될 수 있는 '이방 결혼'을 자식에게 허락한 어미의 모습으로 서야했다(1:22). 그러나 나오미는 이런 심각한 불안 상황을 감수하면서도 '여호와께서 나를 치셨으므로 이제 내가 돌아간다'는 분명한 삶의 목표를 포기하지 않았다. 베들레헴으로 돌아온 이후에도 룻의 안위를 염려하여 자신이 먹고 사는 데 도움을 주었던 룻을 완전히 떠나보내기로 결심한다(3:1). 더구나 이를 위하여 보아스가 눕는 곳을 알았다가 들어가서 그 발치 이불을 들고 거기 누우라(3:4)고 그 방법까지도 세세하게 지도해줄 정도로 목표를 이루어가는 방식이 적극적이며 창의적이다.

둘째, 나오미는 지적 체제가 발달하여 감정적 반사행동을 하지 않고 느낌 체제가 작동된 행동을 할 수 있는 사람이었다고 보여진다. 나오미는 남편과 두 아들의 죽음을 접하고 한 때 절망과 시름, 좌절감에 젖었을 것이다. 가족 가운데 남자가 모두 사망하고 세 여인만 남겨진 상태에서 당장 생계가 막막하고 무척 불안했을 것이다. 그러나 '여호와께서 자기 백성을 권고하사 그들에게 양식을 주셨다 함을 듣고' 보여준 나오미의 행동은 이런 절망감과 좌절감, 불안하고 막막한 자신의 감정에 대한 단순한 반사행동이 아니었다. 보통 이런 상황에서 사람들은 완전히 무력해져 우울감을 경험하거나, 자신의 상황을 절박하게 해결해나가기 위하여 주변 사람들에게 감정적으로 의존하는 경향을 보인다. 하지만 나오미는 '나의 태중에 너희 남편 될 아들들이 있는지 생각해봐라(없지 않느냐)'(1:11), '나는 늙었으니 남편을 두지 못할지라 가령 내가 소망이 있다고 말한다든지 오늘 밤에 남편을 두어서 아들들을 생산한다 하자 너희가 어찌

그것을 인하여 그들의 자라기를 기다리겠느냐 어찌 그것을 인하여 남편 두기를 멈추
겠느냐(그렇게 할 수는 없다)'(1:12b-13a)고 반문한다. 나오미는 자신이 처한 현실에
감정적으로 반응한 것이 아니라 이를 정확하게 직면하며 판단할 수 있는 지적인 힘을
지녔다. 나아가 이런 상황에서도 자신이 의지할 수 있고 자신에게 힘이 될 수 있는 두
며느리를 강권하여 떠나보낸다.

셋째, 나오미는 개별성과 연합성의 균형 측면에서 볼 때 분화 수준이 높은 사람으로
보인다. 나오미는 자기 가족이 떠났던 베들레헴으로 돌아가면서 두 자부에게 너희는
각자 너희의 길을 가라고 권한다. 그러나 두 자부가 두 번이나 소리를 내어 울면서 헤
어짐에 대한 슬픔과 안타까움을 나타낸다(1:9, 14). 나오미 역시 '나는 너희로 인하여
더욱 마음이 아프다'고 하면서 자신의 괴로운 마음을 두 자부에게 표현하며 감정적 연
결 고리를 확인한다(1:13). 그러나 시어머니를 떠날 수 없다는 두 며느리의 의사결정
에 영향을 받지 않고, 그들과 헤어지는 것이 괴로움에도 불구하고 두 며느리를 떠나
보내겠다는 자신의 결정을 돌이키지 않는다. 위에서 설명한 김용태의 연합성과 개별
성과 관련된 분화수준의 설명에 의하면, 나오미는 두 며느리에 의해 의사결정을 하지
않으면서도 며느리들에게 민감하게 반응할 수 있었다. 또한 며느리와의 관계에서 자
신을 잃지 않으면서도 그들과의 친밀함은 경험할 수 있었다.

③ 룻의 자기분화 정도

유대교 전승에 따르면 룻은 모압 왕 에글론의 딸이다.[22] 그 이름의 의미는 '소망' 또
는 '아름다움'이며 그 이상 성경에 밝혀진 바는 없다. 모압 족속은 소돔에서 살아남은
롯의 두 딸이 술 취한 아버지와 근친상간으로 생겨난 후손 가운데 하나로 그모스의
숭배자들이었다. 또한 모압인들은 그들의 불경건한 기원 때문에 10대가 지나기까지

---

22) 밀라. J. P., 박센데일 월터/ 박양조 옮김, 사사기, 룻기, 하(1989), 257-258.

는 여호와의 회중에 참여하는 것이 허락되지 않았다. 모압은 지역적으로는 베들레헴으로부터 사해의 남동쪽에 위치하였으며, 길이가 약 64킬로미터, 넓이가 32킬로미터 정도 되는 지역으로 지역에 따라서는 작황이 좋을 때 비옥한 땅이라 알려져 있다. 성경에서 모압은 에훗 시대 이스라엘 사람들과 관련되어 있었으며, 계속하여 이스라엘 사람들을 위한 피난처였다(삼상 22:3,4; 사 16:34; 렘 40:11,12). 다윗은 그의 부친과 모친을 그 곳에 보낸 바 있다(대상 4:22, 23). 이 지역 모압인 룻은 엘리멜렉의 아들 말론과 결혼하였으며, 10년을 채 살지 못한 채 남편과 사별한다. 이제 나오미에 이어서 성경에 나타난 룻의 행동을 자기분화 수준의 관점에서 분석해보려고 한다.

첫째, 룻 역시 나오미와 같이 진짜 자신의 비율이 높아 높은 불안 상황에서도 분명히 자신의 내면에서부터 결정된 삶을 사는 목표지향적인 사람이었다. 룻은 자신이 거주하고 있던 모압 땅으로 이주해온 한 이스라엘 사람과 결혼하여 10년 정도 살았다. 그런데 남편이 어느 날 세상을 떠났을 뿐 아니라 시아버지도 없이 모시고 살던 시어머니 나오미마저 고국으로 돌아가겠다고 나섰다. 그리고 나오미는 '나 혼자 갈 테니 너는 네 어미의 집[23]으로 신학자들은 룻기의 저자가 '여성'이 주인공으로 등장하는 본서의 문예적 특성상 아비 대신 어미의 집으로 표현한 것으로 본다.[24] 학자에 따라서는 이 시대 모압은 아비의 집과 어미의 집이 나누어져 있었다고 보는 이도 있다.으로 돌아가라'고 강권한다. 룻의 시어머니 나오미는 남편을 잃은 자신이 경제적으로 안정되지 못하고 두 며느리들을 안전하게 이들을 지켜줄 수 없다는 것을 인지한 상태에서 소망이 끊어진 자신이 베풀 수 있는 마지막 인정을 두 며느리들에게 베푼 것이다. 어미의 집으로 돌아가라는 것은 나오미가 며느리들에 대한 선대를 잊지 않았으며 어떻

---

23) 자켄펠드, 캐서린 두웁/ 민경진 옮김, 『룻기-목회자와 설교자를 위한 주석』(서울: 한국장로교출판사, 2001). 50-51. 신학자들은 룻기의 저자가 '여성'이 주인공으로 등장하는 본서의 문예적 특성상 아비 대신 어미의 집으로 표현한 것으로 본다.

24) 밀라, J. P., 박센데일 월터/ 박양조 옮김, 사사기, 룻기, 하(1989), 261. 학자에 따라서는 이 시대 모압은 아비의 집과 어미의 집이 나누어져 있었다고 보는 이도 있다.

게든 그들을 도와주고 싶다는 의사의 표현이었다.[25] 하지만 며느리인 룻은 이 같은 상황에서도 '우리는 어머니와 함께 어머니의 백성에게로 돌아가겠다'고 말한다(1:10). 나아가 '나로 어머니를 떠나며 어머니를 따르지 말고 돌아가라 강권하지 마옵소서 어머니께서 가시는 곳에 나도 가고 어머니께서 유숙하시는 곳에서 나도 유숙하겠나이다 어머니의 백성이 나의 백성이 되고 어머니의 하나님이 나의 하나님이 되시리니 어머니께서 죽으시는 곳에서 나도 죽어 거기 장사될 것이라 만일 내가 죽는 일 외에 어머니와 떠나면 여호와께서 내게 벌을 내리시고 더 내리시기를 원한다'(1:16-17)고 강하게 자신의 의사를 표현한다. 룻의 의사결정은 눈 앞에서 단기적으로 일어날 상황을 고려하여 내려진 것이 아니라 '자신이 죽을 장소'를 이미 베들레헴으로 정하고 인생 전체를 걸고 내려진 것이었다. 그리고 이런 비장하고 장엄한 결정은 시어머니 나오미에게도 그대로 전달되어 나오미조차 룻의 자기와 함께 가기로 굳게 결심함을 보고 그에게 (돌아가라) 말하기를 그치게 되었다(1:18).

둘째, 룻은 나오미와 같이 지적 체제가 발달하여 감정적 반사행동을 하지 않고 느낌체제가 작동된 행동을 할 수 있는 사람이었다. 룻의 시댁은 베들레헴에서 이주한 집안이었지만 룻의 친정은 자신이 태어나서 자란 모압 지역이었다. 언어와 문화가 다른 지역 출신 사람과 결혼하여 남편과 시아버지를 잃고, 홀로된 시어머니를 따라 다시 문화와 종교, 관습과 언어가 전혀 다른 이스라엘로 들어간다는 것은 지적 체제가 잘 발달된 사람으로서는 선택하기 어려운 것으로 보일 수 있다. 이 측면에서 느낌체제/감정체제의 비율로 설명되는 자아분화 정도 개념으로 룻의 행동을 이해할 때 더 많은 주의가 요구된다. 지적 체제가 잘 발달되지 못한 사람들은 룻과 같은 삶의 위기를 만나면 당황하고 불안하여 이러한 위기 상황에 반응(response)하기보다는 반사행동(reaction)을 보인다. 그러나 지적 체제가 잘 발달된 사람이라면 이러한 위기 상황에

---

25) 김홍규, 『룻과 보아스의 사랑이야기』(서울: 도서출판 영문, 1992), 27.

서 지력을 발휘하여 자신의 현실 극복에 도움이 되는 최선의 길을 찾으려고 할 것이다. 룻은 10년 가까운 결혼 기간 동안 시어머니 나오미와 함께 살았을 것이고, 죽은 남편과의 정도 생각났겠지만 현실적인 판단과 사고를 통하여 자신에게 도움이 될 수 있는 길을 선택해야했다. 그리고 그것은 시어머니를 따라 베들레헴으로 돌아가는 것이 아니라 자신의 친정 식구들이 살고 있고, 모든 면에서 적응하기 쉬울 것으로 판단되는 모압 지역으로 돌아가기를 택하는 것이 옳았는지 모른다. 그렇다면 룻은 이 상황에서 시어머니 나오미와의 강한 융해 관계로 인하여 감정반사행동을 보여 베들레헴으로 함께 돌아가기를 선택한 것이고, 따라서 룻의 자아분화 수준은 매우 낮은 것으로 보기는 어렵다.   룻이 시어머니 나오미와 강한 융해 관계를 보였다면 '너희 어미 집으로 돌아가라'고 강권하는 시어머니의 간절한 요구를 그렇게 강하게 뿌리치지는 못했을 것이다. 융해 관계란 강한 연결과 의존 밀착에 의해 이루어진 관계로 사람들에게 합리적 생각을 통해 관계를 만들고 행동하기보다는 감정에 의해 행동하게 만든다.[26] 사람들은 융해 관계에서 일반적으로 상대와의 관계가 무너지거나 끊어질지 모른다는 불안과 두려움으로 상대의 반응에 과민하게 대응한다. 그런데 나오미는 분명하게 룻에게 돌아가라고 두 번이나 강권한다. 상대가 느끼고 바라는 대로 느끼고 행동하는 것이 융해 관계의 특징이라면 룻은 시어머니인 나오미의 요구대로 모압으로 돌아가야 했다. 그리고 앞서 이 상황에서 합리적 판단을 내린다면 모압으로 돌아가는 것이 옳은 결정이 될 수 있다는 사실도 언급하였다. 그러나 룻은 그렇게 하지 않았다. 이 점에서 볼 때 룻이 시어머니와의 감정적 융해 관계 때문에 감정 체제의 통제를 받고 있다고 결론내리기는 어렵다. 이와 같이 룻이 이렇듯 감정에 따라 반사반응을 보이지 않은 이유에 대해서는 다음 절 룻기 신학을 고찰하며 찾아보기로 하겠다.

셋째, 룻은 나오미와 같이 개별성과 연합성에서 볼 때에도 분화 수준이 높은 사람

---

26) 김용태, 가족치료이론(2000), 340.

으로 보인다. 이는 룻기 2장에서 룻이 나오미, 보아스와 관계하는 모습에서도 찾아볼 수 있다. 룻기 2장 2절을 보면 나오미가 먼저 룻에게 밭에 나가 일을 하라고 말한 것이 아니다. 룻이 먼저 나오미에게 '밭에 가서 일을 하되 뉘게 은혜를 입으면 그를 따라 이삭을 줍겠다'고 하는 자신의 독립적이며 구체적인 계획과 의견을 피력하였다. 즉 룻은 시어머니에 의해 의사결정을 하지 않으면서도 생계를 해결해야하는 시어머니의 요구에 민감하게 반응하였다. 또한 룻은 시어머니의 책임 안으로 얽혀 들어가, 시어머니가 생계를 해결해줄 것을 기대하는 무책임한 태도 역시 보이지 않는다. 오히려 밭에 나가 이삭을 주움으로써 자신의 생계를 책임지며, 자신이 주운 이삭을 배불리 먹어 자기의 필요를 채웠을 뿐만 아니라 먹고 남긴 것을 시어머니에게 드린다(2:18). 그 결과 룻이 보아스의 밭에서 일하고 있다는 사실을 나오미가 알게 된다. 또한 그 당시 사회 분위기에서 이방 여자가 남편도 잃고 홀로된 시어머니를 좇아 왔다면 주변 사람들의 눈과 귀를 의식하여 스스로 소외감, 수치감, 정체감 문제를 경험했을 가능성도 있었겠으나 룻은 다른 사람들 사이에서 적대감과 소외 등을 직면하면서도 적극적으로 들판의 일하는 사환이나 들의 주인인 보아스에게 떳떳하게 자신의 신분이나 요구에 대하여 표현하고 있다. 룻은 자신이 일하는 밭의 주인인 보아스에게 당당하게 '나는 이방 여인이어늘 당신이 어찌하여 내게 은혜를 베푸시며 돌아보시냐'(2:10)며 감사의 인사까지 전하면서도 자신의 형편에 아랑곳하지 않고 '내 주여 내가 당신께 은혜 입기를 원한다'고 자신의 요구를 직접 피력하기도 한다.

이상에서 강한 목표지향적 활동, 지적 체제의 발달, 개별성과 연합성의 균형이라는 세 가지 측면에서 나오미와 룻의 행동 분석을 시도해본 결과 두 사람 모두 보웬의 자아분화 개념으로 높은 수준의 분화 정도를 보인다는 사실이 추측 가능하다.

3) 룻기 신학: 고엘 제도와 헤세드

본 절에서는 룻기 신학을 중심으로 나오미와 룻이 보웬의 자아분화 개념 측면에서 높은 자아분화 정도를 보일 수 있었던 이유를 탐색해보고자 한다.

① 룻기 신학

정연철은 룻기 신학의 중심 주제를 할스(R. M. Hals)를 인용하여 '하나님의 주권'으로 보았다.[27] 할스는 그 증거로 룻기에서 하나님(여호와)이 23번 언급되었으며, 언급된 많은 방법은 기도의 형태였다고 하였다(1:8f, 2:12, 20, 3:10, 4:11f, 14). 다음으로 자주 언급된 내용은 '하나님의 행함'에 관한 것이었다(1:6, 13, 20-21, 2:20, 4:12ff). 또한 룻기에는 '탈출/회복 방식', '이방인/외국 여인'의 방식이 드러나 있다고 하였다. 정연철은 그린(Green)을 인용하며 (가) 기근, 양식의 부적절한 사용, (나) 땅으로부터의 출발, (다) 부적절한 취급, (라) 두려운 손님, (마) 자유와 재입성의 탈출/회복 방식의 여정이 그대로 룻기에 드러나 있다고 보았다. 또한 이는 아브라함과 사라, 이삭과 리브가, 야곱의 유랑, 애굽에서의 이스라엘 거주 등 인간의 역사 여정과 관련된다고 하였다.

게이지(W.A. Gage)는 '인간을 회복하시는 하나님의 주권'이라는 관점에서 볼 때 룻의 이야기와 사사기 19장의 기브아의 성적 범죄 사건을 대비시키면서, '상호연결'을 룻기의 핵심적 신학으로 보았다.[28] 그는 사사기의 마지막 구절 '그 때에 이스라엘에 왕이 없었으므로 사람이 각각 그 소견에 옳은 대로 행했던'(삿 21:25) 대표적인 예로 기브아 사건을 언급한다. 그리고 룻기는 연대기적으로 사사기와 이스라엘 왕정 시대를 연결해줄 뿐만 아니라, 이방의 모압 여인인 룻을 이스라엘 민족의 대표적

---

27) 정연철, "룻기 신학"「고려신학」6(2002), 30.
28) Gage W. A.,k "Ruth upon the threshing floor and the sin of Gibeah: A biblical-theological study" Westminster Theology Journal, 370-371.

인 두 어머니, 라헬과 레아와 동격으로 만들어준다(삿 4:11). 모압의 딸이 이스라엘의 어미가 된 것이다. 더구나 룻은 그 어느 누구도 하나님의 자비 앞에서 좌절할 필요가 없음을 알려준다. 룻과 나오미는 하나님의 심판에 맞서 고국을 떠나 살 길을 찾아 길을 떠나 하나님의 치심을 받은 죄인 엘리멜렉에 속한 여인들이었지만 하나님께서는 보아스를 통하여 그의 자비를 베푸시어 먹고 살 길을 여셨을 뿐만 아니라, 이스라엘의 위대한 왕 다윗과 예수 그리스도의 조상이 되는 축복을 허락하셨다(룻 4:22, 마 1:5). 그리고 이를 가능하게 만든 배경에는 이스라엘의 고엘 제도가 있다. 고엘(구속자)이란 이스라엘 사회를 지탱해준 제도로, 지파, 친족, 아비집의 세 기본 단위들 중 친족에 해당되는 이가 '고엘'의 기능을 하도록 요청되었다.[29] 브루그만(W. Brueggemann)도 룻기가 구조적으로 사사기의 마지막 본문과 왕정 시대를 여는 사무엘상을 연결하고 있음에 주목하면서, 룻기는 '인간의 용기와 하나님의 은닉성을 통해 이스라엘이 모든 가부장적이거나 자민족중심주의적 현재 시제를 넘어 미래를 즐길 수 있도록 만들어주는 치밀한 예술적 시나리오'라고 하였다.[30] 동시에 그는 일차적으로는 인간의 행위가 중요하다는 사실을 깨닫는 것이 중요하며, 인간의 소망은 하나님께서 주도하는 행위에 대해 차례로 반응하고 그를 위해 인간 행위자가 수고한 결실을 허락하실 것'이라는 리나펠트(Linafelt)의 말을 인용하였다. 이 밖에 자켄펠드(Sakenfeld)는 룻기의 중심 주제로 평화를 사랑하는 공동체의 모습과 성실한 삶의 본보기 모습을 통한 하나님의 헤세드(hessed)를 꼽는다.[31] 그에 의하면 헤세드란 누군가 친분관계에 있는 상대방을 향한 돌봄이나 관심을 의미하지만, 이 돌봄은 아주 궁핍한 상태에 있는 사람에게 실질적인 도움을 제공하는 형태로 나타나는 것을 뜻한다. 룻기에 헤세드는 선대(1:8-9), 은혜와 복 받기(2:20), 인애(3:10) 등의 단어로 드

---

29) 최종태, "여호수아, 사사기, 룻기를 어떻게 읽을 것인가"「그 말씀」57(1997), 84-90.
30) 월터 브르그만/ 김은호, 권대영 옮김, 『구약개론, 정경과 기독교적 상상력』(서울: 기독교문서선교회, 2007), 92.
31) 자켄펠드, 캐서린 두읍/ 민경진 옮김, 룻기-목회자와 설교자를 위한 주석(2001), 23.

러난다.[32] 하나님은 현숙한 룻의 인자(헤세드)를 따라, 그녀에게 인자(헤세드)를 베푸시고 보상하셨다는 것이다. 또한 다윗 왕국은 하나님이 보아스를 통하여 룻과 나오미에게 헤세드를 베푸셨기 때문에 탄생한 것이므로, 다윗 왕국의 태생적 본질은 바로 '하나님의 인애' 그 자체라 볼 수 있는 것이다.[33] 이문식은 또한 룻기가 '통치권', '후손', '땅'이라는 하나님 나라의 세 요소 가운데 '통치권'과 '땅'의 개념을 그 중심에 두고 있다고 보면서 '땅'의 신학은 기업 무를 자 보아스를 통한 희년의 성취, 나아가 1) 땅으로 이끄는 약속 이야기(족장사와 가나안 정착사), 2) 땅에서 쫓겨나는 이야기(왕정사와 포로기), 3) 예수 그리스도의 십자가와 부활을 통한 새 하늘과 새 땅으로의 회복 이야기(신약), 4) 부활(종말)로 전개된다고 하였다.

요약하면, 룻기에 드러난 신학적 주제는 하나님께서 주권적으로 베푸시는 그 구속의 자비(헤세드)가 인간의 범죄와 불순종, 인간의 신분과 소속을 뛰어넘어 인간 행위자가 하나님의 헤세드에 반응하여 주변 사람들에게 그의 충실과 자비를 베풀 때에 그 가족, 후손을 통하여 성취되어지며, 이는 고엘(구속자)을 통해 완성된다는 것이다.

② 룻기 신학을 적용한 자아분화점수 해석: 나오미와 룻

룻기 신학을 보웬의 자아분화점수에 그대로 적용하여 해석하기는 불가능하다. 왜냐하면 신학자들의 학문적 가정과 진화론적 가족상담학자 보웬의 학문적 가정이 다르기 때문이다. 첫째, 신학은 창조론에 기반을 두고 있으나 보웬은 그 자신 스스로 자신의 이론은 진화론에 그 기초를 두고 있다고 밝히고 있다.[34] 역사적으로 진화론은 자연주의 철학에서 출발하였으며, 자연주의는 계몽주의의 영향으로 등장하였고, 계몽주의는 중세 교회의 타락에 맞서 '보이지 않는 하나님'을 배제하고 '인간의 이성'을 중

---

32) 최종태, 여호수아, 사사기, 룻기를 어떻게 읽을 것인가(1997), 95–101.
33) 이문식, "설교적 관점에서 본 룻기 이해", 「그 말씀」 57(2003), 40–41.
34) Kerr M. E. & Bowen M. , Family Evaluation(1988), 5.

시하는 학문적 분위기에서 시작되었다. 둘째, 신학은 인간의 회복을 논함에 있어서 창조된 모습, 타락한 모습, 그리고 성화된 모습을 광범위하게 이해하고 제시하는 반면, 다른 보웬 가족상담이론가들은 타락한 인간의 모습만을 보고 인간의 회복을 도모하게 된다. 즉, 타락하여 죄인된 인간의 경험과 행동만을 가정하고 연구하는 경우라면 가족상담자들의 관찰이 합리적으로 보이지만, 하나님의 형상을 입고 그의 구속의 섭리 안에 살면서 회복되어가는 인간의 전체 모습에 대해서는 가족상담자들은 정확한 대답을 줄 수 없다. 즉, 성경과 보웬의 가족상담 이론은 서로 다른 우산 또는 패러다임을 쓰고 있으므로 원활한 대화가 이루어지기를 기대하기 어렵다. 따라서 필자는 보웬의 자아분화 개념으로 볼 때 나오미와 룻의 자아분화 수준이 높게 보일 수 있는 이유를 룻기 신학을 기초로 설명해보면서 성경적으로 건강한 가족으로 회복되어갈 수 있는 방법에 대하여 고찰해보고자 한다.

보웬은 분화의 수준을 진짜 자신과 가짜 자신의 비율에 따라 달라지는 것으로 보았으며, 진짜 자신은 건강한 부모와의 안정된 양육 환경에서 형성될 수 있다고 하였다. 드러난 현상만으로 본다면 이는 맞는 말이다. 마음이 건강한 부모들이 일반적으로 자녀들을 심리적으로 안정되게 양육할 수 있고, 이런 환경에서 성장한 자녀들은 자기 스스로의 신뢰와 확신, 원하는 바를 따라 다른 사람들에 의해 흔들리지 않고 목표지향적인 활동을 할 수 있다. 그렇다면 자기 확신을 따라 세워진 목표를 갖고 살아가는 사람들은 정말 불안에 맞설 수 있는 충분한 힘을 가질까? 또한 인간의 진짜 자신이 설정한 목표는 올바른 것이고, 불안에 맞서 자신의 평안을 유지할 수 있도록 돕는가? 필자는 앞서 보웬의 자아분화 개념과 그에 따라 나오미와 룻이 보이는 자아분화 수준에 대해 기술하였다. 본 절에서는 나오미와 룻, 두 사람이 높은 자아분화 수준을 보일 수 있었던 이유를 룻기 신학에 근거하여 찾아보면서 위의 질문에 대한 대답을 시도해

보고자 한다.

  첫째, 보웬은 자아분화 수준이 높아질수록 강력한 목표지향적 행동을 보인다고 하였다. 이렇게 볼 때 먹을 것을 해결하는 것이 가장 중요한 삶의 가치였던 나오미의 가족에게 양식이 회복된 베들레헴으로 돌아가는 것은 계속되는 목표지향적 활동이었다고 볼 수도 있겠다. 그러나 성경을 자세히 살펴보면 나오미가 베들레헴으로 돌아오는 배경에 대하여 두 가지 중요한 이유를 찾아볼 수 있다. 첫째는 떠날 때에는 여호와의 명령이나 개입 없이 떠났지만 돌아오기로 결심할 때에는 양식의 회복이 분명히 '여호와께서 그 백성을 권고하셨음'을 알고, 믿고 움직였다. 또한 13절을 보면 모압 땅에서 겪은 가족 중 세 남자의 죽음을 '여호와의 손이 나를 치셨기 때문'으로 이해하며, 이는 간접적으로 자신의 죄에 대한 여호와의 심판을 받아들이고 있음을 의미한다. 이는 1장 21절에 '내가 풍족하게 나갔더니 여호와께서 나로 비어 돌아오게 하셨으니라 여호와께서 나를 징벌하셨고 전능자가 나를 괴롭게 하셨거늘'이라 고백하는 베들레헴 이웃들에게 전하는 말에서도 엿볼 수 있다. 즉 룻기 1장 6절 이후 기술된 나오미는 이스라엘을 다시 기억하신 하나님과 자신 가족의 죄에 대해 심판 하신 하나님을 아는 사람이었다. 그리고 이 시점 이후 기술되는 나오미의 행동은 보웬의 개념으로 볼 때 그가 상당히 높은 수준의 분화 정도를 나타내는 것으로 보인다.

  룻 역시 나오미와 같이 분명한 목표지향적 활동을 보였음을 앞서 기술한 바 있다. 그가 동서와 같이 자신이 속해 살던 모압 신에게로 돌아갈 것이 아니고(1:15) 어머니와 어머니 백성, 이스라엘의 하나님께로 돌아가서 그를 모시고 살 것이라 결심했기 때문이다(1:16). 또한 룻의 이런 목표지향적인 측면은 밭에서 일하는 사환에게 자신의 요구를 표현하고 관철하는 데서도 찾아볼 수 있다. 룻은 사환에게 '베는 자를 따라 단 사이에서 이삭을 줍게 해달라'(2:7)고 요구하였으며 사환은 보아스에게 '아침부터

와서는 잠시 집에서 쉰 외에 지금까지 계속하는 중'이라고 보고하고 있다(2:7). 이는 룻이 한번 마음에 결정한 일은 관철시키고, 어떻게든 이루어가는 내면의 결정된 사항을 따라 성실히 기능하며 살아가는 목표지향적인 사람의 면모를 보여준다.

그런데, 나오미와 룻의 이야기를 살펴보면 그들이 높은 분화 수준의 행동을 보이는 이면에는 '여호와'에 대한 고백이 관찰된다. 더 자세히 말하자면 나오미는 '룻을 향한 여호와의 선대(헤세드)'를 기대하였고, 룻 역시 보아스에게 '은혜'를 구함으로써 그를 통해 구속의 역사를 이어가실 하나님의 헤세드를 기대하였다. 그 결과, 그 둘은 관계 내에서 한정된 에너지를 가진 인간이 보여줄 수 있는 충실함을 뛰어넘는 자비와 인애를 둘의 관계에서 보일 수 있었던 것이다.

둘째, 보웬이 지적체제의 발달로 인한 느낌체제와 감정체제의 비율로 자아분화 점수를 설명한 것도 살펴보겠다. 보웬 이론에서 지적체제란 다른 동물보다 진화한 인간이 대뇌 피질의 발달로 언어의 능력과 선택의 능력을 소유하게 됨으로써 개발할 수 있는 것이다. 이 점에서도 역시 보웬은 눈에 보이는 생물학적 인간의 면모만을 그 관찰 대상으로 하였으므로, 죄인이며 유한한 인간이 관계 내에서 건강하게 살아갈 수 있으려면 자신이 소유한 선택, 판단, 사고의 능력을 최대화해야 한다고 본 것이다. 지성(intellect)라는 말은 감정, 의지와 달리 사물을 개념에 의해 사고하거나 또는 객관적으로 인식하고 판정하는 오성적 능력으로, 중세나 17-18세기 서양철학에서는 모든 것을 순간에 직각적으로 통찰하는 신의 무한적 지성에, 양적으로 사물을 인식할 수 있는 인간의 유한적 지성이 대치되어 형성되었다.[35] 따라서 20세기 초반에 형성되기 시작한 보웬의 가족상담이론에 사용된 지적 체제 개념에는 유한적 인간이 사고하고 인식하고 판단한 경험만이 반영되어 있다. 그러나 성경은 참된 지혜와 지식은 '여호와를 경외하는 것'이라고 가르친다. 지혜와 말씀 그 자체이신 하나님을 알고 경외

---

35) 두산백과사전, EnCyber.com

하는 것이 지적 작용의 핵심을 이룬다는 것이다.

룻기에서 나오미가 베들레헴으로 되돌아갈 결심을 한 이유는 '여호와께서 베들레헴을 이미 회복시키셨으며, 스스로 살 길을 찾으려 베들레헴을 떠났던 자신 가족을 치신 손을 돌이키셨으니 그 여호와께서 두 며느리가 비록 이방 모압 땅으로 돌아갈지라도 이들을 선대하실 것, 즉 책임지고 돌보실 분'임을 알고 믿었기 때문이었다. 룻의 경우에도, '어머니께서 가시는 곳에 나도 가고 어머니께서 유숙하는 곳에서 나도 유숙하겠으나' 이보다는 '어머니의 하나님이 나의 하나님이 될 것이라'(1:16)며, '죽는 일 외에 어머니를 떠나면 여호와께서 내게 벌을 내리시고 더 내리시기를 원한다'(1:17)는 고백에 드러나듯이, 룻은 나오미가 아닌 여호와 하나님과의 강력한 융해 관계를 기초로 자신의 행동에 대한 결정을 내리고 있다.

시어머니와의 융해라는 관점에서 해석될 수 있는 룻의 행동은 룻기 3장에도 나타난다. 룻은 나오미가 '(보아스)가 누울 때에 너는 그 눕는 곳을 알았다가 들어가서 발치 이불을 들고 거기 누우라 그가 너의 할 일을 네게 고하리라'(3:4)고 한 명령에 대해 '어머니의 말씀대로 내가 다 행하겠다고 하고 그 명대로 다 하였다'(3:5-6). 이에 대해 신학자들은 다양한 견해를 피력한다. 김홍규는 발치에 함께 눕는 것이 도덕적으로 문제가 있었지만 그 당시 풍습에 추수하는 경축의 때가 오면, 들판에서 주인이 누울 때 종들도 그 발치에서 함께 누울 수 있었다고 보았다.[36] 김윤희는 남녀가 타작마당에서 밤에 남몰래 만남에 있어서 충분히 누구나 상상해볼 수 있는 묘사를 동원하면서도 눕는 것이 '성적 관계'를 확증할 수 있는 어떤 근거도 남기지 않았으며, 이는 이러한 애매모호함을 통해 그 진상을 4장에서 얻을 수 있도록 하는 장치로 보았다.[37] 밀러(Miller)는 과부는 가장 가까운 친척에게 결혼을 요구할 수 있었고, 만일 이가 거절당

---

36) 김홍규, 『룻과 보아스의 사랑이야기』(서울: 도서출판 영문.1992), 92.
37) 김윤희, "헤세드의 세 사람". 「그 말씀」171(2003), 76-77.

하면 그 여자는 공개적인 수치를 당하게 된다고 하였다.[38] 자켄필드는 어떤 여인이 일반 사람들이 많이 있는 장소에서 한밤중에 거의 옷을 입지 않은 채로 자고 있던 어떤 남자 옆에 눕는 것은 성 관계를 의미하는 것이며, 이는 관습적인 것도 아니며, 수용될 만한 것도 아니라고 보았다.[39] 여러 가지 견해에도 불구하고, 룻기 3장은 룻이 자신의 결정과 의사에 따라 보아스에게 말한 바를 통해, 룻이 왜 이러한 행동을 하였는가에 대한 대답을 준다고 보여 진다. 이는 룻이 시어머니인 나오미가 그 당시 이스라엘의 관습 중 하나인 '고엘' 제도를 좇아, 유력한 친족 가운데 하나인 보아스에게 자신을 시집보내고자 한다는 의중을 읽었으며, 그럴 경우 며느리가 없이 혼자 생계가 막연해질 위험 부담에도 불구하고 룻 자신을 위해 이 일을 행하고 있다는 것도 알고 있었다고 보여 진다. 그리고 이 모든 상황에도 불구하고 룻이 보아스에게 했던 행동을 단행할 수 있었던 근본적인 이유는 '죽을 날까지 따를 하나님께서 자신과 시어머니를 돌아보실 것이라'는 앎과 확신이 있었기 때문이라 할 수 있다. 즉, 시어머니가 아닌 하나님과의 관계에서 온 믿음의 행동이었던 것이다. 나오미는 3장 2절에서 '보아스는 우리의 친족이 아니냐'고 말하였고, 룻은 이것에 대하여 나오미가 언급하라는 말을 하지 않았음에도 불구하고 '당신의 옷자락으로 시녀 를 덮으소서 당신은 우리 기업을 무를 자가 됨이니이다'고 말하였다. 당신의 옷자락이란 2장 12절, '이스라엘의 하나님 여호와께서 그 날개 아래 보호를 받으러 온 네게 온전한 상주시기를 원하노라'에 언급된 그 '날개'와 같은 의미이며, 결혼식에서 신랑이 그의 차일을 신부의 머리 위에 씌워주는 것을 의미한다.[40] 이는 곧 룻이 그녀의 바람을 훨씬 더 섬세하게 표현하는 방식이었으며, '당신의 하녀를 한 아내로 삼음으로 당신의 하녀에게 불려 지게 하소서'라는 말과도 같다.[41] 김윤희는 이 말을 '결혼해주세요. 왜냐하면 당신은 고엘이기 때문입

---

38) 밀라, J. P., 박센데일 월터/ 박양조 옮김, 사사기, 룻기, 하(1989), 526-527.
39) 자켄펠드, 캐서린 두웁/ 민경진 옮김, 룻기-목회자와 설교자를 위한 주석(2001), 23.
40) 밀라, J. P., 박센데일 월터/ 박양조 옮김, 사사기, 룻기, 하(1989), 529.
41) 앞의 책. 529.

니다'로 의역해볼 수 있다고 하였다. 나아가 룻이 은밀하게 타작마당에서 밤에 그 발에 누운 것은 어느 누구도 이를 '율법적 의무'로 진행시키지 않고 있으며, 룻이 보아스에게 '이것이 당신의 의무가 아님도 잘 알고 있습니다. 그래서 당신의 자비(헤세드)를 구합니다'라고 요청하고 있다는 것이다.[42] 즉 룻은 결혼을 원했고, 기업을 물어줄 것을 원했으며 그 이유는 그 기업을 죽은 자의 이름으로 이어주기 위함이었다. 룻이 시어머니의 명령을 좇아 이를 행한 이유는 '후손'을 잇기 위함이었다. 또한 룻기 4장에서 드러나는 남편과 자녀를 다 잃어버리고 후사의 가능성이 없는 집안에서 어떻게 다윗이 탄생하게 되었는가를 보여주려는 저자의 의도가 드러난 것이라고 보았다. 요약하면, 룻이 시어머니 나오미를 따라, 겉으로 보기에 나오미의 지시대로 보아스를 만나는 과정에는 비록 모압 여인이었지만 고엘 제도를 통하여 자신의 헤세드를 후대에까지 베푸실 여호와 하나님에 대한 정확한 지식과 믿음이 있었다고 볼 수 있다.

보웬의 지적 체제의 개념으로 룻과 나오미의 행동을 이해해본다면, 룻은 합리적이고 이성적으로 '친정 모압 땅으로 돌아가는 것'을 선택해야 옳았을지 모른다. 나오미역시 어떻게든 자기의 생계와 외로움에 도움이 될 수 있는 두 며느리를 떠나보내지않고 곁에 두는 것이 제대로 된 판단과 선택이었을지 모른다. 그러나 이 둘은 모두 '여호와께서 어떤 분이신지를 정확히 아는 지식'에 근거하여 자신의 판단과 선택을 하였다. 나오미는 '나는 죄로 여호와의 치심을 입은 자이나, 동시에 여호와의 헤세드를 누릴 자이다'는 확신 가운데 행동하였다. 룻 역시 '어머니의 하나님이 내 하나님이 되실것'이며 '보아스를 통해 은혜 베푸실 하나님을 신뢰'하여 이방과 이스라엘, 사사기와왕정 시대를 연결하는 하나님의 헤세드의 중요한 연결 고리가 될 수 있었다.

셋째, 보웬이 개별성과 연합성의 균형으로 자아분화의 정도를 설명한 부분을 살펴볼 때, 그가 관계에서의 책임의 균형을 주창할 수 밖에 없는 이유를 찾아볼 수 있다.

42) 김윤희, 헤세드의 세 사람(2003), 76–77.

먼저, 보웬에게 불안이란 상상 또는 실제 위협에 대한 유기체의 반응이며, 해결되지 않은 감정적 애착 현상이다. 눈에 보이는 타락한 인간의 모습만을 기초로 이론의 체제를 세운 보웬에게 실재로 눈에 보이는 인간은 해결되지 않은 감정적 애착을 가진 동물이었고, 언제나 인간에게 위협은 존재하므로 불안을 궁극적으로 해결할 방법은 없었을 것이다. 또한 보웬이 인간 관계에서 개별성과 연합성, 둘 사이의 균형을 이루어야 한다고 역설했던 실제적 이유는 인간은 관계 내에서 같은 양의 에너지만을 보유할 수 있는 유한한 존재라는 것을 그가 알았기 때문이었다.

그러나 나오미는 '나는 비록 여호와의 치심을 받았지만 너희 둘이 나를 선대한 것과 같이 여호와께서 너희를 선대하시기를 원한다'고 하였다. 즉, 정확히 표현되어 있지는 않지만 '나는 그 여호와 하나님의 돌보심을 믿는다'는 사실을 내포하고 있다. 룻기에서 살펴볼 수 있는 나오미가 이런 높은 분화수준을 보일 수 있었던 것은 '여호와께서 자신들을 선대하실 것을 알기' 때문이었다. 이는 룻기의 '헤세드' 신학에 드러난 바와 같이 나오미는 룻을 선대하실 여호와 하나님은 여러 가지 면에서 한계를 가진 자신과 달리 무한한 자비와 사랑, 능력을 소유하고 행사하실 수 있는 분이라는 사실을 알고 있었다. 다시 말하면, 하나님이 어떤 분이신지 알고, 그의 통치와 섭리를 기대하며, 그와 함께 살아가는 사람이라면 보웬의 이론대로 개별성과 연합성 사이의 균형을 맞추기 위해 노심초사하는 것이 아니라, 자신에게 부어진 여호와의 헤세드를 누리고, 이로 인해 무한한 은혜를 흘려보낼 수 있는 에너지의 저장소를 소유하게 된다.

4) 보웬의 자아분화 개념에 대한 성경적 비판 및 기독상담적 시사점

김중은은 룻기 신학을 오늘을 향해 적용한다면 '하나님은 가정을 통해 위대한 일을 계획하시고 실행하신다'는 것이라고 하였다.[43] 룻기에서 하나님은 한 가정의 일상생

---

43) 김중은, "룻기의 구조와 신학". 「그 말씀」 171(2003), 18-27.

활, 평범한 사건들의 진행과 함께 역사하시고 하나님의 계획에 따라 인도하신다는 것이다. 또한 하나님에 대한 신앙과 사랑은 또한 가족 간의 정과 신실함으로써 증거되는 것을 알아야한다고도 했다. 볼스윅 부부(Judith K. Balswick, Jack Balswick)는 가족관계 신학은 성부 하나님과 자녀된 이스라엘 백성 사이에 맺어진 일방적인 언약과 무조건적 사랑의 관계에 기초한다고 하였다.[44] 이러한 하나님의 일방적 언약과 무조건적 사랑의 관계가 룻기 신학의 핵심 개념인 고엘 제도와 헤세드에 나타난다.

본 연구는 룻과 나오미의 언행을 통해 드러난 자아분화 수준을 보여주는 이유가 보웬의 개념과 일치하지 않는 면을 제시하였다. 첫째, 진짜 자신의 비율이 높아 목표지향적인 활동을 할 수 있는 사람은 창조자, 구속자(고엘)인 하나님을 제대로 아는 사람이다. 그리고 이런 사람이라면 자신을 보호하거나 과장하기 위하여 가짜 자신의 모습으로 세상을 살 필요가 없다. 나아가 불완전하고 불안에 취약할 수 밖에 없는 자신의 삶의 목표 대신 하나님께서 세상과 자신을 지으신 목적을 삶의 목표로 삼고 살아가는 사람이어야 한다. 둘째, 자아분화 수준이 높은 사람은 개별성과 연합성의 균형을 이루어, 타인에게 민감함을 잃지 않으면서도 그들의 무책임함에 참여하지 않는다고 한 보웬의 이론은 관계 내 인간의 삶의 에너지의 유한성을 전제로 하고 있다. 그러나 하나님의 무한한 자비(헤세드)를 경험하고 그가 내주하는 삶을 살아가는 그리스도인에게는 다른 사람의 무책임함을 자신이 경험한 사랑과 긍휼로 책임지고 충성스럽게 함께 해결하기 때문에, 보웬의 관점으로 본다면 자아분화 수준이 낮은 사람으로 간주될 수 있다. 하지만 앞에서 살펴본 바와 같이 룻과 나오미는 절대로 자아분화수준이 낮은 사람이라고 보기 어렵다. 오히려 룻과 나오미는 서로에게 융해되어 연합성의 비율을 늘리거나, 서로의 삶에 무관심하고 무책임하게 돌아보지 않아 개별성의 비율을 늘려간 것이 아니라 자신과 타인 모두에게 선하게 임하시는 하나님의 무조건적인 자비

---

44) 주디 볼스윅, 잭 볼스윅, 보니 파이퍼, 던 파이퍼, 홍인종, 박은주 옮김, 『긍정적인 관계가 자녀의 잠재력을 깨운다』 (서울: 디모데, 2005), 57-73.

와 사랑, 은혜를 분명히 알고 믿고 그에 따라 행동함으로써 개별성과 연합성의 균형을 맞출 수 있었다. 셋째, 지적체제가 감정체제보다 더 잘 작동하는 사람이 자아분화 수준이 높다는 보웬의 개념에서 '지적'이라는 뜻은 '생물학적으로 잘 발달된'이란 의미지만 룻과 나오미에게는 '하나님이 누구신지 알고 그를 경외하는'이란 의미로 해석되어야 옳다. 즉, 룻기에 나타난 룻과 나오미의 이야기는 하나님의 심판을 피해 먹고 살 길을 찾아 이방 모압지역에서 남편과 아들을 잃은 후, 자신의 잘못에서 돌이켜 하나님의 회복을 기대하며 서로에게 하나님의 헤세드를 베풀며 살아간 일상의 두 여인의 가족사를 통하여 하나님께서 어떻게 그의 신실한 구속의 약속을 이루어가시는 지를 사사 시대와 왕정 시대, 이방(모압)과 이스라엘(베들레헴)을 연결하며 보여주는 것이다.

본 연구는 보웬 이론이 일반적인 가족상담자들 뿐만 아니라 기독교상담자들 사이에서도 흔히 사용되고 있는 이론임에도 불구하고 성경의 세계관과 부합하지 못하는 부분 때문에 기독교상담자들이 이를 적용함에 있어서 주의를 기울일 필요가 있다는 문제의식에서 출발하였다고 앞서 밝힌 바 있다. 보웬 이론은 내담자의 다세대 가계도를 통해 가족의 역동, 가족의 정서적 관계, 가족의 신화 등을 체계적으로 보여줄 수 있기 때문에 내담자의 증상과 관련된 문제를 이해하고 해결하는 뚜렷한 방향을 제시한다는 측면에서 매우 유용한 이론이라고 생각한다. 또한 내담자들이 가족 관계에서 직면하는 크고 작은 불안에 압도되지 않고, 차분히 앞으로 자신의 반응을 생각하고 계획할 수 있도록 조력한다는 측면에서 도움이 된다. 그리고 이는 하나님의 형상으로 창조되었으나 타락하여 한계를 가진 인간 모두에게 우선은 필요한 작업이라는 데에 동의하며, 그런 의미에서 보웬 이론은 인간의 문제의 이해와 변화에 공헌하고 있다. 다만 룻기 신학의 관점으로 볼 때 룻과 나오미의 언행을 통해 드러난 자아분화 수준을 보여주는 이유가 보웬의 개념과는 일치하지 않는다는 점에 관심을 갖고, 기독교상담자로서 인간을 보는 관점 및 가족의 문제와 회복 방향에 대해 좀 더 고민을 기울일 필요가 있다.

3. 상담 사례: "아버지의 한에서 풀려나 하나님께 붙들리어 살고 싶어요" [45]

다음은 상담적 대화를 통하여 자신이 어렸을 때부터 병약하여 오랫동안 투병 생활을 하다 일찍 돌아가신 아버지의 촉망받는 딸이자 아버지를 대신하여 가계를 꾸리신 어머니의 위로자로 살아온 한 사람이 남자 친구와 경험하는 분노의 원인을 가계도로부터 통찰하며, 부족한 상태지만 하나님의 소중한 딸로서 살게 되는 과정을 담고 있다.

(1) 상담 일시: 20**. 7. 12 첫 회 이후 19회 진행

(2) 내방 경위 및 이전 상담 경험

    – 20**년, 상담자 강의에서 강사–수강생으로 만남

    – 이전 상담 경험: 정신과에서 우울증 치료/ 약 복용 경험

(3) 상담 문제 및 목표

    1) 합의한 상담 문제

    – 남자 친구에게 분노 폭발 하지 않기

    – 하나님 앞에서 '박복의 주제'를 해결하기

    2) 상담자의 임상적 상담 문제

---

45) 필자가 상담한 사례로, 상담 종결시 전달한 종결보고서 전문을 내담자의 허락 하에 수록하였다.

－ 심리검사 결과, 가계도 분석, 면접 과정 등을 통해 '분노와 박복'의 문제를 이해

　할 수 있도록 한다

예. 아버지/ 어머니와의 분리 및 분화

'특별한 아이', '영웅'이 되는 과정에서의 고통 인정 및 수용 등

－ 자신의 성격에 대한 통찰을 안전한 환경에서 경험하도록 한다

－ 자신에 대한 통찰을 기초로 하나님과 관계를 회복하기

(4) 상담 과정

≫ 1회(7. 12) 〈얘기 시작하면서 눈물 왈칵〉 분노가 폭발할 때가 있다. 강의가 10분 후 끝나고 오빠 만나야 하는데 계획 틀어지면 분노가 치밀고 그 뒤로는 '인생 망쳤다'는 생각이 든다. 난 역시 안 되는 년, 박복한 년이란 마음이 계속 올라온다. 특히 맹장 수술 후 '어떻게 살면서 나에게만 이런 일이? 나에게만 고통과 불행이 닥치는 것 같고, 남자 친구 사귄다고 하나님이 벌주시는 것 같고, 하나님이 남자 친구 뺏어갈 것 같다 (그만큼 남자 친구가 **에게 소중하다는 말이겠다. 또한 과거에도 무척 고통스러웠고 미래 닥쳐올 고통까지 예견하니 화가 더 날 것 같다. 하나님과 관계는 어떠한가?) 선교 단체 전통에 따라 '나는 계속 훈련받고 고생할거다'는 생각이 든다. 따뜻하고 안아주실 분이란 걸 알고는 있지만 '고생 실컷 해봐라'고 하시고 남자 친구 빼앗아 가실 분이란 생각이 많다.

≫ 2회(7. 19) 지난 상담 마치고 몸이 많이 아팠다. 그러나 상담 자체는 좋다 (그림 검사 해석: 1) 가면 쓴 것 같은 느낌이다 2) 남을 들어오라 해놓고 들어가기 매우 불편하게 만들 것 같은 문이 보인다 3) 새아버지와 돌아가신 아버지가 한 가족 그림에 함께 있다 4) 과장된 자기감이 있지만 현실적 능력감이 떨어질 것 같다. 듣고 나니 어떠

한가?) 1) 사실 어려운 일 많았지만 아닌 척, 즐거운 척 했고 2) 내가 우리 가족만 생각하는 경계가 강한 사람같고 3) 아직 아버지를 못 보내드릴 것 같다. 늘 아버지와 마음으로 대화가 오가는 느낌이다 4) 한번도 '이제 됐어'란 느낌이 없었다. 뭔가 열심히 기절할 때까지 하지만 잘한다는 생각은 안 들고, 늘 아등바등하고, 죽고 싶은 생각도 들었었다.

7. 26 내담자 울릉도로 휴가

≫ 3회(8. 2) (MMPI + MCMI 해석: 1-3-5 60점 이상 상승: 잘 해야 하고, 성취, 인정이 매우 중요하지만 억압하고 살 것 같다. 중독 척도 상승: 고통을 부인할 가능성이 보인다. 9번 하강: 0번 하강: 안된 사람 보면 바닥난 에너지까지 다 긁어모아 도와주고 괜찮은 척 할 가능성도 보인다. MCMI: 우울, 피학, 조증, 분열성, 자기애성, 반사회성 등이 약간 상승, 그러나 진단기준에 해당될 만큼 심한 척도는 없다. 자신을 스스로 못났다 하고 괴롭히고, 거리 두고 살 가능성도 보인다) 이젠 우울감도 떨어뜨리고, 신체화하지도 않으며, 스트레스도 덜 받고 살고 싶다. 이젠 나도 잘 챙기고 싶다.

8. 9 내담자 정기 모임으로 연기

≫ 4회(8. 16) (검사 이후 어땠는가?) 그림 검사 영향이 컸다. 내가 남자 친구에게 전지전능한 부모를 요구한 것 같다. 그래서 분노 폭발했던 것이다. 남자 친구가 얼마나 불쌍하게 느껴지던지...(전지전능한 부모 밑에서 안전감, 보호감 느끼며 철부지처럼 지낼 시간을 빼앗겼으니 이는 너무 당연한 일일수도 있다) 〈눈물을 많이 흘림〉 아버지는 늘 엄마 힘드니 잘 하라고 하셨다. 아버지는 또 호떡도 안 사 드시고 돈을 아껴

책 사왔으니 공부 잘 하라고 하셨다. 엄마는 늘 직업이 둘이었다. (그런 마리에게 하나님은 누구셨나?) 훈련자. 하나 통과하면 다음 시험 내시고.. 진저리가 났다. 머리로는 전지전능한 분임을 알지만 실제는 그렇지 않았다. 선교 단체에서도 인정받고 싶었는데 문화가 달랐다. (문화가 복음보다 앞섰을 수도 있다) 내가 인정받고 싶었나보다.

8. 23 상담자 휴가
8. 30 내담자 장염으로 당일 취소

≫ 5회(9. 7) 〈가계도를 다 그려옴〉 (지난 번 남자 친구에게 지나친 기대를 한 점, 부모같은 기대를 했다는 것은 중요한 발견이었다) 이후 선교단체 언니에게 하나님 앞에서 너무 노력하느라 힘들다고 말하고, 선배들도 주님 앞에서 어린 애가 되어 보라고 말했다〈눈물 조금 흘림〉 이젠 행복해지고 싶은데, 그런데 되게 멍하다. 엄마도 아버지랑 난 생각이 다르니 네가 원하는 대로 행복하게 살라고 하셨다. '원하는 대로 살라'는 말에 눈물이 났다〈눈물을 많이 흘림〉 (지금까지 아버지의 짐을 다 지고 살았는데 이제는 내가 행복한 삶을 살고 싶다고 들린다. 가계도를 그려왔는데 함께 보지 못해서 불편하지는 않았나?) 글쎄다. 그래서 멍했는지도 모르겠다.

≫ 6회(9. 14) (지난 주 멍했었는데...) 내가 모르는 걸 물어보면 피하려고 하고, 쉼이 필요하니 가끔 내가 그럴 수 생각하면 회복된 느낌이 든다. (가계도 그려왔는데 상담자가 왜 안하지 하는 마음도 혹시 들었나? 가계도 해석: 잘나가는 집의 일찍 돌아가신 할아버지, 그 집의 특별한 아들인 아버지/ 잘 나가시는 관리셨는데 일찍 돌아가신 외할아버지, 그 집의 특별한 딸인 어머니/ 그 특별한 두 부모님의 특별한 딸: 결국 세 개의 삼각관계가 얽혀있다) 거기다 두 분 싸움 중재하다가 토한 기억도 있다. 그래서

내가 하나님을 알고도 자유가 없었나보다. (좀 더 생각해보면 좋겠다)

≫ 7회(9. 21) 아버지 인생 대신 내 인생을 찾으려는데 어렵다. (내연과 외포[46]– 자기 확인 과정이다. 아버지의 기대를 제거하면 내 것이 될 것이다. 진로발달사는 어떻게 되었나?) 1) 고고학, 천물학, 유전학 등 발견에 재미를 느꼈다. 2) 연극과 같이 표현하는 일: 인정받는 것을 즐겼고, 어려움을 해학적으로 돕는 것을 즐긴 것 같다. 3) 직업의 가치로는 예술–봉사–이론형의 순서이다 (단순히 종합하면 사이코 드라마 연출 및 이론 개발자인데) 내 것을 찾아가니 참 감동스럽고 좋다.

9. 28 내담자 중요한 시험으로 연기

≫ 8회(10. 5) 지난 시험에 모범 답을 올렸는데 어떤 언니가 내 답을 고쳐 올려서 아주 기분이 많이 나빴고 무능감에 시달렸다. 나는 늘 아빠가 전국 수석과 비교하셨다. (기준이 전국 수석이었으니 정말 힘들었겠다. 우리의 기준은 하나님인데, 하나님은 위대하고 크시고 나는 작고 비천하지 않나?) 〈심각한 표정〉 24세 때 예수 믿고 4학년 되었을 때 기도 중 정말 빛된 하나님 앞에 아무 것도 아닌, 바퀴 벌레 같은 내가 보였다. 예수님 중재가 없었으면 살지 못할 것 같은 느낌이었다. 이후 감사했지만 다시 무능–유능 주제에 걸렸다. (죄인이라는 말 안에는 '제한된(limited)'란 뜻이 있다. 무능하다, 부족하다는 뜻이다 – 이를 고백하면 은혜로 하나님만큼 유능해진다는 말인데) 죄를 의인/악인으로만 생각했지 지금까지 무능한 내가 내 힘으로 유능해지려는 것이라고는 생각지 않았다. (지난 번 말했던 하나님께 받은 자원과 오늘 고백한 하나님에 대한 첫사랑으로 인생이 만들어져 간다면 어떨까?)

---

46) 김창대의 상담 모델 과정 가운데 자기, 진정성 확인 단계에 등장하는 용어로 내연은 '진정한 자신 경험', 외포는 '자신이 아닌 모습인데 자신의 모습인 양 경험했던 것'을 의미한다

10. 12 사무실 이사로 일정 변경

≫ 9회(10. 13) 시험에 떨어졌다. 그러나 그리 많이 힘들지는 않다. 박복 주제도 많이 열어졌다. 왜냐하면 사람들이 밥 사주고 위로하고, 하나님이 사람을 붙여 돌보신다는 느낌이 들었다. 시험에 떨어지고 어떤 선생님이 이메일에 처음으로 내 이름을 적어 써주기도 하셨다. 지난 상담이 예방주사 역할을 톡톡히 했다 (어렵긴 했으나 하나님에 대한 다른 경험을 한 듯하다) 아, 지난 번 선생님께 드린 문자에 '시간은 되시나요?' 라고 원래 썼다가 다시 보냈다. 어른에게 예의 안 갖추면 너무 불편하다. (대단한 집안에서 자랐으니 그럴 수 있다. 수용전념치료적으로 생각하자면 1) 우리 집은 별나다 2) 좀 무례한 사람이란 지적을 받는 고통을 알아차리고 견디자 뭐 이렇게 될까?) 아, 내가 관계에서도 진짜 완벽을 원한다. 그래서 진이 빠진다. (오늘 이름을 부른 선생님의 메일을 읽은 경험이 참 인상적이다. 사실 그 분이 시험에 떨어뜨렸지만 (벌주고) 안고 있다는(돌보고) 느낌을 함께 받았다. 아버지와는 다른 하나님 표상 경험이었을 것 같다)

10. 21 깜빡 잠이 들어 못 옴

≫ 10회(10. 28) (지난 주 깜빡 잠이 들어 못 왔는데 어땠나?) 너무 피곤했다. 전 날 선배와 6시간 얘기하고, 새벽 4시에 자서 아침에 중요한 미팅을 계속 가졌다. 안 자려고 옷까지 다 입고 잤는데 그만 오지 못했다 (지난 주 관계에서의 완벽주의 얘기를 했는데 혹 나와 편해져서일 수도 있을까?) 확실히 편해진 건 맞다. 선배와 이야기 나누면서 선배는 내가 1) 큰 것은 드러났는데 다른 큰 것들이 남아있다 2) 대화할 때 너무 공감만 하고 직면을 못하는 것은 내 상처가 걸릴까봐 그런 것 같다고 말해주었다. 다

수긍이 되었다. 요즘 특별히 불편한 것은 기억이 잘 안 난다는 점이다. 대화 내용을 포함한 모든 것이 잘 떠오르지 않는다. (불안과 고통이 극에 달하면 이를 피하려고 하는 건 당연한 것 같다 1) 아침마다 오늘은 안전하고 고통은 견딜만 할 거라고 스스로에게 얘기하고 2) 저널을 써보고 3) 상담 기록을 잘 해보면 어떨까 싶다)

≫ 11회(11. 4) 지난 수요일 상담 교육이 참 좋았다. 내가 실패한 축어록 중심으로 가져가서 상담을 잘 배우고 나니 너무 즐거웠다. 이렇게 급격히 좋아져도 되나 싶을 정도였다. 뭔가 구멍이 있는 것 같아서 조금 불편하기는 하지만 말이다. (변화는 지속될 것이다: 빠른 변화 이유는 1) 상담자와 관계 맺는데 저항이 없었고 2) 상담 전 자기에 대해 많이 생각했고 3) 중요한 '무능' 주제가 다루어졌고 4) 하나님 앞에서 성실한 중심을 발견해가기 때문인 듯 하다. 하지만 앞으로 하나님 앞에서의 소명이 분명해지고, 박복 주제가 해결되는 것이 남아있다) 그동안 상담을 통해 1) 아버지와 붙어있어서 어려웠다는 원인을 알았고 2) 엄마가 해방선언을 해주셨고 3) 죄인이란 관점으로 무능을 수용했고 4) 무능해도 받아주는 선생님과의 경험이 있었다.

≫ 12회 (11. 11) 요즘 하나님과의 관계를 많이 생각한다. 1) 선교단체 사람들이 너무 밉다. 가식에 쩔고 그들 앞에서 나는 늘 평균 이하이다. 고상하게 뒷담화나 하고 정말 마음에 안든다 2) 그래도 그 곳을 못 떠나는 것은 '그들 미워 안하고 원수를 사랑하고 갈 순 없나'는 생각 때문이다. 그러나 이것은 내 열심과 힘으로 할 수 없다는 것을 이젠 알았다 (선교단체에 그런 병리가 있을 수도 있다. 선교단체를 떠나 김 선생님과 하나님과의 관계는?) 처음에 강한 분, 내가 어떤 얘기도 할 수 있는 분이었다. 지금은 냉소적이고 거리감이 느껴지는 분이다 (하나님과 관계는 '복음'으로 정의된다: 대속-은혜-자녀됨-그 분이 죽은 자리에 내가 사는 것) 그것까지는 확실히 경험하지 못

한 게 맞다. 벌레 같은 죄인이 예수님 덕분에 하나님을 대할 수 있다는 것까지만 경험한 것 같다.

11. 16 내담자 하루 전 연기

≫ 13회(11. 23) 지난 주 선배가 '넌 공부 대충하냐'라고 해서 그 앞에서 울었다. 1) 다른 과제가 많았고 일도 열심히 했고 우선순위에서 밀렸을 뿐이었고 2) 그렇게 살 수 있다는 것은 나를 그냥 받아줄 수 있게 되었다는 말이니 나에게는 발전인데 말이다. (잘 되었다) 하나님과의 관계를 생각해보았다. 보통 성화에 양 그림이 많이 나오는데, 나는 예수님을 끝에서 좇아가는 까만 양이 되고 싶다. 〈눈물을 왈칵 쏟음〉 멀찌기 예수님을 따라가지만 절대로 그 분과 같이 가고 싶다. 그런 정체성이 있다 (그건 중고등학교 때의 '내 모습'과 매우 대조가 된다. 늘 빛나고 으뜸가는 양이었잖은가?) 난 하나님 앞에서는 철저한 죄인이다. 그래서 있는 그대로 더디더라도 진실 되게 하나님을 만나고 싶다. (마리가 이제 진짜 하나님을 만나는 것 같다) 1) 선교단체사람들에게 판단 받는 느낌을 걷어내고 2) 하나님께 천천히 사랑한다, 가까워지고 싶다 말해야겠다 3) 그들의 위선과 과시 역시 죄의 부분으로 너그럽게 받아주고 싶다.

11. 30. 내담자가 일로 취소

≫ 14회(12. 7) 오늘 교회 갔는데 1) '가식쟁이들' 하는 느낌이 들면서 짜증이 나다가 2) 나 역시 가식이 있고 저 사람들이 온전한 가식은 아닌 것이라며 스스로 얘기하며 중단했다. (좋은 얘기이다. 너와 내가 비슷하다 라고 들린다) 이젠 내가 하나님 안에서 훈련이 아닌 '재양육'을 받고 싶다. 하나님과 친하지 않았던 것이 아니라는 것을

알았다. 〈눈물을 흘림〉 (어떤 하나님 아버지를 경험하고 싶은가?) 〈눈물 많이〉 1) 아프지 않는 하나님 2) 뭐 막 시키지 않는 하나님 3) 천진난만하게 풀어놓으시는 하나님 등이다. 그런데 지금까지 하나님은 늘 처벌하는 무서운 분이었다. 난 늘 지금까지 처벌, 죽이는, 훈련하는 하나님만 들어서 그런지, 이번 주 '복음'에 대해 생각을 많이 한 것 같다. 예수님은 너무 좋은데, 하나님은 무섭고 싫다.

≫ 15회(12. 14) 카톡에서 나의 가장 친한 친구가 다른 친구로부터 위로를 받았단다. 나를 밀쳐내고 거리를 둔다는 느낌이 들었다. 그동안 얼마나 애써 달래주었는데... (채팅을 나올 때 어떤 느낌이었는데?) 화가 났다. (무엇 때문일까?) 내가 실컷 위로해줘서 다른 친구의 위로를 원치 않을 것이라 생각했는데 실제로 내 친구는 위로한 애 말을 듣고 울었고, 다른 친구가 칭찬과 감사를 다 갖고 갔다. 진짜 이런 내가 유치하다. 참, 전에 성경의 소외된 아무개 한 사람에 대한 하나님의 관점을 갖고, 그 한 사람을 돌보시는 하나님, 그리고 그 분의 일을 함께 하는 나의 소명에 대해 생각하게 되었다.

≫ 16회(12. 26) 오늘 상담에서는 딱히 할 말은 없다. (어떤 뜻인가?) 마음의 요동도 없고 그렇게 힘든 일도 없다. 1) 교회 얘기는 선배 언니와 다 나누었고 내가 복음을 잘 모르는 것 같다는 생각이 들었다 2) 카톡 친구 만나는 건 괜찮았다. 내 마음을 다 말하지는 않았지만... (상담의 종결 사인들이 보인다. 복음을 잘 모른다는 것은?) 내가 죄인임도 알겠고, 죄가 해결되어 구원에 이르는 것은 알겠는데 십자가를 잘 모르는 것 같다. (속죄의 과정과 방법에 관한 것인데, 속죄는 '단번에, 하나님 자신이 제물이 되신 것'이다) 그게 잘 안 받아들여진다. 하나님은 왜 그런 시나리오를 쓰셨는지? 고통이 너무 컸는데 연단같은 거 싫고.. 특히 누구는 고통 없이 잘 만나고 잘 되는데

난 너무 힘들도 잘 되지도 않고... 질투난다. 하나님께도 특별하고 싶고.. 이게 자기애 특성인 것 같은데, 내가 정말 그런건지 모르겠다.

1. 2 내담자 종양 수술로 연기

≫ 17회(1. 9) 내가 왜 선교단체의 교회를 못 떠나고 있는지 생각해보았다. 고향의 같은 선교단체 교회를 갔는데 우아하지도 않고 수준도 떨어진다는 느낌이 들었다. 그러고보니 지금 다니는 교회는 고상하고 특별한 사람들이 모여 있다는 생각이 든다. 유치하게 내가 그런 것을 바랐는지.. 이율배반적이라 부끄럽다 (하나님과 거리를 두고 따라가고 싶은 마음은 어떠한가?) 아직 있다. 가까이 가면 나를 너무 힘들게 하실 테니까. 하나님께는 그런 식으로 특별하고 싶지 않은 마음이 있나보다 (성경은 우리 하나 하나가 모두 특별하다는데) 난 다같이 특별한 것이 마음에 들지 않는다. (그럼 바라는 것이 있다면?) 하나님과 그저 행복하게 사는 삶. 어릴 때는 입만 열면 법대 가게 해주세요라고 기도했다. 그러나 대학 오면서 나는 '행복해지고 싶다'고 되뇌었다〈눈물 많이〉 (구체적으로 그게 어떤 모습인지?) 그걸 생각하다가도 괜히 내 뜻대로 했다가 더 고생하면 어쩌나하는 두려움이 있다. (인간은 과정적 존재이지 않을까? 내가 선택했다가도 하나님 뜻을 알면 바꾸게 될 것 같다) 과정적이라는 말이 매우 격려가 된다.

≫ 18회(1. 16) (지난 주 카드 고맙다. 특히 '박복한 사람에서 어느 정도 복 있는 자'로 되었다는 부분이 감동이었다. 무엇이 그렇게 바뀌게 하였나?) 지금도 자동적으로 '박복'이 입에 올라오지만 애써 중단시킨다. 고통스러웠다면 그만큼 성공해야 되지 않나 하는 마음이 컸다. 그런데 남자친구의 이전 여자 친구가 죽었을 때 위로해줄 말로

'그 고통스런 순간에 하나님께서 옆에 계셨다는 것을 남자 친구가 안다면 얼마나 좋을 까?' 라는 게 생각났다. (좋은 발견이다. 그것이 하나님을 만난 전후 변화인가?) 행복 도 고통과 함께 있는 것이라 생각된다. 무미건조한 삶이 가장 견디지 힘들다. (행복해 지려면?) 1) 사람들을 향해 더 열고, 나도 남도 다 인정해야 할 것 같다. 2) 선교단체 에서 기껏 내가 고통스러웠다고 얘기했을 때 사람들 반응은 '어쩌다가 그런 고생을?' 이었다 (김 선생님의 고통에 그렇게 반응을 해준거네요) 3) 고통 받는 한 사람에 대한 하나님 마음이 그 사람과 함께 있어주는 것이라는 생각에, 내가 하나님과 함께 옆에 있어 주는 그 한 사람이 되고 싶다는 마음은 여전히 있다.

≫ 1. 23 설날 연휴

≫ 19회(1. 30) 어제 남자친구가 다니는 교회에 함께 갔다. 고난에 대한 글에서 하 나님의 뜻, 성장의 기회 등을 읽었는데 예전처럼 그리 불쾌하지는 않았다. (지난 주, 행복과 불행을 다 같이 느끼고 싶다는 말은 참 좋았다. 오늘은 무슨 얘기를 나눌까?) 교회 결정에 관한 것이면 좋겠다. 남자 친구에게 선교단체는 너무 강하고 빡빡할 것 같다. 오빠는 FM이라 너무 엄격히, 열심히 할 건인데, 은혜와 사랑이 더 강조되는 교 회가 좋을 듯하다. (그동안 이 선교단체는 1) 하나님을 알려준 곳, 첫사랑의 경험을 준 곳 이었다 2) 나름 특권의식도 느끼게 해준 곳 이었다 3) 거기에서 나오면 실패자, 낙 오자가 된다는 느낌도 주었는데?) 이제는 이런 것에서는 자유로워진 듯하다. (그렇다 면 서로 맞는 교회를 찾아보면?) 그건 좋은 생각이다. (종결 사인이 많아져서 보고서 를 읽고 종결을 고려해보면 어떻겠나?) 좋다. (그동안 상담을 간단히 정리하면?) 1) 책장 정리를 한 느낌이다 2) 아버지 영향이 정말 컸고, 그것을 벗어난 게 가장 중요했 고 3) 무능력감을 다룬 것 좋았고 4) 하나님과 다른 관계를 시작할 수 있었고. 5) 분노

폭발은 예전처럼 심하지 않고 6) 무엇보다 바라는 것에 대해서 자유롭게 표현해볼 수 있어서 좋았다.

(5) 심리검사 해석: 실시한 심리검사: MMPI-II, MCMI-III, 가계도

1) MMPI-II (20**. 7. 15)

2) MCMI-III

* 내담자의 사적인 정보 보호를 위해 자세한 검사 점수는 생략하였다.

3) 가계도

* MMPI-II와 MCMI-III의 전반적 평가는 특이한 심리적 문제없이, 검사 결과 모두 정상 범위에 위치해 있어 임상적으로 문제가 될 부분이 발견되지 않는다. 자세한 해석과 그에 대한 반응은 상담 과정을 참조하기 바란다.

(6) 사례개념화

검사 결과 및 그동안의 상담 인터뷰 내용을 종합하여, 보웬의 가족상담이론의 틀로 김 선생님의 이야기를 분석하고, 이어서 성경적 관점에서 김 선생님의 어려움과 나아갈 길을 함께 생각해보면 다음과 같다.

1) 삼각관계와 융합

삼각관계란 삼인 체계의 역동적인 균형을 의미하며, 원인은 이자 사이의 불안이 된다. 이인 관계가 불안정해지면서 불안이 증가하면 두 사람은 각자의 긴장을 해소하는 방법으로 사람, 일, 취미, (술..) 등을 끌어들여 둘 사이의 불안을 해소하고자 하는 것이다. 가족의 융합 정도가 높을수록, 즉 가족원의 분화 정도가 낮을수록 삼각관계를 만들려는 노력은 더욱 강렬해진다.

김 선생님의 가계도에서 가장 눈에 띄는 특징은 아버지, 어머니 모두 괜찮은 집, 당당할 수 있는 집의 특별한 아이였으며, 양가 할아버지들이 일찍 사망하셨기 때문에 남편을 일찍 여읜 어머니와 매우 강력한 삼각관계를 형성했을 가능성이 보인다. 더욱이, 부모 양자 가운데 아버지들의 이른 사망은 어머니-자녀 사이의 융합 또는 융해 관계(fused relationship)를 더욱 공고히 했을 것이라 생각된다. 면담을 통해 만난 김 선생님은 이렇듯 특별했던 두 부모님 모두와 정서적으로 밀착되어, 어쩌면 두 분의 행복을 위해 살면서 두 분과 '중복 삼각관계'를 형성했을 가능성이 있다.

2) 가족신화 (family myth)

김 선생님의 가계도에서 눈에 띄었던 점은 가족 내에서 '**장관'을 지낸 '행정적-정치적으로 성공한 대단한 가계'에서 아버지는 성공해야 된다, 특별한 역할을 해야 한다는 강력한 신념을 만들었다는 점이다. 그리고 이것이 강한 신념을 가진 아버지가 삶에 실패하고 건강이 약화되면서 아버지 당대에서는 성공을 이룰 이루어질 수 없을 것이라는 불안을 다스리는 방법으로 맏딸인 김 선생님을 '공부로 쓰는 성공신화'의 주역의 자리에 앉혔을 가능성이 높다.

어머니 쪽의 가족 신화는 자세히 탐색되지는 않았으나 어머니는 '지방 관리'로 넉넉한 환경에서 성장하였다. 일찍 남편을 여의신 어머니의 특별하고 착한 딸 역할을 하였을 어머니는 성장하면서 경험하셨을 풍족함을 그리며, 남편이 투병 중인 최악의 상황에서도 모든 것을 인내하며 경제 활동을 하였을 것이라 짐작된다.

3) 가족 역할 (family role)

이는 김 선생님 가족의 역할을 근본적으로 변화시켰을 것이다. 생계를 책임질 가장인 아버지는 오랫동안 병원에 누워 기능을 못하였고, 자녀를 돌보아야했던 어머니는 가장 아버지 대신 경제 활동을 하며 집 밖에 주로 계셨을 것이다. 그리고 '뭐든 잘 해야 하고, 잘 할 수 있다는 믿음과 기대'를 받고 어머니, 아버지와의 중복된 삼각관계를 맺고 있던 김 선생님은 때로는 아버지에게 '아내'의 역할을, 동생에게는 '어머니'의 역할을 하면서 '철부지 자녀'로서 맘 놓고 부모의 사랑을 요구하고, 즐기며 누리는 경험을 충분히 하지 못했을 가능성이 높다.

4) 다세대 전수 과정 (multigenerational transmission process)

다세대 전수 과정이란 분화 수준이 낮은 부부의 결혼이 여러 세대를 이어 반복되면서 점진적으로 불안과 융합에 취약한 개인이 양산되는 현상을 의미한다. 여기에서 한 세대의 기본 분화수준은 다음 세대의 기본 분화수준의 범위를 제한한다. 때로는 질병과 사고 등은 사람이 통제할 수 없는 불안한 상황을 형성하므로 이런 가족의 분화 수준은 낮아질 수 밖에 없다. 김 선생님 가족에는 본의 아니게 '성공 신화'를 쓰는 부계 가족 가운데 '병약하셨던 아버지'를 통해 불안이 증가되었을 것이며, 상담에서 김 선생님이 남자 친구에게 '전지전능한 부모'를 요구했다는 사실을 깨달은 것처럼 사실 이 불안이 인식되어 다루어지지 못한다면 이런 불안을 자신의 배우자나 자녀에게 투사하여, 계속 전수해갈 가능성이 높아진다.

김 선생님이 보여준 '자신의 심리적 고통을 억압, 부인, 왜곡'하고 그것이 신체화되어 나타났던 배경에는 위에서 기술한 바와 같이 '일찍 돌아가신 아버지'를 두신 부모님을 통해 전해졌던 가족의 신화와 불안이 자리 잡고 있었다. 다시 말하면, 불쌍하신 부모님을 대신하여 가족의 염원을 이루어내고 싶은 갈망으로 자신의 진정한 욕구나 마음은 무시하고 묻어둔 채, 두 분의 기대에만 충실하게 어린 시절을 살아왔을 가능성이 높다. 그러나 이는 어린 김 선생님에게는 너무나 힘든 일이었고, 현실적으로 이루어질 수 없는 기대였다. 그러다보니 김 선생님은 사력을 다해 살면서도 언제나 '늘 더해야할 것 같은 불안'과 '잘못하고 있다는 무력감'을 경험하였을 같다.

(7) 상담 성과 평가

김 선생님의 상담 성과는 상담자 평가로는 80% 이상 달성되었다고 보여 진다. 그 증거로 1) 남자 친구에 대한 기대를 조정하고, 남자 친구를 향한 자신의 불안한 마음을 인식함으로써 상담 회기 가운데 분노 폭발이 거의 일어나지 않은 점 2) 자신의 무력함을 경험하면서도 우울에 빠져들지 않고 '학습 경험'에 즐거워하는 점 3) 돌아가신 아버지의 삶으로 점철되었던 자신의 삶의 모습을 인식하고, 이에서 스스로 독립하여 자신의 길을 찾고 있는 점 4) 상담을 통해 자신이 바라는 것들을 적극적으로 표현하는 점 등을 들 수 있다.

이렇듯 약 7개월, 19회기의 상담을 통하여 좋은 성과를 낼 수 있었던 요인으로는 김 선생님이 1) '말로 이해하고 표현하는 탁월한 능력'이 있었던 점 2) 자신의 문제를 직면하여 해결하려는 용기와 솔직함, 적극성을 보인 점 3) 회기 내, 회기 간 상담에서 다루어진 내용에 대하여 충분히 숙고하고, 이를 삶에 적용, 실천하려는 노력을 기울인 점 등을 들 수 있다. 상담 관계 측면에서는 20**년 '강사-학생'으로 만나면서 만들어진 자연스러운 믿음과 친밀함이 이렇듯 크고 어려운 주제를 다루어가는 데 좋은 밑거름이 되었다고 생각된다. 이 밖에도 남자 권위자가 '하나님, 아버지 대상 경험을 바꾸어줄 수 있었던 좋은 대상'으로 옆에 있었던 점, 남자 친구를 향한 진실된 마음으로 그 사람과 함께 행복한 삶을 꾸리려는 염원을 가진 것, 그리고 김 선생님의 변화를 함께 관찰하고 격려해준 동기와 선배들이 있었던 점등을 들 수 있겠다.

그러나 상담자가 보기에 이 무엇보다도 우선하는 것은 김 선생님이 가진 하나님에 대한 진실되고 충성된 사랑이 있었기에 이 모든 변화가 단기간에 일어날 수 있었다. 상담 과정 중 '나는 예수님을 멀찌기에서 따라가는 까만 양'이라고 자신을 표현했지만, 이런 거리감은 김 선생님의 '급격한 고통의 경험과 이를 극복하면 반드시 성공과 안정이 보장되어야 한다는 가족의 믿음'에서 비롯된 것이라 보인다. 김 선생님의 마음에는 '자신의 어려움을 듣고 품어주시는 하나님, 거룩하고 전지전능한 하나님'에 대한 분명한 신뢰와 믿음이 있다는 것을 회기 때마다 확인하였다. 보웬은 '불안을 지적으로 인식하고 그에 그대로 반사하지 않으면 분화되어 편해진다'고 말하지만 성경은 '하나님을 알고, 그 분에게 모든 것을 맡기는 것이 편해지는 길이다'고 이야기한다. 그런 점에서 상담 후반부에 하나님에 대한 인식이 '훈련, 처벌만 하는 분'에서 '어려움을 당하는 한 사람과 같이 있고 싶은 따뜻한 하나님'으로 변화되고 있는 것은 매우 긍정적인 일이라 생각한다.

이제 김 선생님께 남아있는 더 다루어야 할 점과 앞으로 변화를 지속하기 위한 몇가지 제안 사항을 정리하면 다음과 같다.

김 선생님,

매 회기, 정말 진지하고 솔직하게 마음의 여기저기를 저에게 다 보여주고 나누어주셔서 정말 감사합니다. 이제 상담을 종결하면서 다음 몇 가지 말씀을 드리고 싶습니다.

1) 먼저, 상담 과정을 정리하면서 확인하는 것인데 너무 당연한 말이지만 아직까지

는 '더 특별하고 중요하고 성공한 사람'이 되고 싶다는 마음에서 비롯되는 대인 관계의 어려움이 남아 있습니다. 그러나 김 선생님은 어느 누구보다도 이런 자기 모습을 빠르게 인식하고 변화시키기 위해 부단히 노력하는 사람입니다. 자신의 부정적 모습이 만나질 때마다, 유치하다고 너무 자신을 질책하지 마시고, 넓은 아량으로 안아주시기 바랍니다. 힘들게 살아서 그럴 수 있다고, 모든 인간이 그렇다고, 그래서 예수님께서 오신 거라고 말이에요.

2) 합의한 상담 목표가 아니었기 때문에 '진로'에 대한 이야기를 더 깊이, 구체적으로 나누지 못했습니다. 하나님의 사랑을 듬뿍 받는 김 선생님으로서, 선생님이 굳이 '하나님의 손길이 필요한 고통 속의 한 사람'을 도와주고 배려할 필요는 없습니다. 자칫 잘못하면 이것이 내담자와의 '일치 역전이-내담자와 상담자 자신의 비슷한 경험 때문에 내담자를 자신과 동일시하면서 나타나는 전이현상-'를 나타낼 수도 있습니다. 이제는 부자 아버지, 건강한 아버지 하나님께서 '마리야, 네가 정말 원하는 것 아무거나 해라. 나는 네가 그 일을 하면서 행복하고 즐거운 것을 보는 것이 그저 좋다. 그러나 그 일이 나를 위하고 영광스럽게 하는 것이어야 한다. 그리고 나는 그 일을 너와 함께 끝까지 할 것이다'고 말씀하고 계십니다. 그 하나님과 함께 '정말 무엇을 할까'를 기쁨으로 더 고민해보시길 바랍니다.

3) 김 선생님 자신이 아직 '십자가 신앙'에 대한 체험은 없는 것 같다고 하셨습니다. 앞으로 만나게 될 교회 공동체와 신앙생활을 통해 김 선생님이 원하는 '십자가 믿음'을 경험할 수 있기를 바랍니다. '십자가'에는 죽음과 고통이라는 인간의 문제를 해결하고, 복의 근원이 되어 영원한 하늘나라로 인간을 이끄는 하나님의 방법과 철학이 담겨 있습니다.

그동안 '똑똑하고 열정 있는 내담자'와 상담하는 즐거움을 제게 주셔서 참 감사합니다. 또한 하나님을 사랑하고, 그 사랑을 받는 사람이 어떻게 변화해 갈 수 있는 지를 함께 경험한 것도 제게는 큰 기쁨이었습니다. 이제 그 하나님과 '복된 김마리 선생님의 이야기'를 새롭게 써 가시길 바랍니다.

(8) 종결 후 내담자 전화 면접 축어록

상담자 1: 상담 끝나고 나서 얼마쯤 된거죠?

내담자 1: 1년 좀 넘었어요.

상담자 2: 1년을 어떻게 지내셨나요?

내담자 2: 졸업을 하고 여기에 왔죠. 취직도 하고 삶의 변화가 많이 일어난. 결혼도 준비하고 동시다발적으로 일어났어요.

상담자 3: 정말 많은 일이 일어났네요.

내담자 3: 1년 밖에 안 되었는데요.

상담자 4: 지난 1년의 시간을 돌아볼 때, 처음에 우리가 상담할 때 만났던 이야기 했던 주제들이 1년동안 지내면서 이게 나한테 조금 해결이 되고 있는가, 아니면 계속 이 문제가 나를 힘들게 만들고 있는가 이런 관점에서 보면 어떤 것 같아요?

내담자 4: 그게 좀 궁금했어요. 선생님께서 종결할 때 20%정도 해결이 안 된 것이 있다. 그게 어떤 부분인지 가끔 생각이 나요. 어떤 부분인 것을 말씀하신 거에요?

상담자 5: 그러면 내가 종결보고서를 봐야겠다. 종결보고서를 펼쳐볼께요. 아, 이거 같아요. 제가 지금 보니까요, 음. 제가 마지막때 세가지정도를 적었는데, 그동안에 하나님 나를 훈련하는 분이다. 나를 닥달하고 지치도록 많이 했잖아요. 하나님이 나를 안아주고 받아주시는 분이니까...나를 안아주고 받아주는 것이 되면 좋겠다. 이런 점에서는 어떻게 된 것 같아요?

내담자 5: 그 부분에서는 정말 많이 달라진 것 같아요. 이제 내가 웃을 때 너무 뻔뻔해진 것이 아닌가? 그때도 말했다시피.. 내가 덜 발전지향적인 더 달려야 될 것같이 달려 나갔는데 이런 것이 없어진 것이 내가 게을러진 것으로 보인거에요. 그런데 그게 아니다.. 삶의 균형을 좀 찾은것 같아요. 닥달하지 않아도, 나를 채찍질하면서도 목표가 성공이었었나, 암튼 미친듯이 닥달하고 이런것이 사라지고 편안해진 느낌이에요. 그래서 정체된 느낌이 들어서 그것이 고민이에요.

상담자 6: 아, 너무 게을러지고 발전지향적이 아닌 것처럼 느껴지는 거요?

내담자 6: 네

상담자 7: 그러실 수 있겠네요. 그 부분은 많이 편안해지고, 이게 더 되었으면 좋겠다는 방향으로 가시고 계시는데 처음에 안부 물으면서 뭔가 계속 뒤의 경력이나 훈련이나 생각하시잖아요? 지금 일하는데도 굉장히 역동적이고 바쁜 데고, 이게 왜 현실적으로 경험하는 나하고, 아니면 내 안에서 이래야 된다고 기대하는 나하고 사실 충분히 열심히 발전적으로 살면서도 현실에서 스스로 못느끼고 있을 수도 있다는 생각은 잠깐 들었어요. 지금 그 말씀 들으면서는요.

내담자 7: 사실 이 이상 어떻게 하겠느냐 싶기도 해요. 그래서 제가 균형을 잡으려고 다른 사람 피드백을 많이 묻거든요. 그리고 다른 사람에게 비추어지는 객관적인 나에 대한 것도 객관적으로 보려고 하고, 보면 열심히 살고 있는 나로 사람들에게 비추어지고 있고, 약간 객관적으로 봤을 땐 열심히 살고 있는 것으로 비추어 지고 있는데 아마 약간 이게 그런 거 같아요. 20몇년동안 채찍질하며 살다온 사람이기 때문에 자꾸 그 쪽으로 가려는 약간 기준이 그렇게 갔다가...아 이건 아니지 하고 다시 오는 왔다 갔다 왔다갔다 그런 부분들이 있어요.

상담자 8: 그러면 그렇게 갔다가 다시 오는 건 어떻게 변화가 일어난 것 같은가요?

내담자 8: 우선 예전에 가족그림에서요, 아버지에 대한 비중이 많이 줄어들었어요. 옛날에는 가족그림을 그렸는데 거기에 아빠가 같이 있었거든요. 좀 분리가 되었어요.

상담자 9: 아, 아버님 하고요.

내담자 9: 왜냐하면 그렇게 나한테 미친 듯이 쉬지 않고 달려야한다고 했던 사람은 아버지였거든요. 근데 아버지가 좀 아버지가 하나님의 모습으로 보이면서 나를 정금 같이 만드시는 분, 훈련시키시는 분으로 생각되면서... 근데 그게 아니다라는 것을 알게되었어요.

상담자 10: 그게 영향을 미친 거네요.

내담자 10: 네. 그 때 졸업시험 떨어지는 것도 큰 부분이었고요. 굉장히 무능력한 나를 만나고 무능력한 나를 좀 받아들이면서 정말 소름끼치고 그런 게 아니다. 굉장히 저의 핵심 이슈였던 것 같아요.

상담자 11: 그 때는 아주 큰 일이었는데 아주 시기가 절묘했죠.

내담자 11: 하나님 은혜인거 같아요. 그 포인트에서 그런 일이 일어나면서 완전.. 근데 재미있는게 그 이후에 학생들이 대량 떨어졌어요. 방에 있는 어떤 한분이 저에게 물어보시더라구요. 어떻게 떨어졌으면서 그 분 앞에서 웃으면서 앉아있을 수 있냐고 물어보시더라구요. 자기는 웃음이 안 나오더래요. 자기는 배신감도 느껴지고 마음의 상처도 커서. 그래서 저는 상담에서 어떤 일이 있었는지, 이게 사실 내가 그 분을 인간적으로 좋아해서 웃을 수 있었다기 보다는 하나님과의 관계 안에서 내가 치료된 부분이 많다. 그래서 그것이 감사제목으로 바뀌면서 그래서 괜찮게 넘어갈 수 있었던 것 같다 그랬거든요.

상담자 12: 그래요. 그건 진짜 은혜였던 것 같아요.

내담자 12: 어떻게 보면 진짜 제가 생각해 보고 계획해보는 것 재미있는 게.. 저는 고통 받지 않고 힘들지 않게 해달라고 기도했는데 그러면서 내 삶에 왜 이렇게 고통스러운 순간을 하나님이 많게 했나 생각했던 적이 많은데 이상하게 힘들고 고통스럽게 생각하는 부분이 감사하게 된 부분이...진짜 아이러니 했던 것 같아요. 정말..

상담자 13: 음.. 그쵸 설명하기가 어려워요.

내담자 13: 어렵더라고요.

상담자 14: 오늘 제 큐티가 그거였거든요. 처음에 나는 이게 싫었어요. 손을 찍어놓고 발을 찍어놓고.. 지옥에 떨어지는 것 보다 하늘에 가는것이 낫다.. 오늘 다시 묵상하면서는 하나님이 다 아신다는 거죠. 얼마나 힘들고 고통스러운 것인지 아시지만 그 상태에서 하나님 나라를 바라보고 구하고 들어가는 것이 훨씬 더 행복한 것이라는 것을. 전에는 이건 무서운 거야 라고 생각했었는데 오늘은 다르게 느껴지더라고요. 그 생각이 나서요. 고통 가운데도 어떻게 괜찮을 수 있었지 그 생각이 나니까. 아까 물어보던 것 중에 두번째가 이거에요. 나머지 20%가요. 이 이야기를 적었네요. 김 선생님이 굳이 하나님의 손길이 필요한 고통속에 그 사람을 도와주고 배려할 그럴 필요는 없겠다. 그래서 제가 일치역전이를 적어놓았거든요.

내담자 14: 아, 그 내담자 도와주고 싶은 마음에 대해서 이야기 할 때요?

상담자 15: 네. 그러니까 그 내담자가 만약에 나처럼 느껴지잖아요. 고통 속에 버려져 있었던..그러면은 어떻게든 잘 도와줄려고 애쓸거고 그렇게 되면 그 안에서 다시 역전이가 일어날 거고. 상담자 발달 측면에서 말씀드린 것 같아요.

내담자 15: 아 네네..알겠어요.

상담자 16: 이거는 지금 어떻게 경험이 되요?

내담자 16: 이 부분은요. 내가 할 수 있는 부분과 하나님께서 하실 수 있는 부분과 영역을 구분을 해놓았어요. 제가 저는 제 안에서 할 수 있는 만큼 줄 수 있는 몫이 있고 또 없는 부분도 있더라고요. 이 안에서 이 아이한테 이 아이가 들고오는 이슈를 백프로 해결해 줄 수 없고 얘가 만약에 드롭을 해도 내가 정말 조금이라도 건드려지는 것이 있으면 그것으로 됐고 그 이후는 하나님이 하시든 다른 상담자가 하든 이 아이가 삶에서 하든 할 수 있겠더라고요. 또 보니 그런 거 같더라고요.

상담자 17: 그러면 균형을 다시 잡으신 것이네요.

내담자 17: 네. 거리라든가 이런거 하는 것에 대해서 그렇게 됐어요. 이 아이의 힘을 믿어보고.. 할수 있겠다.

상담자 18: 그건 어찌 보면은요, 그 아이의 모습이 내 모습이고 내가 지금 어찌했든 해 나가고 있잖아요. 상담자인 내가.. 중요한 영향을 미치는 것 같아요. 내가 그 자리에 있었는데 내가 회복이 되고 내가 하나님과 좋은 관계를 갖게 되고 이런 것 처럼 그러면서 저 아이를 똑같이 하나님께서 돌보시고 회복시키실 것이라는 믿음이 나를 통해서 생기잖아요.

내담자 18: 네 맞아요. 정말 이게 한방에 싹 나아졌으면 좋겠는데 그렇진 않고 때마다 이벤트가 있고 사람을 붙여주시기도 하고 평생 조금씩 조금씩 하나님의 베스트 타이밍에 해주시는 것 같다는 마음이 들었어요. 좀 여유로워진 것 같아요.

상담자 19: 그건 목소리에서도 느껴져요.

내담자 19: 네. 그냥 그래서 좀 닥달하거나 나에 대해서 그래요. 난 빨리 변하지 못할까 이런 부분에서 여유를 가지고 때가 있다는 생각을 하게되요.

상담자 20: 좋네요. 그리고 세 번째 적어놓은 것이 십자가 체험이 없다고 한 부분이에요. 이게 전 적어놓고도 뭔지 잘 모르겠네요. 아. 생각난 게.. 상담시간에 한 말이 예수님이 하신 일에 비해 난 먼지만큼 작은 사람이다. 그러나 우리는 작기만 한 것이 아니라, 우리는 귀한 사람이잖아요. 아마 그거가 아니었을까 싶어요.

내담자 20: 아, 티끌만한 작은 자까지는 갔지만. 작은 자이지만. 하나님께서 아들을 십자가에 못 박을 만큼 내가 귀한 존재이다 그런 마음이요?

상담자 21: 네.

내담자 21: 이건 그 때 다루어진 것 같다는 생각인데요.

상담자 22: 그러면은 내가 잘 몰랐던 것 같아요. 지금 이런 경험이 계속되어지고 있다는 말이잖아요.

내담자 22: 저 완전 자존감 높아요.

(9) 상담자 사후 논평

　내담자는 상담에 남자 친구를 향한 과도한 분노 폭발 문제와 '나는 박복한 사람이다'는 주제를 갖고 왔다. 상담자는 보웬의 가족상담이론과 정신분석이론의 개념을 빌어 내담자의 호소 문제를 개념화하고 개입하였다. 내담자는 아버지는 공부로 성공하고 싶었으나 몸이 약하여 자신의 못 다 이룬 한풀이를 내담자에게 부여하시고 일찍이 세상을 떠나셨다. 내담자의 어머니는 귀한 집 딸이었으나 역시 아버지를 일찍 여의고 어머니의 착하고 든든한 딸 역할을 하며 살아오셨다. 내담자는 이런 두 부 부모님의 한을 풀어드리고 가족을 빛내야 하는 막중한 부담을 지고 살아온 분이다(부모와의 이중 융해 관계/ 영웅의 역할). 따라서 어린 시절 어리광 한번 못 부리고 어른의 짐을 어깨에 지고 살아왔다. 이런 내담자에게 남자 친구는 부모를 대신하여 내담자를 완벽하게 돌보아줄 것이라 기대되는 대상이었다. 그래서 남자 친구에 대한 기대가 큰 만큼 좌절도 심하여 남자 친구에게 지나치게 화가 났다는 사실을 깨달을 수 있었다. 내담자는 상담 과정에서 자신에게 과도한 짐을 부과하며 닦달하였던 아버지와의 관계를 하나님과도 반복하고 있음을 발견하였다. 그리고 예수님 앞에 서면 먼지와도 같이 하찮은 자신이지만 자신을 구속해주신 예수 그리스도를 평생 따르며 살아가고 싶다는 마음의 소원을 확인하였다. 이 과정에서 '전국 수석'을 해야 인정받을 수 있었던 자신이 하나님 앞에서는 실상 얼마나 하찮은 존재였는지를 수용하며, 구속의 은혜에 믿음으로 반응하며 부족한 자신으로서 당당함을 누리는 경험을 하였다. 또한 추후 전화면접에서 볼 수 있듯, 내담자는 병약하고 바빠서 기댈 수 없었던 부모님과는 달리 하나님은 충분히 의지할 수 있는 든든한 대상임을 경험하며 성장을 계속하고 있다.

　이 상담에서 내담자가 지각한 상담자의 도움은 종합적이다. 내담자는 상담에서 대화를 통해 마음을 표현 수 있었고, 상담자의 도움으로 가족 관계에 대해 이해할 수 있었으며, 상담자가 자신이 밑바닥까지 떨어진 순간에도 든든하게 곁을 지켜주었던 것이 도움이 되었다고 보고한다. 한편 자신의 삶에서 아버지에 대한 비중을 줄이고 무능한 자신을 받아들일 수 있었던 것은 전적인 하나님의 은혜였다고 고백한다.

요 약

성경은 하나님과 우리의 관계를 부자 또는 부부 관계로 표현한다. 삼위일체 하나님도 부자 관계로 존재한다. 그러므로 가족상담이론은 내담자의 성경적 변화에 큰 도움을 줄 수 있는 유용한 도구이다. 하지만 보웬을 비롯한 많은 가족상담 이론가들의 세계관은 타락한 인간 세계에서 제한된 자원만을 사용하여 살고 있는 가족의 모습만을 반영하고 있다. 따라서 보웬의 다세대 가족상담은 제한된 세상에서 살면서 피할 수 없는 불안에 지적 체계를 개발하여 대응할 것을 가르친다. 본 장에 소개하지 않았지만 최근 해결 중심 상담, 이야기 치료 등으로 대표되는 포스트모더니즘과 긍정심리학 기반의 가족상담이론들은 내담자 스스로 진리를 만들 수 있으며, 긍정적이고 행복한 이야기를 써갈 수 있다고 주장한다. 그러나 성경 이야기는 하나님이 세상을 만드실 때 매우 긍정적이었던 인간의 모습이(창조) 스스로 하나님보다 나아지고자 하였을 때 불안과 수치를 면할 수 없어(타락) 십자가에서 하나님의 아들이 인간의 죄 값을 대표로 치르는 은총을 베풀었고 사람들이 이에 믿음으로 반응하면(구속) 영원한 하나님 나라를 하나님의 능력과 방법으로 만들 수 있다는(새 하늘과 새 땅) 희망과 언약의 이야기이다. 그러므로 기독상담자는 가족 구조나 정서적 관계, 가족의 재방향성을 논의할 때 이러한 성경의 틀로 내담자를 안내할 수 있는 지도를 머리에 그리며 상담에 임해야 할 것이다.

1. 가족상담이론 가운데 가장 잘 이해되고, 상담에 활용하기 편한 이론은 무엇인가, 그리고 그 이유는 무엇인가?

2. 위 이론에 전제되어 있는 세계관 가운데 성경과 일치하는 부분과 불일치하는 부분은 무엇인 가? 그에 따라 위 이론으로 성경적 틀로 내담자를 상담할 때 활용할 수 있는 지혜와 주의해 야 할 점이 있다면 무엇인가?

3. 위 이론의 인간관, 이상심리를 설명하는 가족 체계, 상담의 목표 및 방법을 생각해보고, 이 를 성경적 인간관, 인간의 문제, 상담의 방향의 틀 안에서 활용한다면 어떤 개념과 방법들이 떠오르는가?

04

4부
기독교상담의 실제

앞서 사례개념화란 '내담자 문제에 대한 잠정적인 이론적 설명 혹은 추론의 성격'
을 지닌다. 사례개념화에는 내담자 문제의 성격과 원인에 대한 깊이 있는 이해와 더
불어 상담목표와 개입전략을 수립하는데 필요한 방향성이 제시되어 있기 마련이다.
따라서 사례개념화는 내담자와 함께 걸어갈 길을 안내하는 지도 또는 나침반이라 이
해되기도 한다. 이런 점에서 기독교상담자에게는 '기독교상담적' 사례개념화가 필
요하다. 이는 '성경의 진리에 입각하여 교인 또는 기독교인 내담자 문제의 성격과
원인에 대해 이해하고 평가함은 물론, 상담의 목표와 개입전략을 수립하는 것'을 의
미한다. 그러나 필자가 지난 이십 여년 동안 상담 훈련을 받고, 상담자 교육을 하는
과정에서 많은 상담자들이 대학원에서 상담과 관계된 여러 가지 과목을 수강하지만
일반적 상담이론을 활용한 사례개념화를 정확히 시도하고 그에 따라 상담을 진행하는
것에는 실제적으로 큰 어려움을 느끼고 있다는 점을 발견하였다. 더욱이 앞서 1부 마
지막에 언급했듯이 메타상담이론의 성격을 띠고 있는 기독교상담학의 관점으로 사례
개념화를 시도한다는 것은 그리 간단하고 쉬운 일이 아니다.

4부는 지금까지 정리한 기독교상담에 대한 이해와 지식이 상담 실제에 활용될 수 있
는 실제적인 방법을 소개해보고자 한다. 10장은 기독교상담의 사례개념화에 관한 내
용이다. 요즈음 상담 훈련 과정에서 관심의 주제가 되고 있는 사례개념화에 '상담구
조화'의 관점을 적용하여 기술하였다. 11장은 기독교상담이 진행되고 있는 현장에서
경험할 수 있는 주요 문제 및 과제에 관한 내용이다. 기독교상담의 윤리적-제도적 문
제와 기독교 상담의 교육 및 훈련, 그리고 차후 기독교상담의 가능성과 한계에 대한
필자의 생각을 정리하였다.

10장 기독교상담의 사례개념화

본장에서는 기독교상담의 사례개념화의 내용과 방법에 대하여 알아보고자 한다. 먼저 사례개념화의 체계적 틀을 제공하는 '상담의 구조화'에 대하여 정리해보고, 이어서 사례개념화, 성경적 사례개념화, 내용 구조화, 과정 구조화에 대하여 소개해보겠다. 먼저 필자가 상담과 관련된 강의 시간에 자주 비유로 사용하는 '된장찌개 끓이기와 상담하기'의 공통점과 차이점에 대해 알아보겠다.

* 된장찌개 끓이기와 상담하기의 공통점과 차이점

필자 가족 가운데 된장찌개 없이는 한 끼도 식사를 할 수 없는 분이 계신다. 따라서 수없이 된장찌개를 끓이기도 하고 끓이는 모습을 지켜보기도 하였다. 한편 지난 20여 년 쉬지 않고 매주 상담을 진행하면서 어느 날 된장찌개 끓이기와 상담하기의 공통점과 차이점이 필자의 눈에 들어오게 되었다.

먼저 된장찌개를 맛있게 끓이기 위해서는 무엇을 알아야할까? 된장의 화학 구조식, 된장이 끓는 물 가운데 던져진 멸치와 만나서 일으키는 화학 변화 등을 알아야 된장찌개를 끓일 수 있을까? 아마 이 질문에 대부분의 독자는 그렇지 않다고 답할 것이다. 오히려 된장찌개 조리법, 즉 된장찌개를 만드는 순서를 알아야한다고 대답하는 독자들이 많을 것으로 추측된다. 이제 질문을 바꾸어 상담을 잘하기 위해서는 무엇을 알아야할까? 인간의 속성, 성격 변화의 원리, 상담 변화의 방향 등에 대한 깊이 있는 이해가 필요할까? 물론 상담자가 어느 수준에 다다르면 인간 변화에 관한 깊이 있는 이론적 이해가 매우 필요할 것이다. 많은 상담자들이 상담이론 공부에 주로 매진하며 이론을 알면 상담을 잘 할 수 있을 것이라는 착각을 한다. 하지만 조금 극단적으로 말하면 상담이론만 아는 상담자와 된장찌개 조리법에 해당되는 상담과정만 아는 상담자가 있다면 누가 상담을 원활히 진행할 수 있을까? 아마도 첫 면접, 상담의 초기-중기-말기 과제 등 상담 과정에 대해 잘 알고 있는 상담자가 상담이론만 아는 상담자보다는 상담에 임하는 마음이 좀 더 가벼울 것이다. 다음으로, 숙달된 요리사라면 된장찌개를 먹는 사람에 따라서 사용하는 재료와 조리 방법을 달리할 것이다. 당뇨병 환자가 먹는 된장찌개라면 소금의 양을 줄일 것이고, 나이 어린 초등학생이 먹을 된장찌개라면 매운 맛을 내는 청양 고추를 넣지 않을 것이다. 이는 마치 상담자가 내담자의 문제나 상황, 연령 등에 따라 자신의 상담을 달리할 수 있는 능력을 갖춰야 함을 시사한다. 이 밖에 된장찌개 끓이는 사람이 조리법(상담의 과정), 된장의 화학구조식(상담이론), 먹는 대상에 따른 조리법의 차이(심리평가 및 이상심리) 등 모든 것을 다 통달하였다고 하여도 이것을 못하면 절대로 된장찌개를 끓일 수 없다. 이것에 해당되는 것이 무엇일까? 그것은 바로 뚝배기에 물을 붓는 기술, 간을 보는 기술, 두부나 감자를 써는 기술 등이다. 상담에 있어서 이에 해당되는 것이 상담 기법, 기술의 활용 및 훈련이다. 예를 들어 상담 초기에는 내담자를 잘 공감해주는 것이 중요하다는 것을 알고 있어도, 내담자를 공감하는 기술을 배우고 훈련하지 못한 상담자는 결국 내담자를 잘 공감할 수 없다. 결론적으로 된장찌개 끓이기에서 배우는 상담 실제에 필요한 여러 가지 지혜가 무엇이겠는가? 대학원에서 가르치는 상담이론, 상담의 과정 및 기법, 이상심리, 심리평가, 상담 실습 및 수퍼비전 등 모든 과목이 제공하는 지식이다.

그렇다면 기독교상담을 한다는 것은 어떤 의미일까? 성경적 관점을 기초로 인간을 변화시키기 위한 상담 이론, 상담의 과정, 심리평가 및 이상심리의 이해, 그리고 상담의 기술 등을 적절히 알고 활용할 수 있다는 뜻이다. 그리고 이 모두가 기독교적 사례개념화 또는 기독교적 상담의 구조화라는 개념의 틀 안에서 정리되고 활용될 수 있을 때 원활한 기독교상담이 가능해지지 않을까?

1. 상담의 구조화

성경적 사례개념화에 대하여 생각해보기에 앞서 사례개념화가 실제 사례에 적용되는 과정에서 필수불가결한 단계인 상담의 구조화에 대하여 알아보는 것이 상담을 진행하는 데 도움이 된다. 박태수, 고기홍(2005)에 따르면 상담의 구조화란 '상담과정의 본질, 제한조건 및 방향에 대한 상담자의 정의'를 의미한다. 따라서 상담을 배우기 이전에 알아야 하고, 배운 이후 상담에 실제로 적용할 수 있어야 한다는 점에서 상담의 구조화는 상담 교육의 시작점이자 종착점이라 여겨진다. 상담과정의 본질에 해당되는 것으로는 상담의 과정, 사례개념화에 해당되는 상담의 내용, 상담자의 철학 및 가치관이 영향을 미치는 상담의 방향, 그리고 상담 과정의 본질을 결정하게 될 상담의 목표 등이 있다. 상담의 제한조건이란 내담자─상담자 역할 및 활동의 제한, 시공간의 제한, 상담비 설정 및 비밀 보장 등에 관한 규정을 의미한다. 상담에서 내담자의 역할 및 관계에서의 책임 내용에는 상담 약속 준수, 상담 과제 수행, 선물이나 위협적인 행동의 제한, 상담에 갑자기 오지 않을 경우에 대한 규정 등이 포함된다. 상담자의 역할 및 관계에서의 책의 내용에는 상담 내용에 관한 비밀 보장 및 상담자가 상담에서 하는 활동이 포함된다. 즉, 상담자의 오리엔테이션에 따라 꿈을 듣고 분석할 수도 있고, 가계도를 듣고 그릴 수도 있으며, 역할 연습의 대상이 될 수도 있을 것이다. 기독교 상담자라면 상담에서 내담자와 함께 기도를 할 수도 있고, 성경을 묵상하고 그 내용을 나눌 수도 있을 것이며, 주일 예배나 큐티 설교 내용을 함께 나눌 수도 있을 것이다 등의 내용을 제안하고 내담자와 이에 대하여 합의하여야 한다. 시간 제한의 내용에는 상담 시간, 상담의 빈도, 예상되는 대략의 상담 횟수 및 내담자와의 연락 방법 등이 포함된다. 공간의 제한이란 상담 장소에 관한 규정을 의미한다. 상담비 설정에 대해서도 합의가 필요한데 약속 취소 시의 지급 규정 및 상담비 지급 방식 및 시기 등이 이에 포함된다.

상담구조화는 상담 초기 과제로서 상담이 시작되는 시점에 꼭 필요한 과정이나 상담 과정 전반에 걸쳐 상담자가 필요하다고 판단될 때마다 다시 확인하며 하게 된다. 상담구조화의 기능은 크게 상담촉진적 기능과 상담자-내담자 양자에 대한 보호적 기능으로 구분될 수 있다. 상담촉진적 기능이란 상담구조화가 내담자와의 상담 진행을 촉진시키는 기능을 담당하는 것을 의미하며, 이는 다음을 통해 이루어진다.

1) 상담에 규칙과 일관성을 부여하여, 이러한 상담의 규칙이나 일관성에 내담자가 어떻게 반응하는 지를 관찰하고 내담자가 자신의 모습을 통찰함으로써 이를 변화에 활용할 수 있도록 도와준다. 예를 들어 자주 늦는 내담자, 약속 갑자기 바꾸는 내담자, 자기 마음대로 약속을 잡는 내담자, 상담 약속을 하고 안 오는 내담자. 상담을 특별한 시간에 잡자고 하는 내담자 등은 이렇게 행동하는 자신의 모습을 통하여 자신의 성격 특징과 병리적 인간관계에 대하여 발견해나갈 수 있다.

2) 상담자와 내담자 사이에서 일어나는 필요 없는 오해를 줄여준다. 이미 상담자와 내담자 사이에는 각자의 역할과 책임, 상담 시간 및 장소, 상담비 지급 규정 등은 물론, 상담의 목표와 방향, 그리고 내용에 대해서 이미 합의가 이루어진 상태이므로 상

담자가 이러한 약속에 근거하여 상담을 진행하고 있다면 내담자와의 관계에서 일어나는 불필요한 오해나 갈등을 줄일 수 있다.

3) 상담자와 내담자 사이의 가정이나 기대의 차이를 밝혀서 조정해준다. 이는 상담과정의 본질 가운데 상담자–내담자의 역할과 책임, 상담의 목표 및 방향, 내용과 더 긴밀히 관련되는 부분이 될 것이다. 즉 상담자와 내담자는 이미 서로의 할 일과 갈 길에 대하여 합의를 이루었으므로 양자 사이의 가정이나 기대의 차이는 드러날 수 있고 조정될 수 있다.

4) 상담과정에 있어서 모호함, 갈등 요소 등을 밝혀 상담이 부드럽게 진행되도록 조력해준다.

상담구조화의 또 하나의 기능적 측면은 보호적인 것으로, 상담구조화가 내담자와 상담자의 권리와 역할, 의무 등을 규정함으로써 상담자와 내담자 양자를 모두 보호할 수 있다. 예를 들어 상담자가 비밀보장을 약속하였을 경우, 상담자는 당연히 내담자의 비밀을 누설하지 않을 의무를 지니며 내담자는 자신의 사적인 비밀이 타인에게 누설되지 않을 권리를 가지게 된다. 또한 상담자가 상담의 목표와 방향을 설정하여 내담자와 합의하였다면 상담자는 정해진 목표와 방향을 벗어난 차원에서의 상담을 진행해서는 안 되며, 내담자는 그 목표와 방향 내에서 상담 받을 수 있는 권리를 지니게 된다. 마지막으로 상담구조화를 진행할 때의 유의점에 대하여 정리된 내용을 소개하면 다음과 같다.

- 상담 구조에 대한 충분한 설명을 해야 한다
- 내담자의 준비도에 따라 구조화가 이루어져야한다
- 지나치게 엄격한 구조, 부적절한 시기에 너무 길거나 늦게 이루어진 구조화는

내담자를 좌절시킨다.

– 내담자의 정서, 인지, 행동 특성과 관련하여 진행되어야한다

– 상담의 구조가 상담의 유능성을 대치할 수는 없다. 구조화는 상담에 보조적 역할을 할 뿐이다.

– 이중 관계에 특히 유의한다

마지막으로 이상 상담구조화에 관련된 내용을 '구조화' 측면에서 필자는 다음 네 가지로 유목화할 수 있다고 생각한다.

첫째, 역할 구조화 – 상담자와 내담자 양자의 역할과 책임, 제한조건을 포함 한다

둘째, 시공간 구조화 – 상담 시간, 일정, 장소 등을 포함 한다

셋째, 내용 구조화 – 상담에서 직접 나누어질 대화 내용을 이끌 이론, 철학, 상담 목표 등을 포함 한다

넷째, 과정 구조화 – 상담이 진행되는 과정과 절차 및 방법 등을 포함 한다

기독교상담은 상담자와 내담자가 '기독교상담'을 정의하고 합의하는 내용과 방식에 따라 위의 네 가지 측면에서 일반상담의 구조화와는 차이를 나타낼 수 있다. 예를 들면 상담자의 역할은 상담자가 사용하는 이론이나 신학에 따라 다를 수 있지만 보편적으로 기독교상담자는 내담자의 일방적인 인도자, 지시자, 변화의 동인이 되기보다는 내담자가 하나님의 사랑과 은혜를 더 깊이 경험할 수 있도록 안내하는 통로 역할을 하게 된다. 동시에 상담자 역시 자신의 상담자인 성령 하나님과 지속적인 대화를 나누며 상담에 참여하게 된다. 시공간 구조화에 있어서도 상담자에 따라 다를 수 있

지만 내담자가 자신의 영적 생활을 공유하는 교회 공동체 집회 및 모임의 장소, 사적인 성경 묵상 시간 및 묵상 장소 등이 비공식적인 상담의 시간과 장소가 될 수 있다. 실제로 필자의 내담자 가운데 몇몇은 상담을 마친 직후 교회를 찾아 하나님과 개인적인 기도의 시간을 가진 후, 그 경험에 대하여 다음 상담 시간에 나누곤 했다. 기독교상담이라면 내용구조화 측면에서 다른 여타 상담과 가장 뚜렷한 차이를 나타낼 것이다. 왜냐하면 내용구조화란 상담에서 일어나는 대화의 내용과 방향을 규정하므로, 성경적 세계관이 드러난 상담의 목표와 방향, 그리고 상담이론이 사용되어져야 하기 때문이다. 과정구조화 측면에서도 기독교상담자는 내담자의 영적 발전을 도모할 수 있는 과정적 또는 방법적 장치를 고유하게 사용할 수 있다고 생각한다. 예를 들면 내담자와의 합의 하에 상담을 마치는 시간에 내담자-상담자 순서로 소리를 내어 기도할 수 있다. 또는 지난 한 주간 내담자가 묵상했던 성경 말씀 가운데 내담자의 호소 문제와 직접 연결될 수 있는 감동적인 부분을 일정 시간 나누면서 매주 상담을 시작하도록 구조를 잡을 수도 있다. 요약하면 기독교상담자는 전체 상담을 시작하고 마무리하는 시점에 기독교상담이 진정성있고 효율적으로 진행될 수 있도록 상담을 기획하고 추진하며 평가할 수 있는 능력을 갖추는 것이 중요하다.

2. 성경적 사례개념화

(1) 성경적 사례개념화의 정의 및 절차

우선 사례개념화가 위에서 소개한 상담의 구조화의 맥락에서 어떤 자리에 위치하고 있는지, 그리고 어떤 역할을 하고 있는지에 대해 생각해보고자 한다. 상담의 구조화를 '상담과정의 본질, 제한조건 및 방향에 대한 상담자의 정의'라고 본다면 상담의 사례개념화를 하는 방식은 다양하다(Berman P, 1995, 이윤주 역, 2007). 벌만(Berman, P.)은 그의 저서에서 사례개념화와 상담계획의 네 가지 단계와 여섯 가지 양식을 제시하였다. 먼저 그가 소개하는 사례개념화의 네 가지 단계는 다음과 같다. (Berman, p.19)

1) 내담자에게 가장 적합한 이론적 관점을 선택 한다
2) 사례개념화 개발의 핵심적 특징이 될 전제와 지원 자료를 활용 한다
3) 사례개념화 개발의 핵심적 특징이 될 장기 목표와 단기 목표를 활용 한다
4) 효과적인 개인 글쓰기 양식을 개발 한다

또한 그가 제시하는 여섯 가지 양식의 사례개념화에는 역사 또는 발달 기반 양식, 진단 기반 양식, 대인관계 기반 양식, 증상 기반 양식, 가정 기반 양식, 그리고 주제 또는 은유 기반 양식이 포함된다(Berman, p. 28). 이는 사례개념화를 진행하는 중심 축에 무엇을 놓을까에 관한 내용으로 상담자는 자신이 만난 내담자의 핵심 문제와 변화의 조건에 따라 위의 여섯 가지 양식 가운데 하나를 선택할 수 있다고 보는 것이다. 그렇다면 사례개념화란 무엇인가? 사례개념화란 내담자 문제에 대한 잠정적 이론적 설명 혹은 추론의 성격을 띠며, 상담 초기에 얻어진 정보를 토대로 내담자 가설을 세우고 추가적 정보에 따라 지속적으로 가설을 수정하고 보완해나가는 역동적 작업을 의미한다. 또한 사례개념화란 내담자의 문제 및 증상, 원인 또는 관련요인, 상담개입의 방향과 방법을 이론적으로 설명하는 과정이라 정의되기도 한다(박태수, 고기홍, 2005). 따라서 동일한 호소문제에 대해서도 상담자가 사용하는 이론적 체계와 상담 경험에 따라 사례개념화 내용은 달라질 수 있다. 예를 들어, 대인관계에서 만성적 불안과 외로움을 호소하는 내담자가 가정할 때, 정신역동적 상담이론으로 내담자의 문

제를 설명하는 상담자라면 불안과 외로움의 원인이 되는 내적 갈등 및 그 갈등과 연관되는 성장배경, 과거경험 등을 연결 지을 것이다. 반면, 인지상담이론을 중심으로 개념화를 시도하는 상담자라면 내담자의 외로움이나 불안을 유발시키거나 지속시키는 역기능적 신념과 사고에 중점을 두며 내담자 문제 및 해결 방향에 관한 가설을 세울 것이다.

성경적 사례개념화

필자는 앞에서 기독교상담이론은 일종의 메타이론의 성격을 띠므로 기독교상담자는 다음의 세 가지 지식으로 갖추어야할 필요가 있음을 언급한 바 있다.

첫째, 다양한 문제를 특정 상담 이론으로 이해하고 분석할 수 있는 능력
둘째, 특정 상담 이론을 성경적 세계관으로 비평하여 적용할 수 있는 능력
셋째, 비평하여 수정된 상담 이론의 틀로 내담자를 새롭게 이해하고 상담하는 능력

성경적 사례개념화에 필요한 지식과 경험들을 조금 더 구체적으로 고찰해본다면 다음과 같은 능력 또는 과정을 갖출 필요가 있다.

- 다양한 상담 이론을 습득해본다
- 자신이 사용하기 편안하고 효과적인 상담 이론을 선택해본다
- 선택된 상담 이론 내 성경의 진리와 비진리를 구분해본다
- 그 이론을 넘어 성경의 진리를 중심으로 자신의 기독상담 모델을 수립해본다
- 수립된 기독상담 모델에 근거하여 성경적 사례개념화를 시도해본다

그럼 성경적 사례개념화란 무엇을 의미할까? 필자의 견해로는 성경적 사례개념화

란 '성경의 진리, 상담자의 신학에 근거하여 내담자의 문제 및 증상, 원인 또는 관련요인, 상담개입의 방향과 방법을 이론적으로 설명하는 과정'이라 정의될 수 있다.

성경적 사례개념화를 진행하기 위해서 먼저 사례개념화의 의미와 역할을 분명히 이해할 필요가 있다. 위에서 살펴보았듯이 사례개념화에는 크게 세 가지 부분이 포함되어지는데, 이 세 가지 각 부분에 대한 성경적 관점에서의 숙고가 실제적으로 성경적 사례개념화에 유익하다고 판단된다. 그럼 그 세 가지가 무엇일까?

첫째, 내담자 문제의 원인 및 관련 요인에 대한 숙고이다. 기독상담자는 내담자의 문제나 증상을 들으며 심리내적-관계적 평가도 진행하여야 하지만, 동시에 영적 평가도 진행하여야 한다. 2부에서 우울증 사례를 들어 설명한 바 있는 것처럼, 내담자가 '우울'하다는 증상을 호소하는 경우 기독상담자는 정신역동적 측면에서 내담자에게 강박적 죄책감을 만들어낸 과거 경험 또는 기준이 높은 엄격한 부모 등 문제 관련 요인을 생각해봄과 동시에 내담자가 경험하는 하나님에 대해서도 평가해보아야 한다. 상담자는 우울한 내담자가 자신의 죄 문제를 어떻게 평가하고 경험하고 있는가, 십자가의 구속의 은혜는 내담자에게 진정성 있게 경험되고 있는가 등과 같은 질문을 계속적으로 던지고 답해보아야 한다는 것이다.

둘째, 내담자의 현재 삶의 모습을 주의 깊게 들으며 내담자의 증상과 문제를 계속 유지시키고 있는 이론적 설명을 시도한다. 내담자가 현재 자신의 증상을 일이나 관계 측면에서 어떻게 다루어 가고 있는지 면밀히 평가하여, 문제나 증상을 지속시키는 변인에 대하여 상담 이론을 사용하여 설명해보는 것이다. 동시에 기독상담자에게는 내담자가 현재 하나님이나 이웃, 타인과 맺고 있는 관계가 어떠하기에 내담자가 호소하는 증상이나 문제가 지속되고 있는가에 대한 주의 깊은 평가와 가설 설정이 필요하다.

셋째, 사례개념화를 시도할 경우 상담자가 누리는 가장 큰 혜택은 내담자 변화의 방향 및 방법에 관한 답을 얻을 수 있다는 것이다. 왜냐하면 모든 상담이론은 상담의 목표를 중심으로 내담자 변화의 방향 및 방법을 제시하고 있기 때문이다. 당연히 기독 상담자라면 자신이 근거한 상담이론에 기초하여, 때로는 그 이론을 넘어 성경적 진리의 관점에서 내담자에게 어떠한 변화가 필요할 것인가에 대한 방향과 방법을 생각하여야한다. 예를 들면, 9장 보웬이론을 소개하고 비평하며 제시한 사례에서 내담자를 '무력했던 부모로부터 분화 되도록' 조력하겠다는 방향을 정했다면, 그 이후 부모와 분리된 내담자를 '하나님께 온전히 의존하여 그 분의 무한한 자원을 누리도록' 조력하기 위한 성경적 측면의 방법과 절차에 관해서도 관심을 갖고 생각해보아야 한다는 것이다.

(2) 성경적 사례개념화의 방법 및 절차

사례개념화를 시도한다는 뜻은 내담자 문제의 성격과 원인에 대한 깊이 있는 이해를 통해 상담목표와 개입전략 수립에 필요한 방향성을 제시한다는 것이라는 점을 앞서 고찰해보았다. 그러므로 사례개념화는 단순한 증상, 호소 문제를 피상적으로 설명하는 수준을 벗어나야한다. 필자는 유감스럽게도 많은 상담수련생들이 사례보고서에 사례개념화 부분을 기술할 때 상담이론의 용어와 개념을 사용하기 보다는 내담자의 발달사, 주요 사건, 가족 관계 등을 단편적으로 보고하는 경우를 종종 경험하게 된다. 먼저 청소년 상담 및 기법(박경애 외, 2010)에 정리된 사례개념화의 방법 및 절차를 소개한 후, 성경적 사례개념화의 방법과 절차에 대하여 생각해보겠다. 박경애 등

(2010)은 사례개념화를 시도하는 과정에서 상담자가 질문해야 할 사항을 다음과 같이 정리하였다.

1) 내담자 문제의 성격은?
2) 문제가 생기게 된 경로나 발달사적 요인은?
3) 내담자 문제의 원인은?

또한 사례개념화를 위해 상담자가 유의해서 살펴보아야 할 내용을 정리하면 다음과 같이 소개하고 있다(박경애 등, 2010).

1) 내담자가 진술하는 내용에서 반복적으로 나타나거나 공통되는 주제나 패턴은 무엇인가?
2) 내담자 문제행동이나 증상의 역기능적 측면 이외에 기능적 측면은 무엇인가?
3) 내담자 문제와 관련하여 내담자 개인적 특성, 가족 역동, 주변사람들과의 관계 특성, 환경적 특성에 이르기까지 포괄적으로 정보를 수집, 탐색, 활용한다면 무엇을 알아야할까?

사례개념화 방법

그리고 벌만이나 박경애 등 사례개념화를 설명하는 저자들은 자신이 이해한 내담자 문제의 발생 요인, 유지 요인, 변화의 방향 및 방법 등에 관한 사례개념화 내용을 반복적으로 자신의 글로 써볼 것을 권유한다. 사례개념화 부분을 기술하는 데 있어서 도움이 될 수 있는 전략이 있다면 다음과 같을 것이다.

1) 먼저 상담자 자신이 내담자를 이해하고 분석하는 틀을 어떤 이론으로 삼을 것인가를 결정해보는 것이다. 자신의 이론적 설명이 완전한 수준은 아니더라도, 또한 모든 것을 포함하기 어렵더라도 일단 어느 한 가지 이론적 틀을 선택하여 설명하는 노력을 시작하는 것이다. 이 과정에서 이론을 완전히 이해하지 못하였다면 계속하여, 반복적으로 상담이론 교재를 참고하여야한다.

2) 내담자가 호소하는 문제를 임상적, 심리평가적 차원으로 듣고 이해하는 것이다. 예를 들면, 호소문제를 듣고 있는데 계속하여 문제의 주체에 타인만 열거하고, 자신의 문제를 내어놓지 않는 내담자가 있다면 그는 불평분자든가 자신의 억울함을 일방적으로 표출하기 위하여 방문한 호소형 내담자일 것이며, 임상적으로는 분노 또는 자기애적 성격 특징을 나타낼 수 있다.

3) 호소 문제를 임상적으로 이해한 후 상담자는 자신이 선택한 이론의 틀로 내담자의 과거 – 현재 – 미래를 조망해본다. 즉, 상담이론이 제시하는 내담자 문제의 발생 원인, 유지 원인, 변화의 방향 각각에 대하여 영역 별로 적어보는 것이다.

4) 호소 문제를 임상적으로 이해하는데 있어서 심리검사나 가계도가 필요하다면 심리검사를 실시하고 가계도를 작성해보는 것이 도움이 된다. 물론 이는 상담자의 접근 방식에 따라 달라질 수 있지만 내담자에 대한 이론적 가설을 세우는데 심리검사 결과나 가계도는 참고할 수 있는 좋은 자료를 제공한다.

성경적 사례개념화의 방법과 절차
그럼 성경적 사례개념화의 방법과 절차는 어떻게 될까? 위의 사례개념화에 필요한 방법과 절차를 그대로 따르면서 각 단계나 질문마다 '성경적 또는 신학적 평가와 설명'을 추가하고 이에 대한 해답을 상담자가 찾아 적어보는 것이다. 이 과정에서 상담자 고유의 기독교상담 모델이나 이론이 필요하게 된다.

필자는 2부에서 기독교상담의 구조와 내용을 '성경의 인간관, 성경이 제시하는 인간의 문제, 성경이 제시하는 변화의 방향'의 틀로 정리해본 바 있다. 성경적 사례개념화에 도움이 될 수 있도록 본서를 통해 필자가 정리한 내용을 요약해보면 다음과 같다.

1) 인간관

 – 영, 혼, 육이 하나된 전인적 인간

 – 과거, 현재, 미래를 함께 사는 역동적 인간

 – 하나님과 관계하는 인간

   예. 창조주 하나님 – 피조물 인간

   구속주 하나님 – 죄인인 인간

   다 아시는 하나님 – 부분적으로 아는 인간

   무한한 하나님 – 한계를 가진 인간

   선하신 하나님 – 악한 인간

   아버지 하나님 – 자녀된 인간

   주인된 하나님 – 종된 인간

   영원한 하나님 – 영원을 살게 될 인간

2) 인간의 문제

 – 죄: 하나님과의 관계에서 과녁을 벗어남

- 원죄: 잘못된 인간의 자만심

- 하나님과의 관계 단절

- 스스로 하나님이 되고자 하는 자기애적 노력: 우상 숭배

- 하나님에 대한 오해/ 하나님 인식의 왜곡

3) 상담의 목표: 구원

- 고통의 제거에서 수용으로

- 구원의 정의: 창조 때의 회복/ 하나님의 무제한적 자원을 누림

- 구원의 과정: 칭의 – 성화 – 영화 / 지향적이나 과정적

- 구원의 방법: 십자가 믿음 – 하나님 은혜의 수용

〈표10〉 성경적 사례개념화에 참조할 기독교상담 모델

신앙고백적 신학과 작용적 신학

그렇다면 위에 제시된 기독교상담 모델은 어떻게 성경적 사례개념화에 도움이 되겠는가? 권수영(2009)은 리주토를 인용하여 "한 개인의 총체적으로 알기 원한다면, 교회라는 '신의 집'에 찾아오는 사람들 각자의 '사적인 신'에 대해 깊이 고려해야한다"고 하였다. 여기에서 '신'이란 바로 위에 제시된 교회에서 널리 가르쳐지고, 기독교인 내담자 누구나가 잘 알고 있는 하나님과 인간에 대한 지식에 드러난 '신'이다. 이 하나님에 대한 지식을 권수영은 '신앙고백적 신학'이라 명명하였다. '사적인 신'이란 문제를 호소하며 증상을 나타내고 있는 상담자 눈 앞의 내담자가 상담실에 찾아올 때 경험하는 하나님을 의미한다. 권수영은 이를 '작용적 신학(operational theology)'라고 이름 붙였다. 권수영에 따르면 목회상담(그는 기독교상담보다는 목회상담이란 용어를 주로 사용한다)이란 '인간 심리 가운데 작용하는 하나님을 탐험하면서, 내담자와 상담자 가운데 일하시는 하나님의 변화의 사역에 동참하는 것'이라고 하였다. 그렇다면

내담자의 신앙고백적 신학과 그의 작용적 신학의 차이를 어떻게 발견해낼까? 그리고 어떻게 그의 작용적 신학을 신앙고백적 신학으로 변화시킬까? 권수영은 이를 위해 가장 먼저 내담자의 작용적 신학을 탐험하고 밝혀내야 한다고 하였다. 그리고 이렇듯 내담자의 신학이 두 갈래로 갈라지는 것은 한 개인의 역사를 통해 형성된 심리구조와 경험이 내담자의 작용적 신학에 영향을 준다고 하였다. 그러므로 기독교상담자의 작업은 내담자의 호소문제나 증상에 드러난 그의 심리구조와 경험 가운데 작용하시는 내담자 하나님의 모습을 파악하고, 이를 신앙고백적 하나님으로 변화시키는 일이 된다. 이를 위해서 기독교상담자는 위에 제시한 사례개념화의 방법과 절차 모두에 있어서 내담자에게 작용하는 하나님의 모습 – 고백되어야 할 하나님의 모습을 파악하기 위한 신학적 질문을 계속하여야 한다. 예를 들어, 호소 문제나 증상을 드러내는 기독교 내담자들에게 문제와 증상 – 자신의 심리구조와 삶의 경험 – 심리검사 결과 및 가계도 등을 연결시키면서 다음의 질문을 끊임없이 하고 스스로 답을 찾는 것이다. 그리고 이러한 신학적 질문과 답변을 중심으로 내담자 문제 및 증상의 원인, 유지 이유 그리고 변화의 방향에 관한 글쓰기를 계속해보는 것이다.

- 자신의 과거, 현재, 미래 가운데 언약의 하나님을 경험하고 있는가?
- '보시기에 심히 좋았더라'고 말씀하시는 하나님을 피조물로 경험하고 있는가?
- 자신의 한계와 악함을 인정하고 경험하고 있는가?
- 하나님의 자녀로서의 당당함과 존귀함을 경험하고 있는가?
- 자신의 삶에 '종으로서의 자세와 태도'를 나타내고 있는가?
- '영원을 살게 될 자신'이라는 시간 조망 속에 살아가고 있는가?
- 구세주 하나님을 떠나 자신을 스스로 구원하려고 하지는 않는가?
- '전지전능한 선하신 하나님'을 경험하고 있는가?

- '어떤 희생을 치르더라도 자신을 향한 사랑을 거두지 않으실 하나님'을 경험하고 있는가?

- '자신을 떠나지 않고 영원히 곁에서 피난처되실 하나님'을 경험하고 있는가?

- 현재의 구원을 누리며 살고 있는가?

- 구원의 과정적 측면을 이해하고 지향점을 향하여 살고 있는가?

- 하나님을 고통 제거의 수단으로 삼는가, 아니면 고통을 하나님과 함께 겪는가?

앞의 3부, 상담사례에 소개된 사례개념화 및 내담자 평가는 이러한 경험과 기초 위에서 작성된 것이다. 성경적 사례개념화의 한 예로 참고가 되면 좋겠다. 그러나 필자의 성경적 사례개념화에는 필자 개인의 신학과 상담적 경험이 당연히 드러나 있으며, 이것이 완전한 것도 아니다. 독자 개인이 내담자의 호소 문제를 중심으로 성경적 사례개념화를 고유하게 계속하여 시도해볼 것을 권한다.

성경적 사례개념화와 관련하여 햇불트리니티신학대학원 임상 평가지에 수록된 '사례개념화' 평가 항목을 제시하면 다음과 같다.

1) 내담자의 진술을 자신의 상담이론과 연관시켜 설명하고 다룰 수 있는가?

2) 호소문제/증상을 자신의 상담이론으로 설명, 변화시킬 수 있는가?

3) 자신의 상담이론으로부터 상담목표와 방향을 설정, 적용시킬 수 있는가?

4) 호소문제/증상에 나타난 하나님과의 관계를 알아차릴 수 있는가?

5) 상담목표를 설정할 때 내담자와 하나님과의 관계 변화 방향을 계획하는가?

6) 신앙발달사, 신앙생활 형태를 호소문제/증상-하나님과의 관계와 관련시킬 수 있는가?

3. 기독교상담의 내용구조화

(1) 호소 문제 듣기

앞서 내용구조화에는 상담에서 직접 나누어질 대화 내용을 이끌 이론, 철학, 상담 목표 등이 포함된다고 밝혔다. 따라서 기독교상담의 내용구조화에는 기독교 상담자 자신의 기독교상담 이론, 상담 철학, 상담의 목표가 포함되어야 한다. 본서는 기독교 상담 이론에 따른 내용구조화를 진행하기 위한 기초 작업 성격을 띠고 있다. 각 상담 이론에 따라 상담자 자신의 철학과 목표를 따라 상담의 내용을 어떻게 구성해갈 것인가에 관해서는 필자가 3부에 제시한 정신역동, 인지상담, 가족상담 세 가지 이론의 기독교적 비평과 적용을 참고해주길 바란다. 본 절에서는 기독교상담자가 내담자의 호소 문제를 영적 측면에서 들어 이해하여 내담자를 평가하고, 이를 상담에 어떻게 반영할 수 있는 지에 대하여 알아보려고 한다.

아래 도표에는 필자가 이전에 상담했던 기독교인 내담자 세 사람의 사례가 정리되어 있다.

	호소 문제	과거 경험 및 삶의 패턴(삶의 역사)	왜곡된 하나님과의 관계(작용적 신학)
희생군	이성교제 실망만 주는 애인	자기 것을 포기하고 다른 사람만 배려함	자신이 모든 것을 다해주려는 교만: 자신이 구원자
외롬군	이성교제 만족이 없는 애인	일찍 돌아가신 어머니를 못 떠나보냄	하나님을 어머니로 대체시킨 대상의 오류: 하나님이 어머니
폭발군	분노 찬양단 단장과의 불화	아버지의 구타에 제대로 대응하지 못함	하나님이 자신을 정말 사랑하신다는 느낌을 가질 수 없음: 하나님이 때리는 아버지

희생군은 늘 자신이 돌봐주어야 하면서 타인들에게 평판이 그리 좋지 않은 여자 친

구를 사귀어왔다. 자신조차도 여자 친구의 행동에 실망할 때도 많았다. 하지만 여자 친구를 혼자 내버려두고 떠날 수 없어 곁에서 계속 지켜야했다. 희생군이 상담에 갖고 온 호소 문제는 '저는 왜 매번 실망만 주는 애인을 사귈까요?' 이었다. 상담이 진행되고 있던 어느 날 필자는 희생군이 기숙사에서 아르바이트를 하는데, 몇 달 동안 일당을 받지 못하며 경제적으로 어렵게 지내고 있다는 사실을 들었다. 그런데 희생군은 이전 두 번 회기동안 상담하는 필자가 목이 마른 것을 걱정하여 음료수를 사오고 있었다. 상담자는 이 행동에 주목하면서 그동안 희생군이 가족 안에서 어떤 역할을 하며, 어떤 패턴으로 살아오고 있었는지 들어보았다. 희생군은 가족 중 장남으로 매일같이 사고를 치는 동생들을 뒷바라지하며, 무력한 부모님을 대신하여 가족들의 경제적 필요를 채우며 살고 있었다. 그리고 다음 주 희생군이 상담에 와서 그 주 묵상한 누가복음의 '돌아온 탕자의 비유' 이야기를 들려주었다. 탕자의 비유를 지금까지 이렇게 해석해본 적이 없는데, 지난 회기 상담 이후 성경 말씀을 읽는 가운데 희생군 자신이 '방탕하게 살다가 돌아와 사랑의 아버지 품에 안긴 둘째 아들'이 아니고, 늘 아버지 집에서 자신의 일을 최선을 다해 당당하게 하며 살아 아버지의 용서와 수용이 전혀 필요치 않았던 첫째 아들처럼 동생에게 그런 용납을 베푸시는 아버지에게 분노하며 살고 있었음을 발견하였다는 것이다. 그리고 비로소 자신이 '모든 이를 구원하는 구원자 하나님'의 자리에 늘 자리해있던 교만한 죄인이라는 고백을 하였다. 희생군은 머리로는 구원자이신 하나님에 대한 신앙고백을 했었지만, 실제로 희생군에게 작동 또는 작용했던 신학 속에서 자신은 '구속의 은혜를 입은 어린 양'이 아니라 '누군가를 구원해주는 구세주'였다는 것을 깨달았다.

몇 달 뒤 필자에게 외롬군이 찾아왔다. 호소 문제는 역시 이성교제에 관한 것이었다. 그러나 늘 타인의 눈에 조차 좋지 않게 보이던 여자 친구만 사귀던 희생군과는 달리 외롬군은 그 누구의 눈에도 좋은 배우자로 보이는 훌륭한 여자 친구를 사귀고 있었다. 그런데 외롬군 자신은 20대 중반이 될 때까지 다른 사람들이 다 좋다고 칭찬하는 자신의 애인들에게 한 번도 낭만적인 사랑의 느낌을 경험할 수 없었다고 호소하였다. 필자는 바로 외롬군의 어머니와의 관계 경험, 어머니와의 역사를 탐색하여 보았다. 외롬군의 어머니는 외롬군이 일곱 살 무렵에 병으로 돌아가셨다. 그러나 외롬군은 그 당시 장례식 장면을 떠올리며 자신이 한 번도 어머니의 죽음을 슬퍼한 적이 없었을 뿐만 아니라 어머니의 빈자리도 느끼지 못하며 지금까지 살고 있었다는 사실을 발견하였다. 그러나 자신은 어머니를 정말 사랑하였다고, 그래서 전도사였던 어머니가 자신에게 기대하는 사역자의 삶을 살기 위해 신학대학에 진학하게 되었다고 하였다. 필자는 외롬군의 이야기를 들으면서 외롬군이 너무 어린 나이에 어머니를 잃은 슬픔과 충격을 충분히 애도하지 못했을 뿐 아니라 자신과 융합되어 있던 어머니를 바로 하나님으로 대체시키고 살고 있다는 생각에 이르렀다. 그리고 보니 '어머니같은 여자 친구'를 만나기를 소원하던 외롬군에게 '하나님같은 여자 친구'를 만나는 것은 거의 불가능해보였다. 즉, 하나님처럼 완벽하고 자신을 절대로 떠날 것 같지 않은 여자 친구를 찾을 때까지 외롬군은 그 누구에게도 사랑의 느낌을 갖기 어려웠던 것이다. 그렇다면 외롬군이 경험했던 하나님, 즉 외롬군의 작용적 신학 속의 하나님은 어떤 분일까? 성경의 하나님은 외롬군의 하나님만이 아니라 일찍 돌아가신 외롬군 어머니의 하나님이시다. 외롬군은 어머니와 분리되지 못한 채 어머니를 곧 하나님으로 경험하며 살아왔을 가능성이 있다. 하지만 성경의 하나님, 즉 외롬군의 신앙고백 속의 하나님은 '만인의 하나님'으로 '만인의 삶에 섭리하시는 분'이시다. 즉, 외롬군이 심리적으로 어머니와 자신을 분리하여야 비로소 자기 자신의 하나님을 경험할 수 있을 것이다. 그리고 이 과정에서 불완전하고 죄인 된 모습으로서의 어머니와 자신의 모습을 발견해가며, 자신과 어머니가 그랬던 것처럼 불완전하지만 함께 삶을 일구어갈 배우자도 마음을 열고 찾아갈 수 있었을 것이라 추측되었다.

폭발군은 필자가 속한 대학 찬양단의 단원이었다. 다음 학기 강의계획안을 필자에게 미리 요구할 만큼 평소 학업에도 열심을 내던 학생이었다. 그런데 어느 날 완전히 표정이 없어져 멍한 상태로 필자를 찾아왔다. 처음 폭발군으로 들은 호소 문제는 '내가 왜 이렇게 아무 느낌도 없이, 의욕도 없이 살고 있는지 이유를 알고 싶다'였다. 필자는 조심스럽게 최근 폭발군의 삶에 대해 탐색해나가다 폭발군의 표정이 없어진 시점을 알게 되었는데, 그것은 찬양단 리더에게 공개적으로 말로 수모를 당한 때부터였다. 필자는 찬양단 리더가 나이 든 남자분이라는 것을 알고 있었기 때문에 곧바로 폭발군과 아버지와의 삶의 역사, 관계 패턴을 탐색해나갔다. 무표정했던 폭발군의 얼굴에 어린 시절 아버지에게 심하게 구타와 모욕을 당했던 순간을 떠올리면서부터 분노에 찬 표정이 살아나기 시작했다. 그 순간 필자에게 '그렇다면 매일 하나님은 사랑이시라고 찬양하는 폭발군이 이러한 아버지의 이미지를 안고, 진심으로 하나님의 사랑을 경험할 수 있을까'하는 의문이 들었다. 그래서 바로 '그럼 너는 성경에 써있는 하나님은 사랑이시라는 말이 믿어지는가?'라고 질문했다. 그러자 조금 전까지 분노에 차 있던 폭발군의 얼굴에 크게 놀라 당황한 빛이 역력해졌다. 그리고 폭발군은 화장실을 다녀오겠다며 나갔다가 10분 정도 지난 후 조금은 안정된 표정으로 돌아왔다. 그리고는 '지금까지 신학생으로 살면서 제가 하나님은 사랑이시라는 사실을 믿지 못했다는 것을 발견하는 순간 너무나 놀라고 창피해서 교수님 얼굴을 볼 수 없어 나갔었습니다'고 고백했다. 그 뒤의 이야기는 8장 인지상담의 사례에 자세히 적혀있다. 폭발군이 바로 '고난에 대한 기독교적 해석' 연구에 참여했던 제보자이다. 폭발군의 경우, 그의 심리 구조와 삶의 경험 속에서 경험된 하나님은 '때리고 학대하는 아버지'였지 '사랑의 아버지'가 아니었던 것이다.

이렇듯 기독교상담자는 내담자의 호소 문제와 삶의 경험과 역사를 들을 때 그 가운데 내담자 안에서 실제로 경험되고 있는 하나님을 파악하고, 하나님에 대한 왜곡된 경험 및 하나님과 빗나간 관계로 인해 파생된 자신의 죄된 상태, 그리고 성경에 드러난 진리되신 하나님과의 관계 회복 방안 등에 대하여 상담 계획을 수립해볼 수 있다.

(2) 자료 활용하기

사례개념화 과정에는 심리검사 결과, 발달사, 가계도 등의 자료를 통하여 얻어진 내담자에 대한 객관적 자료가 도움을 줄 수 있다는 점을 앞서 언급하였다. 성경적 사례개념화를 수립하기 위해서 기독교상담자는 우선 내담자에 대한 객관적 정보를 수집하고 해석하여 활용할 수 있는 기본적 능력을 갖추는 것이 좋다. 더불어 수집된 정보에 대한 기독교적 해석을 시도해볼 필요가 있다. 예를 들면, MMPI 등 내담자 성격에 관한 임상적 정보를 심리적 차원에서 해석할 뿐만 아니라, 그 정보가 담고 있는 영적인 의미까지도 내담자에게 전달해줄 수 있다면 내담자의 영적 회복에 적지 않은 도움을 줄 수 있을 것이다. 또한 기독교인 내담자를 대학원 교육과정에서 훈련받은 DSM(정신진단편람)을 중심하여 평가하여 임상적 증상을 파악한 경우, 그 증상이 드러내는 영적 의미나 문제를 연결시켜 보는 것도 성경적 사례개념화를 시도하는 데 큰 도움이 된다. 그리고 내담자 문제에 관한 가설을 설정할 때 활용 가능한 영적 평가 도구를 사용할 수 있다.

1) 다면적 인성검사

다음에 필자가 보편적으로 상담에 활용되는 다면적인성검사(MMPI) 결과를 영적 해석에 어떻게 활용할 수 있는가에 대한 일례를 소개해보겠다. 검사 소개에 앞서 다면적 인성검사를 포함한 일반적인 검사 자료를 상담에 적용하는 경우, 필자의 경험에 따라 도움이 되는 몇 가지를 정리해보고자 한다. 심리검사 결과는 내담자에 관한 매우 사적이고 소중한 정보이다. 따라서 안전하게 관리되어야 하며, 검사 결과는 내담

자의 회복에 긍정적으로 활용이 되도록 잘 전달되어야한다. 그런 측면에서 검사 결과
는 상담에 다음 세 가지 사항을 함의하고 있다.

심리검사 점수의 의미와 상담적 활용

– 내담자 과거 고통의 산물: 검사 결과는 내담자를 정상-비정상으로 구분하거나 증
상 이름을 명명하기 위한 것이 아니다. 모든 검사 점수에는 내담자의 과거 삶과 경험
이 녹아있다. 상담자는 검사 점수가 내담자에게 그렇듯 드러나는 과정에서 내담자가
경험했을 고통과 아픔을 먼저 공감적으로 해석해주면 좋을 것이다.

– 내담자 현재 증상에 대한 설명: 검사 결과가 상담 또는 임상 전문가만이 이해할
수 있는 전문적 용어로 기술되고 전달되는 데 그친다면 이는 내담자의 변화에 효과적
으로 활용되기 어렵다. 상담자가 내담자가 현재 호소하는 문제와 검사 결과와의 관련
성을 구체적으로 예를 들어 설명해준다면, 상담자는 자신의 전문적 신뢰를 확보할 수
있고, 내담자도 좀 더 의욕적으로 변화 동기를 가지고 상담에 임할 수 있다. 예를 들
어 삶에 의욕이 없고 일에 집중이 안 된다는 어려움을 호소하고 방문한 내담자의 경
우, 검사에서 2-7번 쌍이 상승하고 9번이 하강한 전형적 우울 현상을 나타내었다면,
검사해석을 통해 상담자는 내담자에게 자신이 현재 경험하는 무력감이나 우울감에
대한 타당화와 공감을 제공할 수 있다.

– 내담자 미래 회복 방향을 보여주는 나침반: 상담은 부정적인 검사 결과를 긍정적
으로 변화시키는 기능을 할 수 있다. 따라서 현재 상승하는 검사 점수가 상담을 통해
하강할 경우 내담자에게 경험될 수 있는 편안함을 강조하여 설명함으로써, 상담자는
내담자에게 상담에 대한 동기를 부여하고, 상담자 자신에게는 상담에서 초점을 맞추

어야 할 구체적 방향을 제시받을 수 있다. 예를 들면, 위의 우울 현상을 드러내는 2-7 척도가 동반상승하는 내담자에게 상담자는 '자신에 대한 평가를 긍정적으로 바꾸자, 불안의 이유를 탐색하여 감소시키자, 완벽주의의 근원을 탐색하여 이해하고 변화시키자' 등의 구체적 상담 방향을 내담자와 의논하여 합의할 수 있다.

주지하듯 다면적 인성검사는 크게 타당도 척도와 임상도 척도로 대별된다. 그리고 임상도 척도는 다시 열 개의 하위척도로 구성되며, 이 외에 보충 척도 및 내용 척도 등이 있다. 타당도 척도는 임상에서 '내담자가 검사에 성실히 임하였는가? 검사 결과를 신뢰할 수 있는가?'에 대한 판단을 내리는 데 활용된다. 그렇다면 타당도 척도가 담보하고 있는 영적 의미는 무엇일까? 필자가 그동안의 상담경험을 통해 습득한 몇 가지를 소개해보겠다. 물론, 아래 예가 통계적 검증에 의해 확인된 객관적 지식은 아니므로 일반화하기에는 무리가 따른다. 단지 심리검사를 익히고 이를 기독교상담에 활용하려는 상담자들에게 참조가 될 수 있다.

① 상승하는 F 척도: 이는 임상에서 '의도적으로 자신을 안 좋은 상태로 드러내려는 내담자의 상태'라든가 '정서적 고통이 심하여 주변에 도움을 절실히 구하는 상태'로 해석되어질 수 있다는 점은 주지하는 바이다. 앞서 '자신을 안다는 것은 곧 하나님을 아는 것'이라 기술한 것처럼, 이러한 해석을 내담자와 하나님의 관계로 연결 지어 내담자가 자신의 상태를 하나님 앞에서 볼 수 있도록 돕는 것이 기독교상담자의 중요한 과제라 생각된다. 즉, 상담자는 F 척도가 상승하는 내담자가 평소 하나님과의 관계에서 이러한 자신의 정서적 고통을 자각하여 표현하여 보았는가 질문하면서 그와 하나님의 관계를 탐색할 수 있다. 또한 내담자가 '의도적으로 자신을 안 좋게 보이려고 노력하는 경우'였다면, 하나님 앞에서 이러한 자신을 만나며 거짓된 모습을 발견할 수

있도록 촉진할 수 있다.

② 상승하는 L, K 척도: 이 척도들은 자신을 좋은 모습으로 포장하려는 경향을 반영하는 것이다. 따라서 상담자는 내담자들이 사람들에게 뿐 아니라 하나님에게도 자신의 좋은 모습만 드러내며 하나님의 인정을 받으려는 모습이 있었는지 탐색하며 직면할 수 있다. 이러한 모습은 좀 더 극단적으로 표현하면 성경이 제시하는 '위선'에 해당될 수 있으며, 이런 상태로는 하나님과 정직하고 열린 관계를 맺기 어렵다는 것을 내담자에게 전달할 수 있을 것이다.

③ Hs(Hypochondriasis) 척도: 이 척도는 신체화 정도를 나타낸다. 이 척도가 상승한다는 것은 임상적으로 자신의 진정한 감정을 지나치게 억압한 결과로 해석되며, 이차적 이득(secondary gain)을 위해 신체적 증상을 드러내는 경우를 나타낸다. 그러므로 이 척도가 상승하는 내담자에게 기독교상담자는 우선 자신의 솔직한 감정을 그대로 경험하기에는 너무 고통스러웠거나 아팠을 과거의 아픔을 공감해줄 필요가 있다. 그런 연후에 조심스럽게 자신의 감정을 하나님께 드러내지 못하고, 하나님 앞에서 정직하지 못했던 모습과 신체적 고통을 호소하며 자신 스스로나 주변 사람들을 통제해왔던 잘못된 삶의 방식을 하나님 앞에서 진실 되게 다루어볼 것을 제안할 수 있다. 나아가 고통스러웠던 감정 경험을 내담자의 피난처, 안전 기지가 되시는 하나님 앞에 있는 그대로 쏟아내고 표현해볼 것을 격려할 수 있다. 또한 그렇게 하기에 하나님이 그리 신뢰할만하다고 느껴지지 않는다면 그 이유는 무엇이었을까에 관하여 함께 탐색해보는 것도 내담자의 영적 발달에 도움이 된다.

④ De(Depression) 척도: 이는 우울 척도로 지나치게 상승하는 경우 자신에 대한

무력감, 무희망감, 무의욕, 무가치감 등을 드러내어준다. 상담자는 우선 내담자의 우울감을 충분히 공감하여 주고, 따뜻한 위로를 전해야한다. 또한 자신이 계속 실패자라는 느낌을 가질 수 밖에 없었던 삶의 역사를 통찰하고 받아들일 수 있도록 돕는 것이 좋다. 그러나 자신에 대한 자학은 교만과 더불어 하나님과의 바른 관계에서 벗어나 있는 것임을 도와줄 필요가 있다. 또한 우울 척도가 상승하는 경우, 자신이나 타인에 대한 기대가 높을 수 있다. 상담자는 이런 상태의 내담자라면 내담자가 자신을 진정으로 죄인의 자리에 놓고 자신이 한계를 가진 죄인임을 고백하고 구속의 은혜를 충분히 누리고 있는 지에 대하여 확인해보는 것도 좋을 것이다.

⑤ Hy (Hysteria) 척도: 이는 히스테리 척도로 내담자가 사람들의 관심과 사랑을 끌고 싶지만 반대로 사회적 상황에서 느껴지는 불편감을 부인하거나 왜곡하는 특징을 드러낸다. 따라서 상황에 따라 자신의 감정을 과장되게 표현할 수도 있고, 사람들의 주의나 관심을 끌기 위한 자신만의 전략을 사용하기도 한다. 기독교상담자는 이런 경우 어린 시절 부모의 관심과 사랑을 갈구했지만 충분히 채워지지 못했던 내담자의 상황을 드러내어 그 아픔을 먼저 공감해주어야 한다. 그리고 내담자에게 하나님은 그러한 충분한 관심과 사랑을 느끼지 못하게 하셨는지 조심스럽게 직면할 필요가 있다. 사람들의 모든 것을 알고 계시고, 머리털까지도 헤아리고 계시며, 신음 소리까지 듣고 계시는 하나님 앞에서 내담자가 자신을 과장되게 표현하거나, 관심을 원하면서도 욕구를 드러내지 못할 필요가 없다는 것을 알도록 도와주며, 나아가 하나님의 사랑과 관심을 원한다고 정직하게 드러내고 요구할 수 있도록 조력한다.

⑥ Pd (Psychopathic Deviate): 반사회적 척도라 불리는 이 척도는 표면적으로는 부모를 위시한 선생님, 권위자, 나아가 사회 체제 등에 대한 불만족감을 나타낸다.

이 척도가 상승할수록 이면적으로는 마음 속에 타인에 대한 분노와 화가 크게 자리 잡고 있음을 드러내준다. 기독교상담자는 내담자의 과거 이야기를 들으며 부모로 대표되는 다른 사람들에 대한 화가 많을 수 밖에 없었던 삶의 아픔을 먼저 공감한다. 심리학적으로 분노란 '현실의 즉각적 만족의 실패' 결과로 나타나는 현상이다. 그렇다면 분노의 이면에는 결핍이나 절망이 자리잡고 있을 가능성이 높다. 한편 이 척도가 상승하는 내담자에게 기독교상담자는 혹시 최고 권위에 해당될 수 있는 하나님에게도 화가 나있는 지, 만일 화가 나있다면 무엇 때문에 화가 나있는지 알아볼 수 있다. 그리고 하나님과의 관계에서 경험했던 자신의 결핍이나 절망 등을 어떻게 다루어가고 있는지 탐색하면서 내담자의 영적 성장을 조력할 수 있다. 이 척도가 상승하는 기독교인 내담자들이 알아가야 하는 다른 중요한 측면은 '분노'는 비난의 손가락이 타인만을 향해 있을 때 발생하는 감정이라는 것이다. 혹 자신은 '남의 티끌을 보면서 자신 안의 들보를 보지 못하는' 실수를 범하고 있는 것은 아닌가에 대한 반성도 필요할 것이다.

⑦ Mf (Masculinity-Femininity): 이는 남성성-여성성 척도로 성 역할이나 흥미를 드러내주는 척도라 알려져 있다. 전통적인 남성의 역할은 일을 하여 가족을 부양하는 것이며, 여성의 역할은 가정에서 가족들을 돌보는 것이다. 이런 측면에서 이 척도에서 남성성 척도가 상승한다는 의미는 삶에서 관계보다 일의 성취에 더 큰 가치와 의미를 둔다는 뜻이고, 여성성 척도가 상승한다는 일에서의 성취보다는 관계의 친밀함과 깊이에 더 큰 가치와 의미를 둔다는 뜻이 된다. 기독교상담자는 특정 성 척도가 상승하는 경우, 일의 성취나 사람과의 관계에 그렇듯 큰 비중을 두게 된 내담자의 사연을 먼저 잘 듣고 공감할 필요가 있다. 지나치게 어느 한 척도가 상승하는 경우, 일이나 관계에서 균형을 이루지 못하여 자신이나 주변 사람들이 힘들었던 상황을 탐

색하여 통찰을 줄 필요도 있다. 나아가 하나님과의 관계에서 '일에서의 성취나 사람과의 관계'가 하나님보다 더 중요하거나 앞서있지는 않았는지 조심스럽게 살펴, 이를 우상의 자리에서 내려놓고 그 자리에 하나님을 모시도록 조력할 필요가 있다.

⑧ Pa (Paranoia): 이는 편집증 척도라 알려져 있으며 대인관계에서의 예민함과 도덕적 경직성 및 순진성 등을 드러내어준다. 편집증은 '투사' 방어기제가 작동되어 나타나는 대표적인 증상이라 알려져 있다. 멜라니 클라인은 유아기 초기 편집-분열의 자리의 아기가 어머니를 아프게 만드는 나쁜 자신의 모습을 그대로 자신에게 담기 어려워 타인에게 자신의 이러한 나쁜 모습을 던져 넣었다고 말한다(최영민, 2010). 그리고 타인이 '나의 나쁜 모습'을 가지고 있다는 믿음을 자신에게 내사한 후 타인이 자신의 이런 믿음대로 움직이도록 조종하는 과정을 거친다. 이 과정에서 편집증 척도가 상승하는 사람들에게 경험되는 핵심적인 감정은 '의심 또는 불신'이다. 주변 사람들은 자신을 늘 나쁘게 본다거나, 헤치려 한다는 잘못된 믿음 가운데 주위 사람들을 믿지 못하고 늘 의심한다. 기독교상담자는 먼저 이 척도의 의미를 정확히 내담자에게 전달하고, 삶의 역사와 자리에서 이런 의심이 발달할 수 밖에 없었던 상황을 내담자와 함께 통찰한 후 그 아픔을 공감해준다. 그리고 이런 의심이 혹시 하나님에게도 향해 있는 지에 대하여 조심스럽게 물어볼 수 있다. 또한 하나님께서는 내담자를 자신이 믿듯이 그렇게 나쁘게 보시거나, 위협하는 존재인가에 대한 질문도 해볼 수 있다. 나아가 '복음'의 진리는 '나는 정말 나쁘다(죄인). 그러나 하나님의 희생적 십자가 사랑으로 하나님께서 교제하고 관계 맺고 싶어 하셨던 창조 때의 나, 하나님의 자녀 되어 소중한 나로 살아갈 수 있다'는 것을 믿고 받아들일 때 비로소 내담자 현실의 삶에 살아 움직일 수 있음을 점차 경험하도록 한다.

⑨ Pt (Psychasthenia): 이는 불안 또는 강박증 척도이다. 현실 생활에서 두려움

이나 불안, 긴장감을 느끼며 강박적 생각이나 행동을 하는 사람들에게서 점수가 높이 나타난다. '사연 없는 무덤이 없다'는 말이 있다. 기독교상담자는 이 척도가 상승되었을 때 내담자에게 삶의 긴장이나 불안, 조급함이 나타날 수 밖에 없었던 삶의 역사와 사연을 공감적으로 들어 보아야한다. 사실 불안이란 모든 인간에게 가장 원초적, 근원적인 감정이며, 성경적으로 이는 원죄에서 비롯된 것이다. 하나님만큼 되고자 했던 아담과 하와는 '자신의 능력으로는 절대로 하나님만큼 될 수 없음'에 좌절하였을 것이고, '하나님 없이는 절대로 안전감이나 친밀함을 완전히 경험할 수 없음'에 불안하였을 것이다. 또한 불안은 어떤 사태가 자신의 뜻대로 되도록 간절히 바라지만 자신은 그렇게 사태를 만들 수 없다는 통제의 실패감에서도 연유한다. 기독교상담자는 내담자가 하나님 자리에서 무엇을 그리 통제하고 싶었는지 살펴보며 내담자에게 그의 삶의 통제권을 하나님께 온전히 내어드리기는 어려운 지 조심스럽게 직면하며 하나님에 대한 내담자의 신뢰를 회복시킬 수 있다.

⑩ Sc (Schizophrenia): 정신분열척도라 알려져 있는 이 척도는 대표적으로 환상과 고립이라는 방어기제가 작동된 결과라 알려져 있다. 정신의학에서 조현증은 '생물학적' 질병으로 규정되지만 상담학 이론은 조현증에 기여하는 가족 관계와 심리 내적 요인들을 밝혀내고 있다. 이에 관한 자세한 내용은 가족상담이론이나 이상심리 교과서를 참조하기 바란다. 이 척도가 상승하는 내담자는 자신의 힘이나 전략으로 생존하기 버겁게 느껴지는 현실의 곤란이나 아픔을 경험했을 가능성이 높다. 그리고 이런 위협에 도전하여 헤쳐나가는 전략 대신 현실의 위협으로부터 자신의 환상 속의 세계로 도피하거나 위협적인 현실로부터 자기 스스로를 고립 또는 철수시키는 전략을 택했을 가능성이 높다. 간혹 '망상적 사고'를 측정하는 문항, 예를 들면 '나는 천국을 믿는다' 등에 '예'로 응답한 기독교인 내담자가 있을 수 있지만 그 문항의 숫자는 제한적이므로 임상적 판단에 크게 영향을 미치지 못하는 것 같다. 기독교 상담자는 이 척도

가 크게 상승하는 내담자라면 먼저 현실검증력, 그리고 기능 상태를 확인해야 하며, 필요시에는 병원에 의뢰하여 약을 복용하도록 해야 한다. 만일 그렇지 않은 경우라면 내담자가 환상이나 고립의 전략을 사용하면서까지 피하고 싶었던 현실의 위협이 무엇이었는지 공감적으로 탐색해본다. 그리고 내담자가 소유한 하나님에 대한 믿음이 '이미 현실에서 이루어진 천국'을 살 수 있도록 할 만큼 강해질 수 있다는 점을 알려주면 좋을 것이다. 경험적으로 볼 때 적지 않은 수의 기독교인은 예수 그리스도께서 십자가의 죽음으로 이미 이루신 영원한 승리감을 현실에서 잘 누리지 못한다. 그래서 믿음을 '죽음의 공포로 가득한 세상'을 살아가기 위한 '환상 속의 산물'로 만들어버린다. 그러나 상담자는 예수 그리스도와 사도들의 선포처럼 천국은 이 땅에 이미 이루어진 것이며, 하나님과 회복된 관계를 맺어 무제한의 자원을 사용할 수 있는 구원을 받았다면, 현실의 극한 고통 가운데에도 기쁨과 행복감을 느낄 수 있다는 사실을 내담자와 알아가는 것이 좋다.

⑪ Ma (Hypomania): 이는 경조증 척도라 불리며 심리적 에너지 수준을 반영한다고 알려져 있다. 이 척도가 상승하는 경우 활동 수준이 높고, 감정적으로 쉽게 흥분하는 경향을 보인다. 또한 충동적 경향도 나타나 떠오른 생각을 바로 행동으로 옮기기도 한다. 따라서 방어기제 차원에서 이 척도가 높은 사람들은 '행동화(acting out)'를 사용한다고 볼 수 있다. 즉 자신의 고통이나 실제 아픔을 깊이 통찰한 후 현실적으로 차분한 해법을 내어놓고 그에 따라 살아가기 보다는 내면 세계의 고통을 덮는 방식으로 특정 행동을 열심히 하는 방식을 택한다. 기독교상담자는 내담자에게 이 척도의 내용을 차분히 설명한 후 내담자가 이에 어떻게 반응하는 지 주의 깊게, 공감적으로 들어보아야 한다. 만일 그 내용을 받아들인다면 충동적이거나 활동적인 일로 숨기고 싶었던 내면의 고통이나 아픔이 무엇이었는지 함께 찾아보도록 한다. 그런 연후에 자

신의 고통이나 아픔에 대해 행동화로 숨기거나 도망가지 않고 차분히 하나님께 내어놓고 하나님께서 고통과 아픔을 어떻게 다루어 가실 수 있는 지 함께 생각해보는 것이 도움이 된다. 즉 내담자가 모든 것을 해결하지 않고 하나님께 해결자 역할을 맡겨드릴 것을 격려하고 도전할 수 있다.

⑫ Si (Social Introversion): 사회적 내향성이라 알려진 이 척도는 상승하는 경우 전반적인 대인관계에서의 불편감과 예민함, 수줍음 등을 드러낸다. 이 척도가 상승하는 내담자는 보통 자신을 지나치게 비하하여 사람들과의 관계 속에서 자신이 적절치 못한 존재로 인식할 수 있다. 기독상담자는 이들이 경험하는 대인관계에서의 긴장과 불안을 충분히 공감하면서 그렇게 될 수 밖에 없었던 부모님이나 가족, 기타 중요한 사람들과의 관계 경험을 탐색한다. 나아가 그런 불편감이나 자기 비하가 혹시 하나님에게도 느껴지는 지 질문할 수 있다. 하나님께서는 우리의 부족함과 한계를 이미 잘 아심에도 불구하고 독생자 예수 그리스도를 십자가에 보내신 분이신데, 그 분 앞에서도 그리 긴장이 되고 불편해지는 지 탐색하며 내담자와 하나님과의 실제적 관계를 직면해볼 수 있다. 이미 하나님께 사랑으로 용납 받고 받아들여졌다는 내담자의 믿음은 곧 사람들로부터도 용납 받고 받아들여질 수 있다는 희망이 될 것이다.

2) 이상심리 및 진단과 평가: 성격장애를 중심으로

성경적 사례개념화를 위해 필요한 정보를 수집하는 과정에서 내담자가 드러내는 문제나 증상은 임상적으로 그 원인을 알고 해결 방향을 모색하는 데 큰 도움을 줄 뿐만 아니라 성경적 시사점도 제공해줄 수 있다. 이상적으로는 DSM에 나타난 각각의 증상이나 문제를 임상적 각도에서 뿐만 아니라 성경적 측면에서도 분석, 이해하여 영적 성숙의 방향을 제시할 수 있는 교재가 나오기를 희망한다. 다음은 필자가 성격장애에

종류	행동양상	대인관계	인지양식	정서표현	자기지각	방어기제	가능했을 부모	상담자 자세	만나야 할 하나님
편집성	방어	경계, 시비조	회의, 냉소	화, 긴장	실패자	투사	가혹적 부모	공감/수용	품어주시는 하나님
분열성	무기력	무관심	빈곤	단조로움	주지화	엄하고 형식적 부모	서서히 관계형성	친밀한 하나님	
분열형	괴이	은둔	마술적, 미신	부적절	정체감無	취소	무관심한 부모	구체적/체계적 접근	돌보시는 하나님
연극성	극적	유혹적, 주목	충동, 피상	과장	불안, 소외	해리	비일관적, 행동의 결과 가르침	신음을 들으시는 하나님	
자기애성	거만, 거만	공감 無, 이용	과대, 미숙	냉정	과대	합리화	기대하는 부모	삼판하는 하나님	
반사회성	충동, 무모	냉담, 적대	경직, 몰입	거침	경멸, 독립	행동화	가학적, 전인한 부모	종립/수용적	사랑/희생의 하나님
경계성	돌발, 파괴	열광, 파괴	불안정	퇴행	비일관적, 가혹적 부모	솔직/안정감	떠나지 않으시는 하나님		
회피성	수줍음, 위축	대민, 모순	열등감	불활실	신만 하약	회피	비난적, 가혹적 부모	인내, 위축하지 않도록	질투 품어주시는 하나님
의존성	무능, 무기력	복종	낙관, 통찰 無	순지, 긴장	환상	자기비하	과잉보호, 의존적 부모	의존에서 자율로	의지해야 할 하나님
강박성	근면, 완고, 兼	공모, 정형	경직, 취약	냉담, 억압	앙심, 근면	반동형성	과잉통제, 불안정한 부모 / 경쟁적 부모	불안감을 견디기	용서하시는 하나님

〈표11〉 각 성격장애가 경험하는 하나님과의 관계

대한 원인과 필요한 상담적 도움(Beck, A. 외, 2006, 민병배, 유성진 역, 2008), 그리고 각 성격장애를 가진 사람들이 경험하기를 바라는 하나님과의 관계를 직관적으로 정리한 표이다.〈표13〉

　실상 모든 사람은 장애 수준은 아닐지 모르지만 삶의 고통으로부터 자신을 보호하고 방어하기 위해 발전시킨 전략을 갖고 살아가며 성격은 이러한 자신의 방어 양식이 삶에 지속적이고 일관적인 행동 양식으로 굳어진 것이다. 기독교인 내담자 가운데에도 특정한 성격 유형을 드러내는 사람들이 많다. 그런 의미에서 성격장애에 관한 이상심리적 설명은 내담자들이 자신의 자기 지각, 대인관계, 방어기제, 주된 정서, 부모의 양육 패턴을 고찰하기 위한 좋은 도구를 제공한다.

　기독교인이 하나님과의 관계가 회복되면 자신을 보는 방식이 달라지고, 이웃과의 관계가 변화된다. 그리고 방어로 가리고 싶었던 자신의 수치와 불안, 무능감을 다 용납하시는 하나님 앞에 내어놓을 수 있게 된다. 그러므로 위에 제시한 표는 내담자들이 자신의 특정 성격을 자각하고 인정하였을 경우, 그들의 여러 각도에서 돌아보는 데 큰 도움이 될 수 있다. 필자는 그동안의 경험을 기초로 직관적으로 각각의 성격장애자들이 웬만해서는 만나기 힘들지만, 꼭 경험했으면 좋겠다고 바라는 하나님의 성품을 정리하여 보았다. 편집성 성격을 가진 이들은 자신은 작고 세상은 위태롭게 느끼므로 자신의 작음과 나쁨까지도 품어주시는 큰 하나님을 경험하면 좋을 것이다. 분열성 성격자들은 형식적이고 무감한 부모와의 경험으로 인해 감정을 무뎌지고 사람들과 거리를 두고 살고 있으므로 이들은 친밀하게 다가오시는 하나님을 경험하면 좋겠다. 분열형 성격자들은 무관심한 부모로부터 학습된 은둔과 고립이 패턴화 되었으므로 자신들을 살갑게 돌보시는 하나님을 경험하면 좋을 것이다. 연극성 성격자들은 비일관적이거나 관심을 주지 못했던 부모님과의 관계에서 유혹적인 대인관계를 개발한 사람들이므로 자신이 관심을 끌려하지 않아도 신음 소리까지 듣고 계시는 하나님을 경험하면 좋겠다. 자기애성 성격자들은 자신에게 과잉보호하거나 과잉 기대하는 부모의 양육을 경험했을 가능성이 커서 자신이 잘못한다, 부족하다는 느낌을 견디기 어렵다. 따라서 이들에게는 역설적으로 죄를 묻고 심판하시는 하나님이 경험되기 어렵지만 이런 하나님을 고통 속에서라도 경험하면 좋겠다. 반사회성 성격자들은 학대적이거나 가혹한 부모 아래서 자랐을 가능성이 높으므로 아들을 희생하시면서까지 진정성을 담아 자신을 사랑하시는 하나님을 만나면 좋겠다. 경계선 성격자들은 어린 시절 자신을 떠났거나 버렸던 부모와의 경험을 했을 가능성이 높으므로 자신들 곁을 절대로 떠나지도, 자신들을 버리지도 않으시는 하나님을 경험했으면 좋을 것이다. 회피성 성격자들은 지나치게 비판적이거나 거부적인 부모로부터 자기 비하를 일찍이 배웠던 사람들이므로 연약하고 부족한 자신의 모습 그대로 죄인을 품어주시는 하나님을 만났으면 좋겠다. 의존성 성격자들은 자신들을 과잉보호했거나 자신들에게 의존적이었던 부모 아래에서 자랐을 가능성이 높아 사람들에 대한 의존성을 키운 사람들이다. 따라서 이들은 역설적이지만 사람이 아닌 하나님만이 온전한 의존의 대상임을 알아 가면 좋을 것이다. 강박적 성격자들은 과잉 통제적 또는 강박적인 부모 슬하에서 자랐을 가능성이 크므로 인간의 자율성을 존중하시며 허용하시는 하나님, 자신의 부족함을 용서하시는 하나님을 경험하면 좋겠다.

중독 문제 역시 이와 같이 '중독을 유발하는 심리적-관계적 영향'과 더불어 '증상의 영적 함의 및 회복될 하나님과의 관계'를 고려하여 설명가능하다. 심리적으로 중독이란 '자기애적' 의미를 지닌다. 즉, 중독자들은 중독 대상(일, 칭찬과 인정, 성, 게임, 관계, 약물, 종교 등)을 사용하여 자신만의 방식으로 자신의 고통을 처리하고 자신을 즐겁게 만들려는 사람들이다(최은영, 2013). 그런 의미에서 중독자들은 실제로 자신의 고통이 무엇인지 모르며, 고통을 쉽고 빠르게 처리해버리려는 습성을 갖는다. 따라서 기독교상담자는 우선 중독자들이 중독 대상을 사용하는 방식으로 피하고 싶었던 실제 삶의 고통이 무엇이었는지 경청하고 공감한 후, 자신의 고통의 문제를 성경적으로 해결하는 길을 함께 모색해줄 수 있다. 대표적으로 일 중독자들은 '일의 성공과 성취'만이 자신의 가치를 높여줄 수 있다는 믿음을 갖고 있다. 하지만 인간은 죄인으로 타락한 후 존재 자체가 비참할 수밖에 없음을 깊이 느끼고, 이러한 인간의 비참함은 예수 그리스도의 대속으로 누리는 은혜로만 해결 가능함을 경험하도록 조력할 수 있다. 성 중독자들은 '성 접촉을 통한 친밀감'으로 자신의 외로움이나 정서적 허기를 다루려는 사람들이다. 따라서 이들은 자신이 갈망하는 친밀감의 욕구를 성 접촉 대상자를 통해 만족시키려는 시도를 반복하게 된다. 기독교상담자는 이들의 외로움과 공허감을 충분히 공감한 후 성 관계로 채우려는 친밀감의 욕구는 밑 빠진 독과 같아서 성적 접촉으로 만족될 수 없음을 경험을 통해 알게 한다. 그리고 자신 스스로를 하나님과 고립시켜 놓고 사람으로 그 자리를 메꾸려했던 하나님과의 어긋난 관계 문제(죄)를 구속의 은총 가운데 해결하여 인격적인 하나님과의 교제를 회복하도록 도와주면 좋다. 그리고 하나님과의 관계가 회복됨과 동시에 주위 사람들과도 깊은 관계를 맺을 수 있는 전략을 수립하여 정상적인 대인 관계 가운데 친밀함의 욕구가 채워지도록 조력해야 할 것이다.

요약하면, 성경적 사례개념화란 성경의 진리를 근거로 내담자 문제나 증상의 발생 요인, 유지 요인 그리고 변화의 방향에 대한 이론적 가설을 의미한다. 사례개념화 과정에 있어서 내용 구조화는 상담에서 직접 나누어질 대화 내용을 이끌 이론, 철학, 상담 목표 등이 포함한다. 이를 위한 과정적 절차에는 호소 문제를 임상적-영적 측면에서 듣기, 필요한 자료를 모으기(심리검사 결과, 심리 평가, 발달사, 가족 역동, 가계도 등, 이론적 설명을 구축하기, 자신의 글로 직접 작성해보기 등이 포함된다. 기독교상담자가 내용 구조화를 시도하기 위해서는 먼저 상담학 지혜가 제시하는 이론이나 심리 평가, 이상심리 등에 관한 내용을 숙지한 후 각각을 성경적 관점으로 재해석, 재방향화 할 필요가 있다. 이런 의미에서 온전한 기독교상담의 내용구조화는 철저한 신학적 훈련과 상담 이론의 습득과 실습 모두를 필요로 한다.

끝으로, 기독교상담의 내용 구조화와 관련된 횃불트리니티상담센터 박사 과정 임상 평가지에 수록된 내용을 첨부 한다 (부록 참조).

> 1) 내담자의 증상을 알아차릴 수 있는가/ 평가할 수 있는가?
>
> 2) 내담자의 호소 문제를 임상적으로 추적할 수 있는가?
>
> 3) 내담자의 심리 구조(인지−정서)를 이해할 수 있는가?
>
> 4) 호소문제와 관련하여 중요 사건을 탐색할 수 있는가?
>
> 5) 호소문제로부터 임상적으로 중요한 목표를 합의할 수 있는가?
>
> 6) 각 호소문제/증상에 따른 개입의 원칙, 방향을 알고 적용하는가?

4. 기독교상담의 과정 구조화

상담의 과정 구조화란 상담이 진행되는 과정과 절차 및 방법 등을 포함한다. '된장찌개 끓이기와 상담하기 비유'를 들어 말하자면 된장찌개 조리법에 해당되는 것이다. 앞서 2절과 3절에 소개한 성경적 사례개념화와 내용 구조화에는 상담의 이론적 측면, 상담 철학과 방향 등이 매우 중요하게 작용하며, 이는 기독교상담자가 숙지하고 알아야 할 중요한 점이라 생각한다. 하지만 된장이 멸치 국물과 만나서 뜨거운 물 속에서 일으키는 화학적 변화 작용을 설명할 수 있더라도(상담이론과 신학에 정통하더라도) 조리법, 즉 요리의 순서를 모르면 전혀 된장찌개를 끓일 수 없듯이, 상담이 진행되는 기승전결의 과정적, 방법적 절차, 즉 상담의 과정을 알지 못하면 전혀 상담을 진행할 수 없다. 본 절에서는 일반적 상담 과정에 대한 지식을 소개하고, 이에 덧붙여 기독교 상담의 과정적 절차에서 고려해야할 점을 정리해보겠다.

(1) 일반 상담의 과정

아래 표는 그동안 필자가 '상담의 과정과 실제' 과목을 강의하며 참고했던 상담 교재를 중심으로 일반 상담의 과정을 정리한 것이다(박태수, 고기홍, 2005; Egan, G., 2006, ; 이혜성, 1996, 김용태, 2000 −가족치료이론). 특히 박태수, 고기홍이 집필한 개인상담의 실제(2005)는 통이론적 관점에서 상담을 초기, 중기, 종결기 3부로 나누어 각 시기마다 고려해야 할 점, 도움이 되는 개념, 필요한 기법과 조치 등을 실제적으로 정리하였다. 제럴드 이건(Egan, J, 2006)은 문제해결적 관점에서 각 시기에 필요한 전략과 기법을 자세히 소개하고 있다. 이혜성 등이 저서에는 상담자들이 간과하기 쉬운 상담실 등의 상담 환경 및 종결기 사인 등이 자세히 기록되어 있다. 본서는 상담의 과정만을 다루기 위한 책이 아니므로 이에 대한 자세한 설명은 집필의 범위를 벗어난다고 여겨진다. 상담 과정과 관련된 자세한 내용은 위에 소개된 저서들을 참조하기 바란다.

	상담 초기	상담 중기	상담 후기
소요 기간	10~20%	60~80%	10~20%
관계 측면	관계 형성	관계로 일하기	관계를 끝내기/ 하나님께 의뢰하기
목표 측면	목표 설정	목표를 단계적으로 달성하기	목표 평가하기
내담자의 정서	불안/ 안정되지 못함/ 의심	요동/ 안정되어 감	슬픔/ 헤어짐의 감정/ 성취감
내담자의 인지	전혀 통찰이 없음	자기 문제에 대한 통찰을 얻어감	자기 문제에 대해 잘 설명함
내담자의 행동	바람직하지 않음	대안을 찾아 형성해감	바람직한 행동이 공고해짐
가족상담	평가 단계	변화를 시작하는 단계	변화를 안착시키는 단계
제러드 이간	현재의 시나리오(문제 규명)	원하는 시나리오(대안 탐색)	행동 전략(변화 형성)
주요 관심	1. 상담준비 - 가구 배치 및 시설 - 상담기록 노트 2. 접수 면접 3. 상담 구조화	1. 문제 중심의 탐색 2. 상담자-내담자 역할의 안정화 3. 대안적 사고, 정서, 행동의 자각 4. 문제와 대인 관계 또는 환경 사이의 관계 자각 5. 통합적 관점에서 내담자의 문제 설명 6. 삶의 기술 교육 7. 삶의 적용과 평가 과정	상담의 종결 신호 1. 직접적 신호 - 끝내도 될까에 관한 질문 - 종결에의 합의 - 바람직한 변화의 계속되는 보고 등 2. 간접적 신호 - 반복적으로 늦거나 오지 않음 - 일반적, 피상적 주제를 꺼냄 - 문제에 대한 주지화된 설명이나 새로운 해석 - 선물이나 상담자 초대 - 이전 이별 경험에 대한 언급 - 급격한 감정적 변화 등
중요 과제	안전한 상담 분위기의 조성 1. 인격적 신뢰 형성 2. 전문적 신뢰 형성 (상담 목표 중심으로)		1. 상담 결과 평가 2. 상담 과정 회상 및 평가 3. 종결 의논 4. 종결
이 시기 권장되는 상담 기술	공감 긍정적 존중 따뜻함 솔직함 유머 알기 쉽게 가르치기	질문하기 자기노출 즉각성 직면 해석	요약 제안

상담자의 과제		1. 저항 다루기 2. 핵심 문제 파악하기 3. 통합적 관점 개발하 4 변화 동기 형성하기 5. 변화 연습 강화하기	1. 바람직한 변화의 강화 2. 종결 시기의 결정 3. 상담 성과 평가 4. 추후 상담에 대한 의논 5. 내담자의 독립성 격려 6. 이별 감정 처리 7. 필요한 경우, 의뢰

〈표12〉 상담의 과정 및 과제

상담의 과정구조화와 관련하여 횃불트리니티신학대학원 임상평가 항목에 수록되어 있는 '상담 매니지먼트 능력'을 측정하는 평가 항목을 소개하면 다음과 같다.

1) 호소문제-상담목표에 따라 각 회기를 계획할 수 있는가?

2) 각 회기 계획에 따라 단 회기 진행 방법을 알고 다룰 수 있는가?

3) 상담 전기-중기-후기 과제를 알고 다룰 수 있는가?

4) 상담 과정 중 나타나는 내담자의 저항을 알고 다룰 수 있는가?

5) 호소문제-상담목표와 관련된 적절한 행동 과제를 계획, 진행하는가?

6) 첫 회기 상담의 과제를 알고 진행할 수 있는가?

7) 종결회기 상담의 과제를 알고 진행할 수 있는가?

(2) 기독교상담의 과정

기독교상담의 과정에 대한 소개를 '인간의 이해와 변화에 관련된 축적된 지식 체계로서의 일반 상담'의 과정적 지식의 기반을 기초로 정리해보겠다. 사실상 상담 목표와 분리되거나 벗어난 상담 과정은 존재하기 어렵다. 그러므로 기독교상담의 과정적 절차나 방법은 '창조주, 구속주 하나님과의 관계 회복'이라고 하는 기독교상담의 목표와 양립할 수 없으며, 그 목표가 가장 잘 구현되기 위한 최적의 수단이어야 한다.

그런 의미에서 필자의 생각을 정리한 기독교상담의 과정을 먼저 표로 제시하면 다음과 같다.

회기	상담		초기	중기	말기
전체	관계 측면	일반	관계 맺기	관계로 일하기	관계 끝내기
	목표 측면	기독	타락한 하나님의 자녀로서의 상담자 알리기	상담자의 영적 관계에 내담자를 동참시키기	내담자를 하나님께 의뢰하기 교회 공동체에 연결하기
		일반	목표 설정	목표 작업	목표 평가
		기독	영적 목표 더하기	영적 목표 확인하기	지속적 영적 목표 설정 (예. QT/ 공동체훈련 등)
1회기	일반		화제 결정	화제 작업	요약 및 정리 * 회기 후: 평가 및 계획
	기독		지난 주간 기도 및 말씀생활 듣기	내담자의 기도와 말씀 생활을 작업하는 화제와 연결시키기	다음 주간 기도 및 말씀 방향 정하기 * 회기 후: 기도 제목 정하고 기도하기

〈표13〉 기독교상담의 과정

1) 상담자 - 내담자 관계 측면에서

관계 측면에서 일반 상담은 관계를 맺고, 맺어진 관계를 가지고 상담 작업을 진행한 후 그 관계를 끝맺는 수순을 밟는다. 그렇다면 기독교상담자는 관계 측면에서 일반 상담과는 다른 어떤 관점을 가질 필요가 있을까? 1부에서 밝힌 필자의 신학적 관점을 따르면 기독교상담의 최종 목표는 '내담자의 안녕과 행복'이 아닌 '내담자와 하나님 사이의 관계 회복'이 다. 또한 상담자와 내담자, 이자 관계로 이루어진 일반 상담과는 달리 기독교상담은 상담자, 내담자 외에 성령 하나님이라는 강력한 삼자의 개입을 전제로 한다. 관계 측면에서 더욱 특징적인 것은 삼자로 개입하는 성령 하나님은 내담자에게 뿐 아니라 그의 계획과 섭리 가운데 상담하며 영적으로 성장하고 있는 상담자와도 역동적으로 관계를 맺고 있다는 것이다. 따라서 기독교상담은 내담자에게는 물론 상담자에게도 하나님에 대해 더 친밀하고 깊이 알아가고, 하나님을 경험하는 좋은 성장의 자리를 제공한다. 그러므로 상담 초기, 기독교인 내담자와 기독교 상담자가 만난 자리에서 '기독교적 변화'를 소망하는 상담을 합의하였다면 상담자는 내담자에게 상담자 역시 타락한 죄인이며 구속의 은혜가 필요하여 점차 영적으로 성장하여 가고 있는 사람이라는 태도로 관계를 맺어야한다. 또한 하나님께서 내담자에게 필요한 통찰과 자각을 주시고, 변화를 이끌어 가시는 주체시며 상담자는 이 과정에서 하나님께 사용되는 도구적 존재임을 분명히 알리면 좋을 것이다. 상담 중기는 내담자에게 필요한 변화가 극대화되는 시기이다. 따라서 내담자가 경험하는 하나님의 모습에도 큰 변화가 나타날 수 있다. 이 시기 기독교 상담자는 내담자의 영적 변화를 통하여 자신이 경험하는 하나님과의 관계를 돌아보고 영향 받을 수 있다. 역으로 상담자의 영적 성장점이 중기를 지나는 내담자의 변화에 도전과 격려가 될 수 있도록 늘 영적으로 민감한 상태를 유지할 필요가 있다. 기독교상담이 성공적으로 진행되었다면 내담자는 상담 말기에 이르러서는 막혀있던 또는 분리되어 있던 하나님과의 관계를 회복했을 가능성이 높다. 이 시기 상담자는 내담자의 변화된 하나님과의 관계를 반복적으로 강조하여 알려주고, 그 관계 안에서 상담자가 아닌 하나님에게 온전히 의존하여 살아갈 수 있도록 조력하여야 한다.

2) 목표 측면에서

일반적으로 상담 초기에 앞서 제시한 사례개념화 – 상담의 구조화에 제시된 것처럼 호소 문제를 기초로 하여 상담 목표를 내담자와 합의하게 된다. 이 때 내담자와 합의가 이루어졌다면 기독교상담자는 이에 영적 목표를 더하여 상담 목표를 수립할 수 있다. 예를 들어 '시어머니와의 관계 개선'을 호소하는 내담자와는 시어머니와의 관계 문제에서 힘들어하는 자신의 모습을 하나님 앞에서 돌아보고, 자신과 하나님과의 관계를 회복하겠다는 기독교적 상담 목표를 호소 문제에 더하여 설정할 수 있다. 그리고 이에 초점을 함께 맞추어 상담 중기를 진행한다. 상담 말기에는 초기에 설정한 '하나님 앞에서 자신의 모습을 돌아보기'의 결과물과 '하나님과 개선된 관계 경험'을 평가하며, 추후 영적 성장에 관한 계획을 상담자와 함께 수립해볼 수 있다. 이를 위해 개인적 영성 훈련과 공동체적 영성 훈련을 어떻게 계획해볼 수 있을 지에 관해서도 구체적으로 의논하여 대안을 마련하는 것도 기독교상담 말기의 중요 과제이다.

– 일회기 상담에서

보편적으로 상담 한 회기는 약 50분으로 구성되며, 이는 화제 결정 – 화제 작업 – 화제 요약 및 정리 – 의 순서로 진행된다. 기독교 상담자가 한 회기를 진행하는 경우 회기 초반 상담에서 다룰 이야기를 내담자와 함께 결정할 때 내담자가 직전 한 주간 하나님과의 관계에서 경험한 변화나 도전 이야기를 들어볼 수 있다. 한 회기 중반을 지나면서 결정된 화제를 다루어가는 가운데 기독교 상담자는 이루어지고 있는 대화 내용 가운데 탐색된 영적 훈련 과제를 주의 깊게 찾아볼 수 있다. 그리고 한 회기를 마무리할 때 내담자와 함께 작업한 화제 내용과 더불어 다음 한 주 기도나 묵상, 예배 가운데 특히 주의를 기울이며 힘써야할 영역을 찾아볼 수 있다. 이렇게 진행되는 한 회기 상담이 반복적으로 역동적으로 진행되어 가는 과정에서 상담자와 내담자가 합의한 영적 목표가 달성될 수 있을 것이다.

상담 중 기도를 할 것인가, 어떻게 할 것인가 등에 관해서는 여러 가지 의견이 있을 수 있다. 필자가 만났던 기독교 상담자 가운데에는 하나님, 기도, 성경 이야기를 회기 중 나누는 것은 내담자의 자율성과 선택을 방해하고 모종의 변화 압력을 행사하는 것이므로 절대로 피해야 한다는 입장을 견지하는 분도 있었다. 이는 내담자를 상담자가 진심으로 존중하는가의 문제와 연결되는 것 같다. 내담자가 그동안의 신앙생활에 회의를 느끼고 하나님 이야기를 전혀 하고 싶은 상태라면 기독교 상담자라고 하더라도 그의 상태와 결정을 우선 존중해주어야 할 것이다. 그러나 필자의 경험으로는 기독교인 내담자 가운데에는 하나님을 더 친밀하고 깊이 만나고 싶은데 그것이 잘 되지 않는다고 호소하는 경우가 상대적으로 더 많았다. 그렇다면 상담자는 내담자의 이런 상태와 선택을 존중하여 상담에서 마음 놓고 하나님 이야기를 나누도록 조력해야 할 것이다. 상담 중 진행되는 기도와 관련된 필자의 생각을 정리해보면, 우선 내담자와 상담 중 기도를 함께 할 것인가 여부를 열어놓고 논의하여 합의하는 것이 중요하다. 만일 상담 중 기도를 내담자와 합의하였다면 그 다음은 언제, 어떤 방식으로 할 것인가를 합의한다. 필자는 상담을 마무리하면서, 한 회기 나눈 대화 내용을 정리해본 후 그 상태에서 하나님에게 전하고 싶은 이야기를 전하고, 귀를 열어 듣고 싶은 이야기를 들어보는 시간으로써 기도를 드린다. 사실상 기도는 하나님과의 대화인데, 상담자는 대화 내용인 내담자의 기도를 들으며 내담자가 하나님과 어떤 관계로 살아가고 있는 지 대략 파악할 수 있다. 그리고 당 회기 내담자에게 어떤 영적 변화가 일어났는지도 가늠할 수 있다. 그러므로 필자의 경우 내담자가 먼저 상담 내용을 중심으로 기도하고, 상담자가 간단히 회기를 요약하며 내담자와 기도를 함께 드린다. 그리고 상담자의 상담사례 기록 노트 가운데 다음 주 계획을 작성하는 공간 옆에 내담자를 위한 기도 제목란을 첨가하여 기도 내용을 기록하고 한 주간동안 짧더라도, 내담자를 위해 한두번이라도 기도하려고 노력한다.

기독교상담은 성격상 메타상담이론의 성격을 띠고 있어 사례개념화와 상담 구조화를 하는 과정도 그리 단순하거나 쉽지 않다. 일반 상담자는 일반적으로 사람 안에서 일어나는 심리 역동과 관계 양상만을 파악하여 변화시키고자 한다. 하지만 이 과정에서 이루어지는 역동적인 상담 작업도 결코 쉽지 않다. 하물며 개인의 심리 역동과 관계 양식 가운데 드러나는 하나님과의 관계를 평가, 분석하고 복음의 진리를 따라 변화시킨다는 것은 더더욱 어려운 일이다. 이는 이러한 작업의 복잡성과 역동성 때문이기도 하지만, 결국 영적 변화는 성령 하나님께서 내담자의 마음을 새롭게 하실 때에만, 다시 말하면 내담자가 스스로 자신의 믿음으로 복음의 진리에 반응할 수 있을 때에만 가능하기 때문이다.

요 약

일반 상담에서 상담이론에 기반한 사례개념화가 중요한 것 이상으로 기독상담자에게 성경적 사례개념화는 매우 중요한 작업이다. 사례개념화가 정적인 글쓰기 과정이라면 이에 따라 상담을 운영하는 전체 그림을 보여주는 상담구조화는 매우 역동적 과정이며, 이 둘은 서로 떼어서 생각할 수 없다. 성경적 사례개념화는 상담자 자신의 신학과 상담이론에 기반 한다. 상담자는 내담자의 호소 문제를 들으며 그의 영적 상태 및 변화 방향을 가늠할 수 있어야 하며, 이 과정에 자신의 상담이론 및 방법적 절차가 활용된다. 기독상담자는 성경적 사례개념화에 따른 상담자-내담자의 역할, 상담이 이루어지는 시간과 공간, 상담의 내용, 상담의 과정 등을 충분히 숙지하고 내담자와 합의하며 상담에 임해야한다.

생각할 거리들

1. 내담자 평가, 호소 문제를 기초한 목표 합의, 사례개념화, 상담 운영 가운데 자신이 가장 부족하다고 느끼는 것은 무엇인가? 부족한 영역을 보완할 수 있는 방법을 생각해본다면?

2. 사례개념화 작업에서 가장 힘들게 느껴지는 것은 무엇인가?

3. 성경적 사례개념화 작업을 위해 자신에게 더 필요하다고 느껴지는 것은 무엇인가? 이를 어떻게 보완해나갈 수 있을까?

11장 기독교상담의 주요 문제 및 과제

요즈음 국내외에서 여러 가지 형태의 영성 상담 활동이 활발히 진행되고 있다. 그런데 필자는 최근 미국의 젊은이들 사이에 다시 영적인 삶에 대한 관심을 표현할 때 다음 문장을 즐겨 사용한다는 점을 어느 서적을 통해 알게 되었다.

"저는 영적이기는 하지만 종교적이지는 않습니다."
"I'm spiritual, but not religious."

이 문장 안에는 여러 가지 의미가 담겨있다고 생각된다.
– 사람들은 영적인 삶에 관심과 흥미를 가지고 있다
– 영적인 것과 종교적인 것은 다르다
– 영적인 것은 바람직하나 종교적인 것은 바람직하지 않다
– 영적이라는 의미와 종교적이라는 의미가 혼용되어 사용된 바 있다
– 영적인 것과 종교적인 것을 사람들은 구분 지으려 한다

필자는 물론 기독교 영성이 불교 등 다른 영성과 다른 독특하고 고유한 특징을 갖고 있음을 전제한다. 그럼에도 불구하고 현재 한국의 교회 공동체를 돌아볼 때 위의 문장을 씁쓸한 미소를 지으면서도 필자가 위 문장을 읽으며 동의가 되었던 것은 아마

도 지금의 한국 교회의 모습에는 영적인 면보다 종교적인 면이 더 부각되어 드러나고 있기 때문이 아닐까 생각해보았다. 이에 대해 정용섭(2005)은 기독교 영성이 종교적 색채로 오해될 수밖에 없었던 세 가지 이유를 들었다. 첫째, 한국 교회는 신학과 교회 생활이 상이함으로 인해 앎과 삶의 불일치 현상을 현격하게 드러내고 있다. 둘째, 서구 철학의 이원론, 이분법적 논리의 영향을 받은 신학 사조가 '성과 속', '물질과 관념'의 이원화를 촉진하였다. 이는 다음 세 번째 이유를 파생시킨다. 기독교 영성에 대한 오해가 영성을 '주술적 도구'로 전락시키거나 기독교인을 '극단적 경건주의'로 몰아가게 만들었다. 대부분 공감이 되는 내용이다. 필자는 나아가 정용섭이 지적한 한국 교회 기독교 영성에 대한 오해는 많은 기독교인들이 심리적으로 건강한 삶을 영위하지 못하는데 영향을 미쳤다고 생각한다. 이를 본서의 표현대로 바꾸어보면 다음과 같다.

첫째, 교인들은 신앙고백적 신학(앎)과 작동적 신학(삶) 사이의 불일치 현상을 현격하게 드러내고 있다.

둘째, 교인들은 새로운 방어기제로 '환상이라는 믿음'을 만들어 그 안에 숨어 건강한 현실을 살아내지 못한다.

셋째, 극단적 경건주의의 영향을 받은 교인들은 자신과 타인에 대한 지나친 비난과 비하에 빠지기 쉽고, 그러한 비난으로부터 자유롭고자 종교적인 삶에 더욱 매진한다.

물론 한국 교회의 긍정적인 역할과 기능도 필자가 간과하는 것은 아니다. 교회와 관련된 사회봉사-구제 단체의 활동은 사람들의 상상을 뛰어넘으며, 숨어서 섬기는 많은 교인들이 예수 그리스도의 마음으로 국가와 사회에 생명을 불어넣고 있다. 많은 교회를 중심으로 생생한 말씀의 선포, 현실적 문제에 기반한 깊은 소그룹 나눔 운동, 사람들의 실제 삶의 관심을 채우는 성경과 연결된 좋은 집회가 활발히 이루어지고 있음은 매우 바람직하다고 여겨진다. 하지만 한국 교회가 드러내는 위와 같은 어두운 면도 간과해서는 안 되며, 이제는 목회자나 전문 사역자, 평신도를 망라하여 성경이 제시하는 영성의 본질을 회복하는 데 모두가 힘을 합쳐야 할 때가 되었다. 그런 의미에서 필자는 한국 교회에 기독교 상담운동이 활발히 일어나기를 간절히 바라고 있다. 필자는 개인적으로 기독교상담자의 상담실은 상담자와 내담자 두 사람의 예배실이라 생각한다. 그리고 목회자들이 강단 위에서 진리인 성경 말씀을 일방적으로 선포하는 '공적 사역자'의 역할을 담당한다면 기독교 상담자들은 두 사람이 좁은 공간에서 오랫동안 진행해야 하는 '사적 사역자'의 역할을 담당하고 있다고 생각한다. 다시 말하면 선포되어지는 것이 복음이라면 전하는 자의 자리나 역할, 모임의 성격이나 모양새, 신분과 관계없이 이에 종사하는 사람은 모두 예수 그리스도의 사역자이다. 이러한 점에서 기독교 상담이란 강단을 통해 이루어지는 공적 목회(앎, 신앙고백적 신학)가 성도들의 구체적인 삶의 정황 가운데 실현될 수 있도록 조력하는 사적 목회 활동(삶, 작동적 신학)이다. 따라서 기독교 상담은 가히 '운동(movement)'로 표현되어야 할 만큼 한국 교회에 매우 중요하고 꼭 필요한 활동이라 여겨진다. 필자는 본 절에서 그동안 개인적으로 고민해오던 기독교 상담과 관련된 여러 가지 생각들을 본 장에 자유롭게 표현해보고자 한다. 먼저 기독교상담의 윤리–제도적 문제와 과제를 살펴보고, 기독교상담의 교육–훈련에 있어서의 문제와 과제를 정리한 후 기독교상담의 가능성과 한계에 대하여 간략히 기술하였다.

1. 기독교상담의 윤리–제도적 문제 및 과제

현재 한국의 대형 교회를 중심으로 교회 상담실 운영, 상담 프로그램이나 세미나,

교육 등이 활발히 이루어지고 있다. 여의도 순복음교회는 수년간 상담 교육 프로그램은 초급-중급-고급 과정으로 개설하여 성도들이 자유롭게 수강하고 있다. 두란노 바이블 컬리지 역시 사모대학, 성경적 부모교실, 결혼예비학교 등 교육 프로그램 내용 안에 상담과 관련된 강의를 개설하고 있다. 온누리교회는 서빙고와 양재에 각각 상담실을 두고 본 교인을 중심으로 상담을 진행하고 있으며, 교회 내부에서 하트 스쿨, 부모 교실 등 교육 프로그램을 운영하고 있을 뿐만 아니라 특정 문제를 중심으로 한 회복집단을 평신도 중심으로 진행하고 있다. 이 밖에 많은 교회에서도 정기적인 상담 교육 프로그램을 개설하고 교회 내 상담실을 운영하고 있다. 본 절에서는 기독교상담의 윤리-제도적 문제와 과제를 교회 현장을 중심으로 살펴보고자 한다.

미국상담협회는 상담자 윤리의 근간을 이루는 내용으로 상담자의 전문적 책임감, 이중 관계, 성적 접촉의 금지, 비밀 보장 등을 규정하고 있다(Corey, G., 2006).

(1) 전문적 책임감

교회 내 또는 기독교 상담센터 내 기독교 상담자들이 신학적-상담적 훈련을 갖추고 전문성있는 상담을 실시할 수 있는 능력을 갖추게 하여야 한다. 사실 기독교 상담자로서의 전문성을 갖추려면 임상 실습 훈련 뿐 아니라 신학적 체계와 깊이 역시 일정 수준 이상을 유지하여야 한다. 그런데 교회에 따라서는 평신도나 중직자 가운데 봉사 정신이 투철한 자원봉사자들이 상담이나 신학 훈련, 교육을 마치지 않은 상태로 상담에 임하는 경우를 종종 보게 된다. 물론 이 경우, 교회 목회자의 상담자에 대한 기대가 '전문적 상담'이 아니라 교인들의 하소연을 들어주고, 마음을 풀어주는 정도에 머무는 경우도 있다. 하지만 훈련을 제대로 마치지 않은 자원봉사 상담자 가운데에는 간혹 자신의 인격적, 신앙적 문제로 내담자에게 좋지 않은 영향을 미칠 수도 있을 수 있으므로 교회 내 상담자는 가능하면 전문성을 갖춘 상담자를 배치하는 것이 좋다. 반대로 전문성을 갖춘 기독교 상담자를 교회 내에 배치할 경우에는 상담자에 대한 교회의 기대와 상담자 자신의 기대가 상이할 수 있다는 문제가 발생한다. 즉 교회는 석사 이상의 교육과정을 마친 전문적 자원봉사자를 원하여 무료로 봉사할 것을 기대하지만 석사급 이상의 기독교 상담자는 자신이 하는 전문적 활동에 대한 경제적 보상을 교회에 기대할 수도 있다. 이는 기독교 상담에 있어서 매우 예민한 주제라 여겨진다. 대형 교회 가운데에는 세무사, 변호사, 의사 등의 전문직 종사자가 주일 오후, 일정 시간 봉사 차원에서 교인들에게 자신의 전문 지식을 활용하여 자원봉사를 하기도 한다. 교회 내 상담이 이러한 차원에서 진행된다면 무보수 봉사가 받아들여진다. 하지만 평일, 오랜 시간 교회 상담실에서 자신의 전문성을 활용한 일을 하면서 무보수로 봉사를 해야 한다는 데에는 이견이 있을 수 있다. 이에 대한 좋은 해법 가운데 하나는 교회 내 상담을 책임지는 상담자를 교회가 전문 사역자로 대하여 그의 목회적, 전문적 활동을 인정하고, 교회는 그에 대해 보수를 제공하는 것이다. 만일 교회의 여건이 전문 상담사역자를 단독으로 고용하기 어렵다면 상담과 직간접으로 관련된 교회의 다른 공적 사역을 겸하도록 하는 것도 한 가지 방법이 될 수 있겠다.

(2) 이중관계

이중관계란 상담자가 내담자와 서로 이익이 오가거나 상담 내용이 관계에 큰 영향을 미칠 수 있는 또 다른 관계를 형성하는 경우이다. 교회 내 대표적인 이중관계는 목회자가 상담을 하는 경우에 발생한다. 목회자가 상담을 하게 될 경우 내담자인 교인 사이에는 목회자와 성도, 상담자와 내담자라는 두 개의 관계가 성립된다. 그러면 상담에 있어서 어떤 문제가 발생할 수 있을까? 전문적 상담 활동에서 상담자-내담자 관계는 합의된 상담 목표가 달성되면 종결되는 일종의 계약 관계이다. 그런데 교회에서 목회자가 전문적 상담을 진행하는 경우, 상담자–내담자 관계는 종결될지 모르나 교회 생활 특성상 어쩌면 평생 목회자–성도 관계를 유지해야 하는 경우도 있을 수 있다. 자신을 상담했던 목회자는 매주 강단에서 '당위적 말씀'을 선포하는데, 성도에 따라서는 목회자가 그 말씀을 자신과 나눈 상담 내용과 연관시켜 착각하며 마음이 불편해질 수 있다. 나아가 목회자는 상담 받은 성도만의 목회자가 아니다. 같은 구역의 김 집사님, 같은 성가대의 박 장로님, 자신의 시어머니, 남편의 목회자이기도 하다. 이런 상태에서 내담자가 목회자인 상담자와 자신의 깊은 이야기를 모두 꺼내놓기는 쉽지 않다. 만일 교회 상담자가 목회자가 아니라면 이 이중관계 문제가 해결될까? 교회 공동체는 혈연과 지연이 지대한 영향을 미치며, 성격상 장기간 때로는 평생 지속되는 모임이다. 따라서 평신도 상담자가 자신과 같은 지역, 모임, 봉사 기관에서 장기간 함께 생활하게 되는 경우 성도인 내담자는 교회 내 상담자에게 자유롭고 편안하게 자신을 드러내기 어렵다. 그럼 이에 대해 어떤 해법이 있을까? 이상적으로는 성도가 전혀 모르는 전문 기독교 상담자를 만나 상담하는 것이 가장 좋을 것이다. 이를 위한 현실적인 방안을 모색한다면 지역 교회나 노회, 총회 수준에서 교회들이 연합하여 전문적인 기독교 상담센터를 개 교회 밖에 설립하고 지원하는 아웃소싱 형식의 상담 센터를 생각해볼 수 있다.

(3) 성적 접촉의 금지

미국의 경우 남자 상담자와 여자 내담자 사이에서의 성적 접촉 비율은 알려진 바에 따르면 50% 정도에 이른다. 사실상 상담자와 내담자 사이에서는 누구에게도 털어놓고나 표현하지 못했던 매우 비밀스럽고 사적인 삶에 대한 대화가 나누어지며, 이 상태에서 양자 사이에 느껴지는 친밀감은 대단히 높다. 교회 내 상담의 경우도 예외는 아니어서 목회자 또는 상담자와 성도 또는 내담자 사이에 자칫 잘못하면 정도를 넘은 성적 접촉이 이루어질 수 있다. 국내외에서 여자 성도와의 성적 접촉 문제로 목회 활동을 접게 되는 목회자 사례를 왕왕 접하게 되는데, 기독교 상담자들은 하나님과의 깊은 친밀감을 늘 유지하도록 하여 내담자나 성도를 통한 친밀감 만족의 유혹에서 벗어날 수 있어야 할 것이다. 경우에 따라서는 남자 성도는 남자 상담자와, 여자 성도는 여자 상담자와 상담을 하게 하는 규정을 둘 수도 있겠으나 이는 현실적으로 어렵거나 상담적으로 비효율적인 경우가 있을 수 있다.

(4) 비밀보장

교회에서는 때로는 '기도 제목'이라는 이름으로 성도들이 자신 삶의 실제적인 고민 거리를 함께 나누기도 한다. 따라서 전문적인 상담자─내담자 관계가 명확히 규정되지 않고, 상담실이라는 구체적인 장소 이외에서 상담을 한다는 것은 성도들에게 그리 안전하게 느껴지지 않을 것이다. 필자가 접한 심각한 비밀보장 윤리규정 위반 사례는 담임 목회자를 통해 나타나기도 하였다. 예를 들어 담임 목사가 성도들의 삶을 돌보기 위하여 전문 상담자를 세우고, 상담 내용을 정기적으로 자신에게 보고하도록 하는 것이다. 물론 양을 잘 돌보고 싶은 목자의 심정으로 성도들의 삶 구석구석의 사연을 알고 싶고, 이를 위해 기도하고 싶은 목회자의 마음을 모르는 것은 아니다. 만일 그런 경우라면 상담을 구조화할 때 전문사역자를 통하여 상담 내용이 담임 목사에게 보고되며, 담임 목사는 성도를 위해 기도하고 있다는 점을 알리고 성도의 정보를 담임 목사에게 알리는 것에 대하여 사전 동의를 얻어야 할 것이다.

(5) 상담 의뢰

필자가 생각하기에 전문적 상담 교육을 받지 않은 교회 목회자들의 중요한 기능 가운데 하나는 성도 가운데 전문적 상담이 필요하다고 판단되는 사람들을 잘 관찰하고 파악하여 전문가에게 의뢰하는 것이다. 현실적으로 많은 자살자 가운데 교인들 비중이 상당히 높으며, 기독교인과 비기독교인의 이혼 비율에 큰 차이를 보이지 않는 점 등을 고려할 때 교회 내 성도들이 교회 밖에 비해 심리적으로, 정신적으로 더 건강하다고 판단하기 어렵다. 따라서 교회 목회자들은 말씀과 기도로 성도들을 섬기는 동시에 전문적인 상담이 필요한 성도가 있다면 이들을 신속히 전문 상담가에게 소개하는 것이 필요할 것이다. 전문적 상담이 필요한 성도는 그가 드러내는 문제 때문에 건강에 심각한 위협이 있으며, 주변의 인간관계에 심각한 어려움을 초래하며, 일상생활에서의 기능 수준이 현격히 떨어지는 사람이다. 하지만 이를 판단하는 것이 현실적으로 그리 쉽지만은 않다. 필자의 생각으로는 목회자 교육 과정에 '이상심리' 과목을 필수로 지정하여 주요한 정신적 문제에 대한 증상을 목회자가 숙지하는 것이 필요하다. 나아가 각종의 '이상심리'를 드러내는 내담자에게 필요한 영적인 변화를 간략히 소개받는 것은 상담 의뢰뿐만 아니라 목회자의 사역에도 실제적 도움을 줄 수 있다. 상담을 의뢰하는 경우, 목회자는 우선 성도가 전문 상담에 마음이 열리고 상담에 동기가 생기도록 설득하여야 한다. 한국 교회 상황에서 목회자가 성도에게 상담이나 정신과 치료를 권하는 것은 무척 어렵게 느껴질 것이다. 그러므로 평소 목회자와 성도 사이의 긴밀한 관계와 신뢰를 쌓는 것이 필요하다. 그리고 상담자를 소개하는 경우, 내담자가 신속하게 편하게 찾아갈 수 있도록 상담실의 위치, 전화 번호, 상담자 이름과 경력 및 전문 영역, 상담료, 교통편 등을 함께 소개해주면 좋다.

(6) 교회-선교단체- 기독상담센터 간 연계

한국 교회는 파송 선교사 숫자 면에서 미국에 이어 2위 국가가 되었다. 한국 교회가 백 여년 전 서구의 선교사들로부터 받은 복음의 은혜와 빚을 세계 각지에 흩어져 되돌려주고 갚을 수 있게 된 것은 하나님의 큰 역사이고 축복이다. 그러나 한편 선교와 구제, 봉사를 하는 교회 내 성도들이나 파송 받은 선교사들이 이 과정에서 큰 고통과 희생을 치르기도 한다. 실상 교회의 가장 작은 단위는 곧 성도, 선교사 한 사람 한 사람인데 교회를 키우기 위해서 또 다른 교회가 아픔을 겪는 가슴 아픈 일이 일어나고 있다. 필자는 한국 교회가 성장 기반 위에 이제는 선교 센터, 봉사 센터뿐만 아니라 전문적 기독교 상담 센터를 개설하여 운영할 것을 제안하고 싶다. 전문적 기독교 상담 센터는 지역 교회와 여러 선교 단체와 긴밀히 협력하며 교회 상황이나 선교지, 그리고 선교사들에게 필요한 여러 가지 프로그램이나 교육 내용을 개발하고 보급하며, 성도와 선교사들을 섬길 수 있는 전문 상담 인력을 교육하고 훈련해 나갈 수 있다. 현재 몇몇의 선교단체가 멤버케어에 관심을 갖고 파송 선교사 및 안식년을 맞은 선교사들을 돌보고 있다. 그러나 선교단체 규모에 따라서는 이러한 인력이나 재정을 확보하는 것이 쉽지 않은 곳도 많다. 선교사들의 심리검사를 포함한 디브리핑 과정에는 적지 않은 인력과 재정이 소모되기도 한다. 지역 교회의 사정도 비슷하여 몇몇의 거대 교회를 제외하면 대부분의 교회는 자체적으로 전문 상담 인력을 고용할 형편이 되지 못한다. 한편 목회의 최전방에 서있는 목회자 가정의 목회자 자신, 목회자 사모, 목회자의 자녀들은 목회 사역이 가진 여러 가지 특수성으로 인하여 '자신들을 목회할' 전문 인력을 필요로 한다. 그러므로 선교단체 연합체나 총회나 노회 차원의 지역 교회 연합체 중심으로 기독교 전문 상담센터를 설립하고 운영하여 선교사와 목회자를 돌볼 것을 제안한다.

(7) 전문적 기독교 상담 수퍼비전의 요구

마지막으로 이상의 모든 것이 가능하게 되기 위해서는 먼저 전문적 수준에서 충분한 임상 경험을 바탕으로, 하나님과 인격적인 관계와 건전한 신학을 소유한 기독교 상담자가 양성되어야 한다. 아쉽게도 필자의 판단으로는 성숙한 신앙과 상담의 전문성 모두를 균형 있게 갖추고 확보한 기독교상담자를 찾기는 쉽다. 그러므로 우선 시급한 과제는 다음 절에서 살펴볼 기독교상담 전문가를 충분한 시간과 양질의 교육 과정을 통해 양성해내는 것이다. 그리고 교회와 상담 센터에 이미 배치되어 사역하고 있는 기존의 기독교상담 전문가에 대한 철저하고 질 높은 수퍼비전을 체계적으로 운영하는 것이다.

2. 기독교상담의 교육-훈련의 문제 및 과제

워커 등은 그들의 논문에서 기독교상담에 영향을 미치는 요인들을 분석하여 발표하였다(Walker, D. W., Gorsuch, R. L., Tan, S.. 2007). 놀랍게도 기독교상담에 영향을 미치는 여러 가지 요인 가운데 교과 과정은 포함되지 않았다. 그리고 기독교상담에 영향을 미치는 변인으로는 개인적 종교성, 전문적 신념, 태도, 가치, 개인적 상담 경험, 기독교인 내담자를 상담하는 임상 훈련에서 영적 개입을 사용하는 데 느끼는 유능성 등이 밝혀졌다. 가존과 홀은 보울비의 애착 이론 관점에서 심리학과 신학의 통합 교육 현장을 살펴보았다(Garzon, R. L., & Hall, M. E. L., 2012). 그 결과 학생-교수의 애착이 안정되고, 교수가 통합을 실습하는 데 좋은 안전 기지가 되어 주는 경우, 기독교상담의 통합 교육 효과가 증가하였다. 특히 교수 자신의 하나님과의 관계가 강의나 수퍼비전 시간에 잘 드러날 때에 통합이 효과적으로 교육된다는 결과는 매우 흥미롭다. 또한 학생들과의 안전한 애착을 형성하여 기독교상담의 통합적 교육에 효과적인 교수는 다음과 같은 특징을 나타냈다. 첫째, 학생들의 믿음을 굳건히 하면서도 학생들과 변화를 함께 하며, 학생들과 함께 동행한다. 둘째, 정서적으로 투명하다. 셋째, 교수로서의 역할 경계선을 잘 지킨다.

코우와 홀(2010)은 그들의 변형심리학의 5수준 모델의 다섯 번째 수준을 '변형 심리학 훈련의 목적'이라 규정하고, 변형심리학이 성공적으로 자리 잡기 위하여 영적으로 성숙되고 헌신된 기독교 심리학자의 교육과 훈련이 매우 중요하다는 사실을 강조하고 있다. 이들이 목표로 하는 변형심리학자는 '하나님과의 든든하게 연합되어 있고, 삶의 모든 영역에서 예수 그리스도에게 순응하며, 하나님과 이웃을 진심으로 사랑할 수 있고, 하나님을 영화롭게 하는 것에 삶의 목표를 집중하는 사람'이다. 코우와 홀은 변형심리학을 소개한 자신의 저서 마지막 장을 특별히 이러한 성숙한 변형심리학자를 키워내기 위한 교육자와 교육 기관에 대한 몇 가지 제안에 할애하고 있다. 먼저 그들의 제안 사항을 개관한 후 필자의 개인적인 의견을 이에 덧붙여보겠다.

(1) 상담 교육자에 대하여

코우와 홀은 신학대학원을 비롯한 기타 대학, 대학원 등에서 기독교상담을 가르치고 전문적 기독상담자를 양성하는 상담교육자들은 다음 세 가지 조건을 갖추기를 제안한다.

전문적 기독상담자의 조건

첫째, 영적으로 건강한 사람이다. 건강한 사람이란 하나님과 사람에 대한 진정한 사랑을 가지고, 성령의 도움 아래 살아가는 사람을 뜻한다.

둘째, 계속 발전하는 사람이다. 상담 교육자가 상담자를 길러내는 자신의 직업에 계속적인 진보를 이루기 위해서는 다음 세 가지 사항을 점검할 필요가 있다.

- 자신이 어떤 동기로 상담과 상담 교육에 종사하게 되었는가, 즉 자신이 하는 일의 역사적 기원을 정확히 인식하고 있는가?

– 자신의 잘못된 욕구가 습관처럼 상담에 미치는 영향에 대하여 알고 있는가?

– 자신은 하나님과 사람에 대해 열린 태도로 성경의 진리 안에서 자신의 역사와 욕구, 사랑에 대한 갈망을 다루어갈 수 있는가?

셋째, 경건으로 훈련받아가는 사람이다. 상담 교육자는 지속적인 개인의 경건 훈련을 통해 자신이 가르치는 상담자가 하나님의 사랑으로 자라가는 모든 과정에 영향을 주어야한다.

필자는 코우와 홀이 제안한 '영적으로 성숙한 기독상담 교육자'의 조건에 상당한 공감을 느낀다. 지난 20여년 대학원 현장에서 많은 기독교상담 훈련생들을 훈련하며 우선 필자 자신이 여러 가지 삶의 고비를 넘으며 영적 성숙의 훈련을 하나님 앞에서 끊임없이 받고 있다. 뿐만 아니라 기독교상담자를 훈련하는 과정에서 기독교상담을 공부하고 훈련하는 많은 사람들이 하나님과 사람들 앞에 비쳐진 자신의 모습을 발견하고 놀라고, 애통해하며 발전하는 과정을 곁에서 지켜보기도 하였다. 때로는 기독교상담자가 코우와 홀이 제시하는 이상의 조건들을 제대로 갖추지 못하여 자신의 삶에 실패함은 물론 내담자의 삶의 길도 잘못 안내하는 안타까운 순간을 맞기도 하였다. 어떤 기독상담자는 자신이 보기에 똑똑하지 못하고 비천해 보이는 가족의 부끄러움을 씻기 위해 대학원에 진학하여 기독교상담을 공부하여 지식의 욕구를 채운다. 그러나 자신이 갈망했던 지식의 욕구를 채우는 데 머물러 하나님 앞에서 존재적으로 비참할 수밖에 없는 자신의 진짜 모습을 숨기고, 자신도 잘 되지 않는 감정의 접촉을 내담자에게 이성적으로 강요하는 모습을 오랫동안 지켜보게도 된다. 또한 불우한 가정 환경 속에서 부모님의 따뜻한 사랑을 받지 못한채 억울한 감정만 가지고 살아온 기독상담자가 자신의 고통 가운데 함께 하시고 길을 인도하셨던 하나님을 경건의 훈련을 통해 경험하지 못한 채, 자신이 상담하는 내담자에게 '너의 원망과 한을 하나님께 쏟아놓으라'는 메시지만 전달한 상담을 성공한 기독교상담이라고 오해하는 경우도 종종 보아왔다. 그러므로 기독상담 전문가를 양성하는 상담교육자가 영적인 경건의 훈련 가운데 자신을 끊임없이 돌아보는 과정은 상담자와 내담자 모두에게 직접 영향을 미치는 매우 중요하다. 왜냐하면 상담교육자 자신이 상담하고 가르치는 자신의 잘못된 욕구를 하나님 앞에서 바로 인식하고 해결하지 못한다면 그들이 양성하는 상담자의 잘못된 욕구 역시 발견할 수 없고, 그 잘못된 욕구가 내담자에게 미치는 부정적인 영향까지 감지해낼 수 없게 만들기 때문이다.

(2) 상담자 교육 과정에 대하여

코우와 홀은 영적으로 성숙된 기독상담 전문가를 양성하는 기독교상담의 교육 과정에는 다음의 몇 가지가 필수적임을 역설한다.

기독교상담 교육과정의 필수 요소

첫째, 신학의 깊이를 더할 수 있는 교육 과정: 기독교상담자 교육에는 인간 본성에 대한 이해, 인간 성장을 방해하는 장애물과 방어 등을 성경적 관점에서 깊이 고찰해볼 수 있는 철저한 신학 훈련 과정이 포함되어야 한다.

둘째, 상담과 영성 지도, 연구 방법론 등에 필요한 기술-기법 관련 교육 과정

셋째, 영성 지도, 영성 수련회 등의 교과 과정 외 활동(extra curriculum)

넷째, 교수-학생 사이의 의미 있는 관계 경험을 촉진할 수 있는 활동: 기독교상담 교육자는 학생들을 향해 마음을 열고 이들을 수용적으로 품어줄 수 있어야 한다.

필자 역시 이들이 제안하는 교육과정에 상당 부분 동의를 표한다. 이에 덧붙여 필

자의 개인적 경험과 생각을 좀 더 나누어보겠다. 현재 한국의 신학대학원 기독교상담학 석사 과정의 교과 과정은 12학점 내외의 신학 훈련을 받도록 규정하는 경우가 많다. 신학 교육 과정 12학점은 각 3학점으로 이루어진 구약개론, 신약개론, 교회사, 조직신학 등으로 구성된다. 그런데 기독교상담학과 학생들이 위의 과목들을 주로 목회학 과정 학생들과 함께 수강하며, 상기 과목들은 상담 배경이 없는 신학과 교수에 의해 가르쳐지는 경우가 대부분이다. 그런데 '교리의 앎과 생활의 삶'을 일치시키는 것이 목표가 되는 기독교상담의 성격을 고려할 때 이러한 교과 과정이 '신학적 사유'와 '상담적 적용' 사이에 연계성을 제공하기에는 부족하다는 판단이다. 돌아보면 필자가 경험한 신학 훈련이 상담자로서 필자에게 제공한 가장 큰 유익은 성경 전체를 꿰뚫는 계시의 주제를 파악하고, 성경 본문을 해석하는 신학적 방식을 알게 된 것이다. 예를 들어 필자에게 창세기부터 요한계시록, 성경 66권 전체가 '하나님의 나라', '땅', '씨앗', '교회', '구속 이야기' 등의 특정 주제를 중심으로, 창조-타락-구속-새 하늘과 새 땅이라는 계시의 구조 가운데 긴밀히 연계되어 있다는 신학적 지식은 내담자와 성경을 조망하는 필자의 눈을 크게 열어주었다. 그러므로 기독상담자 교육의 신학 훈련은 신학 각 영역의 개론 과목 수준을 벗어나 기독상담자에게 성경과 사람을 대하는 진리의 혜안을 열어줄 수 있도록 구성되기를 바라는 마음이다. 예를 들면 신약개론과 구약개론을 합하여 성경신학 I, 성경신학 II로 구성하여 성경신학 I 과목은 구약학 교수와 신약학 교수의 팀 티칭으로 진행하면서 성경 전체의 주제를 본문과 연결시키는 방법을 제공한다. '성경신학 II'는 성경해석 실습 과목으로 삼아 성서신학 교수와 상담학 교수 2인의 팀 티칭으로 진행하도록 하며, 실제로 성경 본문과 상담 사례를 성경신학적 관점에서 해석하고 이해하는 방법을 습득시킨다. 다음으로 교회사와 조직신학 과목을 통합하여 조직신학 I, II를 개설하고, 조직신학 I은 교회사 교수와 조직신학 교수의 팀 티칭으로 진행하도록 한다. 역사신학과 조직신학은 학문적 본질상 서로 긴밀히 연결되어 있으므로 '조직신학의 주제'별 역사적–학문적 배경을 가르치는 것이다. 성경신학 II 과목이 실습과 훈련의 성격을 띠듯이 조직신학 II 역시 조직신학 I에서 습득한 지식을 성경 본문과 상담 사례를 이해하고 해석하는 데 활용될 수 있도록 조직신학 교수와 상담교수의 팀 티칭으로 진행시킬 수 있다.

다음으로 기독교상담의 실습과 훈련에 관한 교과과정에 대해 생각해보겠다. 어떤 일을 하든지 기본기를 충실히 갖추는 것은 그 일을 하는데 크게 도움을 준다. 연기자에게는 기본적인 발성, 발음의 훈련이 필요하고 연주자에게는 단순하지만 중요한 테크닉의 연마가 중요하다. 기독교상담자에게는 신학적 훈련과 더불어 상담의 기본 기술과 사례 진행에 관한 기본기를 갖추는 것이 무엇보다 중요하다고 생각된다. 따라서 기독상담자 교육 과정에는 전문가로서 일을 시작할 수 있을 정도의 충분한 상담 기술의 습득과 사례 진행 경험, 수퍼비전이 반드시 포함되어야 한다.

더불어 교과 과정 외 교수와 학생 사이의 의미 있는 경험과 상담자들이 자신의 모습을 하나님 앞에서 계속하여 자각하고 변화시키도록 돕는 영성 지도와 영성 수련회 등이 신학–상담학 교과 과정과 유기적으로 연계를 이루며 함께 가야할 것이다. 특히 상담 수퍼비전의 특성 상 상담자–내담자 관계 경험의 모델이 될 수 있는 기독교상담학과 교수 –기독교상담학과 학생 사이의 깊이 있고 의미 있는 경험은 기독교 상담의 본질을 규정하고 변화시키는 중요한 요인이라 생각한다. 최근 들어 한국 교회에 영성 지도에 대한 관심이 크게 증가하고 있음은 매우 바람직하다고 여겨진다. 필자가 몸담고 있는 학교에서는 최근 기독교상담학과 학생들이 영성 지도 과목을 수강하며 개인의 영적인 성장에 있어서 큰 도움을 받고 있다. 이외에도 학교는 교과 과정 이외의 소그룹 활동이나 수련회 등을 통하여 기독상담자들이 자신의 경건 훈련을 지속하고 발전시키도록 적극 격려하고 조력하여야 할 것이다.

코우와 홀은 이상의 교과 과정 이외에 다음의 몇 가지를 덧붙여 제안하고 있다.

첫째, 최소한 학교의 전체 교과 과정의 오분의 일은 상담 훈련생들이 자신의 영혼과 주변 사람, 특히 내담자를 '하나님 나라 형성'에 초점을 맞추며 돌아보도록 사용되도록 한다 (그들은 이를 '오분의 일' 법칙이라고 명명하였다).

둘째, 상담훈련생들이 구체적인 삶의 기술을 발전시킬 수 있도록 조력한다. 학생들이 어린 시절 자신의 대상관계를 돌아보고, 자신의 대인 관계의 역사를 죄와 그에 따른 병리, 회개, 영적 변화 등의 관점으로 매우 개인적 수준에서 이론적으로 탐색할 수 있는 기회를 제공한다.

셋째, 상담훈련생에게 구원과 성화 과정에 있어서 인간의 영혼과 성령의 사역 양자가 어떻게 역동적으로 작용하는지 탐색하며 성장할 기회를 제공한다: 한 사람의 삶에 십자가는 어떤 영향을 미치는가, 영혼 안에서 성령은 어떻게 일하시는가, 인간이 성령과 함께 자라가는 것을 어떻게 방어하고 있는가 등에 대한 통찰을 제공하면 좋다.

(3) 기독교상담 교육과정이 신학교육 전반에 미칠 수 있는 영향에 대하여

코우와 홀은 지금까지 신학교육에 있어서 심리학, 상담학 등은 주변학문으로 취급받으며 지나치게 고립되어 있었음을 지적한다. 하지만 인간, 죄, 심리적 건강을 향한 변화의 과정 등에 대한 심리학적 지식은 구원과 성화를 더욱 잘 이해하고 설명할 수 있도록 조력할 수 있음을 역설한다. 또한 현재 신학 교육의 과정 가운데에는 죄와 성화가 사람들의 구체적인 현실 생활 속에서 어떻게 일어나고 있는 지 진지하게 성찰하게 도와주는 프로그램이 거의 포함되어 있지 않다고 지적하며, 늘 임상에서 이러한 실제적인 주제를 가지고 씨름하는 기독교상담학자들의 도움을 받을 것을 제안하다. 덧붙여 이들은 신학 교육 과정 내 심리학 개론 과목은 학생들의 대인관계, 가족 역사,

현재의 경험 등이 성화 경험과 어떻게 실존적으로 연결될 수 있는지에 대하여 가르쳐야한다고 하였다.

　필자는 수년 전 목회학 과정 학생들이 수강하는 '기독교상담사역' 교과 과정을 대폭 수정하여, 학기의 절반은 상담의 이론과 기법, 과정 전반에 걸친 지식을 제공하는데 할애하고 학기의 나머지 절반은 수강생 개인의 성격 특징과 유형, 가족 및 대인 관계, 하나님과의 관계 등을 살펴볼 수 있도록 5-6 종류의 심리검사를 실시한 후 집단 해석 워크샵 형식으로 진행하고 있다. 동시에 선택의 여지를 부여하지만, 수강생들에게 개인상담을 받게 하여 깊이 있는 이자 관계 내 대화 속에서 자신의 모습을 통찰하고 이를 하나님과의 관계에서 다루어나가도록 격려하고 있다. 생각해보면 목회라는 활동 역시 '하나님과 사람들의 관계를 회복시키는 것'이며, 이를 위해서는 목회자 자신이 먼저 '하나님과 사람들과 회복되는 과정'을 거쳐야 한다. 이런 관점에서 기독교상담학이 신학 교육의 주변 학문의 자리에서 벗어나 목회자 교육에서 실제적, 중심적 역할을 더 크고 중요하게 감당해내기를 기대한다.

3. 기독교상담의 가능성 및 한계

　본서 집필을 마무리하는 시점에 필자는 집필 시간 중 가장 많은 시간을 할애한 2부 (조직신학 - 기독교상담의 틀) 내용에 그리 새로운 내용이 없음을 발견하고 적잖이 실망하였다. 조직신학을 중심으로 필자의 기독교 상담의 틀을 제시하는데 할애하였지만 집필을 마치고 보니 결과물은 모두가 다 아는 기독교 교리 내용을 반복하여 제시한 것에 불과하다는 느낌이다. 또한 기독교상담 이론의 수립과 훈련이 어떤 연유로 그리 어려운 작업인가에 대하여 깨닫게 되기도 한다. 이는 "사람들은 성경을 알지만 그대로 살기가 매우 어렵고, 사람들을 성경의 진리를 따라 살도록 돕기도 매우 어렵다"는 문장으로 귀결되는 것 같다. 조직신학에 정리된 인간론과 신론, 죄론, 구원론, 교회론 등을 전혀 모르는 사람은 없다. 그러나 현실을 실제로 그렇게 살아내는 사람은 매우 드물다. 그래서 사람들은 살아가면서 삶에서 크고 작은 심리적, 정신적 문제들을 경험한다. 또한 오랫동안 하나님과의 어그러진 관계 속에서 발달시킨 자신의 심리 구조와 대인 관계를 성경의 진리를 중심으로 되돌리는 과정을 돕는 작업도 결코 만만치 않게 느껴진다. 그러나 역설적으로 그렇기 때문에 이러한 현실 속에서 기독교 상담이 가진 가능성과 수행하여야 역할도 막중하다고 생각한다.

(1) 기독교상담의 가능성

어느 신학자가 신학은 본질적으로 신인학(神人學)이라고 하였다. 이는 기독교강요 첫 머리에 칼빈이 기록한 '하나님에 대한 지식과 사람에 대한 지식은 상호연결되어 있다'는 문장에 가장 선명하게 드러나 있다. 많은 사람들이 하나님을 제대로 알고 경험하기 위하여 부단히 노력하지만 실패하는 이유는 결국 자신에 대한 지식이 부족해서이지 않을까? 필자의 관점에서 기독교상담은 본질적으로 세속의 '상담학'의 지혜를 빌어오지만 '성경의 계시'를 따라 사람들을 변화시키는 활동이다. 그런데 상담학의 지혜는 이론에 따라 그 지향점에 문제점을 지니지만, 기본적으로 사람들이 자신을 깊이 발견하고 이해하며 수용하는데 매우 유용하다. 따라서 인간 변화의 과정과 지향점을 온전히 성경의 진리 위에 세워나간다면 기독교상담은 사람들에게 하나님을 더 깊고 친밀하게 경험시켜줄 수 있는 강력한 도구가 된다. 더구나 하나님에 대한 표면적 지식(앎, 조직신학, 신앙고백적 신학)과 경험적 지식(삶, 작동적 신학) 사이에 상당한 괴리로 인하여 교회 공동체 전체가 심각한 위기를 겪고 있는 한국 상황에서 기독교상담은 목회자와 성도 모두에게 매우 큰 도움을 제공할 수 있을 것이다. 이러한 상황 가운데 현재 한국 사회와 교회에서 기독교상담이 가진 가능성을 필자의 사견을 따라 몇가지로 정리해보겠다.

1) 상담의 붐/ 영성상담의 붐과 교회의 역할

우선 한국 사회 전체에 불고 있는 '상담의 붐'을 들고 싶다. 사실상 상담이란 활동은 경제적으로 너무 어려운 사회 상황에서는 활발히 일어나기 어렵다. 사람들이 당장 먹고 사는 문제를 해결할 수 없는 상태에서 자신들의 마음의 안정과 행복, 영혼의 문제에 관심을 가지기는 어렵기 때문이다. 대한민국은 계속되는 기적적 경제 성장 속에 경제 규모 10위권에 육박하는 수준의 물질적 풍요를 누리게 되었다. 이제야 국민들이 그동안 굽혔던 허리를 펴고 땀을 닦으며 그 힘든 시간 가운데 겪었던 마음의 상처나 고통을 다루는데 관심을 가질 수 있게 된 것이다. 한국 교회 교인들이 가난할 때 교회는 하나님을 통해 주어지는 물질적 축복과 번영을 선포하며 발전할 수 있었다. 그러나 한국 교회 교인들이 경제적 풍요를 누리게 된 이후, 교회는 복음의 진리 안에서 교인들이 겪는 정신적 고통과 인간관계 문제 해결에 소극적이었다. 이런 상황에서 건전한 기독교상담은 현대 한국 교회 교인들의 필요를 채워주는 좋은 도구가 될 수 있다. 더욱이 2000년대 이후 세계적으로 불고 있는 영성 상담에 대한 관심은 기독교 상담의 또 다른 가능성으로 작용할 수 있다. 물론 급증하는 영성 상담에 대한 관심이 성경의 진리를 벗어나 진행되는 경우에 예상되는 부작용에도 기독교상담은 대비해야한다.

2) 풍부한 인력

이러한 '상담의 붐'은 신학 교육에도 그대로 반영되어 2000년대 이후 신학대학원의 기독교상담학과에 많은 지원자들이 몰리며 '기독교상담의 붐'을 형성하고 있다. 더욱이 기독교상담학과 지원자 뿐 아니라 일반 상담을 공부하는 상담훈련생 가운데 기독교인의 비율이 매우 높다는 사실에도 주목할 필요가 있다. 아직 통계적 연구로 확인된 바는 없으나 필자가 그동안의 일반 상담 교육기관이나 단체에 강의와 수퍼비전을 진행하다보면 적어도 수강생의 절반 정도는 기독교인이라는 인상을 가질 때가 많았다. 즉 인력 수급이나 활용 측면에서 기독교상담의 가능성은 매우 크다.

3) 목회에서의 활용 가능성

가끔 필자는 목회학 과정 학생들에게 다음과 같은 장난스런 질문을 한다. "여러분, 여러분들이 설교할 때 여러분 앞에 돼지가 앉아있나요? 사람이 앉아있나요?" 이 질문에는 기독교상담이 목회에서 실제적으로 활용될 수 있는 무한한 가능성이 함축되어 있음을 알 수 있을 것이다. 교회에서 목회의 대상은 돼지 같은 동물이 아니라 상담학의 주된 관심인 사람이다. 따라서 목회자는 말씀 전문가와 함께 사람 전문가가 되어야한다. 그 접근에 따라 다양할 수 있으나 사람들 자신에 대한 자각과 변화를 그 중심에 두고 있는 상담학은 목회의 여러 측면에서 실제적인 도움을 제공할 수 있다. 먼저 설교하는 목회자와 설교를 듣는 성도의 경우를 생각해보자. 목회자는 설교를 준비하기 위하여 본문을 택하고 전체 계시의 맥락에서 주해를 통하여 전달될 하나님의 핵심 메시지를 추출하고자 할 것이다. 하지만 이 본문을 선택하며 메시지를 해석하고 있는 목회자 본인 역시 사람이다. 그리고 본문에 대한 해석은 자신의 심리 구조와 소통 양식에 따라 달라진다. 즉, 목회자 자신이 성경 본문의 해석기(interpreter)이며, 같은 본문이라도 그 해석기에 따라 매우 상이하게 해석되고 전달될 것이다. 기독교상담은 성경의 해석기인 사람 자체를 다루는 학문이다. 돌아보면 한국 교회 강단에서 복음이 진정한 복음으로 전파되지 못하는 배후에는 '성경 해석기'인 목회자의 건강하지 못한 심리 구조와 대인 관계 양식이 작용하고 있다. 한편, 설교 말씀을 듣는 성도 역시 목회자와 마찬가지로 해석기이다. 목회자가 성경을 전달하는 기능을 가진 해석기라면 성도는 목회자가 전달하는 성경을 전해 듣는 해석기이다. 그런데 만일 그 해석기에 문제가 생겨 전달되는 복음의 진리 그대로를 바르게 해석하여 수용될 수 없다면 어떤 일이 일어나겠는가? 일례로 목회자가 '서로 사랑하라'는 말씀을 선포할 때 '나는 정말 남편을 사랑하므로 아무 문제없어'라는 식의 해석기를 가진 성도는 '그래, 맞아, 내 남편이 나를 제대로 사랑해야 하는데, 역시 남편이 문제야'라고 말씀을 받아들여 해석하고, 남편에게 적용하여 그 말씀을 들은 주일 저녁에 부부 싸움을 일으킬 수 있다. 그러므로 사람에 대한 통찰과 자각을 제공하는 기독교상담은 성도들이 참회를 통하여 자신의 해석기를 수정할 수 있도록 조력하는 데 좋은 역할을 할 수 있다.

뿐만 아니라 목회의 실제 사역 현장에서도 기독교상담의 활용가능성은 매우 크다. 예를 들면, 집단상담에 관한 지식은 교회 공동체에서 수없이 이루어지는 각종 소그룹 모임에 효율적으로 적용된다. 교회 공동체에는 주일학교 분반 공부, 구역 모임, 소그룹 성경공부 모임 등 여러 가지 집단 활동이 진행된다. 그런데 실상 모임을 진행하는 주체인 집단 리더 – 교사, 구역장, 소그룹 리더 – 에 대한 교회에서의 교육은 주로 내용 중심으로 운영되고 있다. 즉, 교회 사역자의 교육 과정에 집단 운영의 원리와 방식은 포함되어 있지 않다. 이러한 상황에서 기독교상담은 집단상담가들이 연구와 실천에서 축적한 여러 가지 과정적, 실제적 지혜– 리더의 역할, 집단원의 선발, 집단의 운영 방식 및 기법 등– 를 교회의 소그룹 사역 현장과 연결시켜주는 교량 역할을 할 수 있다.

(2) 기독교상담의 한계 및 과제

한국 교회에서 기독교상담은 위에 제시한 가능성과 더불어 여러 가지 한계와 과제를 갖는다. 필자가 생각하기에 가장 큰 기독교상담의 한계는 기독교상담자 자신에게서 찾을 수 있다. 먼저 기독교상담학자에게서 관찰되는 현격한 신학적 입장의 차이를 꼽을 수 있다. 현재 한국의 기독교상담학계에는 진보신학부터 보수신학까지의 다양한 신학적 입장을 가진 학자 및 상담자들이 활동하고 있다. 따라서 같은 기독교상담학을 한다고 해도 자신이 견지하는 신학적 입장에 따라 '완전히 다른 종류의 기독교상담'을 하고 있는 경우를 종종 목격한다. 나아가 서로 다른 신학적 차이로 인하여 기독교상담학자 사이에 발전적인 대화가 이루어지기 어렵다는 것도 문제라고 여겨진다. 필자는 기독상담자들이 자신의 신학적 입장을 기독교상담자들이 먼저 분명하게 밝히어 서로 다른 신학적 자리에 있는 학자 또는 상담 훈련생들의 혼란을 막고, 상호 간 발전적이고 효율적인 대화가 이루어지도록 하면 좋을 것 같다.

위의 문제와 더불어 기독교상담의 심각한 과제는 '인본주의적 심리학 또는 상담학'의 영향을 제거하면서도 동시에 어떻게 상담학의 지혜를 활용하여 사람들을 성경적으로 변화시키는 데 있다. 필자는 요즘 상담 수퍼비전을 시작할 때마다 상담자들에게 자신이 선호하는 상담이론과 상담철학에 대하여 소개해달라고 상담수련생에게 부탁한다. 이 과정에서 필자가 발견한 흥미로운 사실은 상담자가 진행한 상담 전반에 상담자의 이론과 철학이 면면히 흐르고 있으며, 그의 이론과 철학이 상담 곳곳에서 발견되어 진다는 점이다. 이는 어쩌면 당연한 일인지도 모른다. 그렇기 때문에 상담자에게 미쳐지는 '인본주의적 심리학 또는 상담학'의 영향이 필자에게는 더 걱정스럽게 다가온다. 왜냐하면 안타깝게도 실제 기독교상담 교육 현장에 있다보면 '메타이론적' 성격을 띠는 기독교상담을 제대로 배우고 훈련하기에는 교육 기간이나 교과 과정이 매우 제한적인 것을 발견한다. 즉 훈련 기간 동안 기독교상담 훈련생들이 인본주의적 철학과 세계관에 기초한 상담이론과 관련 과목을 습득하는 데 급급하여, 각 상담이론 내에 스며들어 있는 기본 전제나 철학을 성경적 세계관의 틀로 충분히 검토하고 수정할 수 있는 시간적 여유를 갖지 못한다. 그리고 이런 상태로 기독교상담을 진행하다보면 자신도 모르게 인본주의적 가치와 철학으로 내담자를 안내하는 오류를 피할 수 없게 된다. 이러한 한계를 극복하는 대안으로 앞 절에 기독상담자 교육과 훈련에 대한 필자의 생각을 제시하였다.

마지막 기독교상담의 한계와 과제로 필자는 한국 교회에 만연한 '기독교상담 또는 상담에 대한 알레르기 반응'을 들고 싶다. 그동안 한국 교회의 발전은 상대적으로 보수 신앙을 가진 교회나 교단에 의해 주도되어 왔다. 따라서 '성경만이 사람을 변화시킬 수 있으니 어려움이 생기면 사람이 아닌 하나님을 찾아야한다', '상담자로 대표되는 사람을 찾는 것은 옳지 않다', '상담학, 심리학이 교회를 인본주의적으로 변화시키고 있다'는 시각을 갖고 있는 목회자나 성도들이 많다. 물론 여전히 앞서 제시한 기독교상담학자 자신의 신학적 성찰의 부족이나 상이함, 기독상담 교육의 문제 등이 존재한다. 그러나 필자는 '건전한 신학 위에 바르게 선 기독교상담'의 긍정적, 실제적 역할과 기능을 한국 교회가 마음을 열고 받아들여주기를 요청한다. 올바른 성경의 진리의 토대 위에 자신의 신앙을 고백하고, 상담학의 지혜를 받아들여 자신을 끝없이 성찰하고 변화시키는 기독교상담자들을 통하여 자신의 내면을 깊이 이해하고 변화시켜 하나님과 친밀한 관계에 이르는 구원받는 성도의 수가 한국 교회에 차고 넘쳐나기를 기도한다.

요 약

  교회는 사회를 하나님의 원리와 방법으로 변화시켜야 하고 신학대학원은 그 변화의 중심에 있어야 한다. 하지만 아쉽게도 한국의 신학대학원은 한국 교회의 현실을 그대로 반영할 뿐이고, 한국 교회는 한국 사회의 모습을 그대로 드러내고 있다. 한국 사회는 경제적 풍요를 누리게 되었지만 정신적-심리적-영적 빈곤을 경험하고 있다. 따라서 한국에는 상담의 붐이 일어나고 있고, 이는 신학대학원과 교회에도 전해졌다. 상담 분야의 학문적-실제적 발전이 교회의 영적 부흥으로 이어지려면 건전한 신학과 상담의 윤리와 전문성, 그리고 건강한 인격을 갖춘 기독상담전문가들이 늘어나야 한다. 한국 교회가 기독상담에 마음을 열고 교회 성장과 선교에 지쳐 영적으로 탈진해가는 한국의 많은 교인들에게 하나님과의 깊은 관계에서 오는 참된 회복을 일으키게 되기를 소망한다.

생각할 거리들

1. 기독상담자 혹은 목회자로 훈련을 마친 뒤 어느 곳에서 무슨 일을 하며 살고 싶은가?

2. 기독상담자 교육 과정에 꼭 포함되기를 바라는 것이 있다면 무엇인가?

3. 교회에서 참된 영적 회복이 일어나기 위해 필요한 것을 모두 나열해보고, 그 가운데 우선순위를 매겨보면 어떻게 되겠는가?

4. 한국 교회와 평신도 기독상담전문가들이 어떤 방식의 협력을 모색할 수 있을까?

부록. 기독상담전문가 준비도 자가 체크리스트

횃불트리니티신학대학원대학교 상담센터

다음은 기독상담전문가로 준비되기 위하여 갖추어야 할 능력과 지식을 목록화한 것입니다.

본 센터의 효과적인 수퍼비전을 위하여 수퍼비전 프로그램 시작 전, 후 아래 목록을 확인하며 상담자로서의 수련 방향을 정립하시길 바랍니다.

아래 기술된 내용에 따라 스스로에게 점수를 부여해보시오.

0=모른다, 배운 적 없다

1=상당히 진전될 필요가 있다

2=조금 도움을 받으면 진전될 수 있다

3=평균 정도는 알고 있다/ 활용할 수 있다

4=평균보다는 조금 더 알고 있다/ 활용할 수 있다

5=상당히 잘 알고 있다/ 활용할 수 있다

I. 내담자 평가 및 상담 계획 (호소문제– 목표설정)

   1) 내담자의 증상을 알아차릴 수 있는가/ 평가할 수 있는가?

   2) 내담자의 호소문제를 임상적으로 추적할 수 있는가?

   3) 내담자의 심리 구조(인지–정서)를 이해할 수 있는가?

   4) 호소문제와 관련하여 중요 사건을 탐색할 수 있는가?

   5) 호소문제로부터 임상적으로 중요한 목표를 합의할 수 있는가?

   6) 각 호소문제/증상에 따른 개입의 원칙, 방향을 알고 적용하는가?

II. 상담 과정 매니지먼트

   1) 호소문제–상담목표에 따라 각 회기를 계획할 수 있는가?

   2) 각 회기 계획에 따라 단 회기 진행 방법을 알고 다룰 수 있는가?

   3) 상담 전기–중기–후기 과제를 알고 다룰 수 있는가?

   4) 상담 과정중 나타나는 내담자의 저항을 알고 다룰 수 있는가?

   5) 호소문제–상담목표와 관련된 적절한 행동 과제를 계획, 진행하는가?

   6) 첫회기 상담의 과제를 알고 진행할 수 있는가?

   7) 종결회기 상담의 과제를 알고 진행할 수 있는가?

III. 사례개념화

   1) 내담자의 진술을 자신의 상담이론과 연관시켜 설명하고 다룰 수 있는가?

   2) 호소문제/증상을 자신의 상담이론으로 설명, 변화시킬 수 있는가?

   3) 자신의 상담이론으로부터 상담목표와 방향을 설정, 적용시킬 수 있는가?

   4) 호소문제/증상에 나타난 하나님과의 관계를 알아차릴 수 있는가?

   5) 상담목표를 설정할 때 내담자와 하나님과의 관계 변화 방향을 계획하는가?

6) 신앙발달사, 신앙생활 형태를 호소문제/증상–하나님과의 관계와 관련시킬 수 있는가?

IV. 개인적 역량

1) 상담자로서 자신의 강점과 약점을 알고 있는가?

2) 훈련을 통한 내적 통찰, 계속적 변화에 준비되어 있는가?

3) 전문가로 상담을 진행할 때 부딪히는 자신의 스트레스, 적응 문제, 감정적 변화 등을 다룰 수 있는가?

4) 상담전문가 집단 내에서 적절한 전문적 도움을 받는 관계를 만들 수 있는가?(예. 수퍼비전, 자문 등)

5) 수퍼비전에서 상담의 효과를 방해하는 자신의 성격, 행동 등에 관해 의논할 수 있는 능력이 있는가?

6) 수퍼비전을 잘 활용할 수 있는가?(예. 사례발표 준비, 사례를 앞서 읽기, 임상적 딜레마에 열려있기 등)

7) 자신의 일상에서 나타나는 심리적 어려움을 하나님과의 관계 문제로 알아차리고 다루어가는가?

참고문헌 ─────────────────────────────────

강광순 (2010). 마음챙김명상 프로그램이 유방암환자의 스트레스 지각, 대처방식 및 반응에 미치는 효과. 박사학위 논문, 전남대학교 대학원.

권명수 (2009). 관상 기도의 의식의 흐름과 치유. 신학과실천, 16(8), 217-250.

권석만 (1996). 자기개념의 인지적 구조와 측정도구의 개발: 서울대학생 표집의 자기 개념 특성. 학생연구, 31(1), 11-38.

권석만 (2012). 현대이상심리학, 서울 : 학지사

권수영(2007). 기독(목회) 상담 어떻게 다른가요, 서울: 학지사

권수영(2013). 기독교상담에 대한 오해와 편견들. 목회와 신학, 287, 43-49.

김계현(1993). 기독교 가족상담 연구, 기독교 가족상담의 위상정립을 위한 기독교 가족 상담 II. 서울: 한국장로교출판사.

김교헌, 김경의, 김금미, 김세진, 원두리(2010) 젊은이를 위한 정신건강, 서울: 학지사.

김기환 (2002). 심리학자들이 발견한 하느님: 심리학과 신학의 대화. 종교교육학연구, 15, 173-203.

김미하(2007). 수용전념 집단치료가 발달 장애 아동 어머니의 심리적 안녕감과 우울에 미치는 영향. 박사학위 논문, 전북대학교 대학원.

김성민(2011). 목회상담의 위기적 상황과 정신치료: 현대 심층심리학적 정신치료이론과 의연관성을 중심으로. 목회와상담 16권, 2011, 73-102.

김세윤(2001). 구원이란 무엇인가. 서울: 두란노.

김수연(2007). 기독교상담에서의 이야기 해석. 복음과 상담. 8: 101-126.

김완신. (1989). 기독교적 자아형상에 관한 연구: 안토니 후크마의 입장을 중심으로. 석사학위논문.총신대학대학원.

김용태(2000).『가족치료이론』. 서울: 학지사.

김용태(2005). 가족치료 이론. 서울: 학지사.

김용태(2006). 통합적 관점에서 본 기독교 상담학: 배경, 내용 그리고 모델들. 서울: 학지사.

김윤희(2003). "헤세드의 세 사람." 그 말씀. 171.

김이곤(1989). 구약성서의 고난신학. 서울:한국신학연구소.

김인구(2008). 심리적 수용과 직무 스트레스: 직장인용 ACT 프로그램 효과검증. 박사학위 논문, 아주대학교 대학원.

김정아(2006). 고통에 대한 성경적 인식변화를 위한 기독교 인지치료. 아세아연합신학대학교대학원 석사학위논문.

김정호(1994). 인지과학과 명상. 인지과학, 4(2),53-84.

김정호(1995). 마음챙김 명상의 소집단 수행에 관한 연구. 학생생활연구 ,11, 1-35.

김정호(1996). 위빠싸나 명상의 심리학적 고찰. 사회과학 연구, 4, 35-60.

김정호(2004a). 마음챙김 명상의 유형과 인지 행동치료적 함의. 한국인지행동치료학회, 4(2), 27-44.

김정호(2004b). 마음챙김이란 무엇인가: 마음챙김의 임상적 및 일상적 적용을 위한 제언. 한국심리학회지: 건강, 9(2), 511-538.

김정호(2006). 위빠사나 명상의 심리치유적 기능. 불교와 심리 심포지움에서 발표 (2006.9.30).

김중은(2003a). 고난의 성서적 의미. 교육교회. 5: 4-9.

김중은(2003b). 룻기의 구조와 신학. 그 말씀. 171, 18-27.

김 진(2010). 구원 이후의 여정은-과정적이고 지향적인 존재로서의 그리스도인. 서울: 생명의말씀사.

김찬제 (2008). 개혁주의 관점에서의 총체적 "마음"의 개념. 석사학위 논문, 총신대학교 신학대학원.

김창대(2013). 과정기반상담개입모형 강의안 (미간행). 서울: 햇불트리니티신학대학원 동계특별강좌.

김충기, 강봉규(2001). 현대 상담이론과 실제, 서울: 교육과학사.

김홍규(1992). 룻과 보아스의 사랑이야기. 서울: 도서출판 영문.

김홍찬(1997). 기독교상담과 치유, 서울: 우성문화사.

김홍찬(2000). 기독교 상담과 치유 64가지 이야기, 서울: 기상연.

문현미(2005). 인지행동치료의 제 3 동향. 한국심리학회지: 상담 및 심리치료, 17(1), 15-33.

문현미(2006). 심리적 수용 촉진 프로그램의 개발과 효과: 수용-전념 치료 모델을 중심으로. 박사학위 논문, 카톨릭대학교대학원.

민경진(2001). 룻기-목회자와 설교자를 위한 주석. 한국장로교출판사.

박경순(2009). 코헛과 자기심리학. 심리치료, 9(1), 129-141.

박경애, 김혜원, 주영아 (2010). 청소년 심리 및 상담. 서울: 공동체.

박기영(2007), 심리학 개방성에 따른 기독교상담의 성향. 복음과 상담. 8, 147-176.

박노권(2008). 렉시오 디비나(Lectio Divina)를 통한 영성훈련. 서울: 한들출판사.

박노권(2010). Don Browning의 모델을 통한 정서중심적 부부치료 분석: 목회상담에서의 효과적 활용을 위해. 한국기독교상담학회지. 19, 63-87.

박성현(2007). 위빠싸나 명상, 마음챙김, 그리고 마음챙김을 근거로 한 심리치료. 인지행동치료, 7(2), 83-105.

박성현, 성승연(2008). 자기-초점적 주의와 심리적 안녕감 간의 관계에서의 마음챙김의 조절 효과. 한국심리학회지: 상담 및 심리치료, 20(4), 1127-1147.

박태수, 고기홍(2005) 개인상담의 실제. 서울: 학지사

반신환(2012), 실존주의 기독교상담의 부활: 현대 인지행동주의 기법을 활용하는 실존주의 상담. 신학과 실천,32, 457-475.

손운산(2011). "한국 목회돌봄과 목회상담의 역사와 과제."「목회와상담」. 17, 7-38.

송혜정, 손정락(2011). 수용-전념 집단 프로그램이 폭식장애 경향이 있는 대학생의 분노, 스트레스 및 폭식행동에 미치는 효과. 한국심리학회지: 건강, 16(1), 15-27.

신현, 김지연, 박영남, 김미선, 최은영(2013). 기독교적 관점에서 보는 수용전념치료(ACT), 한국기독교상담학회지, 23권 2호.

안도 오사무(2010). 심리치료와 불교: 선과 명상에 대한 심리학적 이해와 적용 (인경, 이필원 공역). 서울: 불광출판사. (원저 2003 출판)

안석모, 권수영, 김필진, 박노권, 박민수(2009). 목회 상담 이론 입문. 서울: 학지사

안인숙, 이지영, 유희주, 최은영(2012) 'Kohut의 자기심리학과 Hoekema의 인간이해', 한국기독교상담학회지, 23권 1호, 85-106.

안점식(2008). 세계관 종교 문화. 서울: 죠이선교회.

양명숙 외 17명(2013), 한국 상담학회 상담학 총서3, 상담 이론과 실제 , 학지사: 서울.

오우성, 박민수(2010). 심령을 견고히 하는 성경 이야기 상담. 서울: 두란노.

여인숙, 김춘경(2007). 노년기 자아통합감 증진을 위한 이야기치료 회상집단상담 프로그램의 내용구성방법에 따른 효과 비교. 상담학연구. 8(1): 199-228.

염승훈(2008). 분노수용 집단 프로그램 개발 및 효과 검증: ACT 모델을 중심으로. 석사학위 논문, 아주대 대학원.

유영권(2008). 기독(목회)상담학 영역 및 증상별 접근. 서울:학지사.

윤호균(2005). 심리 상담의 치료적 기제. 한국 심리학회지: 상담 및 심리치료, 17(1), 1-13.

이관직(2007). 개혁주의 목회상담학. 서울: 대서.

이무석(2008). 정신분석에로의 초대. 서울: 도서출판 이유.

이문식(1997). 설교적 관점에서 본 룻기 이해. 그 말씀. 57, 38-45.

이선영(2010). 수용-전념 치료에서 과정변인이 불안에 미치는 매개효과. 박사학위 논문, 고려대학교 대학원.

이숙영, 김성희(2003). 기독교상담의 연구 경향성 분석. 상담학연구. 4(2), 295-308.

이승구(1998). 고난은 죄의 결과인가. 목회와신학. 1998년 7월호. 59-71.

이은구(2006), 기독교상담의 정체성 교육에 관한 연구. 복음과 상담. Vol.6.

이정기(2006). 마음 비우기와 영혼 즐기기: 그리스도 요법의 한 방법론. 신학과 선교. 32, 197-227.

이정화(2010). 수용-전념 집단치료가 알코올중독 입원 환자들의 심리적 안녕감과 경험 회피 및 인지적 융합에 미치는 효과. 박사학위 논문, 조선대학교 대학원.

이지영, 권석만(2006). 정서조절과 정신병리의 관계: 연구 현황과 과제. 한국심리학회 지: 상담 및 심리치료, 18(3), 461-493.

이혜성(1996). 청소년 개인상담. 청소년대화의광장.

전요섭, 박기영(2008) 기독교 상담학자. 서울: 쿤란출판사.

정문자, 정혜정, 이선혜, 전영주(2007). 가족치료의 이해. 서울: 학지사.

정미연(2012). 고난과 기독교상담 강의안 (미간행). 횃불트리니티신학대학원.

정석환(1999). 코헛의 자기심리학과 목회상담. 신학논단, 27, 319-348.

정석환(2002). 목회상담학 연구. 파주:한국학술정보

정연철(2002). 룻기 신학. 고려신학. 6, 73-86.

정용섭(2005). 법과 자유? 대구: 대구성서 아카데미.

정준영, 박성현(2010). 초기 불교의 사띠(sati)와 현대 심리학의 마음챙김 (mindfulness): 마음챙김 구성개념 정립을 위한 제언. 한국심리학회지: 상담 및 심 리치료, 22(1), 1-32.

정훈택(1998). 그리스도인의 고난에 관한 그리스도의 말씀. 목회와 신학. 1998년7월호. 49-58.

채규현(2003). 보이지 않는 하나님, 헤세드의 하나님. 그 말씀. 171, 62-73.

한국청소년상담원(2000). 청소년상담 과정 및 기법.

최영민(2010). 대상관계이론을 중심으로 쉽게 쓴 정신분석이론. 서울: 학지사.

최은영(1999). 약물남용 청소년의 인간관계 분석. 서울대학교대학원박사학위논문.

최은영(2001). 기독교 상담의 대상으로서의 인간 이해. 칼빈논단, 149-171.

최은영, 양종국(2005). 청소년 비행 및 약물 중독 상담. 서울: 학지사.

최은영(2008). 기독교상담학, 고난에 대한 해석: 단일사례 연구를 중심으로. 한국기독교
    상담학회지. 16, 265-291.

최은영(2013). 중독과 영성. 2013년도 한국기독교상담학회 영남지회 학술대회 발표집.

최은영, 양종국, 김영근, 이윤희, 김현민(2014). 청소년 비행 및 약물중독상담(2판). 서
    울: 학지사.

최종태(1997). 여호수아, 사사기, 룻기를 어떻게 읽을 것인가, 그 말씀. 57, 84-101.

최홍석(1998). 왜 하나님은 악과 고난을 허락하시는가. 목회와 신학. 1998년 7월호.
    64-68.

허성준(2003). 수도전통에 따른 렉시오디비나. 경북: 분도출판사.

홍이화(2010a). 나르시시즘, 지독한 자기 사랑? 기독교 사상, 618, 266-278.

홍이화(2010b). 내 안의 나, 자기(self). 기독교 사상, 619, 226-237.

홍이화(2010c). 자기의 결핍: 자기애성 성격장애. 기독교 사상, 623, 236-248.

홍이화(2010d). 중독: 자기애성 행동장애. 기독교 사상, 624, 265-279.

홍이화(2010e). 자기애성 성격장애와 그 목회상담적 함축. 신학과 실천, 23, 341-370.

홍이화(2010f). 자기애적 분노. 기독교 사상, 625, 252-262.

홍이화(2011a). 자기의 치료: 공감. 기독교 사상, 626, 252-261.

홍이화(2011b). 자기사랑을 위하여: 건강한 나르시시즘. 기독교 사상, 628, 262-271.

홍이화(2011c). 섭식장애와 목회적 돌봄: 자기의 결핍의 관점에서. 신학과 실천, 28,
    543-579.

황성옥(2010). 수용전념치료(ACT) 프로그램이 중학생의 시험불안에 미치는 효과. 석사
    학위 논문, 서울불교대학원대학교.

황영훈(2006). Heinz Kohut의 자기 심리학의 관점에서 본 종교체험과 퇴행: 한국 여성
    들을 중심으로. 한국기독교상담학회지, 12, 180-198.

칼빈(2005). 신학인을 위한 존 칼빈의 새영한 기독교 강요. 성서서원 편집부.

Ahn, K. S. (2004). Spirituality in Christian Counseling, Acts Theological Journal 13, 285-309

Atkinson, J. David(1993). The Message of Ruth. Downers Grove: IVP.

Baer, R. A. (2006). Mindfulness-based treatment approaches: Clinician's guide to evidence base and applications. Boston: Academic Press.

Balswick, J.K., Balswick, J.O., Piper, B., & Piper, D.(2005). 긍정적인 관계가 자녀의 잠재력을 깨운다. (홍인종, 박은주 역). 서울: 디모데. (원저 2003 출판)

Beck, A.T., Freeman, A., & Davis, D. D(2008). 성격장애의 인지치료 (민병배, 유성진 역). 서울: 학지사. (원저 2006 출판)

Belinda, K., & Luan, S.(2009). Expanding the understanding of mindfulness: Seeing the tree and the forest. The Humanistic Psychologist, 37, 117-136.

Berman, P. S.(2007). 사례개념화: 원리와 실제. (이윤주 역). 서울: 학지사.(원저 1995 출판)

Bhikkhu Bodhi (1984). The noble eightfold path. Kandy: The Wheel Publication. (김정호 (2004). 마음챙김이란 무엇인가: 마음챙김의 임상적 및 일상적 적용을 위한 제언. 한국심리학회지: 건강, 9(2), 511-538)

Bill, A. T.(2003). The NIV Application Commentary Series-1 & 2 Samuel-. Grand Rapids, Michigan: Zondervan.

Block, J. A. (2002). Acceptance or change of private experiences: A comparative analysis in college students with public speaking anxiety. Doctoral dissertation. University at Albany, State University of New York.

Bond, F. W., & Bunce, D. (2003). The role of acceptance and job control in mental health, job satisfaction, and work performance. Journal of Applied Psychology, 88, 1057-1067.

Bond, F. W., & Flaxman, P. E. (2006). The ability of psychological flexibility and job control to predict learning, job performance, and mental health. Journal of Organizational Behavior Management, 26, 113-130.

Browning. D.S. (1987). Religious thought and the modern psychologies. Minneapolis, MN: Fortress Press.

Browning, D. S., & Cooper, T. D. (2004). Religious thought and the modern psychologies. Minneapolis, MN: Fortress Press.

Brueggemann, W.(2007). 구약개론, 정경과 기독교적 상상력(김은호, 권대영 역). 서울: 기독교문서선교회. (원저 2003 출판)

Butman, R. E. (1991). Modern Psychotherapies −□ A Conversion about Truth, Morality, Culture & a Few Other Thins that Matter. Grand Rapids: IVP Academic.

Butman, R. E. (2011). Modern Psychotherapies: A Comprehensive Christian Appraisal. Grand Rapids: IVP Academic.

Carson, D. A. (1990). How Long, O Lord: Reflections on suffering & Evil. Grand Rapids, Michigan: Baker Book House.

Carver, C. S., & Scheier, M. F. (2005). 성격심리학: 성격에 대한 관점들. (김교헌, 심미영, 원두리 역). 서울: 학지사. (원저 2004 출판).

Clair, M. St. (2009). 대상관계이론과 자기심리학. (안석모 역). 서울: 시그마프레스. (원저 2003 출판)

Carrascoso Lo'pez, F. J. (2000). Acceptance and commitment therapy(ACT) in panic disorder with agoraphobia: A case study. Psychology in Spain, 4, 120-128.

Carson, D. A. (2006). How long, o Lord: Reflections on suffering & evil. Grand Rapids, MI: Baker.

Ciarrochi, J., & Bailey, A. (2009). 인지행동치료와의 통합을 위한 수용전념치료 (ACT) 임상 가이드 (인경, 김수인 공역). 서울: 명상상담연구원. (원저 2008 출판)

Clinton T., Schlager G. (2006).The Maturation of Christian Counseling: Reprise on a Preferred Future. Christian Counseling Today. 14-4, 32-35.

Coe, J. H. & Hall, T. W. (2010). Psychology in the spirit. USA.: InterVarsity Press.

Colson, C. W.(2002). 사람과 공동체를 회복시키는 정의. (홍병룡 역). 서울: IVP. (원저 1999 출판)

Corey. G(2006) Issues and ethics in the helping professions. New Tech Park :Brooks Cole.

Cotterell, F. P. (2004). 고난, In T. D. Alexander & B. S. Rosner (Eds.). IVP성경신학사전 (권연경, 이철민, 이지영, 박찬웅, 박신구 공역) (pp. 567-573). 서울: 한국기독학생회출판부. (원저 2000 출판)

Crabb Jr., L. J. (1982). 성격적 상담학. (정정숙 역). 서울: 총신대학출판부. (원저 1993 출판).

Crabb, Larry(1977). Effective Biblical Counseling: A Model for Helping caring Christians Become Capable Counselor. Grands Rapids: Zondervan.

David, M. , Farlon F. Soloman, Robert J. Neborsky, Leigh McCullough, Michael Alpert, Fancine Shapiro (2001). Short-term therapy for Long-term change (노경선 역, 2011). 단기역동정신치료의 최신이론과 기법. 서울: 예담.

Dawn, M. J. (2010). 의미 없는 고난은 없다 (윤종석 역). 경기: 엔트리스토. (원저 2008 출판)

Dobson, K. S. (2010). Hand book of cognitive behavioral therapy. NY: Guildford Press.

Egan, G. (2006). The Skilled helper. Thomson Learning. Pacific Grove, CA: Brooks/Cole.

Eifert, G. H., & Heffner, M. (2003). The effects of acceptance versus control contexts on avoidance of panic-related symptoms. Journal of Behavior Therapy and Experimental Psychiatry, 34, 293-312.

Erickson, M.(2000) 복음주의 조직신학 (상, 중, 하). (신경수 역) 고양: 크리스챤 다이제스트. (원저 1998 출판)

Folke, F., & Parling, T. (2004). Acceptance and commitment therapy in group format for individuals who are unemployed and on sick leave suffering from depression: A randomized controlled trial. Unpublished thesis, University of Uppsala, Uppsala, Sweden.

Ford. F. David ed.(2006) 현대 신학과 신학자들. (류장열 역) 서울:CLC. (원저 2000 출판)

Foster, R. J., & Beebe, G. D. (2009). Longing for god: Seven paths of christian devotion. Downers Grove, IL: InterVarsity Press.

Gage, A. W.(1989). Ruth upon the threshing floor and the sin of Gibeah: A biblical-theological study. Westminster Theology Journal 51, 369-375.

Garzon, R. L., & Hall, M. E. L.(2012). Teaching Christian Integration in Pschology and Counseling: Current Status and Future Directions. Journal of Psychology & Theology. 40-2,f 155-159.

Gifford, E. V., Kohlenberg, B. S., Hayes, S. C., Antonuccio, D. O., Piasecki, M. M., Rasmussen-Hall, M. L., & Palm, K. M. (2004). Acceptance theory-based treatment for smoking cessation: An initial trial of acceptance and commitment therapy. Behavior Therapy, 35, 689–705.

Greenberg, L. (1994). Acceptance in experiential therapy. In S. C. Hayes, N. S.

Greggo S. (2002) Artistic Integration: Theological Foundations for Case-Level Integration in Coutemporary Christian Counseling, Trinity Journal, 23NS, 145–160

Grenze, S. J.(2003). 조직신학: 하나님의 공동체를 위한 신학.(신옥수 역) 고양: 크리스챤 다이제스트. (원저 2000 출판)

Harris, R. (2009). Mindfulness without meditation. Health care Counselling & Psychotherapy Journal. 9(4), 21–24.

Hayes S. C., & Smith, S. (2010). 마음에서 빠져나와 삶 속으로 들어가라 (문현미, 민병배 공역). 서울: 학지사. (원저 2005 출판)

Hayes, S. C. (2004a). Acceptance and commitment therapy and the new behavior therapies. In S. C. Hayes., V. M. Follette, & M. M. Linehan (Eds.), Mindfulness and acceptance (pp. 1–29). New York: Guilford Press.

Hayes, S. C. (2004b). Acceptance and commitment therapy, relational frame theory, and the third wave of behavioral and cognitive therapies. Behavior Therapy, 35(4), 639–666.

Hayes, S. C., & Wilson, K. (2003). Mindfulness: Method and process, Clinical Psychology: Science and Practice, 10, 161–165.

Hayes, S. C., Jacobson, N. S., Follette, V. M., & Dougher, M. J. (Eds.). (1994). Acceptance and change: Content and context in psychotherapy. Reno, NV: Context Press.

Hayes, S. C., Luoma, J. B., Bond, F. W., Masuda, A., & Lillis, J. (2006).

Acceptance and commitment therapy: Model, processes and outcomes. Behaviour Research and Therapy, 44(1), 1–15.

Hayes, S. C., Masuda, A., Bissett, R., Luoma, J., & Guerrero, L. F. (2004). DBT, FAP, and ACT: How empirically oriented are the new behavior therapy technologies? Behavior Therapy, 35, 35–54.

Hoekema A. A. (2004). 개혁주의 인간론 (류호준 역). 서울: 기독교문서선교회. (원저 1994 출판)

Hunsinger D. Van D.(2000). 신학과 목회상담 (이재훈, 신현복 역). 서울: 한국심리치료연구소. (원저 1995 출판)

Ingram, J. A. (1996). Psychological aspects of the filling of the Holy Spirit: A preliminary model of post-redemptive personality functioning. Journal of Psychology and Theology, 24(2), 104–113.

Jacobson, N. S., & Christensen, A. (1996). Acceptance and change in couple therapy: A therapist's guide to transforming relationships. New York: Norton.

Jacobson, N. S., Christensen, A., Prince, S. E., Cordova, J., & Eldridge, K. (2000). Integrative behavioral couple therapy: An acceptance based, promising new treatment for couple discord. Journal of Consulting and Clinical Psychology, 68, 351–355.

Johnson, Eric (2012). 기독교 심리학(Foundation for Soul care) (전요섭 역). 서울: CLC (원저 2007 출판)

Johnson, Eric(2007). Foundation for Soul Care: A Christian Psychology Proposal.

Johnson, E. L., & Jones, S. L. (Eds.) (2000). Psychology & Christianity: Four views. Downers Grove: IVP.

Jones, S. L., & Butman, R. E. (2009). 현대 심리치료와 기독교적 평가 (이관직 역). 서울: 대서. (원저 1991 출판)

Kabat-Zinn, J. (2003). Mindfulness-based intervention in context: Past, present and future. Clinical Psychology: Science and Practice, 10, 144–156.

Kerr, E. M., & Bowen, M.(1988). Family Evaluation: An Approach based on Bowen Theory. New York and London: Norton.

Kirwan, W. T. (1984). Biblical concepts for Christian counseling: A case for integrating psychology and theology. Grand Rapids: Baker Book House.

Kirwan, W. T. (2007). 기독교 상담을 위한 성경적 개념–심리학과 신학의 통합을 위한 사례. (정동섭 역). (원저 1984 출판)

Koerner, K., Jacobson, N. S., & Christensen,. A. (1994). Emotional acceptance in integrative behavioral couple therapy. In S. C. Hayes, N. S. Jacobson, V. M. Follettee, & M. J. Dougher (Eds.), Acceptance and change: Content and context in psychotherapy (pp. 109–118). Reno, NV: Context Press.

Kohut, H. (1971). The analysis of the self. Madison: International Universities Press.

Kohut, H. (2006). 자기의 회복. (이재훈 역). 서울: 한국심리치료학회. (원저 1973 출판).

Kohut, H. (2007). 정신분석은 어떻게 치료하는가? (이재훈 역). 서울: 한국심리치료학회. (원저 1984 출판).

Lewis. C.S.(2005). 고통의 문제. (이종태 역). 서울: 홍성사. (원저 1999 출판)

Leach, E.(1996). 성서의 구조 인류학. (신일철 역). 서울: 한길사. (원저 1983 출판)

Litchfield, B.& Litchfield, N.(2003). 기독교 상담과 가족치료 (정동섭, 정성준 역).

서울: 예수전도단. (원저 1997 출판)

Malan, D., McCullough, L., & Alpert, M.(2011). 단기역동정신치료의 최신 이론과 기법. (노경선 역). 수원:예담. (원저 2001 출판)

Marlatt, G. A. (1994). Addiction and acceptance. In S.C. Hayes, N. S. Jacobson, V. M. Follette, & M. J. Dougher (Eds.). Acceptance and change: Content and context in psychotherapy (pp.175-202). Reno, NV: Context Press.

McMinn. M. R., & Campbell, C. D.(2007). Integrative Psychotherapy: Toward a Comprehensive Christian approach. Downers. Grove: IVP Academic.

McMinn, M. R. (1996). Psychology, theology, and spirituality in Christian counseling. Wheaton, Illinois: Tyndale House.

McMinn, M. R., & Phillips, T. R. (2006). 영혼돌봄의 상담학: 신학과 심리학의 통합을 위한 탐구. (한국복음주의 기독교상담학회 역). 서울: 기독교문서선교회. (원저 1994 출판)

McMinn, M. R.(2011). 죄와 은혜의 기독교 상담학. (전요섭, 박성은 역). 서울: 기독교 문서선교회. (원저 2008 출판)

Miller, W. R., & Delaney, H. D. (2005). Judeo-Christian perspectives on psychology: Human nature, motivation, and change. Washington, DC: American Psychological Association.

Miller, J. P. (1989). 사사기, 룻기(베이커 성경주석) (박양조 역). 서울: 기독교 문사.

Myers. F. B. (2005). 고난의 선물 (김진석 역). 서울:필그림. (원저 1981 출판)

Ohlschlager G. & Scalise E. (2007). The five stages of Competent Christian Counseling: Toward a 'Common Factors/Best Practices'Process. Christian Counseling Today, 15-2, 19-26.

Piper, J.(2007). 예수님의 지상명령(전의우 역). 서울:생명의 말씀사. (원저 2006 출

판)

Piper, J. (2011). 존 파이퍼의 생각하라. (전의우 역). 서울: 한국기독학생회출판부. (원저 2010 출판).

Piper, B. & Piper, D. & Balswick, J.(2006) 긍정적인 관계가 자녀의 잠재력을 깨운다(박은주, 홍인종 역). 서울: 디모데. (원저 2003 출판)

Roberto, Laura Giat(1992). Transgenerational Family Therapies. New York and London: The Guildford Press.

Sakenfeld C. D(2001) 룻기-목회자와 설교자를 위한 주석. 서울: 한국장로교출판사 (민경진 역). (원저 1999 출판)

Siegel, A. M. (2002). 하인즈 코헛과 자기 심리학. (권명수 역). 서울: 한국심리치료연구소. (원저 1996 출판).

Sperry, L., & Shafranske, E. P. (2008). 영성지향 심리치료 (최영민, 조아라, 김민숙 공역). 서울: 하나의학사. (원저 2003 출판)

Teasdale, K. J. (1999). Metacognition, mindfulness and the modification of mood disorders. Clinical Psychology and Psychotherapy, 6, 146-155.

Vilardaga, R., Hayes, S. C., & Schelin, L. (2007). Philosophical, theoretical and empirical foundations of acceptance and commitment therapy. Anuario De Psicologia, 38(1), 117-128.

Walker, D. W., Gorsuch, R. L., Tan, S.., (2007). Therapists' use of religious and spiritual interventions in Christian counseling: A Preliminary Report

White, A. S. (1984). Imago Dei and object relations theory: implications for a model of human development. Journal of Psychology and Theology, 12(4), 288-289.

Yancey, P. (1990). Where is God when it hurts? Grand Rapids:Zondervan.

Yancey, P. (2009). 내가 고통 당할 때 하나님은 어디 계십니까? (이영희 역). 서울: 생

명의 말씀사. (원저 1979 출판)

Zettle, R. D. (2003). Acceptance and commitment therapy (ACT) vs. systematic desensitization in treatment of mathematic anxiety. Psychological Record, 53, 197–215.

Zettle, R. D., & Rains, J. C. (1989). Group cognitive and contextual therapies in treatment of depression. Journal of Clinical Psychology, 45, 438–445.

하워드 리들의 동영상 강의 자료

http://www.youtube.com/watch?v=FiOiOERc82o

하워드 리들의 웹 자료실

http://www.strengtheningfamilies.org/html/programs_1999/10_MDFT.html

찾아보기

용어